U0862124

国家级重点学科
省级精品课程

东北财经大学会计学系列教材

3rd Edition
第三版

Accounting Information System—Fundamentals of ERP

会计信息系统
——ERP基础

甄阜铭 刘媛媛 主编

东北财经大学出版社
Dongbei University of Finance & Economics Press
大连

图书在版编目（CIP）数据

会计信息系统：ERP基础 / 甄阜铭，刘媛媛主编．—3版．—大连：东北财经大学出版社，2024.2
（东北财经大学会计学系列教材）
ISBN 978-7-5654-5076-1

Ⅰ．会… Ⅱ．①甄… ②刘… Ⅲ．企业管理-计算机管理系统-高等学校-教材 Ⅳ．F272.7

中国国家版本馆CIP数据核字（2023）第255947号

东北财经大学出版社出版
（大连市黑石礁尖山街217号 邮政编码 116025）
网 址：http://www.dufep.cn
读者信箱：dufep@dufe.edu.cn
大连日升彩色印刷有限公司印刷 东北财经大学出版社发行

幅面尺寸：185mm×260mm 字数：492千字 印张：20.5 插页：1
2024年2月第3版 2024年2月第1次印刷
责任编辑：田世忠 李 彬 吴 茜 责任校对：刘贤恩
封面设计：张智波 版式设计：原 皓

定价：49.00元

教学支持 售后服务 联系电话：（0411）84710309
版权所有 侵权必究 举报电话：（0411）84710523
如有印装质量问题，请联系营销部：（0411）84710711

东北财经大学会计学系列教材编委会

主　任

刘永泽　教授　博士　博士生导师

委　员　（按姓氏笔画排列）

万寿义　教授　博士　博士生导师
方红星　教授　博士　博士生导师
王振武　教授　硕士生导师
刘明辉　教授　博士　博士生导师
刘淑莲　教授　博士　博士生导师
孙光国　教授　博士　博士生导师
吴大军　教授　博士　硕士生导师
李日昱　教授　博士　硕士生导师
张先治　教授　博士　博士生导师
陈国辉　教授　博士　博士生导师
姜　欣　教授　博士　硕士生导师

卷首语

谁都不能否认，经济与会计的关系越来越密切，尤其是经济全球化的趋势让全世界的会计准则制定机构都走上了会计准则的国际趋同和等效之路；谁也不能否认，我国的会计改革紧跟了我国和世界经济发展的步伐，尤其是20世纪90年代初至今，会计改革经历了与国际接轨、趋同和等效的阶段；谁都必须承认，会计人才的培养要适应经济与社会的发展变化，尤其要适应建设社会主义市场经济的需要。另外，一整套优秀的系列教材对于培养会计人才的重要性是显而易见的，尤为重要的是教材必须紧跟时代进步的节奏，把握好经济与会计发展的脉搏。

纵观“东北财经大学会计学系列教材”的生命线会发现，她之所以能常青，正是上述认识指引的硕果。

20世纪90年代初，我们编写了东北财经大学第一套会计学系列教材，其奉行的理念是：积数十年教材编写之经验，融十几位教授之心血，编系列精品教材。在20多年中，我们一直坚持这样的原则，前后共出版过4套系列教材，每一套系列教材都修订过若干次，总销量近千万册，其足迹遍布祖国的大江南北。在20多年中，会计学系列教材伴随着一批又一批的大学生成长，并且以教材编写为契机，在高等学府中培养了一代又一代的教师精英。

从时间上来推算，本套会计学系列教材是20多年中的第五套。本套会计学系列教材的第1版诞生于2007年1月，正好踏着2006年财政部发布“企业会计准则”体系的节拍。在近年来的教材使用过程中，尽管我们作了一些修订，但始终未能跳出小修小改的圈子。在此期间，我们又掌握和理解了更新的企业会计准则与规范，积累和领会了更多的专业知识，尤其是对企业会计准则与会计教材之间的关系有了更深刻的认识。基于此，我们才有了这一次的大修订，并以新版的形式呈现在读者面前。

东北财经大学会计学系列教材修订的主要依据是财政部最近几年来修订或发布的企业会计、行政事业会计、税收、财务管理、管理会计等方面的法规：

•就企业会计准则而言，2014年陆续修订、制定了8项具体准则，其中，制定了《企业会计准则第39号——公允价值计量》等3项准则，修订了《企业会计准则第2号——长期股权投资》等5项准则，这些准则自2014年7月1日起施行；同时，最近几年来财政部又发布了若干项《企业会计准则解释》，这些准则及其解释公告对财务会计类教材影响比较大。

•从管理会计来看，2016年6月22日财政部印发了《管理会计基本指引》，不仅有利于加强管理会计指引体系建设，还将对制定应用指引和案例示范起统领作用。

•就成本会计而言，继《企业产品成本核算制度（试行）》发布后，财政部又发布了《企业产品成本核算制度——石油石化行业》和《企业产品成本核算制度——钢铁行业》，对大中型石油化工企业和钢铁企业的成本核算业务进行规范。

•财政部和国家档案局联合发布的新《会计档案管理办法》自2016年1月1日起施行。

•财政部和国家税务总局发布《关于全面推开营业税改征增值税试点的通知》，自2016年5月1日起，在全国范围内全面推开营业税改征增值税试点，建筑业、房地产业、金融业、生活服务业等全部营业税纳税人，纳入试点范围，由缴纳营业税改为缴纳增值税。

这些对于会计学系列教材建设都提出了新的挑战。

在修订的过程中，我们更加注重提升同教材配套的“习题与案例”、“电子课件”以及“教学大纲”的平台建设质量。首先，关于习题与案例。按照修订后的教材内容体系，根据各章内容的安排重新进行习题与案例的修订。一是加大习题量，适当提高习题的难度。二是更换部分案例，使案例与实践更加贴近，学生通过案例的学习得到进一步启发。三是配置阶段性综合习题，根据内容模块设置习题，便于学生综合性地理解和掌握几个章节的内容，循序渐进，达到深入学习的效果。其次，关于电子课件。电子课件的制作摒弃了复制主教材各级标题的简单做法，由各主教材的作者亲自主持制作，这样能更好地把握授课内容，对各章节的内容进行更深入的讲解和逻辑勾勒，真正起到辅助和深化的作用。另外，在介质上向独立光盘的方向发展，增强互动性和形象性。最后，关于教学大纲。本套教材配有电子版教学大纲，为教师提供课时分配、重难点提示、教学结构等参考信息，进一步方便教师教学。

为保证质量，我们陆续推出新版东北财经大学会计学系列教材，分别有：《基础会计》《中级财务会计》《中级财务会计（精编版）》《高级财务会计》《成本会计》《管理会计》《财务管理》《会计信息系统》《内部控制》《财务分析》《会计学》《审计》《审计（精编版）》，共计13种。值得一提的是，截至目前，本套系列教材入选“十二五”普通高等教育本科国家级规划教材的有7种，入选普通高等教育“十一五”国家级规划教材的有4种，入选普通高等教育精品教材的有1种，入选“十二五”普通高等教育本科省级规划教材的有9种，获得全国优秀畅销书奖的有6种，获得省级优秀畅销书奖的有6种，所支撑的课程获得国家级精品课程称号的有5种，所支撑的课程获得省级精品课程称号的有6种，获得国家级精品资源共享课称号的有5种，获得省级精品资源共享课称号的有2种。

由于我们的时间和精力有限，教材中难免存在缺点乃至谬误，我们恳请广大读者批评指正。

每次修订仅仅是一个新的起点，而不是终点，我们将随着经济的发展与会计环境的变化不断修订，使东北财经大学会计学系列教材紧随时代步伐，及时反映学科的最新进展。

东北财经大学会计学系列教材编委会

第三版前言

现代会计的基本职能可归纳为反映和控制，而为了达到反映与控制的目的，其在发展中逐步构建了两大工作系统，即会计的信息系统和会计的控制系统。

从信息系统论角度分析，会计是为提高企业和各单位活动的经济效益，加强经济管理而建立的一个以提供财务信息为主的经济信息系统。会计通过对信息的收集、加工、总结，形成对经济决策、经济管理有效的信息系统。会计的核算职能就是为经济管理收集、处理、存储和输送各种会计信息。会计监督是指通过调节、指导、控制等方式，对客观经济活动的合理、合法、有效性进行考核与评价。电子计算机在经济管理工作中的应用，最终形成了管理信息系统，而这个系统理所当然地将财务会计系统包括其中。把电子计算机处理技术与财务会计方法体系有机结合起来，便形成了科学的会计信息系统。

从控制系统论角度分析，现代会计控制系统包括经营循环控制与决策过程控制两个分支系统。这两个系统与电子计算机控制系统结合，并与会计信息系统相结合形成一种自动控制系统。经营循环控制系统包括市场、计划、过程控制、成本、库存、价格、行销、内部审计等部分，其中，过程控制又包括设计、采购、产出、质检、储存、运输、销售等环节。要使会计控制作用充分发挥，必须进行有效的控制，而有效的控制必须是采用科学的系统方法，把握优化信息科学的系统的控制。

回到我们要讨论的会计信息系统课程的内容上来。第一，广义的会计信息系统包含会计学专业的所有课程，但是这些课程没有强调系统方法；第二，既然是系统，那么系统就应该有系统的运行方式，这种运行方式就是系统工作流程，但是目前的课程没有强调系统工作流程；第三，现代会计信息系统是基于现代信息技术的信息系统，而技术本身会给会计工作系统带来新的变革。因此，我们的课程定位为狭义会计信息系统的内容框架：科学的系统方法、系统的工作流程、信息技术与会计相结合的管理与控制。

我们本着培养会计信息系统高级应用型人才的目标规划教材内容。高级应用型人才应该是具有一定信息化素养的，在企事业单位能够：(1）参与企业信息化（包括会计信息化）进程；(2）参与维护企业信息系统正常运行；(3）理解企业信息系统功能设计并中等或深度使用；(4）能够通过信息系统获取所需的会计信息；(5）参与企业信息系统内部控制建设和审计等。

本书第三版作了较大改动，主要体现在以下方面：(1）增加了业务知识，较好地体现了“业财融合”；(2）进一步加强了系统化建模和方法的内容，为业务目标和实现过程搭建了更多“技术桥梁”。据此，我们设计了教材的基本内容如下：

教材内容的整体布局设计

定位	学习目标	知识模块
Ⅰ.会计信息化素养培养	从微观到宏观了解会计信息系统的概念、发展与演变	第一章 会计信息系统概述 第三章 ERP基础理论 第十章 会计信息系统发展前沿
Ⅱ.会计信息化进程的参与者	掌握系统方法与应用，熟悉企业业务流程，并能够按照系统方法参与企业会计信息化进程	第二章 系统方法及其会计应用 第八章 系统实施与业务流程管理
Ⅲ.会计信息系统的深度用户培训	掌握ERP系统核心内容，了解系统功能和业务流程	第四章 业务系统基础 第五章 销售业务系统 第六章 生产制造管理系统 第七章 采购及其他支持业务系统
Ⅳ.系统外围用户培养	有能力参与基于信息技术的企业内部控制建设，参与信息系统审计和计算机审计	第九章 信息系统审计与内部控制

本书可作为高等院校会计学专业和财务管理专业本科生或研究生“会计信息系统”理论课程教材。根据实际情况，授课学时可安排36学时、54学时或72学时，由于课程的扩展内容和实践内容较为丰富，因此，课程学时安排具有一定的弹性。我们给出的本教材使用建议，仅供参考。

本书第一、二、三、五、六、七、九章由甄阜铭编写，第四、八章由刘媛媛、甄阜铭编写，第十章由刘凌冰、甄阜铭编写。甄阜铭负责全书的统稿、修改、总纂与定稿。本书很多文字和图片借助了金蝶K/314.0 ERP的内容，在此表示感谢。

本书第三版为每节内容增加了基础训练题、课后系统主观题部分答案、分析设计作业及参考答案，还增加了数据资产、PKI体制和数字货币等内容。另外，为了便于教学，我们把书中采用的图形转换成了PDF文件，供教学中使用。以上资源向授课教师开放。

由于时间仓促和能力所限，书中难免存在不妥和疏漏之处，敬请广大读者不吝赐教！

编　者

2024年1月于东北财经大学

《会计信息系统》课程思政与专业教育融合思维导图

目标	维度	元素	主题	具体内容	对应教材
实践能力	素质	职业素养	坚持本质	拥有某个领域足够多的知识时，就具备在某一领域的话语权，才能解决实际问题	第一章
			实事求是	真实和完整的数据反映事物的本质，因此我们才坚持实事求是原则	第一章
	意识	社会责任	国家政策	世界各国发展制造业强国兴衰的历程和事实，不断重复地告诉人们发展制造业与强国兴衰之间的真理：“制造业强，国家强；制造业弱，国家弱；制造业空，国家衰”	第十章
			个人贡献	以智能制造核心技术的创新研发和战略性新兴产业的培育发展为战略目标，整体提高我国在新时代的制造业科学技术的创新能力。所以，我们国家要夯实基础，创新驱动，加快实现智能制造高质量发展。我们每个人都应为此做好准备	第十章
创新精神	思维	全局思维	全局思维	我们要坚持做到最好，但是同时也要允许犯错误，要全面、本质看问题。每个人要具有全局思维、系统化思想	第二章
			全局观念	系统观念的整体性原则要求我们在研究系统的各个部分时，应始终把部分放在整体中研究，把着眼点放在全局上，部分必须服从和服务于系统的整体要求	第二章
	行为	自立自强	创新发展	我国要在关键核心技术方面实现突破，发展壮大战略性新兴产业，未来在载人航天、探月探火、深海深地探测、超级计算机、卫星导航、量子信息、核电技术、大飞机制造、生物医药等领域将取得重大成果，进入创新型国家行列	第十章
			专业伦理	未来的趋势已可以预见，普通核算型工作，如财务、审计、税务等财务基础人员会逐步减少。因此，这要求财务人员提高战略分析与判断能力，处理好组织与组织、人员与人员、单位与社会的关系，对于涉及人的问题，人工智能是不可能完全解决的	第十章

目 录

第一章

会计信息系统概述

学习目标

通过本章学习，应该达到以下目标：

学习和把握数据的概念、数据的分类、数据的处理技术，信息的概念、信息的性质、信息的生命周期与管理，系统的概念、系统的分类、系统的目标和结构等一般性概念。在此基础上，深入学习会计数据的概念和特点，会计信息的性质和特征，会计信息系统的概念，会计信息系统的构成和目标，会计信息系统的发展历程。重点理解和掌握会计数据、会计信息和会计信息系统的关系，把握会计专业知识在会计信息系统中的作用，理解自身面向未来学习和实践的需求。

引例　　**知识体系——从数据到智慧**

背景与情境：有的人知识非常渊博，也能够解决当下的现实问题，但是，面对重要事件需要决策的时候就变得束手无策，经常会昏头昏脑做出错误的决策。人是如此，企业亦然。

数据是收集起来的原始材料，信息是结构化的数据，知识是可以带来行动和改变的信息，而智慧则是能够通过高度抽象化的理念原则指导决策的能力。

从数据到信息是提升，从信息到知识是提升，从知识到智慧也是提升。逐级向上提升，从数据直到智慧。当你能够游刃有余地运用信息完成任务的时候，信息就开始变成你的知识，因为它改变了你的行动。当你拥有某个领域足够多的知识时，你就具备在某一领域的话语权，因为你能解决实际问题。

有些人可以称为有知识的人，却不能称为智慧之人。智慧之人和有知识的人，最大的差别在于知识是否体系化。仅仅有知识还不行，知识只有体系化才有可能成为智慧的源泉。

会计信息系统实质上是帮助企业实现从数据、信息、知识，直到智慧的转化的一种结构和路径。

第一节　数据与数据分类

一、数据

在很多会计人的印象中，数据就是数字，或者由数字构成的，其实不然，数据的范畴比数字大得多。数据包括数字、文字、图片、视频等，也包括存在于人事部门的档案，设计院的工程图纸，还包括我们的会计凭证等。抛开传统意义上的数据，人类自身产生的数据包括我们的信件、电话和电子邮件、电视、互联网网页，以及各种社交记录等内容。

数据（data）是指对客观事件进行记录并可以鉴别的符号，是对事物的性质、状态以及相互关系等进行记载的物理符号或这些物理符号的组合。它是可识别的、抽象的符号。它不仅指狭义上的数字，还可以是具有一定意义的符号（文字、字母、数字）组合、图形、图像、视频、音频等，也可以是客观事物的属性、数量、位置及其相互关系的抽象表示。例如，“0，1，2，…”“阴、雨、下降、气温”“学生的档案记录”“货物的运输情况”等都是数据。

数据是事实或观察的结果，是对客观事物的逻辑归纳，是用于表示客观事物的未经加工的原始素材。数据的表现形式还不能完全表达其内容，需要经过解释，数据和关于数据的解释是不可分的。例如，93是一个数据，可以是一个同学某门课的成绩，也可以是某个人的体重，还可以是会计学院2023级的学生人数。数据的解释是指对数据含义的说明，数据的含义称为数据的语义，数据与其语义是不可分的。

真实和完整的数据反映事物的本质，数据分析的本质是通过现象看本质，是坚持实事求是原则。在计算机科学中，数据是指所有能输入到计算机并被计算机程序处理的符号的总称。因此，利用信息技术能够提升我们认知世界和解决问题的能力。

二、数据分类

（一）模拟与数字

数据可以是连续的值，比如声音、图像，称为模拟数据，也可以是不连续（离散）的，如符号、文字，称为数字数据。表示任何信息的数据，从表现形式上都可归结为模拟和数字两类。模拟信号与数字信号的区别可根据幅度取值是否离散来确定。

（1）数字数据

数字数据（digital data）也称为数字量，相对于模拟量而言，指的是取值范围是离散的变量或者数值。数字信号的幅度的取值是离散的，幅值被限制在有限个数值之内。二进制码就是一种数字信号。数字信号受噪声的影响小，易于数字电路进行处理，所以得到了广泛的应用。

（2）模拟数据

模拟数据（analog data）也称为模拟量，相对于数字量而言，指的是取值范围是连续的变量或者数值。模拟信号是指在某个区间连续变化的物理量，如声音的大小和温度的高低等。模拟信号的幅度的取值是连续的（幅值可由无限个数值表示）。

计算机中，以位（0或1）表示数据。数据的最小的寻址单位称为字节（通常是8位）。机器码指令处理的单位，称作字长。计算机在数据输入、处理、存储和输出过程中要进行多次模拟（A）/数字（D）、数字（D）/模拟（A）转换。

（二）定性与定量

数据按性质可分为以下几类：

（1）定性数据（qualitative data）在统计学上包括分类数据和顺序数据，是一组表示事物性质，规定事物类别的文字表述型数据。如表示事物属性的数据（居民地、河流、道路等）。

（2）定量数据（quantitative data）是反映事物数量特征的数据，如长度、面积、体积等几何量或重量、速度等物理量。

在这里简单地介绍一下定量研究和定性研究。

1.定性研究（qualitative research）

定性研究方法是根据社会现象或事物所具有的属性和在运动中的矛盾变化，从事物的内在规定性来研究事物的一种方法或角度。它以普遍承认的公理、一套演绎逻辑和大量的历史事实为分析基础，从事物的矛盾性出发，描述、阐释所研究的事物。

定性研究有两个不同的层次：一是没有或缺乏数量分析的纯定性研究，结论往往具有概括性和思辨色彩；二是建立在定量分析的基础上的、更高层次的定性研究。

2.定量研究（quantitative research）

定量研究是指确定事物某方面量的规定性的科学研究，就是将问题与现象用数量来表示，进而去分析、考验、解释，从而获得意义的研究方法和过程。定量，就是以数字符号为基础去测量。定量研究通过对研究对象的特征按某种标准作量的比较来测定对象特征数值，或求出某些因素间的量的变化规律。由于其目的是对事物及其运动的量的属性做出回答，故名定量研究。定量研究与科学实验研究是密切相关的，可以说，科学上的定量化是伴随着实验法产生的。

在实际研究中，定性研究与定量研究常配合使用。在进行定量研究之前，研究者需借助定性研究确定所要研究的现象的性质；在进行定量研究过程中，研究者又需借助定性研究确定现象发生质变的数量界限和引起质变的原因。定量研究是社会科学领域的一种基本研究范式。会计问题规范性研究一般属于定性研究，而实证性研究属于定性与定量相结合的研究。

史蒂文斯（S. S. Stevens）将定量研究的测定尺度分为四种类型，即名义尺度、定序尺度、间距尺度和比例尺度。

定量研究四种测定尺度的意义与特征如下：

•名义（nominal）尺度，也称类别尺度或定类尺度，是将调查对象分类，标以各种名称，并确定其类别的方法。它实质上是一种分类体系。名义尺度只能用来比较相等或者不相等，而不能比较大小，更不能用来进行四则算术运算。以性别为例，两个人的性别只能用相同与否来区分，而讨论“谁的性别大”，或者“两个人性别的和”等问题是没有意义的。

•定序（ordinal）尺度，也称等级尺度或顺序尺度，是按照某种逻辑顺序将调查对象排列出高低或大小，确定其等级及次序的一种尺度。定序尺度也用来描述一个对象的类别，但与名义尺度不同的是，定序尺度的类别有一定的顺序或大小。定序尺度的变量之间除比较是否相等外，还可以比较大小。但是，加减乘除的运算仍然不能用在定序尺度中。例如，一场比赛中选手的名次（第一，第二，第三等）就是一个次序变量。我们可以比较两个选手的名次谁在前面，但我们不能比较第一名和第二名的差距与第二名和第三名的差距相比哪个更大。

•间距（interval）尺度，也称定距尺度，是对事物类别或次序之间间距的计量，它通常使用度量衡单位作为定量尺度。具有定序尺度所有的特性，除了能比较大小外，间距尺度的测量值可以相加或相减，其结果仍然有意义。另外，由于间距尺度的零点是任意选取的，所以乘法和除法运算的结果不唯一，因而是没有意义的。年份、摄氏温度、华氏温度都是间距尺度。

•比例（ratio）尺度，也称等比尺度，除有上述三种尺度的全部性质之外，还可以测量不同变量（社会现象）之间的比例或比率关系。比例尺度的主要数学特征是“÷”或“×”。在统计的对比分析中，比例尺度的运用较广泛，如企业财务指标的各种比率。

会计研究中，很多内容或研究项目都不具备比例尺度或间距尺度的条件，在处理这些问题时，应注意不要出现失误。

（三）结构化与非结构化

数据按照计算机存储、处理和检索难易程度，分为结构化数据和非结构化数据。

1.结构化数据

结构化数据通常符合关系数据库管理（RDBMS）范式，如图1-1所示，结构化数据由二维表结构来表示，表结构的每一列都有着清晰的定义。结构化数据由明确定义的数据类型组成，如字母或数字、货币、日期等，因此，其适用于搜索、查询，以及使用数据字段名称类型的算法。用结构化查询语言（SQL）处理关系数据库，可以得到灵活的用户数据视图。

Size	#Bedrooms	……	Price（1000$s）
2104	3		400
1600	3		330
2400	3		369
⋮	⋮		⋮
300	4		540

图1-1 结构化的数据

2.非结构化数据

非结构化数据本质上是结构化数据之外的一切数据。非结构化数据具有内部结构，但不通过预定义的数据模型或模式进行表示。它可能是文本的或非文本的，也可能是人为的或机器生成的。而非结构化数据通常由不容易搜索的数据组成，其中包括音频、视频和社交媒体文本等格式（如图1-2所示）。

图1-2 非结构化的数据（音频、图像和文本）

非结构化数据是不使用数据库二维逻辑表来表现的数据，数据结构不规则或不完整，没有预定义的数据模型。相对于结构化的数据，非结构化的数据不易于计算机理解和处理。

典型的非结构化数据包括文本文件（文字处理、电子表格、演示文稿、电子邮件、日志）、社交媒体（来自微信、QQ、Facebook、Twitter的数据）、媒体（MP3、数码照片、音频文件、视频文件）、卫星图像（天气数据、地形、军事活动）等。企业内部有大量的非结构化数据，如原始凭证、设计图纸、商务合同等。这些数据有的需要进行结构化处理转化成为数据库的一部分，而有些数据需要更复杂的树形或网络结构的数据系统进行存储和处理。

非结构化数据比结构化数据要多得多。资料表明，非结构化数据占企业数据的80%以上，并且以每年55%~65%的速度增长。如果没有工具来分析这些海量数据，企业会在商业智能领域发展滞后。

三、数据质量

数据是组织最具价值的资产之一，企业的数据质量与经营绩效之间存在着直接联系。如何评估数据的质量，或者说什么样的数据才是符合要求的数据呢？以下4个方面共同构成高质量数据的基本要求：

1.完整性

完整性用来描述数据的记录和信息是否完整，是否存在缺失的情况。数据的缺失主要包括记录的缺失和记录中某个字段信息的缺失，两者都会造成统计结果的不准确，所以完整性是数据质量最基础的保障，而对完整性的评估相对比较容易。

会计一般使用统计的记录数和唯一值个数，检验数据完整性。但是数据的完整性要求远不止这些。从数据库角度考虑数据完整性，其与数据的规范性相关。数据完整性分为4类：实体完整性（entity integrity）、域完整性（domain integrity）、参照完整性（referential integrity）、用户自定义完整性（user-defined integrity）。这部分内容大家可以参阅关系型数据库有关资料。

2.一致性

一致性用来描述数据的记录是否符合规范，是否与前后及其他数据集合保持统一。数据的一致性主要包括数据记录的规范和数据逻辑的一致性。

数据不一致的原因主要有以下3种：（1）数据冗余造成的。这往往是由于重复存放的数据未能进行一致性地更新。例如，对于教师工资的调整，人事处的工资数据已经改动了，财务处的工资数据未改变。（2）并发控制不当造成的。这是由于多用户共享数据库，而更新操作未能保持同步进行。例如，在飞机票订购系统中，如果不同的两个购票点同时查询某张机票的订购情况，而且分别为顾客订购了这张机票，就会造成一张机票分别卖给两名顾客的情况。（3）各种故障、错误造成的。由于某种原因（如硬件故障或软件故障）而造成数据丢失或数据损坏，要根据各种数据库维护手段（如转存、日志等）和数据恢复措施将数据库恢复到某个正确的、完整的、一致性的状态。

3.准确性

准确性用来描述数据中记录的信息和数据是否准确，是否存在异常或者错误的信息。

导致不一致问题的原因可能是数据记录的规则不一致，但不一定存在错误。准确性关注的是数据记录中存在的错误，比如字符型数据的乱码现象也应该归到准确性的考核范畴，还有就是辨别异常的数值，即异常大或者异常小的数值，或者不符合有效性要求的数值。

4.及时性

及时性用来描述数据从产生到可以查看的时间间隔，也叫数据的延时时长。虽然说分析型数据的实时性要求并不是太高，但如果数据要延时两三天才能出来，分析事物的结果已经出现，那么分析的结论可能已经失去时效性；同时，某些实时分析和决策需要用到小时或者分钟级的数据，这些需求对数据的时效性要求极高。所以及时性也是数据质量的组成要素之一。

基于数据质量的4个要素，可以对数据进行审核，以评估数据是否满足完整性、一致性、准确性和及时性这4方面要求，这一过程称为数据审计（data auditing）。

四、数据资产

2023年11月，浙江省财政厅出台了《数据资产确认工作指南》。2023年8月1日，财政部印发了《企业数据资源相关会计处理暂行规定》，规范企业数据资源相关会计处理和相关会计信息披露。其对数据资产的界定、确认、计量和披露等做出了规定。

数据资产是会计主体过去的交易或事项形成的，由会计主体拥有或者合法控制的，能进行可靠计量的，预期会给会计主体带来经济利益或产生服务潜力的数据资源。

数据资产确认是将某一项目作为一项数据资产正式地记录或列入某一个体的财务报表的过程。数据资产可确认，应同时满足以下条件：①交易或事项形成；②有效控制，可靠计量；③预期价值流入。

企业在编制资产负债表时，应当根据重要性原则并结合本企业的实际情况，在“存货”项目下增设“其中：数据资源”项目，反映资产负债表日确认为存货的数据资源的期末账面价值；在“无形资产”项目下增设“其中：数据资源”项目，反映资产负债表日确认为无形资产的数据资源的期末账面价值；在“开发支出”项目下增设“其中：数据资源”项目，反映资产负债表日正在进行数据资源研究开发项目满足资本化条件的支出。

第二节 数据处理技术

一、数据处理

（一）数据处理概述

数据是对事实、概念或指令的符号表示，可由人工或自动化装置进行处理。数据处理（data processing）是对数据（包括数值的和非数值的）进行分析和加工的技术过程，包括对各种原始数据的整理、计算、编辑、分析等。

随着计算机的日益普及，数据处理与信息管理主要通过计算机完成，如位置管理、仓库管理、财会管理、交通运输管理、技术情报管理、办公室自动化等。数据处理的流程如图1-3所示。

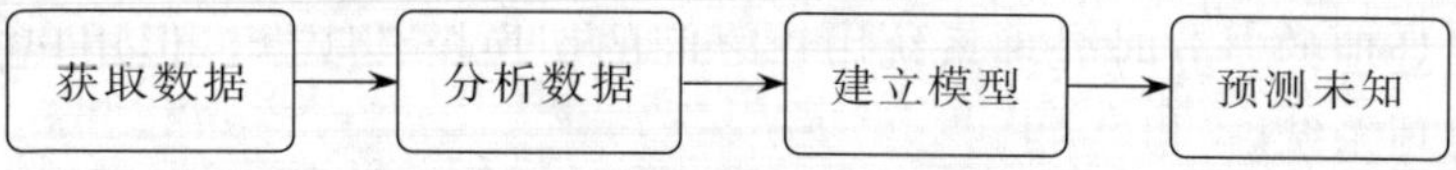

图 1-3　处理数据的流程[①]

针对数据处理的不同阶段，有不同的专业工具来对数据进行处理。

（二）数据处理方式

数据处理技术有很多种方式，每种处理方式都有自己的特点，应当根据应用问题的实际环境选择合适的处理方式。同时，不同的处理方式要求不同的计算机硬件和软件支持。

根据计算机处理系统的物理结构、工作方式，以及数据的时间、空间分布方式的不同，数据处理方式可以有不同的分类。这里介绍主要的三种分类方式。

1.根据处理设备的结构方式区分，其可分为联机处理方式和脱机处理方式

联机处理和脱机处理，与计算机主机系统概念相关，其主要描述主机与外部设备之间的关系。联机处理又称在线处理，是数据直接从产生地输入主机系统，而处理结果直接送到需要数据的地点的处理方式。联机处理又分为实时处理和延迟处理。前者对输入的数据立即加以处理并得出结果；后者先将输入的数据存储起来，过一段时间以后再加以处理。联机处理的核心在于主机和终端设备之间保持连接状态，可以控制与被控制。

脱机处理时，处理过程中主机和外部设备的输入端是脱离的，互不控制。外部设备上的数据需要等待相当长一段时间后才被进行处理。当外部设备上有数据输入时，主机并不予以处理，只是将外部设备的数据存放到缓冲区中。一旦缓冲区满了，或是等待的时间到了，主机才进行加工处理。对输出的操作也是这样，一旦计算机要输出处理结果，它只是把输出结果送入缓冲区中，然后向外部设备慢慢地进行输出，而主机又去进行其他的加工处理，当缓冲区中的数据全部输出完毕，主机再把下一批数据存入缓冲区中。

在输入数据时，如果要对数据进行合法性验证，就应考虑采用联机处理的方式，以便及时发现输入数据的错误，并及时予以更正。如果是从网上或磁盘中把数据读出来，则可考虑用脱机处理的方式，因为对这些输入的数据可以不进行合法性校验，只是进行再加工和处理。

这里的在线与互联网的在线（online）略有不同。互联网在线是相对离线（offline）而言的，计算机在线是指与互联网联通状态。在线状态可以进行联机处理和脱机处理，而离线状态只能进行脱机处理。

2.根据数据处理时间的分配方式区分，其可以分为批处理方式、分时处理方式和实时处理方式

批处理（batch processing）就是将作业按照它们的性质分组（或分批），然后再成组（或成批）地提交给计算机系统，由计算机完成后再输出结果，从而减少作业建立和结束过程中的时间浪费。

分时处理系统是一个计算机系统，它包括许多独立的、相对低速的、可以同时使用的联机终端设备，每个终端都可以直接访问中央处理机。中央处理机由一个时钟控制，按一定的时间从一个终端切换到另一个终端。它在指定的时间片内完成每个作业的一部分，保存中间处理的结果，然后转向另一个终端，如此循环直至工作全部结束。安排给每个用户的时间片是很短的，如 1/40 秒，但是由于计算机的运行速度很快，在短时间内它还是能

① 吴军．智能时代——大数据与智能革命重新定义未来［M］．北京：中信出版社，2016：12.

完成很多操作处理的。分时处理系统用户之间的切换极其频繁，但用户觉得好像在单独使用一个信息处理系统。

在实时处理中，中央处理机同时与多个用户进行通信，但实际上每一个瞬间中央处理机只能与一个用户通话，所以中央处理机所进行的处理操作与正在进行的活动是同时并行的。若外来信息到来时中央处理机正在执行其他任务，则中断原任务而转去执行此信息处理的任务，称为实时中断。从某一事件发生到系统对该事件有所响应所需的时间称为响应时间。响应时间是实时处理系统的重要指标。

3.根据数据处理空间的分布方式区分，其可以分为集中处理方式和分布处理方式

集中式计算机网络有一个大型的中央系统，其终端是客户机，数据全部存储在中央系统，由数据库管理系统进行管理，所有的处理都由该大型系统完成，终端只是用来输入和输出。终端本身不作任何处理，所有任务都在主机上进行处理。

分布处理方式是比较纯粹的计算机网络概念，是由多台中央处理器及存储器通过一个网络连接而成的多处理机。组成分布处理机的各台处理机可以同时工作，因此，它可支持并行运算。一个计算任务分解成若干相对独立的部分后可在分布处理机上并行地运行从而提高计算速度。当组成分布处理机的一台或若干台处理机发生故障时，分布处理机仍可以继续工作。所有资源均可为组成它的处理机共享，共享资源采用分散的控制方式，各台处理机不分主次，它们对资源的共享是“平等”的。

二、数据处理技术

（一）数据采集技术

数据采集，又称数据获取，是利用一种装置，从系统外部采集数据并输入到系统内部的一个接口应用。数据采集技术广泛应用在各个领域，数据采集设备的应用也很普遍，这里只介绍与我们息息相关的二维码技术和无线射频识别。

条码（bar code）或二维码（2-dimensional bar code）是某种特定的几何图形按一定规律分布在平面（二维方向）上的黑白相间的记录数据符号信息的图形；其在代码编制上巧妙地利用构成计算机内部逻辑基础的“0”“1”比特流的概念，使用若干个与二进制相对应的几何形体来表示文字数值信息，通过图像输入设备或光电扫描设备自动识读以实现信息自动处理。它具有条码技术的一些共性：每种码制有其特定的字符集，每个字符占有一定的宽度，具有一定的校验功能等。同时，它还具有对不同行的信息自动识别及处理图形旋转变化点的功能。2017年12月25日，中国人民银行发布了《条码支付业务规范（试行）》，明确规定了支付机构开展条码业务需要遵循的安全标准。

射频技术（radio frequency，RF）较常见的应用有无线射频识别（radio frequency identification，RFID），常称为感应式电子晶片或近接卡、感应卡、非接触卡、电子标签、电子条码等。其原理为由扫描器发射一特定频率的无线电波能量给接收器，用以驱动接收器电路将内部的代码送出，此时扫描器便接收此代码。接收器的特殊性在于免用电池、免接触、免刷卡，故不怕脏污，且晶片密码为世界唯一，无法复制，安全性高、寿命长。RFID的应用非常广泛，目前典型的应用有动物晶片、汽车晶片防盗器、门禁管制、停车场管制、生产线自动化、物料管理等。另外，基于互联网技术的物联网技术，也使数据采集技术得以提升。

（二）数据转换技术

对数据进行转换就是对数据的合并、清理和整合。通过转换，可以实现不同的源数据在语义上的一致性。异型数据库的转换是新旧系统之间转换的主要工作。不同数据库应用系统，数据库模式、数据的格式和对数据的操作都不同，其转换的操作必须包含数据库模式的转换、数据格式的转换、对数据操作的转换和数据内容的转换。另外，新、旧系统可能是不同操作系统下的不同数据库系统，也可能是同一操作系统下的不同数据库系统，对于不同操作系统下的数据库转换问题还必须考虑操作系统之间的数据交换问题。因此，在数据库系统开发中强调数据统一接口和数据标准化。

数据迁移是一个类似的概念，是数据从一台计算机、数据库、应用程序或存储设备到另一台计算机的移动。当组织实现IT能力的现代化，用新供应商的产品替换原有供应商的产品，或者整合技术生态系统（如在合并和收购期间）时，通常需要数据迁移。

（三）数据分组和编码技术

数据通过编码可建立数据间的内在联系，便于计算机识别和管理。现代通信技术所指的数据分组和编码是极其复杂的技术，这里不再讨论。在数据处理应用中，尤其针对经济管理类数据，对数据进行编码可方便地进行信息分类、校核、合计、检索等操作，以及量化分析。在处理会计数据时，经常用到如下几种编码形式：顺序码、组码、层次码、特定数字码、助记码和组合代码等。

（1）顺序码。这是最常用也是最简单的一种代码。按编码对象的某种特性或业务发生的顺序，以固定位数连续增加的自然数作为编码，即顺序码。例如，凭证号、支票号等。

顺序码的优点是简单方便，简短紧凑，但这种代码毫无逻辑含义。而且增加代码只能添加在末尾，删除代码会造成空号。可以因出现空号而发现账页、单据、支票的丢失缺损等现象。因此，顺序码常用在单据、账页、凭证的编码上，用于数据完整性检验。

（2）组码。组码也叫区段码，即根据编码对象的特点，按照代码值的大小分成若干组（区段），每组分别代表编码对象的某一类别。例如，某厂的部门编码规定“01~39”为管理部门代码，“40~79”为生产部门代码，“80~99”为辅助部门代码。

组码的优点是能以较少的位数分组表示事物的类别，并且每组都可以留出一些空号以备将来添加新代码，故增加、删除某个代码非常方便，不影响整个编码体系。该编码方法的缺点是分组无统一标准，不能满足复杂分类的需要，故通常在需要分组，但位数又有限的情况下使用。

（3）层次码。层次码也叫组别分类码或群码，就是将整个代码按位分成若干段，按从左到右的次序各段子码分别表示编码对象的大、中、小类别，每段子码可由若干位组成并可采用不同编码，这样就组成了一个有层次及隶属关系的代码。

例如，材料代码，可以用第1位表示材料大类，用“1”表示金属材料，用“2”表示化工材料；第2位是中分类，在金属材料下，“1”表示自制材料，“2”表示外购材料等。

层次码的特点是分类标准明确，有严格的隶属关系，每一段子码都有特定的含义，因此，容易修改和扩充，也便于计算机进行复杂的分类处理。层次码在会计信息系统中应用较多，如会计科目代码、固定资产编码等。

（4）助记码。将编码对象的名称、规格等特性作为代码的一部分来使用的编码称为助记码，常用英文或汉语拼音等缩写字母表示。助记码的优点是有表意作用，易读、易记、易理解，缺点是位数较多，也不便于计算机处理。

(5）组合代码，就是将上述两种或两种以上形式的代码组合。

（四）数据组织与存储技术

数据结构是指同一类数据中各元素之间的相互关系，包括数据的逻辑结构和数据的存储结构，是计算机存储、组织数据的方式。其往往同高效的检索算法和索引技术有关。通常情况下，精心选择的数据结构可以带来更高的运行或者存储效率。数据结构具体是指同一类数据中各元素之间的相互关系，包括数据的逻辑结构和数据的存储结构。

逻辑结构有4种基本类型：集合结构、线性结构、树状结构和网络结构。

(1）集合结构：该结构的数据元素间的关系是“属于同一个集合”。集合中任何两个数据元素之间都没有逻辑关系，组织形式松散。

(2）线性结构：数据结构中线性结构指的是数据元素之间存在着“一对一”的线性关系的数据结构。

(3）树状结构：树状结构是一个或多个节点的有限集合。该结构的数据元素之间存在着一对多的关系。

(4）网络结构：该结构的数据元素之间存在着多对多的关系，也称网状结构。网络结构一般是通信系统的模型。

我们这里只简略介绍了这些术语，是为了帮助理解信息系统的内在运行规律，并不做深入讨论。

（五）数据库技术

数据库（database）是长期储存在计算机内、有组织的、可共享的数据集合，是按照数据结构来组织、存储和管理数据的仓库。数据管理不再仅仅是存储和管理数据，而转变成用户所需要的各种数据管理的方式。

从发展的历史看，数据库是数据管理的高级阶段，它是由文件管理系统发展起来的。数据库通常分为层次型数据库、网络型数据库和关系型数据库三种。而不同的数据库是按不同的数据结构来联系和组织的。这里我们重点讨论关系型数据库。

埃德加·弗兰克·科德（Edgar Frank Codd）为关系型数据库理论做出了奠基性的贡献。关系型数据结构把一些复杂的数据结构归结为简单的二元关系（即二维表格形式）。由关系数据结构组成的数据库系统称为关系数据库系统。在关系数据库中，对数据的操作几乎全部建立在一个或多个关系表格上，通过对这些关系表格的分类、合并、连接或选取等运算来实现数据的管理。

实体关系模型（entity-relationship model，E-R Model）是陈品山（Peter P.S.Chen）博士于1976年提出的一套数据库设计工具。他运用真实世界中事物与关系的观念，来解释数据库中的抽象的数据架构。实体关系模型利用图形的方式——实体-关系图（E-R diagram）来表示数据库的概念设计，有助于设计过程中的构思及沟通讨论。

当前主流的关系型数据库有Oracle、DB2、Microsoft SQL Server、Microsoft Access、MySQL等。目前的现代信息技术基本上都是建立在关系型数据库管理系统基础之上的。

（六）大数据技术

大数据（big data）是指无法在一定时间范围内用常规软件工具进行捕捉、管理和处理的数据集合，是需要新处理模式才能具有更强的决策力、洞察发现力和流程优化能力的海量、高增长率和多样化的信息资产。

在维克托·迈尔-舍恩伯格（Viktor Mayer-Schönberger）及肯尼斯·库克耶（Kenneth Cukier）的《大数据时代》中，强调大数据是指不用随机分析法（抽样调查）这种捷径，而采用所有数据进行分析处理的方法。IBM提出大数据具有5V特点：Volume（大量）、Velocity（高速）、Variety（多样）、Value（低价值密度）、Veracity（真实性）。

他们的主要观点带给我们三个颠覆性观念。

（1）不是随机样本，而是全体数据：以前受技术和成本约束，我们通常把随机采样看成是理所应当的限制，但这其实是一种基于数字技术发展的人为限制。在大数据时代，我们可以分析更多的数据，有时候甚至可以是某个特别现象相关的所有数据，而不再依赖于随机采样。

（2）不是精确性，而是混杂性：以前需要分析的数据很少，所以必须尽可能精确地量化记录，随着规模的扩大，对精确度的要求将减弱。拥有了大数据，我们不再需要对某一现象精确表示，只要掌握了大体的发展方向，适当忽略微观层面上的精确度，会让我们在宏观层面拥有更好的洞察力。

（3）不是因果关系，而是相关关系：在大数据时代，我们无须再紧盯事物之间的因果关系，而应该寻找事物之间的相关关系。相关关系也许不能准确地告诉我们某件事情为何会发生，但是它会解释更多现象，扩大应用领域。

大数据应用领域如图1-4所示。

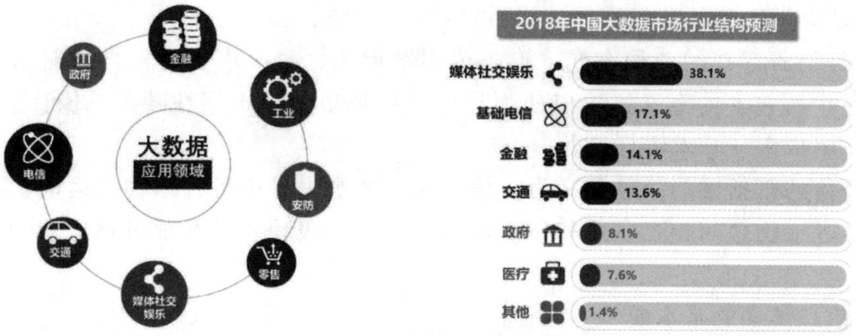

图1-4　大数据应用领域

资料来源：赛迪咨询（http://www.mtx.cn）。

大数据包括结构化、半结构化和非结构化数据。非结构化数据越来越成为数据的主要部分①。IDC的调查报告显示：企业中80%的数据都是非结构化数据，这些数据每年都按指数增长60%。②

在以云计算为代表的技术创新背景下，原本看起来很难收集和使用的数据开始容易被利用起来。企业组织利用相关数据和分析有利于降低成本、提高效率、开发新产品、做出业务决策等。

数据资源可以作为资产进行确认和计量，已经成为共识。大数据可以是一项重要的经济投入，也可以创造新的经济利益。分析认为，当“数据资产是企业核心资产”的概念深入人心之后。数据管理成为核心竞争力，直接影响企业财务表现。数据的资源化，可能成为会计学术界一个重要的研究课题。

① 关于数据的结构化问题，我们在后面章节还要更详细地讨论。
② 参见 http://news.xinhuanet.com/local/2016-05/16/c_128984269.htm。

第三节 信息与信息性质

一、信息

（一）信息的概念

信息与物质和能量并列为世界的三大要素，对应物质循环、能量流动和信息传递这三大过程。信息论创始人克劳德·艾尔伍德·香农（Claude Elwood Shannon）在他的《通信的数学理论》（A Mathematical Theory of Communication）一文中给出了信息的定义：信息是不确定性的消除。逆香农信息定义为：信息是确定性的增加。控制论创始人诺伯特·维纳（Norbert Wiener）认为，"信息是人们在适应外部世界，并使这种适应反作用于外部世界的过程中，同外部世界进行互相交换的内容和名称"。

典型的信息定义包括：

•信息是物质、能量及其属性的标示。【逆维纳信息定义】

•信息是确定性的增加。【逆香农信息定义】

•信息是事物现象及其属性标识的集合。【邓宇等，2002年】

•信息是提供决策的有效数据。【经济管理学领域】

•信息是物质存在的一种方式、形态或运动形态，也是事物的一种普遍属性，一般指数据、消息中所包含的意义，可以使消息中所描述事件的不定性减少。【科学技术信息系统标准与使用指南——术语标准】

一般公认的概括性的信息定义为：信息是对客观世界中各种事物的运动状态和变化的反映，是客观事物之间相互联系和相互作用的表征，表现的是客观事物运动状态和变化的实质内容。

（二）信息传递的基本模型

通信的根本任务是将一个地点的信息可靠有效地传递到另一地点。图1-5中，信源是信息的源头，信道是信息传输的媒介，信息在信道中传输或遇到噪声的干扰发生改变，信宿是信息的接收对象。在模型中可以再加上信源编码、信源解码和信道容量等因素，这里不作深入讨论。

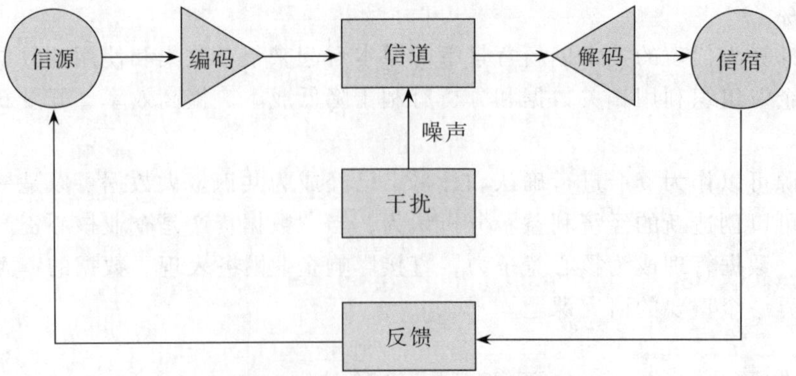

图1-5 通信系统的基本模型

人类社会中，传递思想、表达感情，劳动、生产、政治、文化、日常生活等都离不开信息与信息交流。人类利用眼、耳、鼻、舌、身等感觉器官来感受外界信息，形成自身的信息流通的体系。通信方式的不断改进，代表人类文明和科技水平的不断提高。

二、数据与信息

通常人们认为信息是对人有用的、能够影响人们行为的数据。信息是数据的含义，数据表现为信息的形式，是人们对数据的理解，是数据加工后的结果。数据是信息的载体，没有数据便没有信息，因此，信息不能单独存在。要想获得信息就要先获得载荷信息的数据，对其加工才能获得信息。

数据与信息虽然相通，但信息是关于任何事物的描述，比较抽象，有时信息是隐藏在事物背后的，人们通过知识找到这些信息，并且用数据把它们描述清楚。正因为如此，如何处理数据，过滤无用数据、去除有害数据，获取数据背后的信息就成为一门技术或艺术，会计工作的意义之一也在于此。

数据中隐含的信息和知识是客观存在的，但是只有具有相关领域专业知识的人才能将它们挖掘出来。例如，审计人员扎实的财务专业知识是审计人员必须具备的，否则将无法全面实现审计职能、达成审计目标。审计人员阅读财报时，将资产负债表和利润表自上而下层层拆解，去寻找支持这些报表数据的真实、完整、准确的证据链，对于现金流量表，是根据资产负债表和利润表的明细内容倒算出来的。同时，审计人员还要基于商业逻辑去分析财报数据，包括和历史数据以及同行业其他企业的数据作比较，并且考虑销售收入与经营环境变化的关系，看看财务报表有无明显不合理之处。这一工作明显是从可能的真实的数据、毫无意义的数据和伪造的数据中，挖掘获取审计信息。

对数据和信息进行处理后，人们就可以获得知识。知识比信息更高一个层次，也更抽象，具有系统性的特征（信息系统存在的必要性）。对于企业内部而言，不同层次的人员需求信息的特征不同，如图1-6所示。例如，经济业务产生数据，经过加工变成会计数据，人们总结出来如何把数据归结和分类就是会计知识，但是大量会计数据如何最大化地体现为可被相关者利用的信息，需要一个有效率的知识结构（系统）来支持。

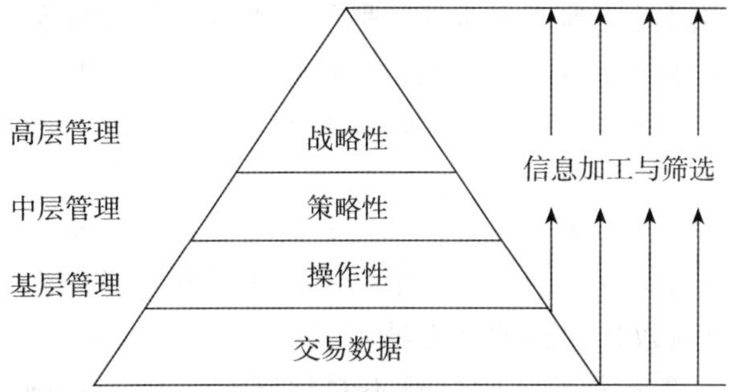

图1-6　企业内部信息的需求特征

三、信息的性质

1.普遍性

信息和物质、能量一样，是构成世界的要素，信息是事物运动的状态和状态变化的表征。因此，只要有事物的存在，只要事物在不断地运动，也就存在着信息，信息具有普遍性。一切事物运动的状态和方式都是信息，事物是无限多样的，事物的发展变化更是无限的，因而信息是无限的。

2.传递性

信息可以在时间上或在空间中从一点传递到另一点。前文讲过，信息是事物存在方式的直接或间接显示，它依附于一定的载荷媒体（声、光、电、磁、语言、表情、文字、数字、符号、图形、图像等）进行呈现、传递和扩散，这些载荷媒体就是我们所说的广义的数据。而信息技术极大地扩展了信息的扩散范围，提高了信息的传递速度和共享程度。

3.变换性

信息形式是可变换的，同时可以由不同载体用不同的方法来载荷。像购货发票有税务印制的，也有电子的。

4.共享性

同一信息可以在同一时间为多个适用对象所用，也可以被多次使用，通过传递可实现信息共享。我们经常接收到群发的邮件，同时我们还转发邮件，这体现了信息的这个性质。

5.相对性

对于同一个事物，不同的观察者所能获得的信息和信息量可能不同。对于同一个企业的财务报表，不同的用户从中得到的信息有较大的差异。

6.价值性

信息是一种资源，同样有其效用和成本。信息的效用表现为，可能为使用者提供新的知识或创造新的价值，可能为使用者的特定决策减少不确定性。信息成本包括收集、输入、处理、存储，以及信息形成与传递过程的全部耗费。显然，信息的价值取决于效用与成本的关系：

信息价值=信息效用-信息成本

另外，信息价值也受信息质量的影响。所谓信息质量是指有用的信息所必须具备的基本质量特性，如相关性、准确性、时效性、简明性、清晰性、可定量性、一致性等。人们总是希望所用信息能够同时达到各项质量特性的最大化，但在现实生活中这种理想化的境界很难达到。因此，常常需要对上述各项质量特性做出权衡与取舍，必须针对面临的具体问题，决定侧重点，以便尽可能地满足对信息的各方面要求。

7.动态性

信息具有动态性质，一切活动的信息都随时间而变化，因此，信息也是有时效的。信息是事物运动的状态和状态变化的表征，事物本身在不断发展变化，因而信息也会随之变化。或者说，信息具有时效性，也就是它具有“寿命”。

信息的以上属性，造就了经济学信息不对称理论（Asymmetric Information）的产生。信息不对称理论是指在市场经济活动中，各类人员对有关信息的了解是有差异的；掌握信息比较充分的人员，往往处于比较有利的地位，而信息贫乏的人员，则处于比较不利的地位。该理论认为：市场中卖方比买方更了解有关商品的各种信息；掌握更多信息的一方可以通过向信息贫乏的一方传递可靠信息而在市场中获益；买卖双方中拥有信息较少的一方会努力从另一方获取信息；市场信号显示在一定程度上可以弥补信息不对称的问题。

四、信息生命周期

（一）信息生命周期概念

信息生命周期（information life cycle）是指信息的形式（数据）存在一个从产生到被使用、维护、存档，直至删除的生命周期。也就是信息被收集（信息的识别和收集），传播（信息的传递），加工和维护使用的整个过程（如图1-7所示）。

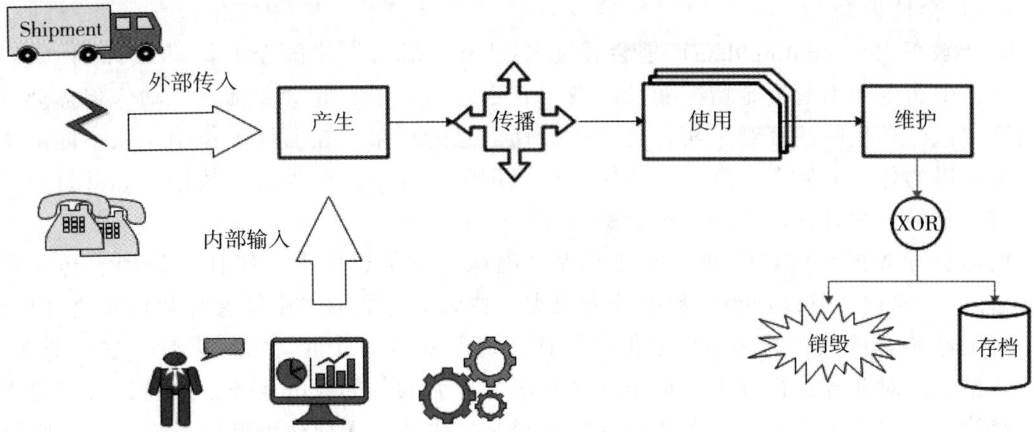

图1-7　信息的生命周期[①]

（1）产生阶段指数据从无到有的过程。数据可以是企业内部的某一个或某些人员创建的，也可能是从外部传入的，信息系统本身运行也可能产生数据。例如，各种往来商业函件、计算机系统的输入输出、企业的各种报告、报表、统计数据等。

（2）传播阶段是指数据一旦产生后，按照某种方式在企业内部或外部进行传递并到达最终用户手中的过程。

（3）使用是指在数据到达最终用户手中后对数据进行的分析、统计和以其为信息进行的商业、政治等决策。

（4）维护是指对数据的管理。这种管理包括存放、读取、拷贝和备份等。

（5）归宿是指对已经使用过的数据进行最终处理。这种最终处理可能是存档，如对各种法律法规要求存档的文件进行最后归档，也有可能是删除或销毁。

（二）信息生命周期管理

信息生命周期管理（information life cycle management，ILM）是指从一个信息系统数据及其相关元数据产生和初始储存阶段到最后过时被删除的一套综合管理方法。

信息生命周期管理的产生，源于信息存在价值周期，也就是说，信息效用随着时间而改变，同时信息具有成本性。信息生命周期管理作为一种信息管理模型，认为信息有一个从产生、保护、读取、更改、迁移、存档、回收、再次激活，以及退出的生命周期，对信息进行贯穿其整个生命周期的管理需要相应的策略和技术实现手段。信息生命周期管理的目的在于帮助企业在信息生命周期的各个阶段以最低的成本获得最大的价值。

① 图中XOR的含义在第二章会讲到。

第四节　会计信息

一、会计信息

（一）会计数据

会计数据（accounting data）是会计业务记录下来的，伴随企业活动或计划（预算）执行过程中产生而引起资金增减变动的数据，也包括并不引起资金增减变动，但需要在会计核算中记录和反映的客观事实，是产生会计信息的源泉。在会计工作中，从不同的来源和渠道取得的各种原始会计资料、原始凭证及记账凭证等都称为会计数据。如某日仓库的进货量、金额，某日某产品的产量、费用等。

根据会计数据和信息的加工处理流程（确认、计量、输入、储存、处理、传递、反馈、输出、发布），可以把会计数据分为三类：原始会计数据、中间会计数据和会计信息。

对于原始会计数据的标准化采集和储存，以及确认、计量，已经进行了多年的探索，会计信息系统对业务进行分析，从中查找有规律可循的各类经济业务，并通过公式定义等方式存储于公式库文件之中，而对于少数不经常发生的、无规律可循的经济业务，则暂时采用人工方法加以存储。所以，国内不少软件都有了各自的模式凭证和自动转账凭证，一些国外软件也能自动生成各种凭证。

（二）会计信息

会计信息（accounting information）是指会计人员根据企业会计准则、会计政策和会计方法所提供的会计业务数据解释和有关资料。会计信息是依据对会计数据、财务会计报告、比较会计报表等资料，运用简单的比较分析、因素分析、综合分析等方法产生的。会计信息受会计准则、制度以及会计学科自身的限制，具有很大的不对称性，使得会计信息的结果存在不确定性。

随着商品经济的发展和社会分工细化，会计工作更加专业化。通过凭证等数据加工处理的信息，一般可以分为财务会计信息和管理会计信息。前者主要指财务会计报告提供的资料，包括对外提供的资产负债表、利润表、现金流量表和有关附表，报表附注，财务情况说明书等。后者指管理会计提供的各种预测分析（成本、销售、利润及资金需要量等），短期经营决策和长期投资决策，责任会计和全面预算，以及成本控制和存货管理等资料。

狭义的会计信息是指财务会计提供的信息，而财务会计和管理会计提供的全部信息称为广义的会计信息。

二、财务信息

1.财务信息

财务具有价值管理的本质特征，侧重于资本的筹措、投放、耗费、回笼、分配等管理工作。财务信息（financial information）是以微观经济原理为基础，运用财务管理方法，对财务活动和财务关系及其效率和效果进行分解剖析，从而揭示出企业的各种经济关系和企业现状及未来发展状况。

财务信息包括财务会计提供的信息和运用财务管理方法生成的各种信息。后者如债券和股票的定价，风险和收益分析，财务计划和资金分析与现金流量分析，财务报表分析，营运资本管理，投资分析，资本成本和资本结构分析，兼并和收购的财务策略等。总之是关于融资、投资和资产管理方面的信息。

会计信息是财务信息的前提，财务信息是在会计信息的基础上，对会计信息进行进一步地加工而形成的信息。但是，并非所有的财务信息都可以根据会计信息来产生，有许多财务信息是脱离会计信息而独立存在的。财务信息产生的方法较之会计信息产生的方法更为专业、综合，不仅运用各种财务模型，还广泛运用了统计学、经济学、运筹学、管理学、法学、人文科学等学科知识。

2.非财务信息

非财务信息（non-financial information）指以非财务资料形式出现，与企业的生产经营活动有着直接或间接联系的各种信息资料，它客观存在于经济系统的信息传递过程中，但不在财务报表上反映的信息内容大都可以认定为非财务信息，它客观存在于经济系统的信息传递过程中。上市公司年报分为财务信息和非财务信息两部分。

非财务信息主要包括：公司整体情况、公司战略、生产和经营、公司治理、社会责任履行、研发数据等。非财务信息不完全满足可定义性、可计量性、可靠性，但具有较强的相关性。

非财务信息也可视为会计信息的一部分，可以由会计系统提供。由于非财务信息不受公认的会计准则约束，所以其形成并不像财务信息那样规范，不必完全遵守确认、计量和报告的程序，一般通过对原有数据资料的统计分析加工等方法形成。

本书的重点不是讨论财务和会计的相关学术问题。因此，本书整体不再区分会计信息和财务信息，而是广义上把会计信息、财务信息和非财务信息统称为会计信息。

三、会计信息的质量特征

会计信息质量特征也称会计信息质量要求、会计信息质量标准。根据我国最新颁布的《企业会计准则——基本准则》的规定，会计信息质量特征包括以下八项：可靠性、相关性、可理解性、可比性、实质重于形式、重要性、谨慎性、及时性。

1.可靠性

“企业应当以实际发生的交易或者事项为依据进行会计确认、计量和报告，如实反映符合确认和计量要求的各项会计要素及其他相关信息，保证会计信息真实可靠、内容完整。”

在会计实务中，有些数据只能根据会计人员的经验或对未来的预计予以计算。基于现代技术的会计信息系统可以在统一标准的条件下将可能发生的误差降低到最低程度，以保证会计核算提供的会计资料真实可靠。但是，新技术也带来了会计造假的新手段、新方式。

2.相关性

“企业提供的会计信息应当与财务会计报告使用者的经济决策需要相关，有助于财务会计报告使用者对企业过去、现在或者未来的情况作出评价或者预测。”

相关性，也称有用性，它也是会计信息质量的一项基本要求。信息要具有有用性，就必须与使用者的决策需要相关。当信息通过帮助使用者评估过去、现在或未来的事项或者通过确证或纠正使用者过去的评价，影响到使用者的经济决策时，信息就具有相关性。这就要求信息具有预测价值和确证价值（亦称反馈价值）。

基于现代技术的会计信息系统提供帮助决策的信息量增加了，并且通过新的技术手段"大数据"深入挖掘相关度，但是会计人员根据自己的专业判断，得出适当的解释是困难的，需要从业人员不断提升自身的技术和专业知识。

3.可理解性

"企业提供的会计信息应当清晰明了，便于财务会计报告使用者理解和使用。"

可理解性，也称明晰性，是对会计信息质量的一项重要要求。提供会计信息的目的在于使用，要使用就必须了解会计信息的内涵，明确会计信息的内容，如果无法做到这一点，就谈不上对决策有用。

信息技术方便、快捷、丰富、多样地表述会计信息，如图表、XBRL、超链接等，都会有助于会计信息使用者理解和使用。同时，借助现代通信技术，使用者也更容易获取和分享会计信息，这也带来了信息泄露等安全问题。

4.可比性

"企业提供的会计信息应当具有可比性。同一企业不同时期发生的相同或者相似的交易或者事项，应当采用一致的会计政策，不得随意变更。确需变更的，应当在附注中说明。不同企业发生的相同或者相似的交易或者事项，应当采用规定的会计政策，确保会计信息口径一致、相互可比。"

为了明确企业财务状况和经营业绩的变化趋势，使用者必须能够比较企业不同时期的财务报表，即同一企业在不同时期纵向可比。为了评估不同企业相对的财务状况、经营业绩和现金流量，使用者还必须能够比较同一时期不同企业的财务报表，即不同企业在同一时期横向可比。因此，对整个企业及其不同时点以及对不同企业而言，同类交易或其他事项的计量和报告，都必须采用一致的方法。

信息技术丰富了这两种可比性项目的同时，使周期间比较更容易，也使企业间甚至行业间比较更容易。另外，在企业确实需要变更会计政策时，也会有强大的"回溯"手段，如"反过账""反结账"等，使得历史数据的会计信息口径一致。当然这也可能为不法人员所利用。

5.实质重于形式

"企业应当按照交易或者事项的经济实质进行会计确认、计量和报告，不应仅以交易或者事项的法律形式为依据。"

交易或其他事项的实质，并非与它们的法律形式的外在面貌相一致。实质重于形式就是要求在对会计要素进行确认和计量时，应重视交易的实质，而不管其采用何种形式。

形式和实质出现不一致有两种情况：一是时间问题，如收入的确认，交易事项发生与会计处理时间点有差异，或发生周期和处理周期有差异。二是空间问题，如融资租赁固定资产，所有权和收益权的空间不一致。抑或是既有时间问题又有空间问题。

借助ERP系统（见第八章）可以设定业务流程关系，如销售和收入流程，业务流程的节点清晰，利用触发机制完成经济实质进行会计确认、计量和报告。另外，在经常项目的会计科目中设定"实质重于形式"的条件，提醒会计人员可能的实质与形式差异的事项，减少或避免漏判和错判。这样可以减少会计人员经常性的"实质重于形式"专业判断，也会减少由此带来的差错。

6.重要性

"企业提供的会计信息应当反映与企业财务状况、经营成果和现金流量等有关的所有重要交易或者事项。"

重要性的意义在于：对会计信息使用者来说，对经营决策有重要影响的会计信息是最需要的，如果会计信息不分主次，反而会妨碍使用，甚至影响决策。而且，对不重要的经济业务简化核算或合并反映，可以节省人力、物力和财力，符合成本效益原则。

重要性原则在于两个问题。一是什么事项信息重要，这体现了相关性，不是所有会计信息对使用者都具有同样的效用，无足轻重、轻重失宜和轻重倒置地处理会计信息都会导致会计信息相关性的缺失。二是重要性如何体现，这又涉及完整性、真实性和及时性，"不能遗漏和错报重要的信息"，当经济业务的发生对企业的财务状况和损益影响甚微时可以用简单的方法和程序进行核算；反之，当经济业务的发生对企业的财务状况和损益影响很大时，就应当严格按照规定的会计方法和程序进行核算。举例来说，我们在使用软件系统时，设置基础数据模块最初科目，就要区分哪些科目要特殊核算，如项目核算，哪些科目属于受控科目等。科目设置这种任意多的核算项目的多重辅助核算，无一不体现它们之间重要性与核算的层次的不同。

7.谨慎性

"企业对交易或者事项进行会计确认、计量和报告应当保持应有的谨慎，不应高估资产或者收益、低估负债或者费用。"

谨慎性，又称稳健性。某些经济业务有几种不同会计处理方法和程序可供选择时，在不影响合理选择的前提下，应当尽可能选用对所有者权益产生影响最小的方法和程序进行会计处理，合理核算可能发生的损失和费用，即所谓"宁可预计可能的损失，不可预计可能的收益"。

相对于传统会计系统的工作量和工作方式，变更核算方法或处理程序，形成新的财务会计报告，借助现代会计信息系统是非常容易办到的，这为企业遵从谨慎性原则提供支持。但是，这也为企业操纵报表带来便利。

8.及时性

"企业对于已经发生的交易或者事项，应当及时进行会计确认、计量和报告，不得提前或者延后。"

信息的报告如果不适当地拖延，就可能失去其相关性。而及时提供可能会影响可靠性。这些说法是针对传统会计系统而言的。现代会计信息系统，尤其是事项驱动的会计信息系统可以做到即时报告信息，这一点甚至给会计分期的基本假设带来了冲击。当然，会计分期的意义本身不只在于此。现代信息系统对会计信息及时性的影响是显而易见的，我们这里不再详细讨论。

这里我们简单地讨论了会计信息的质量特征与会计信息系统的关系，在后面章节大家会深刻理解其中的含义和内容。

四、会计信息的生命周期

会计信息与所有其他信息一样有生命周期。同时，也需要进行会计信息生命周期管理。

1.数据获取阶段

会计数据最初产生于业务发生时，需要消耗会计人员、业务人员的劳动，同时，需要硬件设备来存储，需要软件来管理，还需要IT人员来维护。应该注意的是，管理会计数据的成本不能超出数据实际或者潜在的价值。因此，会计数据的获取和明细程度需要有一定的限制，不能只追求会计数据的详细等可靠性，还要考虑成本因素。

在当今信息技术高速发展的时期，企业受IT公司的影响，可能掉入信息化“陷阱”，导致企业经营困难。需要注意，数据的使用者应仅仅限于IT人员，且他们接触数据的目的也仅仅是维护。在这种情况下，数据所带来的价值并不能抵销收集、存储和维护数据所需的费用，这对企业运营来讲是个负担。会计数据也是一样。

2.信息阶段

会计数据和信息使业务部门、会计部门以及管理部门得到决策有用的相关信息。比如，人力资源部门根据工资数据得到企业员工薪酬变化，做出薪酬激励政策调整；会计部门根据应收账款发生数据，研究制订坏账准备计划；销售管理部门统计供应商账龄信息，做出供应链调整等。

随着会计数据和信息使用人数和频度的增加，其为企业带来的收益逐渐超过了管理信息的成本，会计信息的正面价值也从而体现出来。在这一阶段，会计数据和信息随着会计核算周期、企业经营周期发展发挥出最大效用。但是，不同的会计信息系统对其发挥的作用不同。

独立“孤岛”式的信息系统，提供的会计信息主要服务于会计专业人员，对业务部门和管理人员的服务相对较弱：业务部门多数情况下提供数据源，管理人员获得信息的及时性和相关性往往得不到保证。从而产生信息系统集成的需求，每当一个新类别的使用者加入会计信息共享系统，会计信息的价值就会有较大幅度的上升。

3.维护阶段

随着企业经营周期和业务流程的生命周期结束，相应的会计数据和信息与企业管理的相关性逐渐变弱。但是，会计信息具有长期积累的知识性特点，通过汇总、整合、分析能反映业务事件和企业经营更深层次情况和发展趋势，使管理者加深对企业经营状况的认识和理解。虽然维护信息需要费用，但是对于会计数据和信息，企业需要分层管理，完善会计信息的可比性、谨慎性等。

另外，在知识管理层次，企业的会计信息数据库应当建立在企业知识平台之上，企业的知识平台是企业作为学习型组织的一种基础架构。

4.存档阶段

会计数据和信息最终也要进入存档和销毁阶段。会计数据和信息在远离企业经营之后，进入“或有价值”时期。这一时期，会计数据和信息可能具有审计、回溯、调整等或有事项，因此，要依据国家档案局发布的《会计档案管理办法》进行存档，直到期满（在后面章节会详细介绍）。

第五节　会计信息系统

一、系统

（一）系统的概念

尽管“系统”一词频繁出现在社会生活和学术领域中，但不同的人在不同的场合往往赋予它不同的含义。一般我们采用如下的定义：系统（system）是由一些相互联系、相互制约的组成部分结合而成的，具有特定功能的一个有机整体（集合）。系统论创始人路德维希·冯·贝塔朗菲（Ludwig von Bertalanffy）强调，任何系统都是一个有机的整体，它不是各个部分的机械组合或简单相加，系统的整体功能是各要素在孤立状态下所没有的。

我们可以从四个方面理解系统的概念。

（1）要素：系统是由若干要素（部分）组成的。这些要素可能是一些个体、元件、零件，也可能其本身就是一个系统（或称为子系统）。如计算机的硬件系统是由运算器、控制器、存储器、输入/输出设备组成的，而硬件系统又是计算机系统的一个子系统。

（2）结构：要素之间要具备特定的关系，形成一定的结构（相互关联）。系统有一定的结构。一个系统是其构成要素的集合，这些要素相互联系、相互制约。系统中各要素间相互依存、相互作用和联系，要素间的这种关联性决定了整个系统的机制。这种关联在一定时期内处于相对稳定状态，但随着系统目标的调整或环境的变化，组成要素及其关联也会发生变更。

（3）功能：一定的结构使得系统具备特定功能。系统有一定的功能，或者说系统要有一定的目的性。任何系统都有其要达到的目的和应完成的任务或功能，即为某一目标服务。系统的目的决定了系统的功能和各要素的组成与结构，为达到既定的目标，各部分（各自也有分目标）才能有机地组合在一起形成一个整体。例如，信息系统的功能是进行信息的收集、传递、储存、加工、维护和使用，辅助决策者进行决策，帮助企业实现目标。

（4）环境：系统总是处在一定的环境背景中，与环境保持着某种程度的质量、能量、信息的交换。系统要存在、发挥其作用、实现其目标，就一定要适应所处的环境。当环境发生变化时，系统就要及时做出调整，以适应环境，否则系统就没有生命力，自然系统如此，信息系统亦如此。但是，要素、结构和功能三个方面讨论的是系统本身，环境不是，一切系统都是存在于其环境之中的。

（二）系统的分级

一个大的系统，往往很复杂，常常可以分解成一系列小的系统。这些小系统是大系统的子系统，也就是说，这些子系统有机地组成了大系统，这种分解实质上是系统目标的分解，也是系统任务与功能的分解。而各子系统又可以分解为更低一层的子系统。因此，系统是具有层次的树型结构，如企业组织系统、生物系统等。相应的硬件和软件可以构成计算机系统，为使计算机代替人来工作而编制的各种程序的集合称为软件系统。系统可以是抽象的，也可以是物理的。抽象系统是相关的思想或观念的有序组合，物理系统是为达到同一目标而共同工作的一组有形元素。

系统强调整体与局部、局部与局部、整体与外部环境之间的有机联系，具有整体性、动态性和目的性三大基本特征。我们会在第二章继续讨论系统开发和分析方法。

二、信息系统[①]

（一）信息系统

信息系统（information system）是由计算机硬件、网络和通信设备、计算机软件、信息资源、信息用户和规章制度组成的以处理信息流为目的的人机一体化系统。

（二）信息系统的基本功能

信息系统的5个基本功能为输入、存储、处理、输出和控制/反馈（如图1-8所示）。

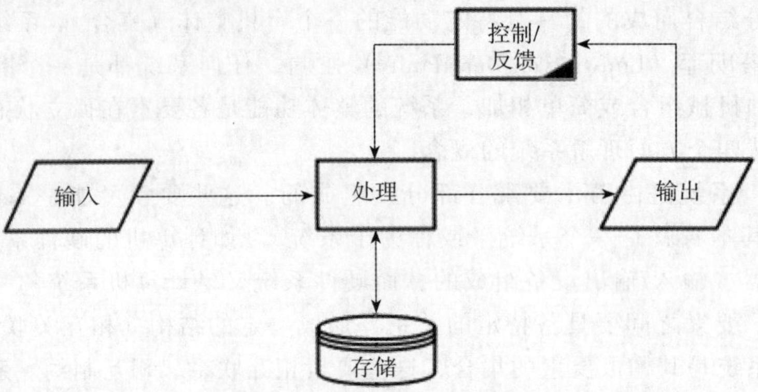

图1-8 信息系统基本功能

（1）输入功能：系统接收原始数据并把其转化为系统能够存储的形式。收集数据的完整性、准确性和及时性，以及用户界面的友好程度是衡量这一功能的指标。

（2）存储功能：系统存储各种信息资料和数据的能力。受信息使用者、系统处理能力和方式等约束，无论是输入的数据还是处理的结果都需要存储在系统中。

（3）处理功能：数据经过加工变成信息的过程。这一过程可能是循环迭代往复的过程。

（4）输出功能：输入和输出是相对的，信息的输出是系统提供信息给信息的使用者。

（5）控制/反馈功能：系统的输出也可以变成系统的输入，即系统反馈。系统反馈不仅是信息处理的需要，也可以对构成系统的各种信息处理设备进行控制和管理，对整个信息加工、处理、传输、输出等环节通过各种程序进行控制。

（三）信息系统的构成

要实现信息系统的基本功能，系统需要有如下4个基本要素。

（1）基础设施：由支持计算机信息系统运行的硬件、系统软件和网络组成。

（2）数据资源：包括各类结构化、半结构化和非结构化的数据信息，以及实现信息采集、存储、传输、存取和管理的各种资源管理系统，主要有数据库管理系统、目录服务系统、内容管理系统等。

（3）业务逻辑：各种系统功能、流程、规则、策略等。

① 我们这里讨论的信息系统是比较狭义的计算机信息系统。

（4）人机交互：通过人机交互等方式，体现系统是一个人工系统。

三、信息系统分类

从信息系统的发展和系统特点来看，其可分为数据处理系统、管理信息系统、决策支持系统、专家系统等类型。

（一）数据处理系统

数据处理系统（data processing system，DPS）或电子数据处理系统（electronic data processing system，EDPS）是实现数据处理计算机化，以提高数据处理的效率为主要目标的系统。一般的EDPS基本上都包含有数据的输入、处理和输出三大功能，主要完成数据的收集、输入，数据库的管理、查询、基本运算，日常报表的输出等操作。

从管理层次来看，EDPS是处于企业组织管理层次中最底层的、最基础的信息系统，是支持企业作业层日常操作的系统。就一个生产企业而言，其作业层主要有生产、销售、采购、库存、运输、财务、人事等日常事务，相应的EDPS为生产信息子系统、销售信息子系统、采购信息子系统、库存信息子系统、运输信息子系统、财务信息子系统和人事信息子系统。

EDPS是信息系统的最初形式，管理信息系统（MIS）就是在EDPS的基础上发展建立起来的。可以把EDPS看作是一个企业的信息生成器，信息就是通过EDPS自下而上依次到达知识层、管理层和战略层的。从系统的观点考虑，EDPS通常处于企业系统与外界环境的边界位置，起到了连接企业与外界环境的桥梁作用。

（二）管理信息系统

管理信息系统（management information system，MIS）是一个由人、计算机等组成的，能进行信息的收集、传递、储存、加工、维护和使用的系统。管理信息系统能实时监测企业各方面的运行情况，利用企业的历史数据预测企业未来的经营，从企业全域出发辅助企业进行各类经济决策，利用信息控制企业的行为，帮助企业实现其规划目标。

管理信息系统除数据处理功能以外，还应具有以下功能。

（1）计划功能：根据现存条件和约束条件，为各职能部门提供计划，如生产计划、财务计划和销售计划等。

（2）控制功能：根据系统采集的数据，对计划执行情况进行监督、检查，比较执行与计划的差异，分析差异及产生差异的原因，辅助管理人员及时加以控制。

（3）预测功能：运用现代数学方法、统计方法或模拟方法，根据历史数据预测未来企业运行的结果。

（4）辅助决策功能：采用相应的数学模型，从大量数据中推导出有关问题的最优解和满意解，辅助管理人员进行决策。

目前，企业资源计划（ERP）系统为典型的企业管理信息系统，整合企业业务数据处理子系统为基础，结合企业和行业历史数据，制订企业资源配置计划，反映和检测企业经营情况，为企业管理和预测提供信息。会计信息系统是管理信息系统的一个子系统，也是ERP系统的一部分，是本书讨论的重点。

（三）决策支持系统

决策支持系统（decision support system，DSS）是通过数据、模型和知识，以人机交互方式进行半结构化或非结构化决策的计算机应用系统。它是管理信息系统向更高一级发展而产生的。其调用各种信息资源和分析工具，为决策者提供分析问题、建立模型、模拟决策过程和方案的环境，帮助决策者提高决策水平和质量。

信息系统辅助决策最有效的是结构化决策。结构化决策是指对某一决策过程的环境及规则，能用确定的模型或语言描述，以适当的算法产生决策方案，并能从多种方案中选择最优解的决策。

对于非结构化决策，决策过程复杂，不可能用确定的模型和语言来描述其决策过程，更无所谓最优解的决策。信息系统提供的信息相关性不确定，起到的作用也很难评价。半结构化决策，是介于以上结构化与非结构化决策之间的，这类决策可以建立适当的算法产生决策方案，从决策方案中得到较优的解。非结构化和半结构化决策一般用于一个组织的中、高管理层，其决策者一方面需要根据经验进行分析判断，另一方面也需要借助计算机为决策提供各种辅助信息，及时做出正确有效的决策。

决策支持系统基本结构主要由4个部分组成，即数据库系统、模型库（MB）及其管理系统（MBMS）、推理机（知识库（KB）、知识库管理系统（KBMS））和人机交互部分（如图1-9所示）。

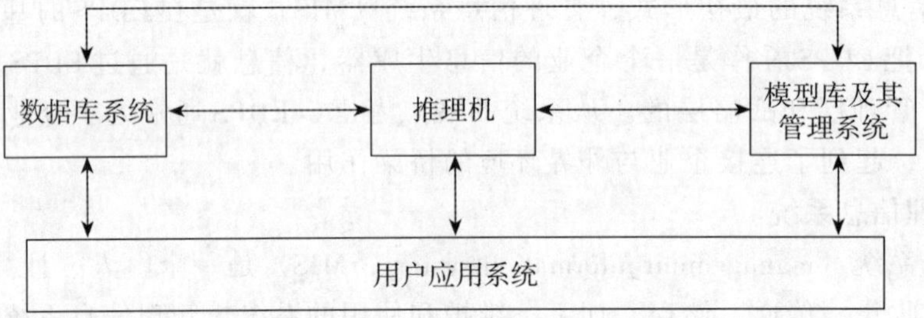

图1-9　决策支持系统的基本结构

决策支持系统的功能表现在：管理并随时提供与决策问题有关的组织内部和外部信息；收集、管理并提供各项决策方案执行情况的反馈信息；存储和管理与决策问题有关的各种数学模型；能够存储并提供常用的数学方法及算法；能灵活地运用模型与方法对数据进行加工、汇总、分析、预测，得出所需的综合信息与预测信息。不同的管理层次，对应的信息结构化需求程度不同，如图1-10所示，越是底层的决策和操作，结构化需求越强。

MIS是DSS的基础部分，即DSS包括提供决策信息的MIS，MIS是DSS的一个子系统。就广义而言，DSS是MIS的分系统。从发展的观点看，可以将DSS看作MIS的高级阶段或高层分系统。

（四）专家系统

专家系统（expert system，ES），是人工智能（AI）的一个子集，是一种在特定领域内具有专家水平解决问题能力的程序系统。它能够有效地运用专家多年积累的有效经验和专门知识，通过模拟专家的思维过程，解决专家才能解决的问题。

系统的核心是知识库和推理机。知识库是评价专家系统质量是否优越的关键所在，即知识库中知识的质量和数量决定着专家系统的质量水平。在系统中，推理机类似专家解决问题的思维方式，知识库就是通过推理机来实现其价值的。知识获取是评价专家系统知识库是否优越的关键，也是专家系统设计的“瓶颈”问题。通过知识获取，可以扩充和修改知识库中的内容，也可以实现自动学习功能。

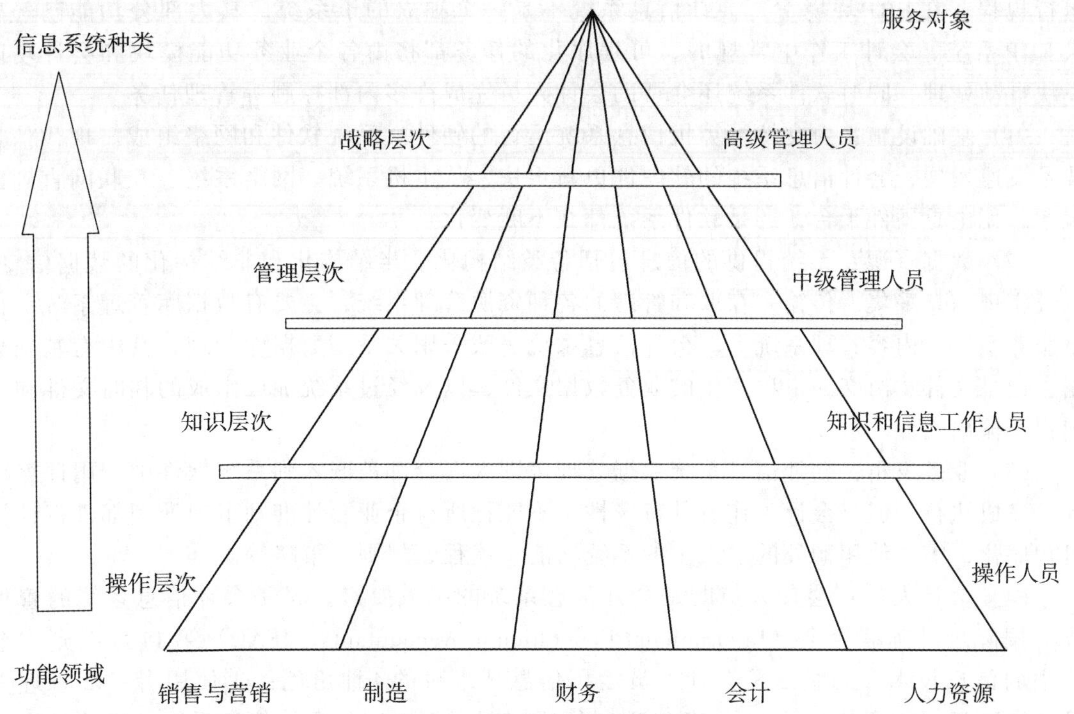

图1-10　决策层次与信息系统

DSS强调在大范围内支持决策者工作，它可按照人的思维规律引导用户解决问题，而不是侧重将某一专门领域的知识装入知识库自动工作，因此，DSS强调通用性。而ES是专用的。它强调在某一窄范围代替决策者工作。

管理领域内问题复杂多变，DSS不可能将解决问题的过程完全自动化，即在解决问题过程中，对某些不能解决的问题仍需调用人脑解决，人机是紧密配合的。而专家系统除了要求用户回答问题、提供必要的数据外，基本是自动独立工作的。

四、会计信息系统

我们在“会计信息”一节说明了，本书的会计信息概念是广义的概念，既包括一般反映和监督企业经营的会计信息，也包括企业财务信息和非财务信息。因此，我们讨论的会计信息系统就不只是基于会计数据处理的会计核算系统。

（一）会计信息系统的概念

会计信息系统（accounting information system，AIS）是利用信息技术对会计数据和信息进行采集、存储和处理，完成会计核算任务，并能提供对会计管理、分析、决策有用的辅助信息的系统。会计信息系统是基于计算机的，将会计数据转换为会计信息的系统，是从对组织中的价值运动进行反映和监督的角度提出信息需求的信息系统。其属于会计EDP和MIS一类，或者说会计信息系统是MIS比较高级类型ERP系统的一个子系统。受技术水平的限制，会计DSS或ES系统尚处于探索阶段。

（二）会计信息系统的构成

会计信息系统的构成要素为：计算机硬件、软件、数据、会计人员和会计信息系统的运行规程。在ERP环境下，会计信息系统不是一个独立的子系统，其大部分功能已经融入ERP系统，会计工作中常规的、可程序化的任务都将由各个业务功能模块和会计功能模块自动处理，同时软件系统还会帮助会计人员完成许多内部控制等管理任务。

（1）基础设施：由支持计算机信息系统运行的硬件、系统软件和网络组成。现代信息技术飞速发展，会计信息系统的软硬件更新很快，从主机系统、网络系统、互联网直到云服务，无论是硬件平台，还是软件系统都在不断变化。

（2）数据资源：系统提供的信息包括各类结构化、半结构化和非结构化的数据信息，以及实现信息采集、传输、存取和管理的各种资源管理系统，主要有数据库管理系统、目录服务系统、内容管理系统等。会计信息系统一般采用关系型数据库管理，其中有基础数据主记录文件、由交易事项产生的业务数据文件，以及经过系统加工生成的临时文件和不同视图输出文件。

（3）业务逻辑：会计信息系统数据处理规则大部分都被嵌入到系统软件中，用计算机程序完成执行，但是会计工作有其特殊性，不能把所有企业会计准则事项处理都进行计算机程序化，需要使用额外的、人工的系统功能、流程、规则、策略等。

（4）会计人员：会计人员既是会计信息系统的组成要素，又是会计信息系统的管理者。国际会计师联合会（International Federation of Accountants，IFAC）第11号准则“会计中的信息技术”总结出了会计人员运用信息技术时的4种角色：①使用者；②管理人员；③顾问；④评估人员[①]。财务经理履行所有职责都要用到会计信息系统。随着日常交易处理的自动化，会计人员在程序性职责上所花费的时间越来越少；相反，他们花更多的时间来理解商务过程，组织分析数据，制订计划，做出战略决策。使用者需要理解信息系统的构造，硬件、软件和数据的组织方法，并能够使用会计软件系统，生成结构化、半结构化的会计报表，并可以把这些报表解释给更多的使用者。会计职业将会随着更复杂的、更加灵活易变的会计系统的开发，而提供更多的管理咨询服务。会计人员也作为内审员、外部审计师和其他鉴证服务的提供者，为会计信息系统提供广泛的评估服务。

（三）会计信息系统的目标

会计信息系统作为组织系统内的一个子系统，企业这个有机体中不可缺少的组成部分，应该服从组织的总体目标。其既体现为企业服务，又有信息系统本质，同时也兼备会计工作职能。因此，会计信息系统的目标应服从于企业、信息系统、会计三者的目标。企业的目标是通过为客户提供满意的产品或服务，获取更多的利润；信息系统的目标是使信息的使用者消除不确定性；会计的目标是反映和监督企业经营状况，为管理者提供对决策有用的会计信息。由此，会计信息系统的目标可以确定为向企业内部、外部的管理者和决策者提供所需的会计信息和有价值的非会计信息。

在此目标下，会计信息系统的基本功能，应是利用各种会计规则和方法，加工来自企业各项活动的数据，产生会计信息，以辅助人们利用会计信息进行决策。其中，会计规则和方法是由会计人员根据信息使用者的需求和企业的生产运营模式综合制定的，它们不是一成不变的，而是随着情况的变化不断调整的。在会计信息系统中，会计规则由会计人员确定，会计方法也由会计人员提出，并与信息管理人员、系统开发与实施人员合作将这些

① International Federation of Accountants（IFAC）.Guideline 11.Information technology in the accounting curriculum［M］. IFAC International Education. New York，NY：IFAC，2013.

规则和方法转化为软件系统中的处理功能。

（四）会计信息系统的特点

会计信息系统的特点是由会计工作本身的特点决定的。

（1）从系统的输入角度而言，会计数据来源多样，数据介质种类多，数据采集和筛选需要会计人员的职业判断。也就是通常所说的会计确认是会计数据采集的前提。

（2）会计系统本身是一个业务数据处理系统，会计处理流程大部分是结构化的，但是不是所有流程都能实现程序化的自动处理，较复杂的事项需要会计根据具体情况进行专业判断处理。

（3）会计信息的质量特征决定，会计信息系统既要反映会计的科学性——真实性、可靠性等，又要反映会计的艺术性——谨慎性、实质重于形式等。

（4）会计信息系统的数据处理具有一定的周期性，可以流程化。

（5）会计信息存储——会计档案管理有严格的法规，会计数据的加工处理要求留有明确的审计线索。

（6）会计信息的表现形式——信息输出种类多，数量大，格式上有严格的要求。

（7）会计信息系统涉及企业敏感数据和信息，处理过程的安全、保密性有严格的要求。

第六节　会计信息系统发展历程

一、概述

会计信息系统本身的发展与现代信息技术的发展是密不可分的。会计信息系统的发展从最初手工会计系统、会计事务处理系统到会计管理信息系统，并向会计决策支持系统过渡。根据信息技术（数据库、网络、通信、人工智能、多媒体、感测和识别、光电子技术等）对会计信息系统的影响程度，以及本身的改变，我国的会计信息系统发展过程大致可以分为三个阶段：手工会计阶段，会计电算化阶段，会计信息化阶段。

在计算机普遍应用之前，我国会计工作主要依靠“算盘+账簿”的工作模式。随着计算机的应用，手工会计被计算机部分替代，从而实现了会计核算的电算化。又由于信息技术，尤其是数据库技术的应用，企业信息处理和信息需求从“孤岛式”应用，到财务业务一体化，再到企业信息系统的整合，会计信息系统是企业整体系统的一部分，从而进入了会计信息化阶段。随着互联网、云计算和AI等技术的飞速发展，现代会计信息系统进入云服务和财务共享的新阶段。

当前会计信息系统是ERP的重要组成部分，是ERP中的重心，是整合企业各个部门各种资源的最佳手段，完全实现了管理会计与财务会计的一体化以及财务业务的一体化。

二、手工会计信息系统（1979年以前）

传统会计业务流程是建立在劳动分工理论下的一种顺序化业务流程，流程的起始就是会计凭证，即当一项经营活动（业务事件）发生时，会计人员根据业务单据（采购发票、销售发票、入库单等）编制记账凭证，使用会计科目和复式记账法这两个强大的会计工具把会计主体的资产、负债、所有者权益、收入和费用的财务度量结果分类汇总，然后进行账簿登记和报表编制，最后使用标准格式和项目内容的会计报表将汇总的数据定期提交给信息使用者的过程。

在手工会计核算方式下，会计业务流程顺序为：发生经济业务—识别（编制凭证或分录）—登记账簿—编制试算平衡表—编制会计报表。手工会计核算方式所依赖的技术环境是由纸张、笔墨、算盘所构成的。在这种技术环境下，其信息收集、处理、储存和传输的主要技术特征表现为信息的“只读性”和顺序化。

所谓“只读性”，本身只是一个计算机术语，这里是指手工会计信息系统信息处理的非此即彼性，表现为：已经使用过的凭证不能再使用，已经登记过的事项不能再调整。它在根本上决定了手工会计信息系统的规则及特点。

顺序化在会计核算中表现为必须严格按照“填制会计凭证—登记账簿—编制会计报表”这一顺序完成会计工作。其流程（如图1-11所示）可描述为：

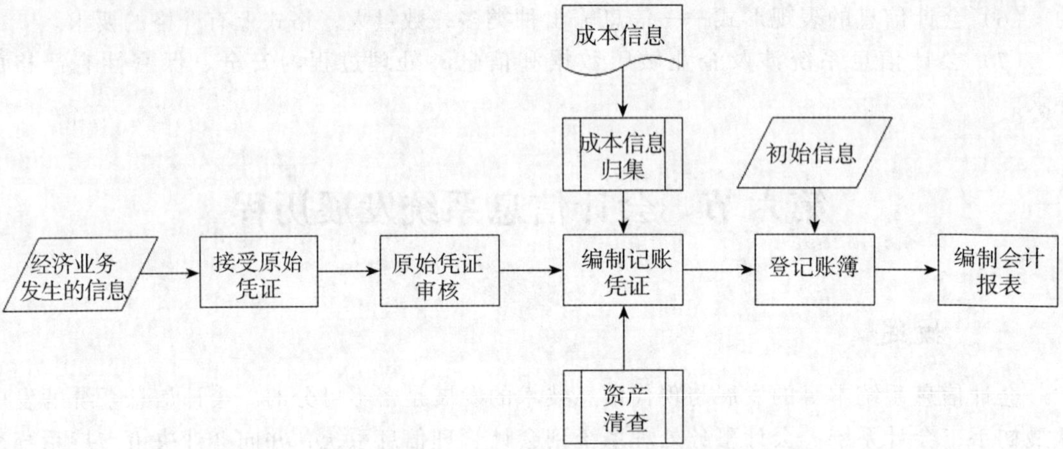

图1-11 手工会计业务流程图

（1）取得原始凭证。业务部门发生业务并对业务进行记录，为数据采集流程。原始凭证是手工会计的记账基础。

（2）审核原始凭证。取得的原始凭证审核无误后，方可编制记账凭证。

（3）编制记账凭证。根据会计专业知识进行会计确认，编制记账凭证。要按照业务发生的先后次序确定借贷方向、金额和业务内容等，为数据输入流程。

（4）登记账簿。依据会计制度，按照记账程序（如记账凭证核算程序，科目汇总表核算程序等）平行登记明细账、总账和日记账，为数据加工、存储流程。

（5）编制试算平衡表，包含发生额试算平衡、余额试算平衡，目的是检验会计记录、过账有无差错。

（6）调整分录。按照权责发生制原则调整，包括旧账户调整、应收和应付调整、预收和预付调整。对于工业企业，需要进行成本计算，月末计算产成品的成本。

（7）编制调整后的试算表。检验调整分录与过账有无差错。

（8）结账。在会计期末，结转损益。

（9）再次试算。全面试算，检验总分类账户余额的正确性。

(10)报表编制，包括资产负债表、利润表、现金流量表等，为报告信息流程。

三、电算化会计信息系统（1979—1997 年）

（一）电算化的概念

我国的会计电算化工作始于20世纪70年代末，1979年为了改变我国财会工作手工核算的落后局面，财政部在长春第一汽车制造厂设立计算机在会计工作中的应用试点，“会计电算化”这一会计术语由此诞生。

会计电算化是把电子计算机和现代数据处理技术应用到会计工作中的简称，是用电子计算机代替人工记账、算账和报账，以及部分代替人脑完成对会计信息的分析、预测、决策的过程，其目的是提高企业财会管理水平和经济效益，从而实现会计工作的现代化。

会计电算化的目标是提高财务部门的核算、管理和决策能力。管理思想融入中国的会计软件经历了一个逐渐深化的过程。会计电算化发展的初期，只是为了减轻会计人员繁重的重复劳动。该阶段的会计软件主要还是以提供技术解决方案为主，没有将先进的管理模式嵌入信息系统之中。

在会计电算化阶段的信息系统登账、调整分录和结账等处理过程大大提高了会计信息的时效性。

（二）电算化会计信息系统的功能和构成

这一阶段的会计信息系统具有部门级应用的特征。部门级会计信息系统的目标是综合处理发生在企业各业务环节中的各种会计信息，并为企业管理部门提供一定的管理和辅助决策信息。部门级会计信息系统的会计核算方法与手工的会计核算方法在原理上是一致的，照搬手工信息处理模式，是对会计核算的自动化。部门级会计信息系统在数据存储和数据流方面与手工类似，如图1-12所示。改变的只是系统的物理实现方式。

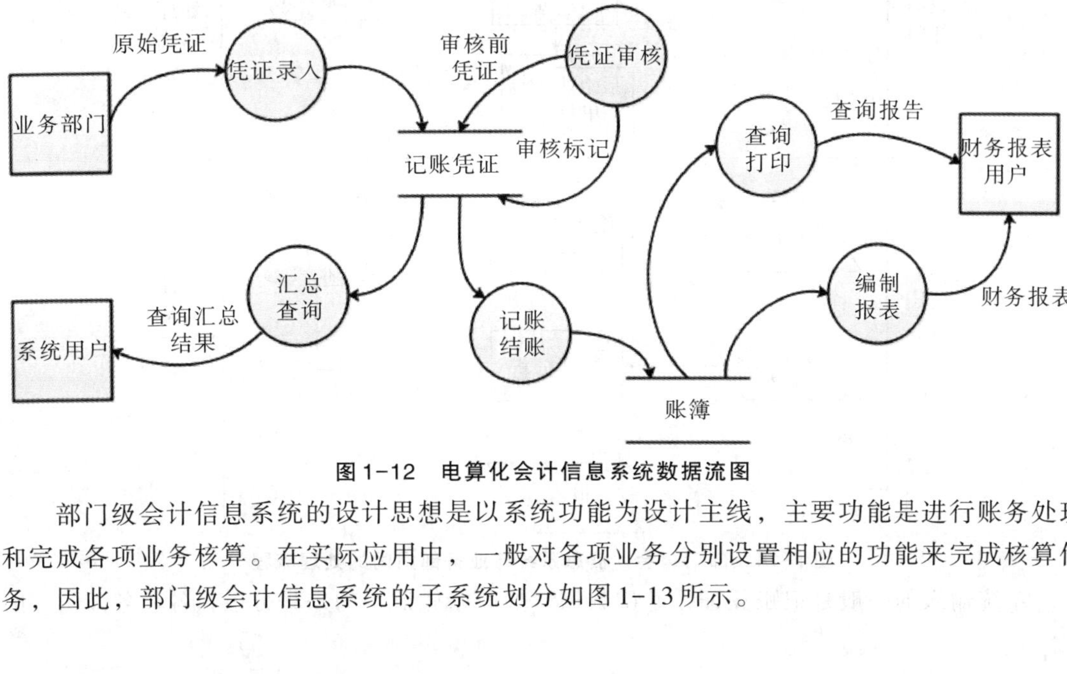

图1-12 电算化会计信息系统数据流图

部门级会计信息系统的设计思想是以系统功能为设计主线，主要功能是进行账务处理和完成各项业务核算。在实际应用中，一般对各项业务分别设置相应的功能来完成核算任务，因此，部门级会计信息系统的子系统划分如图1-13所示。

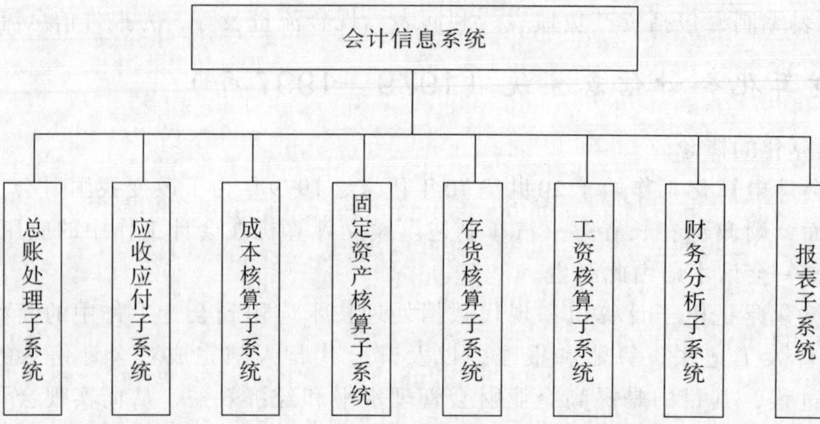

图1-13　会计信息系统的子系统划分（典型）

各个子系统之间的数据联系主要是各类转账凭证。工资核算子系统、固定资产管理子系统、存货核算子系统向账务处理子系统传递与各自核算有关的转账凭证，成本核算子系统在完成成本计算后，将费用归集与分配的结果以转账凭证的方式传递给总账处理子系统，然后由总账处理子系统进行登记总账、结账等数据处理，并将有关的总账核算结果提供给相应的子系统，由报表子系统完成报表编制和输出。

（三）部门级会计信息系统与外部系统的关系

部门级会计信息系统的部门间处理流程是在业务执行完以后才开始会计处理，利用计算机完成会计核算工作，并在此基础上向企业管理者提供财务报告，通过统计分析进行辅助决策，如图1-14所示。

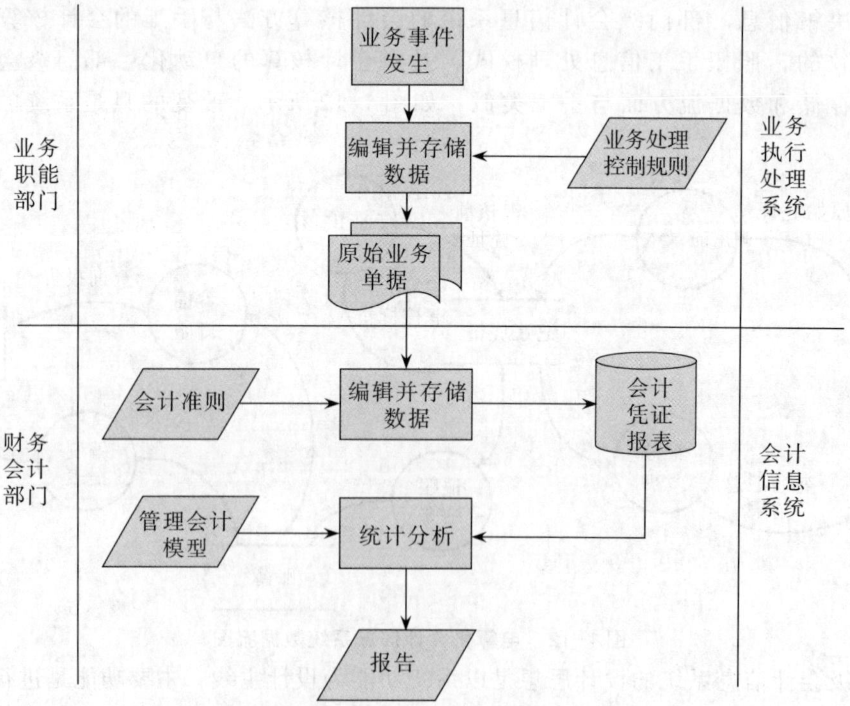

图1-14　部门级会计信息系统与业务部门间的处理流程

系统输入的一般是记账凭证，基础数据（如原始凭证）的采集分散在各业务部门。因此，部门级会计信息系统体系结构存在局限性：会计信息系统重复储存组织中各个业务部门已经存储了的数据，导致数据冗余，难以保证数据一致性，提高了组织中信息管理的成本。会计信息系统仅采集和处理组织中部分业务活动——会计事项，数据的一个子集，抽象掉了很多业务细节，主要采集会计事项的日期以及财务影响，而且数据是汇总后的结果，这就会损失很多的数据信息。

由于会计记录（如账户余额）是事后的余额，因此，存在一段时间的滞后。例如，1月1日开出账单，直到1月20日才过账，而会计信息系统的数据在业务发生后收集，不是在业务发生时实时收集，导致数据没有能够得到实时的记录和处理。部门级的会计信息系统体系结构是按照会计科目表来组织数据编制报表的，会计信息的数据量取决于各个账户的余额。一个企业的多个组织需要建立多套会计科目表以满足不同的需要。

（四）电算化与手工会计信息系统的区别

相对于手工会计信息系统，部门级会计信息系统体系结构的处理特点如下：

（1）会计报告生成的具体方式与手工不同，会计信息系统的报表是根据报告格式中定义的取数公式和数据库中的数据自动生成的，查询和打印时临时生成，数据的正确性决定了报表的正确性。

（2）记账过程与手工不同，手工会计核算采用平行登记法登记明细账和总账。会计信息系统登账记账和过账操作由软件完成，只需要保证输入凭证数据的正确性。它使人工差错的概率、人工成本、对纸质文档的依赖程度大大降低。

（3）内部控制方式与手工不同，会计工作中的内部控制部分地被会计信息系统取代，内部控制表现出软件控制和人工控制相结合的特点。

四、企业信息化阶段的会计信息系统（1997年至今）

（一）会计信息化的概念

20世纪90年代末，由于面向财务部门应用的传统会计软件已经无法满足企业发展的要求，财务软件开始向面向企业管理的会计信息系统转变。“会计信息化”在实践中逐步取代“会计电算化”。

会计信息化是企业整体信息化的一个部分，它是在企业中依据系统科学、管理科学和会计学，应用现代信息技术整合企业的业务流程与会计处理流程，并建立会计信息系统充分开发和利用会计信息资源，及时准确地为企业内部和外部使用者提供有用的会计信息支持，以加强会计反映和控制作用的综合过程。会计信息化的目标是面向部门或企业管理的需求，不仅要提高会计事务处理的自动化和效率，还要从各业务处理中实时和自动地提取出有效的财务、业务等综合管理信息以支持企业各层管理，特别是高层决策的需求，从而提升企业内部会计管理工作的价值。

（二）会计信息化提升会计信息质量

1.应对会计信息时效性的需求

由于企业决策随时随地都有可能发生，在网络环境下，对市场的应变措施的延误可能会对企业造成致命的损失，所以决策风险加大了。因此，获取实时信息和对未来的预测信息对决策者更加重要。企业需要建立能够适应电子商务环境的会计信息系统，满足企业内、外部信息用户对会计信息的时效性需求。

2.应对会计信息有用性的需求

部门级的会计信息系统只负责收集企业的部分业务活动信息，会计信息系统所处理的业务基本上基于对“会计事项”的判断，而不是收集企业整个业务活动的所有数据。这种会计事项确认的限制使会计信息系统过滤掉了很多对决策者有用的信息，而企业级会计信息系统能够满足企业对全面信息的需求。

部门级会计信息系统只描述了业务活动的部分特征。即使对会计事项，传统会计信息系统也只描述了其有限的特征，主要是价值信息，所以，许多与用户决策相关的重要信息未能充分采集到会计信息系统中。部门级会计信息系统只处理与会计主体有关的信息，不包括其他主体或所在行业的信息，也不包括与企业有关的国家宏观经济政策或市场发展方面的信息，无法满足价值链会计发展对信息系统提出的要求。

只有通过企业级信息系统的应用，使企业生产经营活动中的物流、资金流、信息流融为一体，才能有效地满足管理和决策的需要，推动企业管理的进步，从整体上提高企业的管理效益。企业级会计信息系统的目标是面向企业整体管理的需求，不仅要提高会计事务处理的效率，还要从现时和历史的数据中提取出有效的财务、业务、市场、客户和联盟企业等综合信息以支持各层管理，特别是高层决策的需求。

（三）财务业务一体化的会计信息系统结构

事件驱动是指在信息系统中，将业务活动定义为业务事件驱动信息处理过程，即在业务活动发生的同时，触发信息系统记录或维护该业务活动的相关数据，而由用户的信息需求来触发对业务活动的报告过程。事件驱动的体系结构不再只基于会计循环，而是基于业务活动，即由业务活动、业务事件来建立会计信息系统。事件驱动的信息系统通过识别业务过程和业务事件，采用不同的业务处理规则，收集和处理所有反映该业务过程和业务事件的数据并存储到数据仓库中，再根据不同用户需要，利用信息报告工具产生用户需要的信息。事件驱动体系结构如图1-15所示。

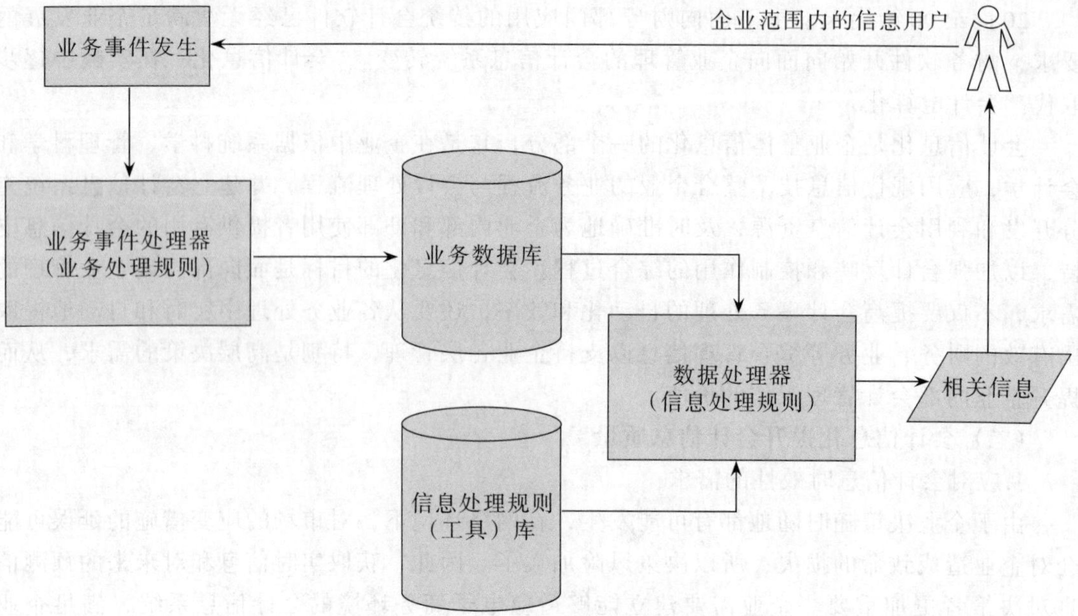

图1-15 业务事件驱动体系结构

企业级会计信息系统体系结构支持业务重组，同时，与业务处理系统相结合，集成业务信息和会计信息。数据集成是将组织中所有与业务相关的数据集中在一个逻辑数据库中。例如，编制财务报告、管理报告和调整报告所必需的数据。

与业务处理系统相结合，实现信息的实时采集、处理、存储、传输和控制。集成了三种基本的信息处理：活动记录、维护和报告。

与业务处理系统相结合，集成存储业务活动的原始数据，支持多种信息输出需要，会计信息系统成为全组织范围的企业级的信息系统的会计用户视图。

（四）企业级会计信息系统与业务处理系统的关系

企业级会计信息系统与业务处理系统是相互集成的。业务处理系统的数据可以直接实时传递到会计信息系统，由会计信息系统加工成各类会计信息使用者需要的信息。业务处理系统与会计信息系统之间的这种集成避免了部门级会计信息系统存在的“会计信息孤岛”问题。

业务处理系统与会计信息系统的流程关系，如图1-15所示。业务处理系统在业务发生时按照企业的业务处理规则，编辑和存储原始业务单据，根据业务实际执行情况和计划的偏差程度，进行相应的调整控制。业务处理系统对原始业务单据进行汇总抽象后，交送会计信息系统进一步处理。会计信息系统对于业务处理系统的数据，按照会计准则的要求进行筛选、确认、计量和报告，然后依据相关的决策模型为管理者提供决策支持，并根据财务指标与预算的偏差情况，修正业务处理系统中的业务处理规则，从而间接地达到控制业务过程的目的。

事件驱动的会计信息系统不仅仅能够提供事后的控制，还能够真正实现事前控制与事中控制，更好地实现管理信息系统的控制作用。

（五）会计信息化阶段的ERP软件

会计信息化阶段的会计信息系统是以ERP系统为代表的企业级应用系统的一个子系统。ERP是Enterprise Resource Planning的简称，即企业资源计划。对于ERP系统，可以从管理思想和软件产品两个角度对概念进行描述，即首先体现出一种管理思想，其宗旨是通过标准化的业务流程和标准化的信息数据，使企业能够通过整合各种企业资源，提升内部运营的效率和整体的经营水平，即管理思想的具体实现需要通过实施成熟的企业级信息管理系统来实现。ERP系统的有关内容，将在第三章详细介绍。

五、会计信息系统发展趋势

信息化、网络技术已成为现代生活的必需品，网络经济的发展进一步推动信息技术的腾飞，会计借助信息技术进一步变革势在必行，未来会计的发展方向主要集中在两个方面：一是个体智能化，即微型化。让会计工作脱离固有环境，通过会计移动应用软件，将基础会计工作分散到非会计岗位，解放会计人员、降低成本的同时，移动办公也方便了现场盘点、票据跟踪处理等，提高了工作效率。二是规模化，可以与云计算相结合。会计工作依赖专业技能，专业团队能更有效地开展会计工作，进行税务筹划，出具规范报告等，将专业团队与云计算、大数据结合，形成类似“会计工厂”、智能会计、共享中心、云会计等。

上海国家会计学院会计信息调查中心，评选出了2018年影响中国会计从业人员的十大信息技术。它们分别是财务云、电子发票、移动支付、电子档案、在线审计、数据挖掘、数字签名、财务专家系统、移动互联网、身份认证。[①]我们后面会有一部分内容集中介绍会计信息系统的前沿问题。

□ 本章小结

首先，我们介绍了数据、数据处理、数据处理技术、信息、信息的性质、数据与信息的关系、信息的生命周期、系统、系统目标、系统组成、数据处理系统，以及信息系统。通过这些概念，理解数据、信息和系统之间，以及它们各自领域之间的关联关系。我们可以用图示表示知识在三者之间的关联作用（如图1-16所示）。尽管我们没有大篇幅讲述知识结构方面的内容，但是我们在每一个方面的讲述，都力争知识化。

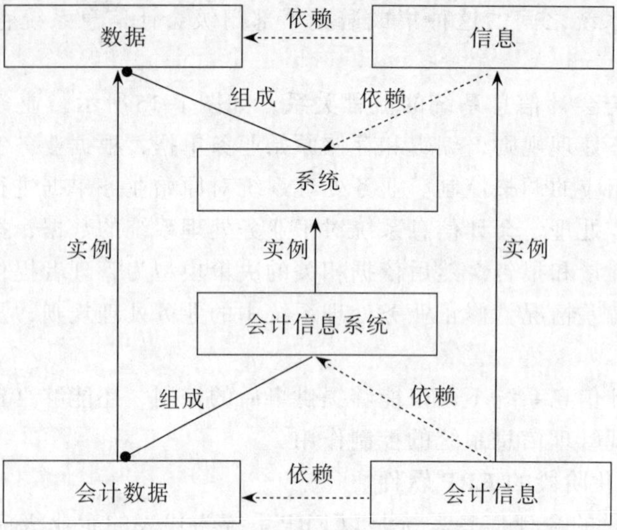

图1-16 数据、信息、系统三者的关系

其次，我们从专业的角度分析了会计数据，会计数据处理，会计信息，会计信息的质量特征，会计信息的生命周期，会计信息系统的概念、目标、构成、分类以及发展历程。本章介绍的会计与信息系统的知识，从一个侧面反映了本课程的内容和目标。本课程的内容就是会计数据、会计信息与会计系统三者融合的知识，目的在于使会计专业知识在理论和实践中发挥有效的作用。

至此，我们为学习会计信息系统知识打下了第一个基础。

□ 基本训练

一、选择题（选项有一个或几个正确，请把正确的填在括号内）

1.下列关于数据的说法正确的是（　　）。

A.数据是可识别的符号　　B.数据是物理符号序列

C.数据只能用数字表示　　D.计算机能够处理越来越复杂的数据

2.按表现形式给数据分类，可分为（　　）。

A.数字数据　　B.模拟数据

① 参见 http://industry.caijing.com.cn/20180709/4483005.shtml。

C.定性数据　　D.定量数据

3.史蒂文斯（S. S. Stevens）将定量研究的测定尺度分为4种类型，不包括（　　）。

A.名义尺度　　B.间距尺度

C.定序尺度　　D.量化尺度

4.使用数据的流程是（　　）。

A.建立模型—分析数据—获取数据—预测未知

B.获取数据—预测未知—分析数据—建立模型

C.分析数据—建立模型—预测未知—获取数据

D.获取数据—分析数据—建立模型—预测未知

5.下列关于数据处理概念，有对应关系的有（　　）。

A.联机处理和在线处理

B.实时处理和延迟处理

C.联机处理和脱机处理

D.online和offline

6.根据处理系统的物理结构、工作方式，以及数据的时间、空间分布方式的不同，数据处理有不同的方式。下列说法正确的有（　　）。

A.根据处理设备的结构方式区分，有联机处理方式和脱机处理方式

B.根据数据处理时间的分配方式区分，有批处理方式、分时处理方式和实时处理方式

C.根据数据处理空间的分布方式区分，有集中式处理方式和分布处理方式

D.根据数据处理顺序的进程方式区分，有批处理方式、顺序处理方式

7.数据采集，又称数据获取，是利用一种装置，从系统外部采集数据并输入到系统内部的一个接口。下列不属于数据采集技术应用的是（　　）。

A.二维码技术　　B.3D打印技术

C.物联网技术　　D.无线射频识别

8.在处理会计数据时，经常用到如下几种编码形式：顺序码、组码、层次码、特定数字码、助记码和组合代码等。会计科目编码属于（　　）的综合应用编码。

A.顺序码　　B.组码

C.层次码　　D.组合代码

9.数据逻辑结构有四种基本类型：集合结构、线性结构、树状结构和网络结构。会计信息系统的数据组织为关系型数据库，其数据逻辑结构为（　　）。

A.集合结构　　B.线性结构

C.树状结构　　D.网络结构

10.通信系统的基本模型中，“噪声”作为（　　）。

A.干扰源　　B.信道

C.信源　　D.信宿

二、思考简答题

1.什么是数据？简述计算机处理数据的特征。

2.简述实时处理和延迟处理、联机处理和脱机处理的差异。

3.简述互联网的在线（online）、离线（offline）在处理方式上有何不同，举例说明它

们的应用场景。

4.请解释何为大数据，大数据的5V特点是什么，会计信息系统与大数据有何关联。

5.对数据进行转换就是对数据的合并、清理和整合。企业实施新的会计信息系统，一般需要哪些数据转换工作？

6.“数据中隐含的信息和知识是客观存在的，但是只有具有相关领域专业知识的人才能将它们挖掘出来。”为什么这么说？请举出会计工作或审计工作的实例。

7.简述企业不同层次的人员对信息需求的特征。

8.信息生命周期（information life cycle）是指信息数据存在一个从产生到被使用、维护、存档，直至删除的生命周期。如何理解会计信息的生命周期？

9.系统强调整体与局部、局部与局部、整体与外部环境之间的有机联系，结合系统的概念，谈谈会计信息系统的整体性、动态性和目的性特征。

10.会计信息系统模式划分为4种：手工会计信息系统、电算化会计信息系统、准现代会计信息系统、现代会计信息系统。根据你的理解，请说明4种模式的显著的技术标志各是什么。

三、开放论述题

1.信息不对称理论是指在市场经济活动中，各类人员对有关信息的了解是有差异的。掌握信息比较充分的人员，往往处于比较有利的地位，而信息贫乏的人员，则处于比较不利的地位。论述信息的属性如何造就了经济学信息不对称原理（asymmetric information）的产生。请讨论会计信息系统如何应对信息不对称问题。

2.会计信息质量要求是对企业财务报告中所提供会计信息质量的基本要求，是使财务报告中所提供会计信息对投资者等使用者决策有用应具备的基本特征。它主要包括可靠性、相关性、可理解性、可比性、实质重于形式、重要性、谨慎性和及时性等。请论述现代信息技术如何影响会计信息质量。

四、实践与提高

1.首先以你所学的会计知识解释会计信息与财务信息，查阅资料，了解现行ERP软件的功能和模块结构，分析哪些模块提供会计信息，哪些模块提供财务信息，即在会计信息系统（ERP）中，如何划分会计信息与财务信息的子系统。初步认识这些模块之间的关系。

2.用友和金蝶是国内两大企业信息化软件供应商。请通过互联网，访问其网站，调查它们提供的管理软件的产品系列，根据不同产品的目标、构成、功能和适用对象等信息，撰写一个调研报告。

五、难点延伸阅读

1.信息孤岛

2.系统C/S，B/S结构

思考与练习

思考与练习答案

第二章

系统方法及其会计应用

学习目标

通过本章学习，应该达到以下目标：

掌握系统化的建模方法和工具。这些工具应用于系统建设、项目咨询交流、文档规范等方面，也用于系统业务分析、控制分析以及系统效率评价等方面。对于CPA而言，掌握这些方法可以规范化、结构化工作流程。

掌握和理解结构化开发方法等软件工程思想，能够充分和最大化会计人员在系统建设、开发和维护中的作用，对内部控制和审计工作的深入开展提供帮助。

引例　　会计是管理活动，按照系统的方式

背景与情境：在企业中，会计工作不是独立的。会计与技术人员如何沟通？会计又如何与业务人员进行沟通？

会计管理活动论形成于20世纪80年代。1980年，在广东佛山举行的中国会计学会成立大会上，杨纪琬和阎达五两位教授提出“会计管理”的概念，认为“会计是社会管理活动”,“会计管理的内容可以抽象为价值管理”。

会计信息系统论是舶来之物，在20世纪80年代被引入中国。余绪缨、葛家澍教授首先提倡会计信息系统论。会计从本质上来说是个信息系统，联系着信息与信息宿，包括信息的获取、传输、贮存和处理等环节。

我们研究的是基于计算机技术的会计信息系统，多年来基于计算机的信息系统已经形成了一整套的分析、开发、维护等方法体系，会计人员使用、分析、理解这些系统，需要熟悉这些方法和应用。系统方法强调标准、通用和公认。各行业都有自己的系统方法，如机械行业、建筑行业等。本章仅介绍与信息系统分析、设计、开发、实施，以及与会计、审计工作有关的一些系统方法。CPA应具有系统开发的知识、内部控制的知识、IT技术及设计和操作会计信息系统的知识。这些所有工作都离不开信息系统的描述和流程描述。

比较流行的软件工具包括Microsoft的Visio（其中有一部分内容为“Auditing Diagramming”），Smartdraw，亿图（EDraw）等。它们是这些系统方法制图的较好的软件工具。

第一节　系统方法概述

一、系统方法

在科学研究中，系统方法把研究对象当作一个整体来对待，并着重研究系统的整体功能；从物质、能量和信息三个方面来认识和控制系统运动，使系统达到确定的最佳状态。此外，它充分运用技术建立系统的模型以便进行模拟实验。因此，运用系统方法来思考和处理问题时，应先从整体出发，进行系统综合，形成可能的系统方案，再系统分析系统各要素及其相互关系，建立模型，然后进行系统选择（最优化）并重新综合成整体。在思维方式上，系统方法把综合作为出发点和归宿，并把分析和综合贯穿于过程的始终。

传统的研究方法总是把研究对象分成若干部分，在分析的基础上进行综合，以简单分解和简单相加的观点来说明整体的性能，认为局部性能好，整体性能也自然好，局部性能不好，整体性能也自然不好。这样做的问题是确定目标的方法不多，主要依靠经验判断和逻辑分析，实现目标的方法限于观察、实验、假说和逻辑方法等。系统方法是针对解决复杂大企业的效率问题应运而生的。

系统方法（system approach）是通过一系列科学的方法和步骤，把确定目标和实现目标这两个认识过程有机地统一起来。它首先通过摆明问题、目标选择、系统综合、系统分析、系统选择等步骤，为确定目标提供可靠的依据。它还通过程序设计、具体规划以及研究、生产、安装和运行等阶段来实现既定目标。从系统的观点出发，始终着重从整体与部分（要素）之间、整体与外部环境之间、部分（要素）与部分（要素）之间的相互作用和相互制约的关系中考察对象，从而达到最佳地处理问题的一种方法。

系统方法将分析和综合有机地结合并运用数学语言，定量、精确地描述研究对象的运动状态和规律，它为运用数理逻辑和电子计算机解决复杂系统的问题开辟了道路，为认识、研究和探讨结构复杂的整体确立了必要的方法论原则。

我们透过现象，观察和改造现实世界，我们要坚持做到最好，但是同时也要允许犯错误，要全面、本质地看问题。每个人都要具有全局思维，系统化思想。

二、系统方法实施的步骤

系统开发与建设一般遵循的步骤，如图2-1所示。首先，研究对象是当前系统，将系统物理模型抽象为逻辑模型，发现其中的问题，找到系统目标，即形成问题概念（模型）；在概念模型的基础上，进一步描述解决问题后的系统功能（逻辑模型）；进而研究开发实现系统的途径和方法，达到物理实现（物理模型）。

（1）确定问题。概念模型阶段，收集资料，在进行系统分析之初，必须首先确定所要解决问题的性质和范围，研究问题包含的主要因素，分析系统要素之间的相互关系，以及与外界环境之间的相互关系。只有这样划定问题的界限，确定的问题才会清晰、切合实际。

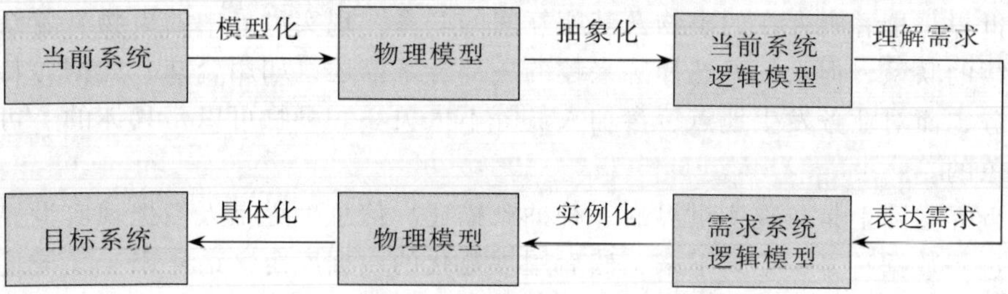

图2-1　由当前系统建立目标系统模型

概念模型是人们对真实世界中事物的认识。它用来描述系统“是什么”。通俗来讲，概念模型就是在了解用户的需求后，经过自己的总结，提炼出来的用来描述现实生活的东西。在《软件开发工具》中有几种概念模型的工具：框图、实体关系图、数据字典、计算机模拟模型等。比如实体关系图，是我们通过对现实世界的认识，对系统的一个整体概括。

（2）系统分析。对于同一个特定的目标，实施的途径有许多，每种方法的投资和效益也会有所差别。系统分析在于拟订出尽可能多的行动方案并进行试验比较，以寻求费用最低而效果最好的方案。分析时，总是将复杂系统分解成若干个较为简单的子系统，再将分解的结果综合，进行整体分析。这样反复多次，才可能接近客观情况。通常需要逻辑分析模型工具。

逻辑就是思维的规律，通俗来讲，就是执行事情的先后顺序。逻辑模型就是要将概念模型具体化，就是要实现概念模型所描述的东西，需要哪些具体的功能，处理哪些具体的信息。逻辑模型描述系统“做什么”。这就到了需求分析的细化阶段。逻辑模型只是说明系统要实现什么，但是用什么工具实现，如何实现并不涉及。如何实现属于物理模型的范畴。

（3）方案决策。在几种值得采用或进一步考虑的方案中选择方案，尽可能在待选方案中选择出满足系统要求的最佳方案。物理模型就是针对上述逻辑模型所表达的内容，在具体的物理介质上实现出来的。物理模型描述系统“如何做”。

（4）实施计划。根据最后选定的方案，按照计划实施。如果实施过程比较顺利，或遇到的困难不大，略加修改即可以顺利进行，那么整个步骤即告一段落。如果问题较多，就需要回到前面几个步骤中的一个，重新做起。

在信息系统建设过程中，往往需要把物理世界的模型，转移到计算机世界（cyberspace）中去，因此，我们的任务是提供计算机需要的数据模型。

三、数据模型

1.数据模型的概念

从现实世界到计算机世界的数据加工是一个逐步转化的过程，经历了现实世界、信息世界和计算机世界这三个不同的世界，经历了两级抽象和转换，如图2-2所示。

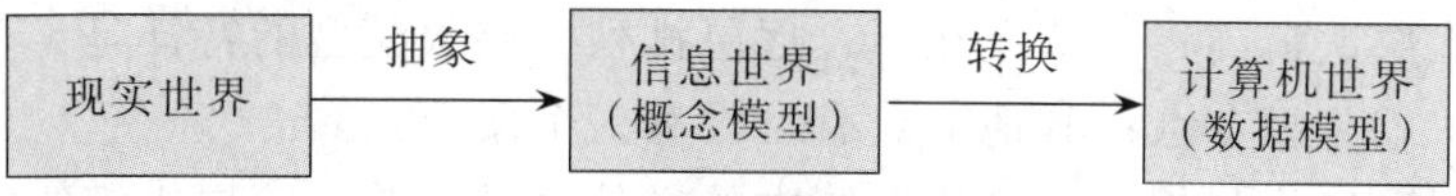

图2-2　数据转换过程

现实世界是指客观存在的事物及其相互间的联系。现实世界中的事物有着众多的特征和千丝万缕的联系，但人们只选择感兴趣的一部分来描述，如用合同、凭据等特征来描述和区分业务，而对业务发生地点、参加人员等不太关心。事物可以是具体的、可见的，也可以是抽象的。

信息世界实际上是对现实世界的一种抽象描述。信息世界是人们把现实世界的信息和联系，通过“数据符号”记录下来，然后用规范化的数据库定义语言来定义描述而构成的一个抽象世界。在信息世界中，不是简单地对现实世界进行符号化，而是要通过筛选、归纳、总结、命名等抽象过程产生概念模型，用以表示对现实世界的抽象与描述。

计算机世界是信息世界的内容数据化后的产物。将信息世界中的概念模型，进一步转换成数据模型，便形成了便于计算机处理的数据表现形式——计算机信息系统（物理模型）。

数据模型（data model）是数据特征的抽象。数据（data）是描述事物的符号记录，模型（model）是现实世界的抽象。数据模型从抽象层次上描述了系统的静态特征、动态行为和约束条件，为数据库系统的信息表示与操作提供了一个抽象的框架。数据模型所描述的内容有三部分：数据结构、数据操作和数据约束。

1）数据结构

数据结构用于描述系统的静态特征，包括数据的类型、内容、性质及数据之间的联系等。它是数据模型的基础，也是刻画一个数据模型性质最重要的方面。在数据库系统中，人们通常按照其数据结构的类型来命名数据模型。例如，层次模型和关系模型的数据结构就分别是层次结构和关系结构。

2）数据操作

数据操作用于描述系统的动态特征，包括数据的插入、修改、删除和查询等。数据模型必须定义这些操作的确切含义、操作符号、操作规则及实现操作的语言。

3）数据约束

数据的约束条件实际上是一组完整性规则的集合。完整性规则是指给定数据模型中的数据及其联系所具有的制约和存储规则，用以限定符合数据模型的数据库及其状态的变化，以保证数据的正确性、有效性和相容性。例如，限制凭证数据表中凭证号不能重复，或者金额的值不能为“Null”，就属于完整性规则。

2.数据模型类型

数据库的类型是根据数据模型来划分的，而任何一个数据库管理系统（DBMS）都是根据数据模型设计出来的。目前，成熟地应用在数据库系统中的数据模型有层次模型、网状模型和关系模型。层次模型以“树结构”表示数据之间的联系。网状模型是以“图结构”来表示数据之间的联系。关系模型是用“二维表”（或称为关系）来表示数据之间的联系的。

1）层次模型（hierarchical model）

层次模型是数据库系统最早使用的一种模型，它的数据结构是一棵“有向树”。根节点在最上端，层次最高，子节点在下，逐层排列。层次模型的特征是：有且仅有一个节点没有父节点，就是根节点；其他节点有且仅有一个父节点。

典型的树形结构包括：计算机系统中的文件目录系统，阶层组织的机构系统，网页的超链接系统等，如图2-3所示。

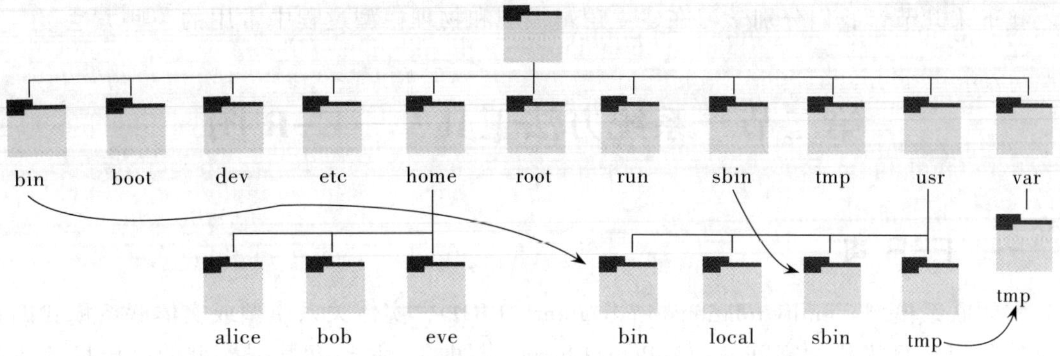

图 2-3　计算机系统中的文件目录系统或文件链接

2）网状模型（network model）

网状模型以网状结构表示实体与实体之间的联系。网中的每一个节点代表一个记录类型，联系用链接指针来实现。网状模型可以表示多个从属关系的联系，也可以表示数据间的交叉关系，即数据间的横向关系与纵向关系，它是层次模型的扩展。网状模型可以方便地表示各种类型的联系，但结构复杂，实现的算法难以规范化。其特征是：允许节点有多于一个父节点；可以有一个以上的节点没有父节点。图 2-4 为一个学院教务管理网状数据模型，说明了院系的组成中，教师、学生、课程之间的关系。

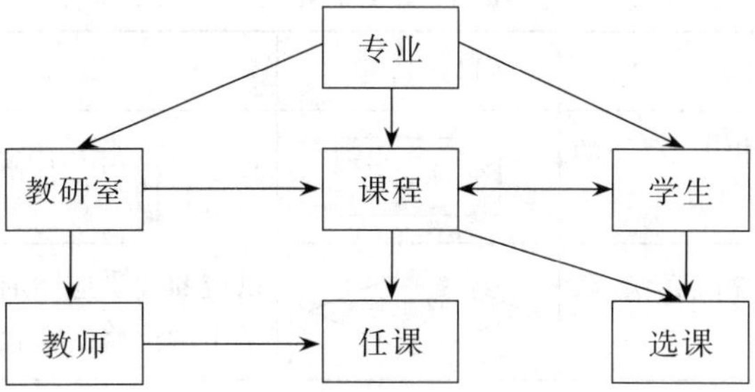

图 2-4　院系教务管理网状数据模型

3）关系模型（relation model）

关系模型以二维表结构来表示实体与实体之间的联系，它是以关系数学理论为基础的。关系模型的数据结构是一个“二维表框架”组成的集合。每个二维表又可称为关系。在关系模型中，操作的对象和结果都是二维表。关系模型是目前最流行的数据库模型。支持关系模型的数据库管理系统称为关系数据库管理系统，Access 就是一种关系数据库管理系统。

在关系模型中，基本数据结构就是二维表，不需要像层次或网状模型那样的链接指针。记录之间的联系是通过不同关系中同名属性来体现的。关系模型中的各个关系模式不应当是孤立的，也不是随意拼凑的一堆二维表，它必须满足相应的要求。在图 2-5 中，订单和订单明细依靠订单编号建立链接。

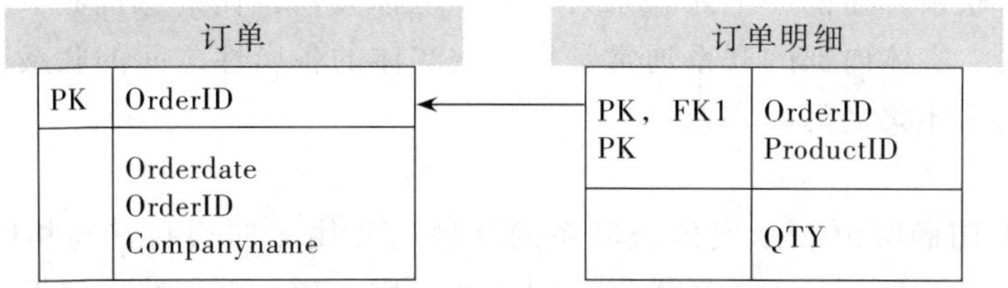

图 2-5　订单和订单明细的关系

接下来几节，我们分别学习在建立逻辑模型和物理模型过程中常用的一些方法。

第二节 系统方法工具——E-R 图

一、E-R 图

实体联系模型（entity relationship diagram，ERD），实体关系模型或实体联系模式图是由美籍华裔计算机科学家陈品山（Peter Chen）发明的，是概念数据模型的高层描述所使用的数据模型或模式图，它为表述这种实体联系模式图形式的数据模型提供了图形符号。这种数据模型典型应用在信息系统设计的第一阶段；比如它们在需求分析阶段用来描述信息需求和/或要存储在数据库中的信息的类型。在基于数据库的信息系统设计的情况下，在后面的阶段（通常叫作逻辑设计），概念模型要映射到逻辑模型（如关系模型）上。

二、E-R 图要素

在E-R图中有如下4个要素成分（见表2-1）。

表 2-1 E-R 图 4 个要素

名称	作用	描述符号	举例	说明
实体	客观存在可以相互区分的事物	实体名称	学生，课程，订单，商品	一般用名词
联系	实体之间的相互关联（关系）	联系	供应商“供应”商品 学生“选修”课程	一般用动词
属性	实体或关系具有的一种属性	属性	学生的姓名、学号、性别	一般用名词
连线	在直线上标注联系的类型	——	一对一，一对多，多对多	

1）实体

矩形框表示实体，在框中记入实体名。客观上可以相互区分的事物就是实体，实体可以是具体的人和物，也可以是抽象的概念与联系。关键在于一个实体能与另一个实体相区别，具有相同属性的实体具有相同的特征和性质。用实体名及属性名集合来抽象和刻画同类实体。

2）联系

菱形框表示联系，在框中记入联系名。联系也称关系，在信息世界中反映实体内部或实体之间的关联。实体内部的联系通常是指组成实体的各属性之间的联系；实体之间的联系通常是指不同实体集之间的联系。

3）属性

在E-R图中用椭圆形表示实体或联系的属性，并用无向边将其与相应的实体连接起来，在框中记入属性名。对于主属性名，则在其名称下划一下划线。属性是实体所具有的某一特性，一个实体可由若干个属性来刻画。属性不能脱离实体，属性是相对实体而言的。如果是多值属性的话，在椭圆形外面再套实线椭圆。如果是派生属性则用虚线椭圆表示。

4）连线

实体与属性之间，实体与联系之间，联系与属性之间用直线相连，并在直线上标注联系的类型。对于一对一联系，要在两个实体连线方向各写1；对于一对多联系，要在1的一方写1，多的一方写N；对于多对多联系，则要在两个实体连线方向分别写N，M。

用"矩形框"表示实体，矩形框内写明实体名称，用"椭圆图框"表示实体的属性，并用"实心线段"将其与有相应关系的"实体"连接起来，就构成了E-R图。

三、E-R图一般性约束

实体-联系数据模型中的联系型，存在3种一般性约束：一对一约束（联系）、一对多约束（联系）和多对多约束（联系），它们用来描述实体集之间的数量约束。

1）一对一约束（联系）（1：1）

对于两个实体集A和B，若A中的每一个值在B中至多有一个实体值与之对应，反之亦然，则称实体集A和B具有一对一的联系。例如，一个部门有一个经理，而每个经理只在一个部门任职，则部门与经理的联系是一对一的；一次发货，触发开一张相应的发票，发货和发票也是一对一联系（如图2-6所示）。

图2-6　发货和发票的一对一联系

2）一对多约束（联系）（1：N）

对于两个实体集A和B，若A中的每一个值在B中有多个实体值与之对应，反之，B中每一个实体值在A中至多有一个实体值与之对应，则称实体集A和B具有一对多的联系。一个员工可以同时是多个部门的经理，而一个部门只能有一个经理，则这种规定下"员工"与"部门"之间的"管理"联系就是1：N的联系了；客户与订单的关系也是如此（如图2-7所示）。

图2-7　客户与订单的关系

3）多对多约束（联系）（M：N）

对于两个实体集A和B，若A中每一个实体值在B中有多个实体值与之对应，反之亦然，则称实体集A与实体集B具有多对多联系。一个员工可以同时在多个部门工作，而一个部门有多个员工在其中工作，则"员工"与"部门"的"工作"联系为M：N联系；存货与订单的关系也是如此（如图2-8所示）。

图2-8　存货与订单的关系

联系也可能有属性。例如，存货与订单，是属于和包含关系，这种联系需要“订单明细”属性才能表述清楚（如图2-9所示）。在逻辑模型设计时，可能需要增加新的实体。

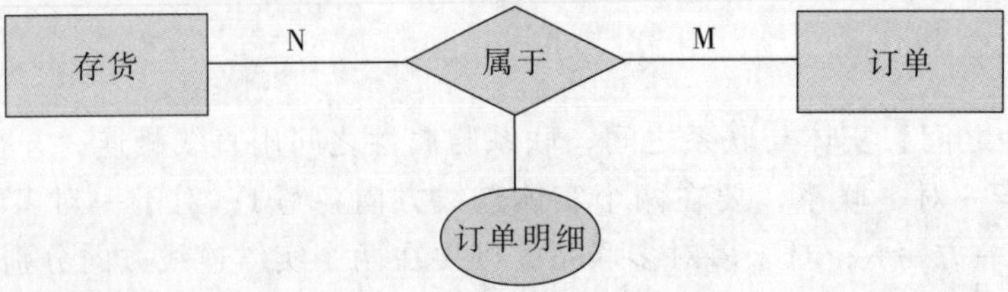

图2-9 存货与订单的关系

四、E-R图的制作与应用

1. E-R图的制作

E-R图的制作步骤如下：

（1）确定所有的实体集合；

（2）选择实体集应包含的属性；

（3）确定实体集之间的联系；

（4）确定实体集的关键字，用下划线在属性上表明关键字的属性组合；

（5）确定联系的类型，在用线将表示联系的菱形框连接到实体集时，在线旁注明1或N（多）来表示联系的类型（如图2-10所示）。

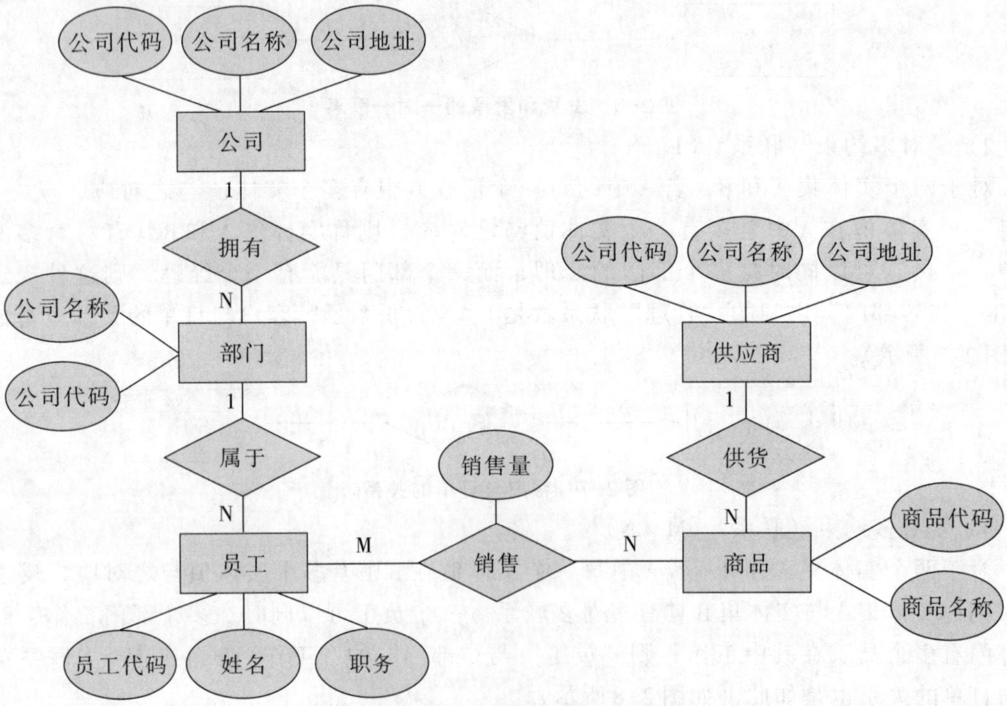

图2-10 存货管理实体关系图（部分）

2.E-R图的应用

在信息系统开发中，E-R图局部应用在需求分析阶段，借此建立系统数据概念模型，通过对应用环境和要求进行详尽的调查分析，用多层数据流图和数据字典描述了整个系统。

设计分E-R图的第一步，就是要根据系统的具体情况，在多层的数据流图中选择一个适当层次的数据流图，让这组图中每一部分对应一个局部应用，以这一层次的数据流图为出发点，设计分E-R图，给出系统局部的概念框架，以便进行从逻辑模型到物理模型的映射。E-R模型是种基于关系模型的数据库整体规划方法。E-R图转换为关系模型，从而实现了关系型数据库的建设。

第三节　系统方法工具——数据流图

一、数据流图的概念

数据流图（data flow diagram，DFD）从数据传递和加工角度，以图形方式来表达系统的逻辑功能、数据在系统内部的逻辑流向和逻辑变换过程，是结构化系统分析方法的主要表达工具及用于表示软件模型的一种图示方法。数据流图“自顶向下，由外到内，逐步细化”的思想可以作为我们系统分析的指导。

数据流图分析关注的重点是数据，能准确地抽象系统数据的流向和处理过程，概括地描述数据在系统流程中流动和处理的移动变换过程。数据流图分层进行分析，对顶层图的分析可以发现是否有输入信息或需要输出的信息被遗漏，容易及早发现系统各部分的逻辑错误，也容易修正。每一层都明确强调“需要什么”“干了什么”“给出什么”。

这样逐层分解下去，系统被严密地展开，系统的框架就展现出来了。采用数据流图进行分析，可以提高分析的可见性和可控性，更容易理解软件要完成什么功能，数据来源于哪里，结果要输出到哪里等，清晰明了。数据流图与数据字典共同构成系统的逻辑模型。

二、数据流图的基本符号

数据流图的基本符号有4种，见表2-2。

表2-2　**数据流图的基本符号**

名称	符号	说明
外部项	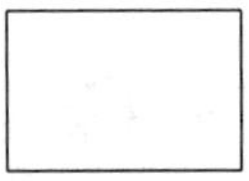	描述数据的来源或汇点
处理（加工）	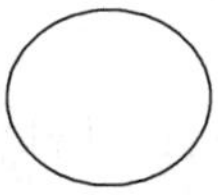	描述加工或处理操作
数据存储（文件）	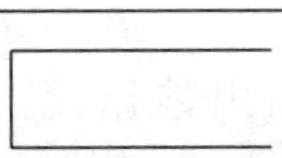	表示一个文档的存储（一般指磁盘文件）
数据流		表示一组按特定方向流动的数据

(1) 外部项是指不受本DFD（系统）控制的人、机构或另一个DFD（系统），是本DFD外部的数据来源或最终去处。其表达的数据交换如下：数据从源端进入系统，经过一系列的加工由终端离开系统。

(2) 处理也称加工，是指对数据进行加工处理与变换的功能，即把流向它的一组数据流加工（变换）成另一组数据流。在复杂的DFD中有很多加工，因此，应该对加工编号。常见的符号有3种（如图2-11所示）。符号中的数值表示层级。

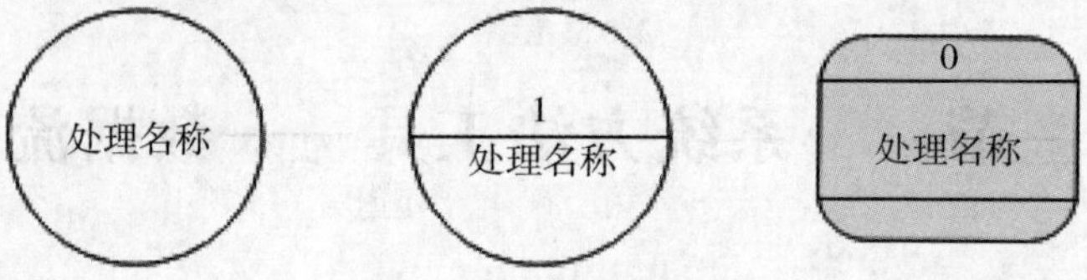

图2-11 处理常见符号

(3) 数据存储又叫文件，用右端开口的长方形表示。在DFD中，数据存储不涉及具体的存储介质，只是对数据存储的逻辑描述。数据存储常见的符号有3种（如图2-12所示）。

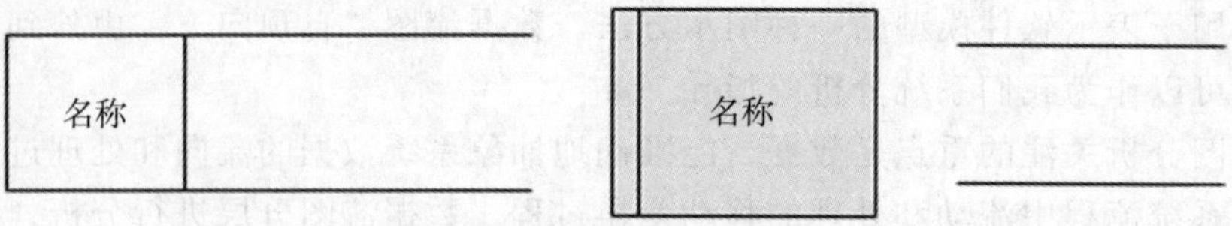

图2-12 数据存储常见符号

(4) 数据流由一组数据项组成，表示一组按特定方向流动的数据。在DFD中，所有的数据流都必须与加工有联系。可以从外部项流入加工或从加工流入外部项，可以从一个加工流到另一个加工，也可以从文件流入加工或从加工流入文件，但不能从文件流入文件。箭头表示数据流向，一般需要对加工之间传输数据命名，文件与加工之间传输的数据有时没有名字，但通过加工和文件的名字及流向可以确定其含义。

三、数据流图的规则

1.画数据流图的基本原则

(1) 数据流图上所有图形符号必须只限于前面所述的4种基本元素。

(2) 数据流图的主图，也称作背景图或环境图（context diagram），表示系统与外界环境信息交换，一般含有前面所述的4种基本元素，加工只限一项，表明系统的功能或目标。

(3) 数据守恒原则。外部实体和外部实体，外部实体和数据存储之间不能存在数据流，存储与存储之间也不应该有数据流，数据流必须跟加工有关，没有加工，数据流不可能流来流去。图2-13中的3种画法都是错误的。

(4) 数据流图中的数据流必须封闭在外部实体之间，外部实体可以是一个，也可以是多个。也就是说，数据流图内不应有外部实体。

(5) 处理过程至少要有一个输入数据流和一个输出数据流。对于加工，输入是A，输出还是A，这也违反了数据守恒原则，输入与输出一样，说明加工没有作用。

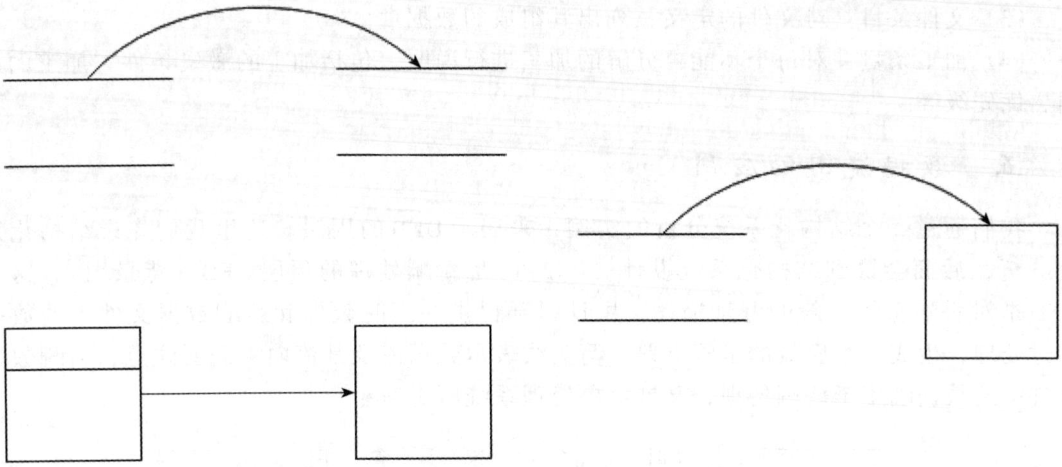

图2-13　错误画法

(6) 任何一个数据流子图必须与它的父图上的一个处理过程对应，两者的输入数据流和输出数据流必须一致，即所谓“平衡”。

(7) 守恒加工原则。对同一个加工来说，输入与输出的名字必须不相同。即使它们的组成成分相同。

(8) 数据流图中的每个元素都必须有名字。数据流（或数据存储）命名——名字应该代表整个数据流（或数据存储）的内容；处理命名——名字应该反映整个处理的功能，通常用一个动词命名；数据源点/终点命名——一般采用在问题域中习惯使用的名字（如“仓库管理员”“采购员”）。

2.画数据流图的基本步骤

(1) 先画背景图，把一个系统看成一个整体功能，明确信息的输入和输出。找到系统的外部实体。一旦找到外部实体，则系统与外部世界的界面就可以确定下来，系统的数据流的源点和终点也就找到了。从外部实体的输入流（源）出发，按照系统的逻辑需要，逐步画出一系列逻辑处理过程，直至找到外部实体处理所需的输出流，形成数据流的封闭。

(2) 逐层扩展数据流图，是对上一层图中某些处理框加以分解。随着处理的分解，功能越来越具体，数据存储、数据流越来越多。究竟怎样划分层次，划分到什么程度，没有绝对标准，一般认为，展开的层次与管理层次一致，也可以划分得更细，处理框的分解要自然，注意功能的完整性，一个处理框经过展开，一般以分解为4个至10个处理框为宜。

四、数据字典

数据流图是描述系统功能，与用户交换思想的工具。但是只有数据流图是不够的。数据流图中的每一个项目需要更详细的说明。

数据字典对数据流图上每个成分加以定义和说明。换句话说，数据流图上所有的成分的定义和解释的文字集合就是数据字典。数据流图和数据字典共同构成系统的逻辑模型。

在数据字典中有4种类型的条目。

(1) 数据项条目：通常为数据项值的类型，允许的取值范围等。

(2) 数据流条目：给出某个数据流的定义，列出该数据流的各组成数据项。

（3）文件条目：对文件的定义，列出其组成的数据项。

（4）加工条目：对每个不能再分解的加工进行说明，包括加工的激发条件，加工的逻辑，优先级等。

五、数据流图的应用

我们通过一个结构化系统分析的实例，来展示DFD的用法。这里我们先讲结构化系统分析，后面会讲到结构化系统设计。图2-14是薪酬处理的顶层DFD（背景图）。这个DFD是对薪酬系统一般的背景描述，由计时部提供的工时数据和薪酬数据文件中的数据经过处理，生成发给雇员的工资支票，箭头线表示数据流及其流向。需要注意，薪酬数据文件中的数据既用于薪酬处理，又被薪酬处理系统所更新。

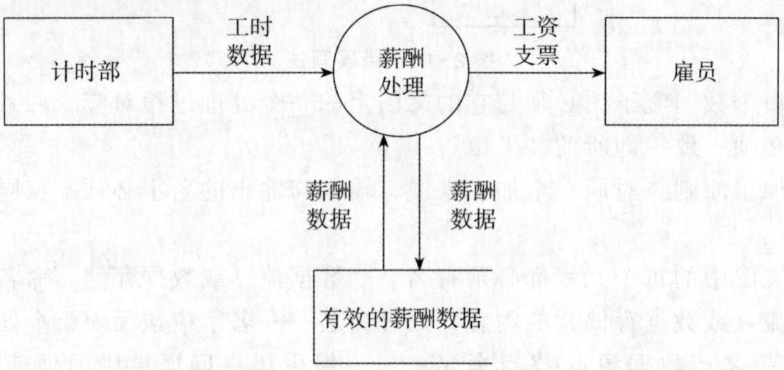

图2-14　薪酬处理的顶层DFD

通过对图2-15中薪酬系统的分解，产生更加深入而具体的系统描述。图2-15相比图2-14加入了更多的细节，将原来的薪酬处理分解为两个处理过程：核实薪酬数据和计算工资。每个处理都被编号，以便参照。这个过程可以持续下去，直到每一个模块的功能都非常清晰明确为止。

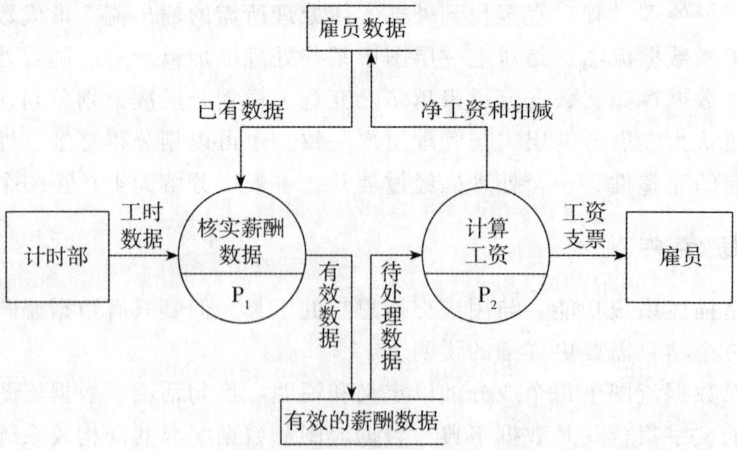

图2-15　薪酬处理DFD的扩展

结构化分析将继续对每个主要处理模块作深入分析，图2-16是对图2-15中P_2模块的进一步剖析，这种剖析增加了许多处理细节。注意图中增加的新的数据存储和新的处理模块。对模块的这种逐步剖析和分解会产生一个分层的DFD，这个分层的DFD构成了系统的逻辑模型。

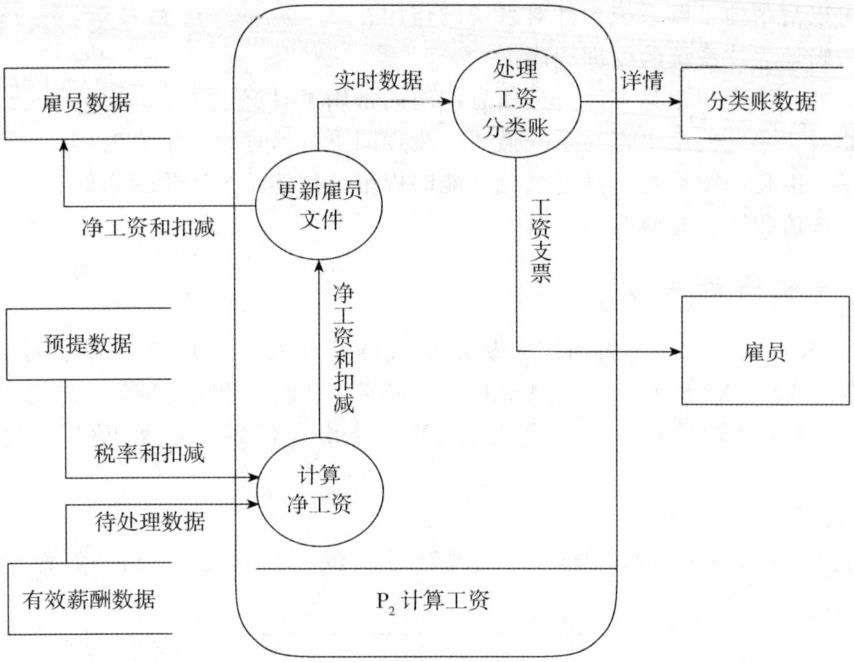

图2-16　P_2处理的进一步剖析

第四节　系统方法工具——流程图

一、流程图

流程图主要针对的是系统的物理模型，是CPA的常用工具，是学习和工作中必须掌握的知识。

流程图（flowchart）是一种流经系统的信息流、控制流或物件流的图形表示，即一种图形化的系统描述方法，用于定义、分析系统问题。图中的图形元素表示操作、数据、流程、设备等。流程图最早用于计算机程序的开发，它是图形化表示系统处理（顺序流程）的一种最原始的方法，由若干图形符号和箭头连线组成，每一个图形符号表示处理的一个步骤，箭头连线表示的是发生的次序，也常常被用来描述系统可见文档如何被处理和准备如何被处理。其应用不局限于系统开发者，还扩展到会计人员、管理者等。用流程图可以清晰地描述会计工作的业务流程，包括：工作流（work processes），控制流（process controls），决策树（decision flows），时序（time flows）及文档流（paper flows）。

对于CPA而言，流程图的功能体现在以下几个方面：

（1）描述和理解系统的途径；

（2）图形化表示业务在系统中的流程；

（3）有助于认识会计系统中的重要方面和控制要点；

（4）有助于描述系统构件之间的关系（相对于单纯的语言描述）；

（5）可以清晰地了解系统构件对系统的作用；

（6）清晰地表述系统的处理程序。

除此以外，流程图也是审计人员信息沟通的常用工具：

（1）相对于单纯使用语言的系统描述，流程图更容易理解，节省时间；

（2）用标准化的图形符号描述系统，能够规范地描述系统和理解系统；

（3）系统流程图容易修改和更新。

二、流程图的符号

20世纪60年代中期，《美国国家标准流程图符号及其在信息处理中的应用》出版（现行版本是ANSI X3.5-1970[①]）。ANSI X3.5定义了4组流程图符号，并规定了它们的使用方法。这4组符号是：基本符号、输入/输出专门符号、处理专门符号和附加符号。

1.基本符号

基本符号包括输入/输出符号、处理符号、流程线符号以及注解/评论符号，如图2-17所示。

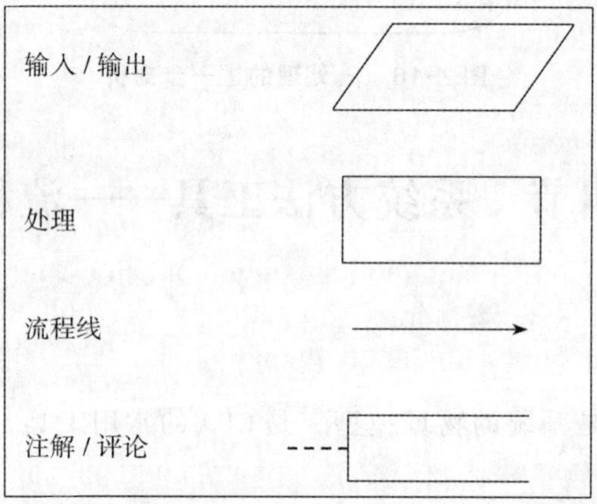

图2-17 流程图基本符号

（1）输入/输出符号表示一个输入/输出（I/O）职能，也就是处理前的数据获取（输入）和处理后的信息传递（输出）。例如，键盘或磁盘可用于为某项处理输入数据，处理后的信息可被输出到纸上或另一张磁盘上。

（2）处理符号可表示任何类型的处理职能。

（3）流程线符号用于连接其他符号，该符号简要说明了可用信息的流动和可执行操作的顺序。每一根进入或者离开节点的流程线都应该在节点附近标注箭头。

（4）注解/评论符号表示增加描述性注释或评论来说明情况。用任何形式延伸的虚线来连接注解处的符号。

① ANSI X3.5-1970.American nationnal standard flowchart symbols and their usage in information processing.New York American Nationnal Standards Institute，Inc.，1971.

2.输入/输出专门符号

输入/输出专门符号不仅能够表示I/O职能，还能指出记录信息的媒体或处理信息的设备，如图2-18所示。如果没有专门符号，就要使用基本I/O符号。

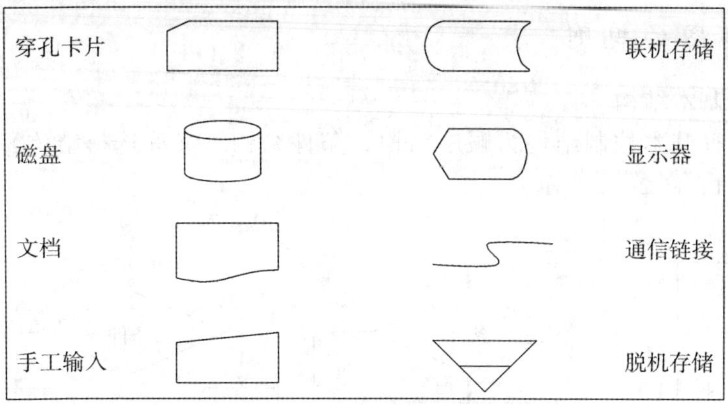

图2-18　输入/输出专门符号

手工输入符号表示一个信息在处理时用手工输入，例如，使用联机键盘、转换装置或触摸屏。显示器符号表示一个在处理时采用视频设备显示信息供人使用的I/O职能。通信链接符号表示信息由远程通信链接传递的职能。脱机存储符号表示进行脱机存储信息的职能，不论存储信息的媒体是什么。

3.处理专门符号和附加符号

处理专门符号表示处理职能，有时还能识别对信息进行的特殊操作，如图2-19所示。如果没有专门符号，就要使用基本处理符号。

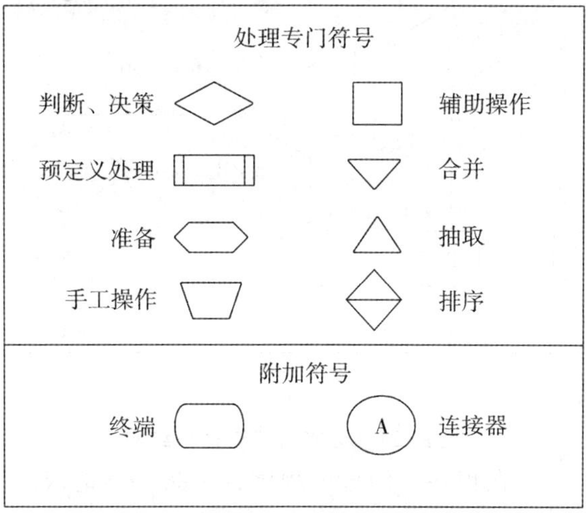

图2-19　处理专门符号和附加符号

判断、决策符号表示一个判断操作，决定在一组可选路径中选择哪一条。预定义处理符号表示一个或多个指定的不在本流程图中的预先操作处理。准备符号表示修改一个或者一组可以改变程序本身的指令，例如，进行转换、更改索引寄存器或者初始化一条路径。手工操作符号表示不使用机器辅助，与人的速度相适应的脱机处理。辅助操作符号表示不在中央处理器的直接控制下对设备进行的脱机操作。合并符号、抽取符号和排序符号表示与其名字相对应的处理职能。

附加符号用于阐明流程图，或使一个完整过程更加清晰易懂。终端符号表示流程图的起、止点，如开始、结束、暂停或中断。连接器符号表示退出或从流程图的另一部分转入。

三、流程图的规则

1.流程图的基本结构

流程图的3种基本控制结构为顺序结构、条件结构（又称选择结构）、循环结构（如图2-20，图2-21，图2-22所示）。

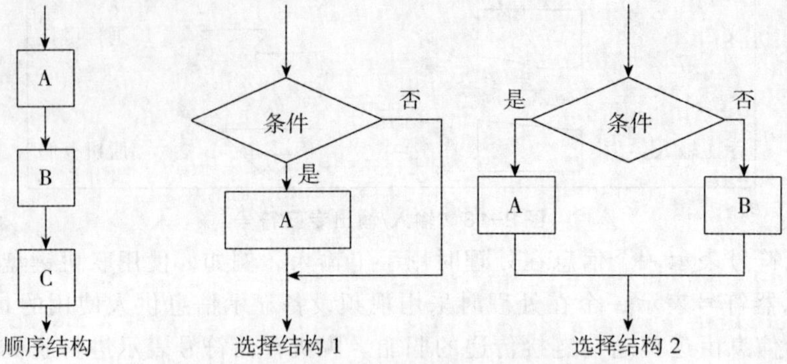

图2-20 顺序结构与选择（条件）结构

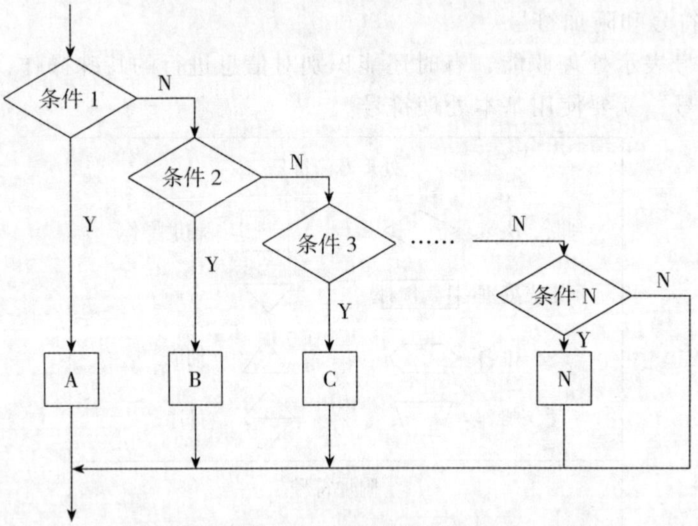

图2-21 分支（多选择）结构

（1）顺序结构按照语句在程序中的排列顺序，一条一条地依次执行，不重复执行，也不跳过某项处理，其程序整体走向呈现一种线性结构。

（2）分支（选择）结构是根据给出条件的判断结果，分别执行程序的不同分支。分支结构又包括if-then型和if-then-else型两种条件语句以及do case多选择分支语句。

（3）循环结构。根据条件判断结果决定是否重复执行循环体，这就是程序的循环结构。它又包括do while（当型、先判型）和repeat until（直到型、后判型）两种类型循环语句。

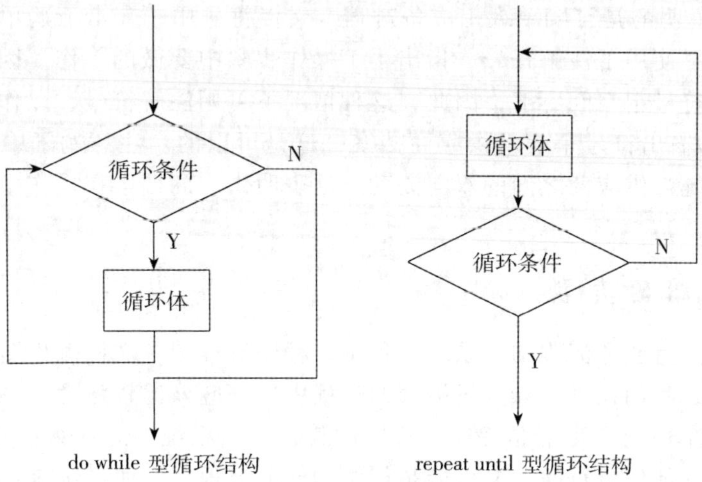

图 2-22 循环结构

2. 流程图规则

在流程图中，符号用来表示系统的功能，数据的流动方向用符号之间的流程线来表示，流动方向如果是从上到下、从左到右（正常方向），流程线可不带箭头，当流动方向不是从上到下、从左到右时，应用带箭头的流程线表示流动方向。因页面限制，流程图可画在不同的页面上，但要用连接器符号在逻辑上把它们连接起来。双向流动可以用双向箭头的流程线表示，虽然并没有双向箭头流程线符号，但这可视为两个单向箭头流程线的重合。图 2-23 列出了正确使用符号、流程线、箭头和连接符的 4 个例子。

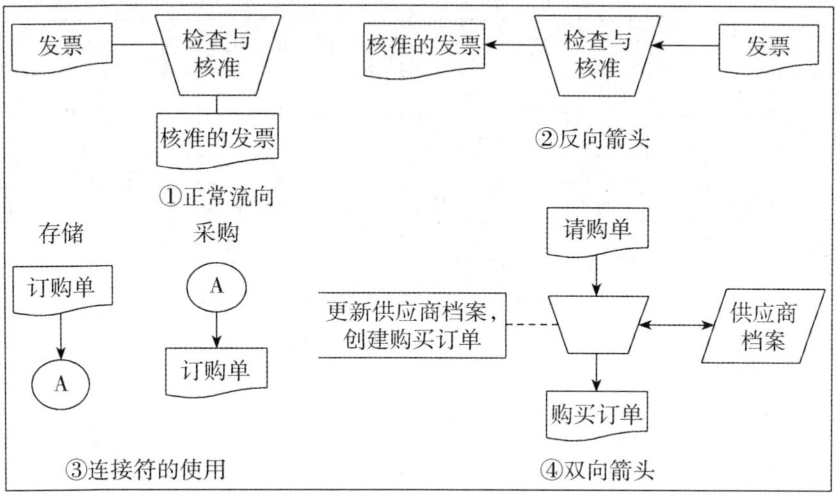

图 2-23 流程图应用举例

图 2-23 中第 1 个例子用文档符号来表示发票，而发票是手工操作符号的输入。手工操作符号内的文字表明发票应该被检查和核准。核准后的发票是这个过程的输出。因为数据流动是正常方向的，所以流程线就不用标出箭头。

第 2 个例子是核准发票的同一过程的不同的流程图。由于图中数据反向流动，所以流程线要带箭头。

第 3 个例子说明了请购单从仓储部门到采购部门的传递过程中连接符的使用。

第4个例子说明的是订购单人工准备过程。文档符号用于表示请购单，这是手工操作符号的输入。这里使用了注解符号，指出手工操作步骤中要做的工作。因为将全部描述文字放入手工操作符号中空间不够，因此，这种情况下可用注解符号，以作补充说明。图中使用了基本输入/输出符号来表示供应商档案，这是可以的。注意例子中使用了双箭头来指出手工操作系统与供应商之间的双向流动，这表明供应商档案在操作中被使用了，又被操作所修改（更新）。

四、流程图的类型

常见的流程图有业务流程图、系统流程图、程序流程图、文档流程图等。

程序流程图，我们在学习计算机语言的过程中，都应该比较熟悉了。

系统流程图本质上有可能是程序流程图的集合（当系统描述计算机软件时），当一个组织系统要描述其如何运行时，又可能是组织的业务流程图。而系统流程图可以看作是业务流程图的一种简化形式。

业务流程图是一种系统分析人员都懂的共同语言，用来描述系统组织结构、数据流程、业务流程等。业务流程图就是用一些规定的符号及连线来表示某个具体业务处理过程，是一种描述系统内各单位、人员之间业务关系、作业顺序和管理信息流向的图表，利用它可以帮助分析人员找出业务流程中的不合理流向。

文档流程图形式上类似于业务流程图，但图中每个实体的业务处理细节涉及较少。文档流程图的主要目的是列出应用系统中使用的全部文档及其生成、流转、分布和最终处置的控制点，如图2-24所示。

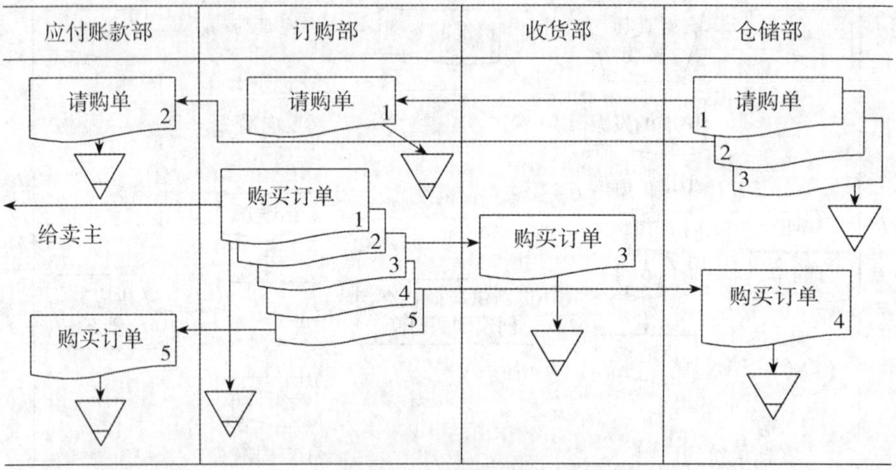

图2-24　文档流程图

五、流程图绘制步骤（跨部门业务流程图）

跨部门业务流程图（泳道图）一般分两个维度（部门/岗位维、阶段维）来展开活动的流转，如图2-25所示。

1.第一阶段：准备阶段

这个阶段包括选择绘制对象、组织准备、数据采集、分列步骤4个具体步骤。

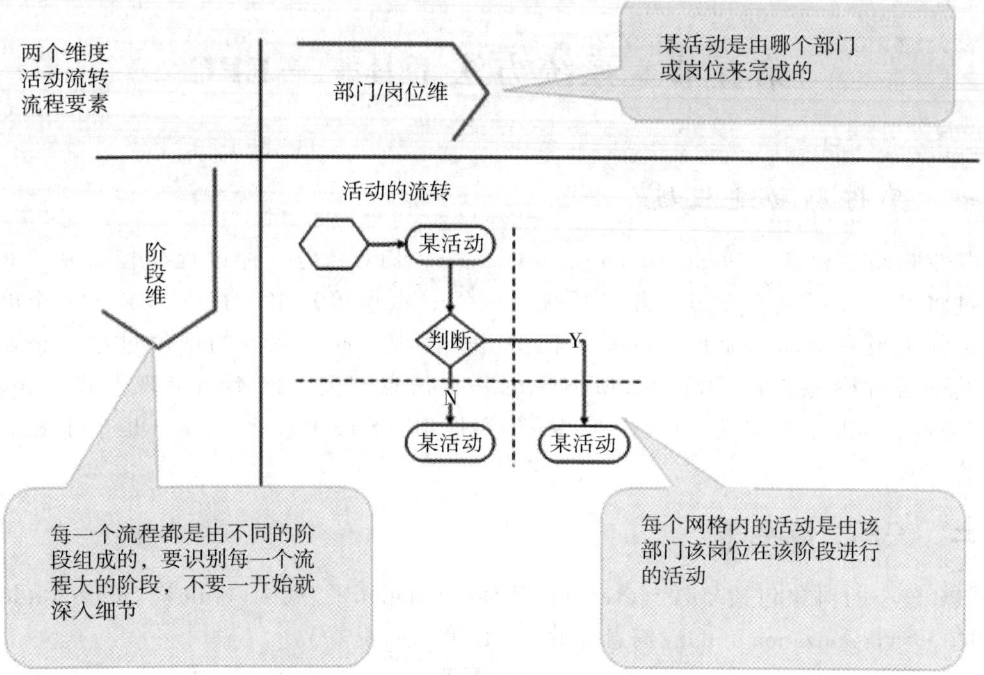

图2-25　跨部门业务流程图（泳道图）

①选择对象——确定绘制哪个流程的流程图，什么类型的流程图。

②组织准备——组成专门小组，对小组成员进行流程图相关基本知识与技能的培训。制作流程图之前需要分析企业的业务形态。

③数据采集——收集所有相关资料信息。

④分列步骤。

2.第二阶段：识别阶段

这个阶段包括确认目标、确认部门、确认起止点、确认输入/输出4个具体步骤。

①确认目标——明确流程设计或优化的具体目标。

②确认部门——识别流程所涉及的全部部门（或岗位），把步骤安排在这些部门（岗位）之下。流程图的绘制要充分体现各个职能部门在业务中的关系。

③确认起止点——寻找流程的起始点与终结点。

④确认输入/输出——确定各个节点上信息资料的输入/输出，即需要引入什么文件资料，需要形成什么文件资料。每个流程应表现一种业务的操作流程，以及流程中的单据流转及控制。

3.第三阶段：绘制阶段

这个阶段包括形成草图、修改核实、加入说明、正式定稿4个具体步骤。

①形成草图——动笔绘制图形，填写相应文字标记等。

②修改核实——反复征求各方的意见和反馈，反复修改补充和完善，消除一切可能的错漏。

③加入说明——形成有助于正确阅读理解流程图图示的文字说明。

④正式定稿——经反复征求各方面意见，特别是有关责任者批准后，流程图正式定稿。流程图的制作，一是帮助新顾问熟悉业务，二是为企业提供简明清晰的业务指导。

第五节 系统方法工具——EPC

一、事件驱动过程链

事件驱动过程链（event-driven process chain，EPC）是一种过程建模方法。EPC模型通过将商业过程中的静态资源（系统、组织、数据等）组织在一起形成一个能够完成特定任务或者活动（流程）的动态模型——体现了商业业务的增值过程。企业建模中的其他各种模型通常只是EPC所体现的基本信息和关系的不同呈现方式——视图。EPC模型在20世纪90年代初期由Keller等人提出。SAP R3，金蝶K/3是基于EPC过程建模的。

二、EPC的要素

EPC核心的对象包括事件（event）、功能（function）、规则（rule）、资源（resource）（组织单元（organization unit）、信息（data））等，见表2-3。

表2-3 EPC要素

元素	图例	描述
事件	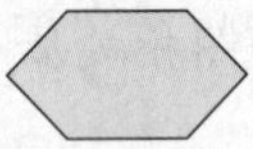	描述状态的发生，同时充当“功能”触发器
功能		描述一个任务的执行，代表一个“事件”到另一个“事件”的转换过程
组织单元	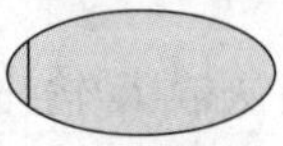	
信息		
流程链接	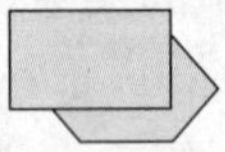	流程之间的链接关系
规则	XOR ∨ ∧	逻辑符号：异或（XOR），与（AND），或（OR）
控制流	- - - - →	控制流描述了事件和功能或流程之间的先后和逻辑依赖关系
信息流/物流	——→	信息流/物流定义了某个功能是否被读取、变更或者写入
资源/组织单元分配	——	资源/组织单元分配描述了由哪个单元（员工）或资源来处理某个功能或者流程

图例的用法如图2-26所示。

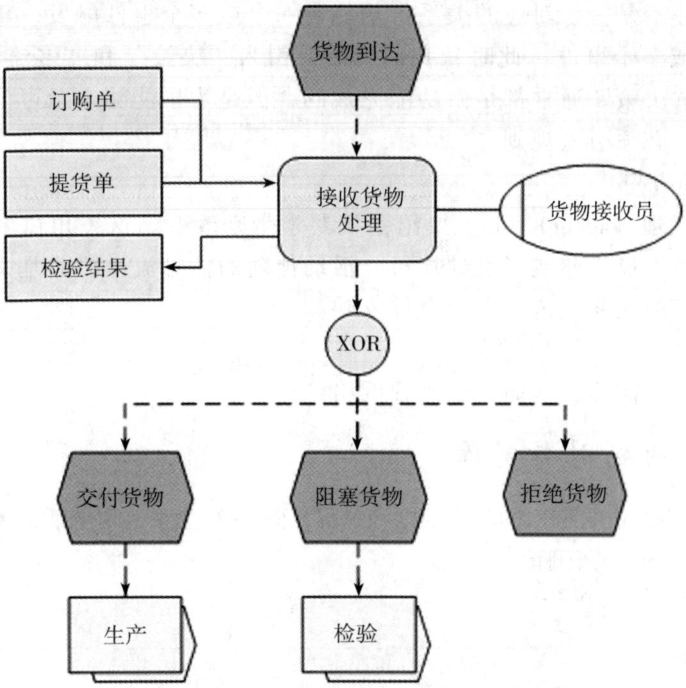

图2-26 “入库订单处理”EPC模型

1.事件（event）

所谓事件，是触发某种行为的消息或请求，通常也可理解为现实世界中某种状态的改变（如客户订单到达、产品设计完成等）。一般有如下三种情况：

（1）能够触发某个流程开始的外部改变（比如，客户订单到达）；

（2）流程内部处理状态的改变（比如，产品制造完毕）；

（3）外部影响的最终结果（比如，订单送到了客户的手中）。

事件就像每个流程中每一步的前提条件或者后果。所谓前提条件是指在一个活动能够进行之前必须出现或者已经发生了的事情，而后果就是前一个活动的结果。事件可以是某人为事件或者是计算机系统操作的结果。每个流程的最终事件，除了作为本流程的一个终点外，还可以作为下一流程的触发事件，以这种方式就可以将流程的不同部分通过事件连起来，形成一个大的端到端流程图。

事件的描述，通常是采用一个“主谓词”形式的短语来表示一个状态，按计算机的方式就像“什么-怎么样”，比如“订单到达”“成本计算完成”。

2.功能（function）

功能表示业务流程中的某个行为或者完成特定任务的活动。理想情况下，流程中的每一个活动都应该是增值过程（进行流程分析和BPR的最终目标）。功能可能由人或者由计算机系统完成。每个功能都包含输入（信息或者物料），经过处理后创造出输出（不同的信息或者物料的改变），同时在处理过程中可能会消耗一定的资源。

功能的描述，通常是采用一个“动宾”短语来表示一个状态，按计算机的方式就像“完成-什么”，比如“输入订单”“计算成本”，不要使用不明确的比较模糊的功能描述。

3.规则（rule）

功能和事件并不是一一对应的关系，功能由一个或多个事件触发，事件激活功能而功能又会产生一个或多个事件。此时，我们就需要引入“决策”和“多流程路径”的概念。改变业务流程的“决策”通常都是由功能完成的，但是为了能够表示可能产生的结果和多事件触发的情况，必须引入规则。

4.资源（resource）

活动必须有代理（agent），而且要给系统要素带来改变。这一角色由资源担任，可以是组织单元、工作人员，亦或者是计算机。活动伴随的信息流，可能是文件、凭证等。当然也可能带来物流的改变，这一点用事件反映。

5.流程链接

功能本身是新的流程，从而构成流程网络。

三、EPC的规则与制作

我们用一个实例，说明EPC的制作规则和过程。图2-27为某公司电话销售的订单处理EPC。

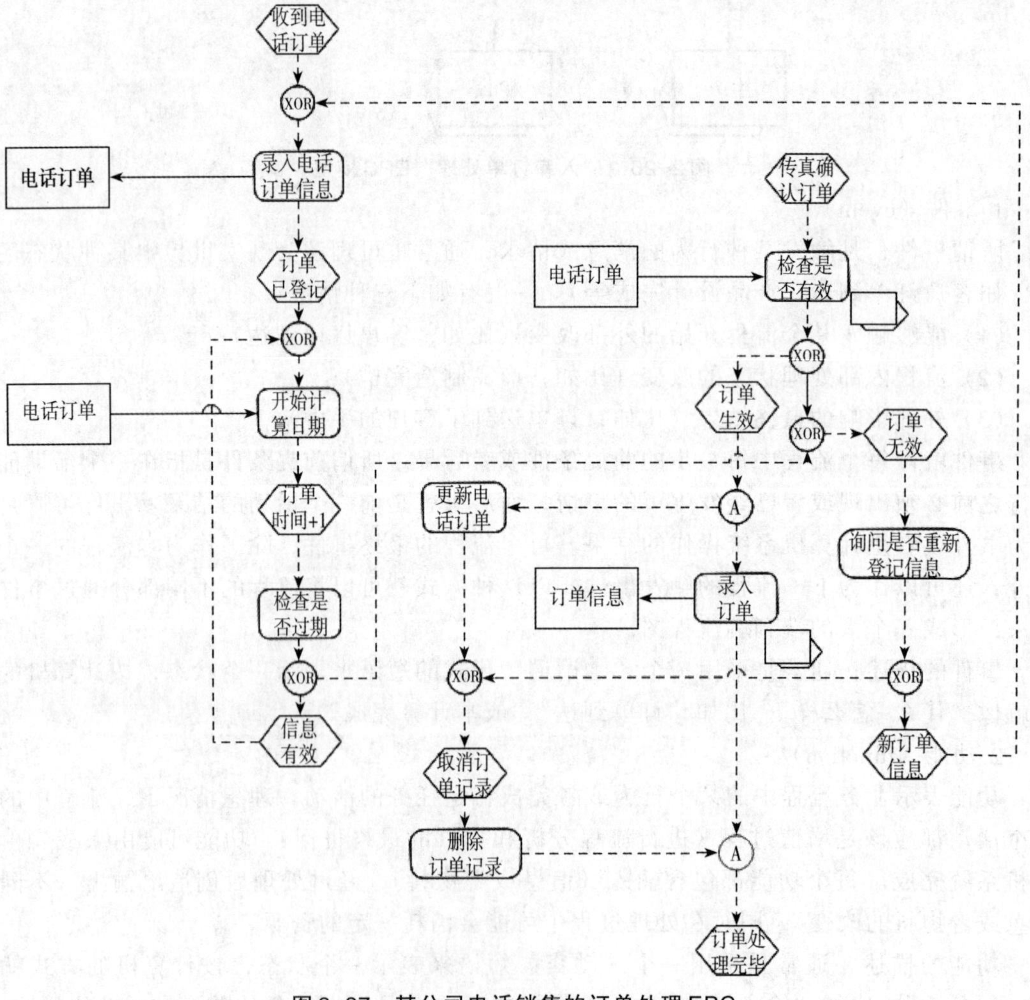

图2-27 某公司电话销售的订单处理EPC

【实例2-1】

某公司电话销售订单处理业务，是订单发起到订单确认的业务过程。该公司接受订单的途径为电话订单和传真确认。电话订单，只有传真确认之后才能生效。其过程是电话订单接通，登记订单信息，等待传真确认。在规定的时限（如10天）之内未收到确认传真，则订单失效。该失效订单信息需要征询客户电话订单是否继续有效，如果客户确认有效，则重新计时，否则作废，作废后订单删除。电话订单经过客户传真确认后，要进入订单有效性检验流程：若检验结果为订单有效，则确认订单，输入订单系统等待订单执行，订单处理结束；若检验结果为订单无效，则需要与客户沟通是否重新登记订单信息，否则取消订单，订单处理结束。

规则1：每一个模型必须至少包含一个开始事件和一个结束事件。

开始事件为“客户电话订单”，结束事件为“订单处理完毕”。

即“开始事件——〈收到电话订单〉”，“结束事件——〈订单处理完毕〉”。

规则2：事件和功能永远只有一个输入和一个输出连接。

首先，我们看看功能“——［询问是否重新登记信息］”。有两种事件能够触发该功能：一种情况是电话订单在10天内没收到客户的传真确认；另一种情况是经过传真确认的订单，各种原因导致订单有效性检查未通过。上述这两种情况同时只会有一个输入（组合同时发生的事件，也是一种确定性事件，我们后面会讲到“并”的关系）。同理，该功能的输出也只有一种确定性答案，但是有两种可能：要么是同意重新登记，要么是不同意。事件也是这样。

因此，我们在图中看到，事件和功能都是“单线”联系，如果有逻辑规则，需要“或”(∨)、“与”(∧)、“异或”(XOR)进行路径的合并。

规则3：功能与事件交替出现，但是事件开始，事件与事件中间不少于一个功能出现。功能和功能之间亦然。这一点正是EPC的价值所在——企业业务重组。事件与功能的这种安排，可以清晰得到一项功能活动的价值，否则是无效率的，应该去除。

规则4：建模的规则体系中，有三个基本的规则——与、或、异或。下面分别就这三种规则作详细讲解（见表2-4）。

表2-4　**规则表（功能路径）**

操作符	在功能之前（多类输入）	在功能之后（多类输出）
AND	触发功能，需要两个事件同时	功能F做出的决策是E1和E2
XOR	触发功能，两个事件一个，且只有一个发生	功能F做出的决策是E1和E2其中之一
OR	触发功能，两个事件一个，或两个发生	功能F做出的决策是E1或E2，或者是E1和E2

（1）功能之前的事件（触发）（如图2-28所示）。

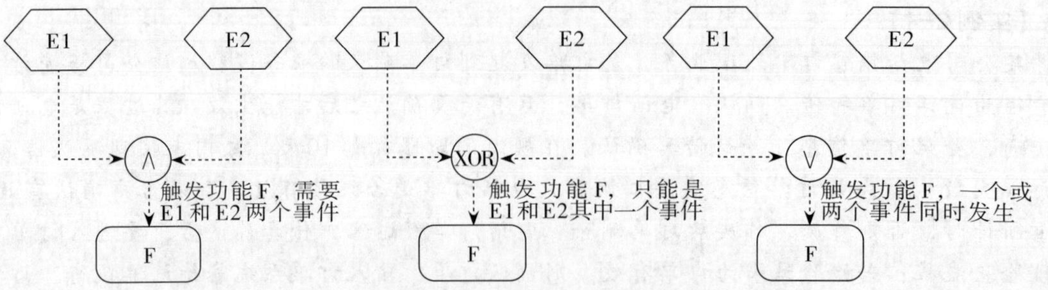

图2-28　功能之前的事件

（2）功能之后的事件（决策）（如图2-29所示）。

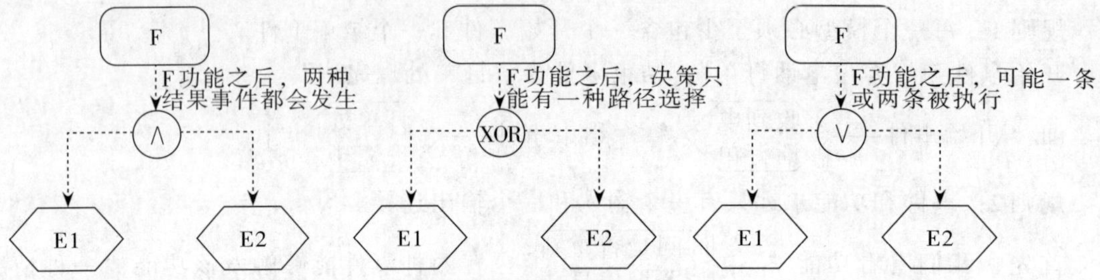

图2-29　功能之后的事件

事件路径见表2-5。

表2-5　规则表（事件路径）

操作符	在事件之前（多类输入）	在事件之后（多类输出）
OR	F1或F2任意一个发生，得到事件E	事件E同时触发F1和F2
XOR	F1或F2只能发生一个，得到事件E	错误的逻辑
AND	F1与F2同时发生，得到事件E	错误的逻辑

（3）事件之前的功能（合并）（如图2-30所示）。

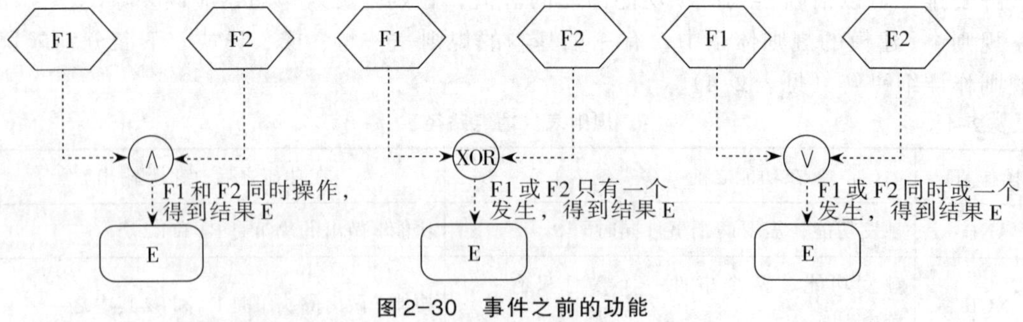

图2-30　事件之前的功能

（4）事件之后的功能（分支）（如图2-31所示）。

规则5：其他。

（1）EPC模型中，触发与因果用带箭头虚线依次连接。

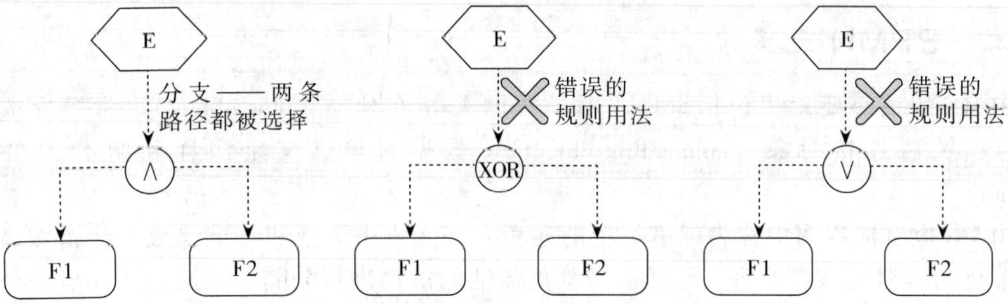

图2-31　事件之后的功能

(2) 信息或资源需要用带箭头实线连接，箭头方向为读取或改写方向，组织单元与功能用不带箭头的实线连接，表示功能的执行者。

(3)“功能”本身可能是其他的流程，用流程连接符号表示。

四、EPC的应用

EPC建模方法是业务流程管理（业务流程标准化、流程重组、流程再造等）中较为先进的一种，尤其适合应用于B2B、供应链流程管理、仓储物流管理等商业化流程系统中。SAP R3和金蝶K/3在ERP实施过程中也会广泛应用EPC。EPC建模也适用于审计或会计业务处理。

第六节　系统方法工具——BPMN

一、业务流程模型与标注

业务流程模型与标注（business process model and notation，BPMN）是业务流程模型的一种标准图形注解。对象管理组（object management group，OMG）于2011年推出BPMN2.0标准，并对其进行维护。BPMN的主要目标是提供一些容易被所有业务用户理解的符号，从创建流程轮廓的业务分析到这些流程的实现，直到最终用户的管理监控。BPMN的出现，弥补了从业务流程设计到流程开发的间隙。所以，BPMN在业务流程设计与流程实现之间搭建了一条标准化的桥梁。

BPMN基于流程图技术定义了业务流程图，同时为创建业务流程操作的图形化模型进行了裁减。业务流程的模型就是图形化对象的网图，包括活动和定义操作顺序的流控制。

BPMN有如下优势：

(1) BPMN是一套业务流程模型与符号建模标准；

(2) BPMN用精准的执行语义来描述元素的操作，可以将元素的操作描述得很清楚，没有二义性；

(3) BPMN以XML为载体，以符号可视化业务，每个XML模块都可以对应符号，流程图与XML有一个相互转换的过程。

二、BPMN元素

BPMN的核心要素集包括事件、活动和网关等流对象（flow object）（含顺序流、消息流）、关联连接对象（connecting object）、数据对象、文字注释和组等人工产物（artifact）。

BPMN也有流程图中称为泳道类型的元素，该元素由泳池和泳道组成。泳道图就是一个图形化的容器。该容器将一组活动与其他泳池的活动进行分隔。因此，活动成为整个业务流程的自动单元。泳道则用于对活动进行组织和分类，是泳池内的子分区。

1.事件（event）

事件与活动和网关一起，用于实际的每个业务流程中。事件让业务建模工具用很自然的方式描述业务流程，比如“当我接收到客户的订单，这个流程就启动了”。因为典型的业务通常使用这种事件驱动的方式，人们倾向于使用在他们的环境中发生的事情。在BPMN规范中，描述了很多事件类型，以便覆盖可能的事情，业务环境中可能出现的情况。

三种主要类型的事件如下（如图2-32所示）：

开始——表示一个流程的开始。

中间——发生在开始和结束事件之间，影响处理的流程。

结束——表示该过程结束。

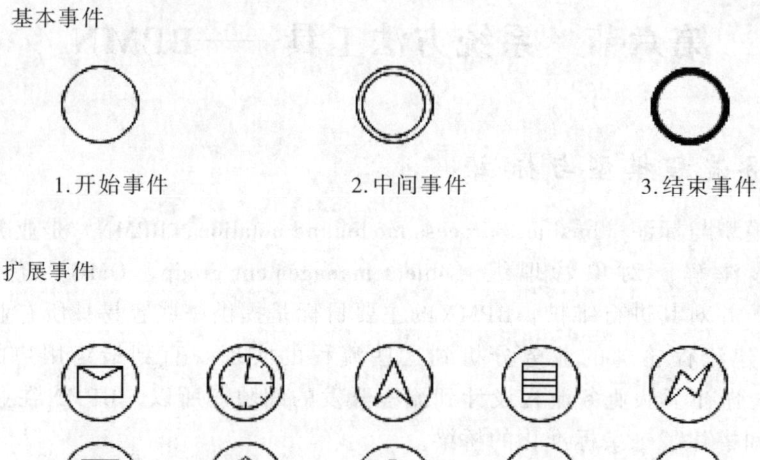

图2-32 事件类型

如果添加一个信封的图标给上述任一事件，将触发一个消息事件。即可以由一个消息的到达而启动一个进程，也可以在中间的某个位置与中间事件中发送一个消息（或捕获消息），或者在一个过程结束时发送消息。

2.活动（activity）

活动是工作或任务的一个通用术语。首先，一个活动可以是一个任务，也可以是一个当前流程的子处理流程；其次，可以指定不同类型的活动。例如，任务可以是需要人工完成的任务，也可以是自动完成的任务，比如由脚本完成的任务，或服务任务（交由web服务器处理的指令）等（如图2-33所示）。

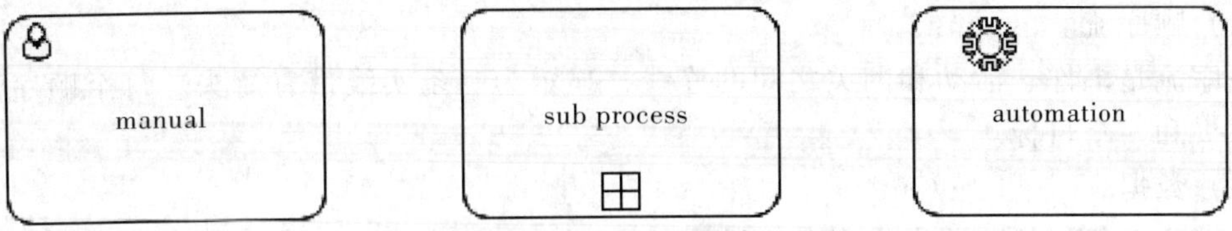

图2-33　活动图例

3.网关（gateway）

网关用来处理决策，有如下几种类型（如图2-34所示）：

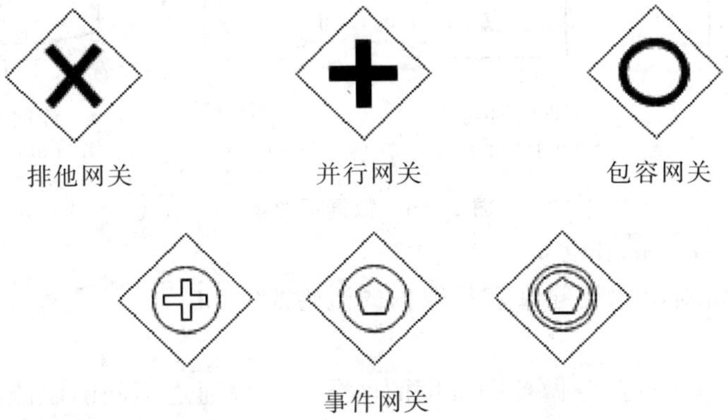

图2-34　网关类型

（1）排他网关（×）——只有一条路径会被选择。

流程执行到该网关时，按照输出流的顺序逐个计算，当条件的计算结果为true时，继续执行当前网关的输出流。

如果多条线路计算结果都是true，则会执行第一个值为true的线路。如果所有网关计算结果都不是true，则引擎会抛出异常。

排他网关需要和条件顺序流结合使用，default属性指定默认顺序流，当所有的条件不满足时会执行默认顺序流。

（2）并行网关（+）——所有路径会被同时选择。

拆分——并行执行所有输出顺序流，为每一条顺序流创建一个并行执行线路。

合并——所有从并行网关拆分并执行完成的线路均在此等候，直到所有的线路都执行完成才继续向下执行。

（3）包容网关（○）——可以同时执行多条线路，也可以在网关上设置条件。

拆分——计算每条线路上的表达式，当表达式计算结果为true时，创建一个并行线路并继续执行。

合并——所有从并行网关拆分并执行完成的线路均在此等候，直到所有的线路都执行完成才继续向下执行。

（4）事件网关——专门为中间捕获事件设置的，允许设置多个输出流指向多个不同的中间捕获事件。当流程执行到事件网关后，流程处于等待状态，需要等待抛出事件才能将等待状态转换为活动状态。

4.其他

(1) 顺序流。

顺序流是事件、活动和网关之间的连线，显示为一条实线带有箭头。每个顺序流都有一个源头和一个目标。

(2) 数据。

数据项对象包括一些数据对象、数据输入/输出对象等（如图2-35所示）。

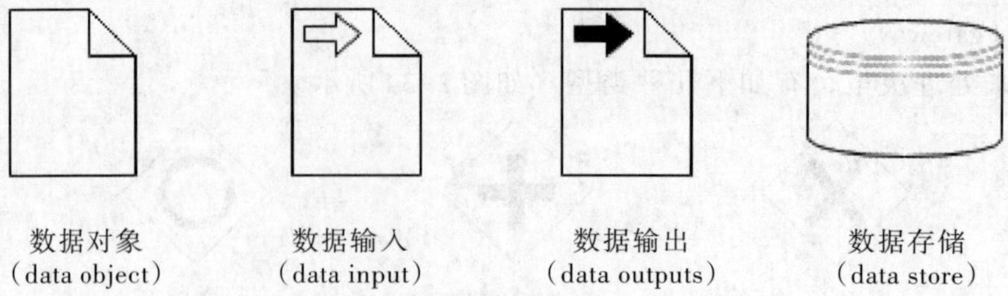

图2-35 数据项对象

(3) 连接对象（connecting object）。

流对象通过连接对象连接起来表示数据的流转。

(4) 泳道和池。

泳道（swimlane）：对业务做范围维度的区分，一般通过不同的职能进行区分。

池（pool）：池描述流程中的一个参与者。可以看作是将一系列活动区别于其他池的一个图形容器。

道（lane）：就是在池里面再细分，可以是垂直的，也可以是水平的。道也用于组织和分类活动。

(5) 描述对象。

描述对象（artifact）：不影响流程运行，为流程图可读性进行补充性描述。

关于BPMN，我们这里只介绍了一些粗浅的内容。因为它实现了业务过程与系统的整合与连接，使业务人员与系统开发者能够利用其很好地沟通。这些简单的知识能够让我们了解基础概念，想要更深入地了解，大家可以登录https://www.omg.org/spec/BPMN/2.0网站。

三、BPMN 实例

1.实例1

图2-36是一个简单实例，是电商平台在客户下单后，申请信用卡支付的流程。首先，事件“客户下单并申请信用卡支付”触发流程，平台会自动链接对应的金融机构“申请授权”，结果是授信成功或失败。授信成功则转为订单处理（子流程），进而通知发运部，发运部进行打包和发货，完成订单；未得到支付授权，则直接终止订单，流程结束。对于以上流程，大家经过深入学习，可以画出更细致和深入的图，这里我们只作简单说明。

2.实例2

图2-37是另一种类型的BPMN流程图——编排流程（choreography diagram），用活动的角色互动取代了泳池布局。首先，客户发出订货请求，厂商基于自身情况有三种响应（满足，不满足和部分满足），对于每种情况产生三种可能的响应。流程本身并不复杂，尽

管有些图示前文并没有交代用法，也很容易理解。这也就是BPMN流程图的优势。

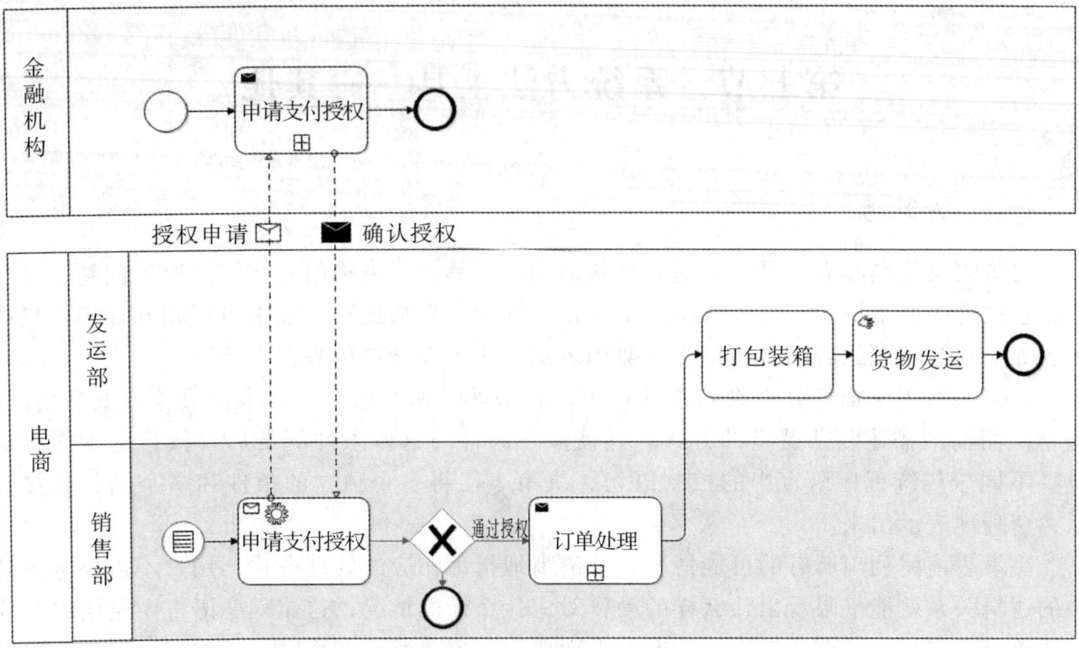

图2-36　实例1电商平台销售——信用卡支付授权

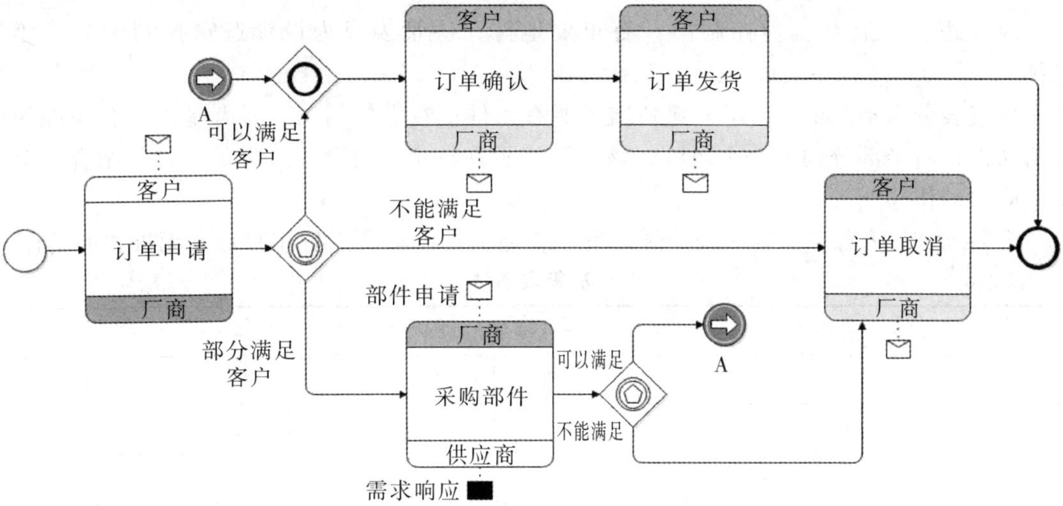

图2-37　实例2厂商对订单响应流程

BPMN流程图的优势还在于，根据图形可以直接定义对应的XML脚本，这样就实现了业务流程与流程开发的衔接。

BPMN的内容很复杂，本节内容只是简单介绍，想了解更详细的内容，可以阅读OMG Document Number: formal/2011-01-03。

第七节 系统方法工具——其他

一、决策表

决策表又称判断表，是一种呈表格状的图形工具，用表格的方式描述决策问题。这种表格也被称为决策矩阵。决策表是一个以行、列形式来描述和表示决策规则和知识信息的表，如果决策问题的后果是用损失的费用表示，这个表就被称为损失矩阵。

决策表适用于描述处理判断条件较多，各条件又相互组合、有多种决策方案的情况，是精确而简洁描述复杂逻辑的方式。其使多个条件与这些条件满足后要执行的动作相对应。不同于传统程序语言中的控制语句，决策表能将多个独立的条件和多个动作直接联系，清晰地表示出来。

决策表能罗列出所有的可能情况，并清晰地指出相应的处理方式，用户不需要考虑其中的逻辑关系就能一眼看出什么样的动作对应什么样的情况，这比程序语言中层层嵌套的逻辑语句要强得多。而所有可能情况的平面罗列，也能避免在程序语言编写中，因为逻辑上的层层嵌套而产生遗漏，尤其在if-then-else结构中else部分可选的情况下。

因为逻辑控制在流程控制中具有重要地位，决策表成为设计逻辑控制十分重要的工具。

决策表分为4个部分：左上部列出了所有条件；左下部列出了所有基于组合条件的可能的动作；右半部分构成一个矩阵，该矩阵表示在特定的组合下，满足条件的组合将会触发相应的动作。

表2-6中，按右半部第一列的规则看，普通会员没有特别折扣时触发无折扣的动作。

表2-6 决策表举例

条件	1	2	3	4	5	6
普通会员	T	T				
白银会员			T	T		
黄金会员					T	T
特别折扣	F	T	F	T	F	T
动作						
无折扣	√					
8%折扣			√	√		
15%折扣					√	√
额外的x%的折扣		√		√		√

绘制决策表的步骤如下：

（1）列出特定过程（或事件）相关的所有动作。

（2）列出执行该过程时所有的条件（或所作的决策）。

（3）将特定的条件组合与特定的动作相关联，消除不可能的条件组合；或者找出所有可能的条件排列。

（4）定义规则，指出一组条件对应哪个或哪些动作。

决策表也是系统设计人员和会计、审计人员经常使用的一种系统方法。最常见的例子是在算法设计或分配方案设计过程中，当遇到复杂的问题需要多重逻辑判断时，其他方法都不能清晰地表述问题的逻辑关系，而决策表却能很容易做到这一点。我们通过一个具体实例来说明决策表的用法。

【实例 2-2】

某公司规定推销员的薪酬与业绩挂钩，按推销产品收入额提成，上不封顶，下不保底，费用自理。具体为每月推销额 10 万元以上（含 10 万元，下同）：回款比例超过 80% 且推销的新产品占 5 成以上（含 5 成，下同）者，按推销额的 6% 提成，新产品不足 5 成，按 5% 提成；若回款比例在 40%~80% 且新产品占 5 成以上，按 5% 提成；若新产品不足 5 成，回款比例在 40%~80%，按 4% 提成；若回款比例低于 40%，不论新产品比例多少，均按 3% 提成。推销额不足 10 万元，回款比例在 80% 以上者，按 4% 提成，回款比例在 40%~80%，按 3% 提成，不足 40%，按 2% 提成。

这种复杂的处理逻辑如果用决策表来描述会变得非常清晰。在薪酬政策中有 3 个条件：一是推销额，用 TXE 表示；二是回款比例，用 HK 表示；三是新产品比例，用 XCP 表示，可拟定一个条件与取值符号表，见表 2-7。然后构造决策表，见表 2-8。

表 2-7　**条件与取值符号表**

条件	取值符号	符号含义
C_1：推销额（TXE）	C	超过 10 万元/月（含 10 万元）
	D	低于 10 万元/月
C_2：回款（HK）	G	超过 80%
	Z	40%~80%
	D	不足 40%
C_3：新产品（XCP）	X	新产品占 50% 以上（含 50%）
	L	新产品不足 50%

表 2-8　**薪酬处理决策表**

条件	1	2	3	4	5	6	7	8	9	10	11	12
C_1：TXE	C	C	C	C	C	C	D	D	D	D	D	D
C_2：HK	G	G	Z	Z	D	D	G	G	Z	Z	D	D
C_3：XCP	X	L	X	L	X	L	X	L	X	L	X	L
A_1：6%	√											
A_2：5%		√	√									
A_3：4%				√			√	√				
A_4：3%					√	√			√	√		
A_5：2%											√	√

根据处理逻辑，该决策表还可以简化成下面的形式，见表2-9。

表2-9 简化的决策表

条件	1	2	3	4	5/6	7/8	9/10	11/12
C_1：TXE	C	C	C	C	C	D	D	D
C_2：HK	G	G	Z	Z	D	G	Z	D
C_3：XCP	X	L	X	L	—	—	—	—
A_1：6%	√							
A_2：5%		√	√					
A_3：4%				√		√		
A_4：3%					√		√	
A_5：2%								√

二、问题分析图

问题分析图（problem analysis diagram，PAD），是另一种支持结构化算法设计的图形表达工具，也是一种用于事物过程描述的系统方法。其基本符号如图2-38所示。

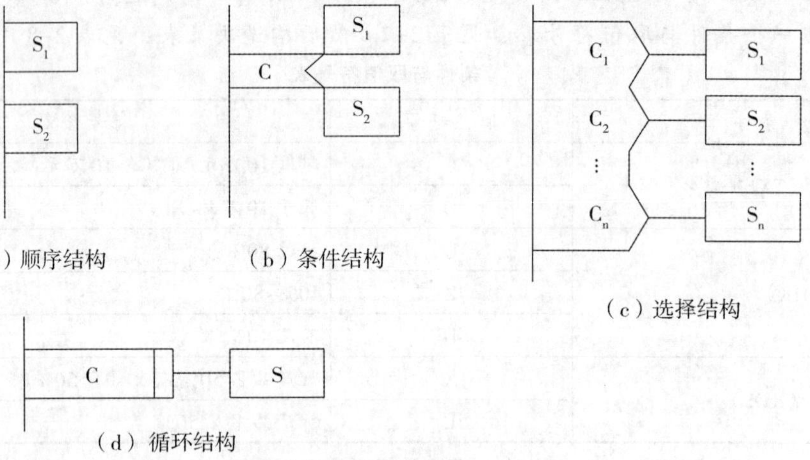

图2-38 PAD图的基本符号

顺序结构沿着符号中的竖线自上而下连续执行各个命令。条件结构先判断条件C是否成立，成立则执行S_1部分，若S_1有多个命令则从上至下依次执行，然后沿竖线依次执行本结构以下的命令，若条件不成立则执行S_2部分，若S_2部分有多个命令则从上至下依次执行，然后沿竖线依次执行本结构以下的命令；选择结构依次判断C_1，C_2，C_3，…，C_n，若C_1成立则执行S_1，C_2成立则执行S_2……然后沿竖线依次执行本结构以下的命令。循环结构先判断循环控制条件C，若C成立则执行循环体S一次，然后回到本结构，再判断C是否成立……依此循环，直至C不成立则退出循环，依次执行本结构之后的命令。值得注意的是，这个结构中的S还可以是上述4种结构或它们的组合，由此形成程序的嵌套。

PAD图集系统的层次结构和过程特征于一体，横向表达系统的嵌套层次结构，纵向（同一条控制竖线）自上而下表达某一处理的过程特征，表达方式及内容不受限制，因此，可以对系统的处理细节进行深入的刻画和雕琢。我们用一个实例来说明PAD图的用法。

【实例2-3】

会计信息系统中常将所使用的会计科目及其代码汇集成一张表存到系统里，称为科目汇总表文件，见表2-10。该文件内容也会有变化，所以需要维护，现在我们用PAD图来描述维护的作业流程。经分析我们知道：正在使用的会计科目不能修改其代码，更不能删除。修改和删除只能在本会计年度结束，新会计年度尚未开始前进行。平时的维护只能修改科目名称或增加新科目。因此，科目文件维护过程如图2-39所示。

表2-10　**科目汇总表**

科目代码	科目名称
1001	库存现金
1002	银行存款
1101	短期投资
1122	应收账款
2101	短期借款
2121	应付账款
……	……

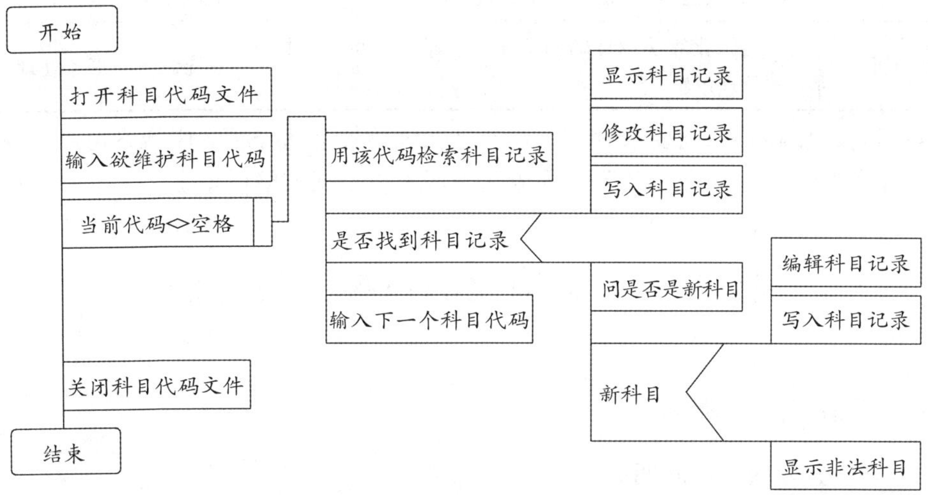

图2-39　科目文件维护PAD图

三、系统方法工具——小结

系统方法是通过一系列科学的方法和步骤，把确定目标和实现目标这两个认识过程有机地统一起来。首先，它通过摆明问题、目标选择、系统综合、系统分析、系统选择等步骤，为确定目标提供可靠的依据；其次，它还通过程序设计、具体规划以及研究、生产、安装和运行等阶段来实现既定目标。

本章详细介绍了数据流图、实体关系图、流程图、事件驱动过程链、BPMN，模块结构图、决策表和问题分析图等最常用的系统方法。数据流图、实体关系图、事件驱动过程链、BPMN对于CPA来说，只需要能够读懂即可。流程图则是CPA的常用工具，是CPA在学习和工作中必须掌握的知识。我们用表2-11来说明各种系统方法的功能和应用领域。

表2-11 **各种系统方法的功能和应用领域**

系统方法名称	系统方法功能	应用领域
数据流图	描述信息系统逻辑模型	系统设计，系统分析
实体关系图	给出系统局部的概念框架	系统设计
流程图	表示系统中数据流动的方向和处理顺序	系统设计，系统分析，审计
业务流程图	描述不同实体之间的文件及处理流程	系统设计，审计，会计
文档流程图	列出系统文档的生成、流转、分布和最终归宿	系统分析，审计，会计
事件驱动过程链	通过将商业过程中的静态资源（系统、组织、数据等）组织在一起形成一个能够完成特定任务或者活动（流程）的动态模型——体现了商业业务的增值过程	业务流程管理（业务流程标准化、流程重组、流程再造等）
BPMN	业务流程图示和标识	业务流程与流程开发
层次图	表达系统模块层次关系，描述系统功能结构	系统设计，系统分析
模块结构图	表达系统结构及模块之间的通信与控制	系统设计，系统分析
决策表	清晰地表述复杂问题的多重逻辑判断	系统分析，审计，会计
问题分析图	支持结构化算法设计的图形表达工具，也可用于描述问题处理逻辑	系统设计，事务处理

系统观念的整体性原则要求我们，在研究系统的各个部分时，应始终把部分放在整体中研究，把着眼点放在全局，部分必须服从和服务于系统的整体要求。

第八节 结构化的系统开发方法

一、系统开发方法

（一）软件开发的生命周期法

1.软件开发的生命周期

软件从计划开发起，直到被废弃为止的整个期间，称为它的生命周期。软件开发的生命周期包括计划、开发、运行与维护三个时期，每个时期又可细分为若干更小的阶段，如图2-40所示。

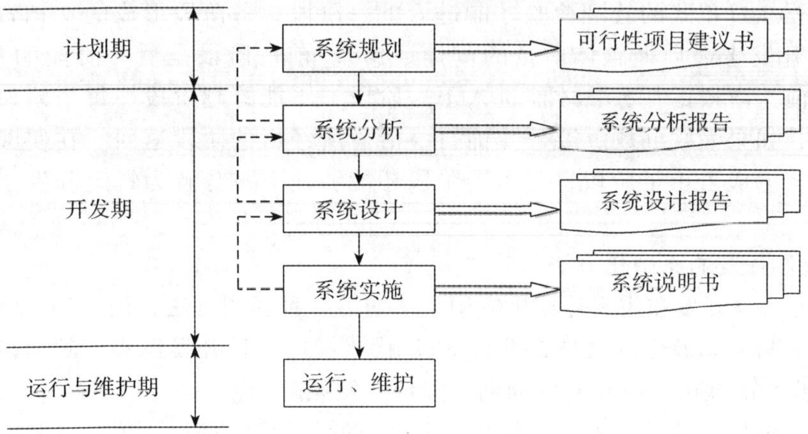

图2-40　软件开发的生命周期

2.生命周期法

严格按软件生命周期各个阶段的次序进行软件开发的各项工作，这种开发方法称为生命周期法。

①计划期，即系统规划阶段。这个阶段的主要任务是分析用户的要求与系统开发的各种制约条件，并论证系统开发的可行性。

对开发新系统是否可行做出判断。如果确定新系统可行，就要编制系统开发计划和可行性项目建议书，上报领导审批；如果系统开发不可行，就要终止该项目的开发工作。

②开发期。开发期的任务是完成软件的设计和实施，具体包括系统分析、系统设计、系统实施三个阶段。

a.系统分析阶段。系统分析又称为用户需求分析，主要任务是调查系统与外界的联系、系统内部数据处理过程和方法，认真研究用户的需求，分析和确定新系统应具备的功能、输入输出哪些资料和信息，其目的就是要建立新系统的逻辑模型。

b.系统设计阶段。系统设计又分为概要设计和详细设计。概要设计又称总体设计，其主要任务是确定软件的结构，即对系统的任务和功能进行分解，由数据流图导出模块结构图。

系统详细设计是对每个模块的算法进行设计，即详细描述实现该模块功能的算法和数据结构、输入资料和输入画面、输出信息的格式和内容、详细处理过程和处理逻辑设计等。

c.系统实施阶段。系统实施阶段是将设计的系统付诸实施的阶段。这个阶段的任务包括计算机等设备的购置、安装和调试，程序的编写与调试，人员培训，数据文件转换，系统调试与转换等。系统实施是按实施计划分阶段完成的，每个阶段应写出实施进度报告。系统测试之后写出操作手册、系统测试分析报告等。

③运行与维护期。系统投入运行后，需要经常进行维护和评价，记录系统的运行情况，根据一定的标准对系统进行必要的修改，评价系统的工作质量和经济效益。

新系统开发适用于任何问题的解决过程：确定问题，了解需求，考虑可能的备选方案并选择最佳方案，实施方案。在信息系统开发的过程中，每一阶段有其独立的任务和成果，每一阶段使用规定的方法和工具，编制出阶段文档（阶段文档是阶段之间的管理控制点，需要经过正式的管理检验才能进入下一阶段，各阶段形成的文档资料共同构成了关于系统开发生命周期整体质量的审计证据）。前一阶段是后一阶段的基础和指导，只有完成了前一阶段的任务，才能进入下一阶段，不能跨越阶段。每个阶段完成后，都要进行复查，如果发现问题，要停止前行，沿着所经历的阶段返回。在实践中，上述开发阶段会被分解成若干子阶段，每个子阶段还能够往下被分解为特定开发工程的更为详细的活动。

（二）软件开发的原型化方法

原型化方法是开发和实现计算机应用系统的另一种通用方法，用于用户需求预先难以充分确定的情况。原型化方法是20世纪80年代兴起的一种开发模式，其动机是针对生命周期法缺乏弹性的缺陷，缩短开发周期，降低开发风险。

原型化方法基于这样的假设：面对一个真正的系统（原型），用户更容易表达他们的看法。该方法的观点是，通过让用户真正体验正在开发的系统，得到的系统开发需求将是充分和正确的。

原型化方法是一个反复的过程，如图2-41所示。经过对用户最初基本需求的估计，在限定的时间内，用最经济的方法，开发出一个可实际运行的原型系统。用户在获得运行系统的实际应用体验后，会修改其需求，然后修改原型系统，再重新实施。原型化方法是增量开发模式，工作顺序呈循环状态。

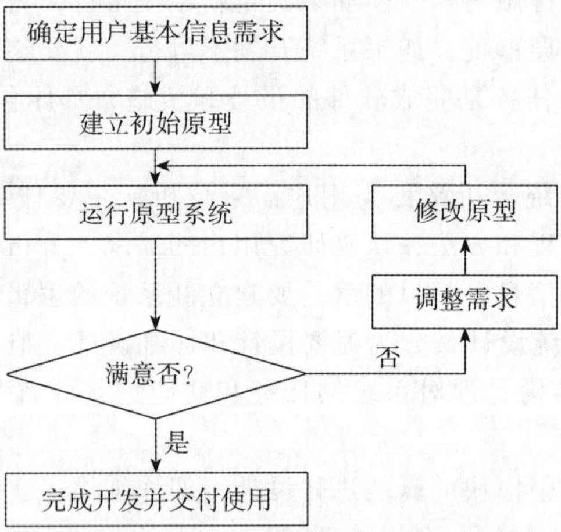

图2-41　软件开发的原型化方法

采用原型化方法开发信息系统，有效地增进了用户与系统分析人员的沟通，在系统分析与设计过程中，用户处于主导地位。可实际运行的原型系统可以帮助系统分析人员辨认动态的用户需求。某些需求在用户缺乏系统使用经验时，用户本身也无法预先知道。在原型运行过程中，用户可以发现这些需求，并将这些需求告诉开发人员。对于开放性而无固定需求范围的系统（如决策支持系统），更适合用原型化方法进行开发。

原型化方法是从动态的角度看待系统的变化，采用的是以变应变的思路，从思路上看比生命周期法要先进。但是原型化方法对开发工具要求较高，对于中小型的信息系统开发效果较好，大型的、复杂的系统在原型的制作上相当困难。

二、系统开发过程

（一）系统规划

当企业的现行信息系统不能满足企业业务处理的要求，需要开发一个新的信息系统取代现行系统时，就开始进入系统开发的第一阶段——信息系统的规划阶段。对新系统的规划和科学的论证可以避免系统开发的盲目性，使系统具有良好的整体性和较强的适应性。

1.系统规划的任务

系统规划包括战略系统规划和项目规划。

战略系统规划涉及宏观层次上的系统资源的分配，从技术上讲，战略系统规划不是系统开发生命周期的组成部分，因为系统开发生命周期是针对特定应用程序的。

项目规划的目的是在战略系统规划的框架内为个别应用程序分配资源，包括识别用户的需求，对每一个建议的可行性进行评估，安排项目的优先顺序和时间进度等。

2.初步调查

当确定要开发新系统后，先要成立系统开发的相关组织，指定有关人员开展初步调查。初步调查的内容主要包括：

（1）现行系统的基本情况

现行系统的组织机构与人员安排、工作方式、要处理的业务及数量，系统与各部门之间的关系，各部门对系统信息的需求情况，数据处理流程，业务流程的现状、存在的主要问题和不足以及流程在新技术条件下的重组。

（2）新系统的目标

新系统要解决当前存在的问题，根据各部门对系统信息的需求和使用情况，确定新系统要增加哪些功能，要求系统达到什么样的目标。

（3）系统开发的条件

系统开发的条件包括系统开发所投入的人力、物力、财力，以及人员培训的初步计划，系统开发是否还有其他限制条件等。

3.可行性分析

可行性分析的任务是明确新系统开发的必要性和可行性。必要性是指新系统开发的迫切性，可行性则取决于开发新系统可利用的资源和条件。可行性分析主要考虑以下三方面：

（1）技术可行性

技术可行性是指根据现有的技术条件，能否达到所提出的要求；所需要的物理资源是否具备，能否得到。技术条件包括硬件、系统软件、应用软件和技术人员。

（2）经济可行性

要估计系统的成本和效益，分析系统在经济上是否合理。如果不能提供开发系统所需要的资金，或者不能提高企业的效益，就不应该开发此系统。所以，经济可行性要解决两个问题：资金可得性和经济合理性。

（3）管理可行性

要考虑所建立的系统能否在该企业实现，在当前操作环境下能否很好地运行，即组织内外是否具备接受和使用新系统的条件。从组织内部讲，新系统的建立，可能导致某些制度甚至管理体制的变动，组织的承受能力影响着系统的存续。从组织外部讲，新系统运行后，能否被有关部门认可和接受，将直接影响企业的经营。

（二）系统分析

开发软件首先要明确软件应达到的目标及功能，即用户要求软件“做什么”。就是在明确用户需求和新系统功能的基础上，建立起新系统的逻辑模型。这项工作就是系统分析，也被称为用户需求分析，它是软件开发成败的关键。

1.系统分析的任务

系统分析的任务是通过详细调查，完全搞清楚现有系统的情况以及用户对新系统的种种要求，并把它们用规范化的工具表达出来，从而建立新系统的逻辑模型。所以，可以把系统分析工作概括为“理解和表达”，理解就是通过对现有系统的调查和与用户的交流，完全弄清现有系统的情况以及用户的需求；表达就是根据详细调查得到的资料和用户对新系统的需求，确定系统的目标并进行逻辑设计，构造出新系统的逻辑模型，明确描述新系统的“蓝图”。所以理解是前提，表达是目的，系统分析之后形成的文档是系统说明书或需求说明书。

2.系统分析的步骤

（1）对现有系统进行详细调查，获得现有系统的具体模型。具体模型完全如实地反映客观事物，它包含了许多具体的、非本质的因素，涉及业务人员或实物等。

（2）去掉具体模型中的非本质因素，抽象出系统的逻辑模型。逻辑模型是对客观事物本质特征的抽象描述，也就是说，该模型只反映必需的、本质的处理过程和内容，不受个别因素的影响，只考虑在理论上系统有哪些功能及处理过程。

（3）通过调查详细了解用户对新系统的种种需求，确定系统目标及应具有的功能，分析当前系统与目标系统之间的差别，从而建立起目标系统的逻辑模型。

（4）根据用户的补充要求和反馈意见，对新系统逻辑模型进行修改和完善，使之能充分满足用户的需求，最后编写需求说明书。

（5）对需求说明书进行复审，直到没有错误、文档齐全并能完全满足用户的全部需求为止。

3.结构化系统分析方法

调查和分析像会计信息系统这样一个数据量大、数据联系紧密、处理流程复杂、内部控制十分严格的信息系统，必须应用科学的系统分析方法和图形表达工具来进行，以取得事半功倍的效果。结构化系统分析方法是目前系统分析中最普遍使用的方法。

（1）结构化系统分析方法的概念

结构化分析方法（structured analysis，SA）是将系统工程原理应用于大型软件开发的产物，就是采用“自顶向下，逐层分解，化大为小，分而治之”的思想对复杂的系统进行分解化简，从而有效地控制系统分析每一步的难度，并运用数据流图、加工说明和数据字典作为表达工具的一种系统分析技术。

（2）结构化系统分析方法的基本思想

SA方法是通过对调查资料的分析和归纳，从中找出规律，再通过分解的方法，化大为小、分而治之、逐步求精和完善优化建立起来的。在SA中，主要用系统方法中的数据流图作为表达工具，如图2-42所示。

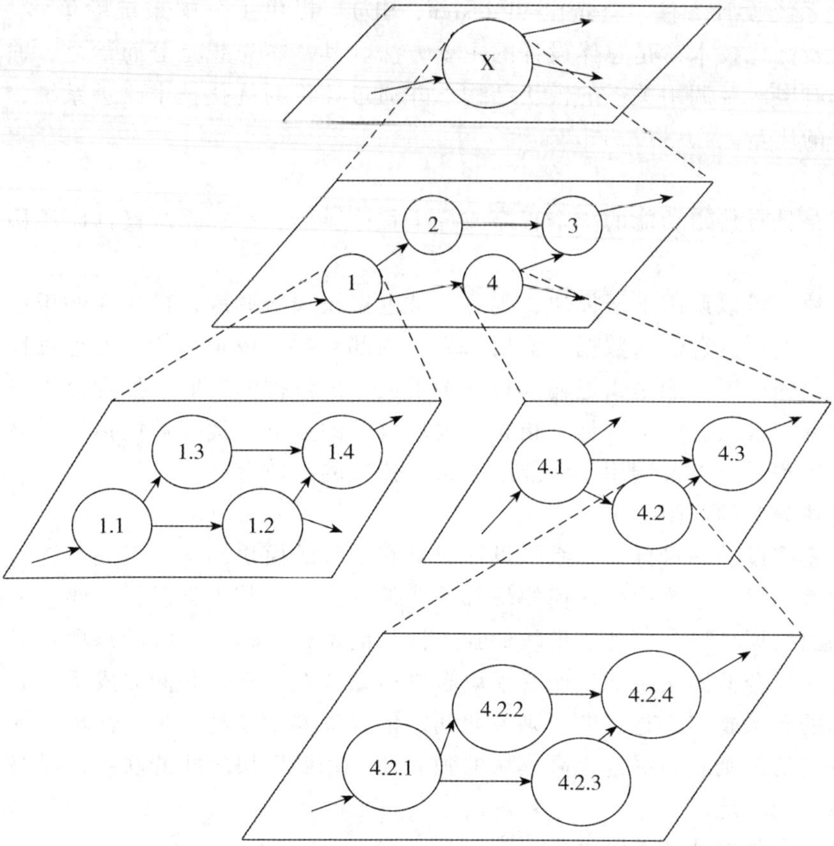

图2-42 SA方法示意图

图2-42中，该系统很复杂，SA方法把它看成一个整体，用符号X来表示。

第一步，暂时先不分析系统的内部，只分析它从外界接收哪些数据，处理后向外界输出什么信息，并用数据流图符号将它们表示出来，这样就画出了顶层数据流图。

第二步，分析系统X的内部，按照它的主要功能或组成部分，将其分解成有限几项加工，这些加工可以是子系统或功能模块。我们仍然只分析各项加工之间的数据联系，内部结构仍暂不分析，这样就画出了该系统的0层数据流图。此时我们对系统X的理解就深入了一步。

第三步，若0层数据流图中的加工仍然很复杂，我们再将其分解成更小的几个加工。如此，一层一层分解下去，直到每项加工都足够简单，都能被清楚理解为止。

（三）总体设计

总体设计又称概要设计，从硬件角度来讲，就是进行计算机配置设计，包括选择机型与确定系统的硬件结构，从软件角度来讲，就是设计软件系统的模块结构。

1.结构化系统设计

（1）结构化系统设计方法

任何复杂的系统都具有“层次”和“过程”两方面的特征。过程特征是指具体的处理过程和方法，即先做什么，后做什么；层次特征是指软件系统由哪些部分组成、各部分管理控制的范围、它们之间调用与被调用关系以及调用中传递的参数等。

结构化系统设计方法（structured design，SD），提供了分解系统的策略、表达工具、评价标准以及优化技术，是总体设计的主要方法。其基本思想是分而治之，通过分解把系统设计成具有层次及调用关系的模块结构，并通过评价与优化技术改进系统，从而在整体上提高软件的质量。

（2）模块

模块就是具有特定功能的一个程序或一个程序雏形，是在系统设计阶段构成软件系统的基本单元。

每个模块都可以调用下层模块，也可以被上层模块所调用，模块在调用过程中可以相互传递参数。模块具有输入数据、输出信息、内部数据、逻辑功能、处理过程及运行环境等特性。模块的逻辑功能是指把输入数据加工成输出数据的功能；处理过程指实现模块功能的具体过程和方法；内部数据是指属于模块自己的数据；运行环境指模块之间的调用和被调用的隶属关系，以及调用中的控制关系、传递的参数等。

（3）模块分解的原则

结构化系统设计的目标是把系统设计成具有层次的模块结构，组成系统的模块应具有较高的独立性。但是系统中的任何模块都不能孤立存在，其正常运行需要一定的控制调用和输入、输出数据环境，因此，模块的独立性只能是相对的。系统的每项功能都是由某个或某几个模块配合共同实现的，所有模块有机地组合在一起，共同完成系统的总功能。然而模块之间的联系越多、越复杂，则彼此间的依赖程度就越高，独立性也就越差。

模块分解的原则就是尽量提高模块的独立性，降低模块之间的联系，使每个模块都只完成一项单一的功能。

2.模块结构图的改进和优化

初始模块结构图还需要进一步改进和优化。首先要对模块结构图进行分析和评价，对于功能复杂和非常小的模块，要重新进行分解与组合，以提高模块的独立性。除此之外，还有一些用于优化软件结构的原则和方法。

（四）系统的试运行、维护

系统的试运行和维护直接关系到整个系统使用的成功与否，它是信息系统生命周期中最长的阶段。

1.系统的试运行

系统正式运行之前，首先要进行系统的软件、硬件配置和人员的培训等工作，本部分不作单独介绍。

虽然系统通过测试后就可以交付用户正式使用，但仍然会出现问题，因此，系统投入运行前，要有一个试运行期。

（1）系统的试运行

试运行阶段是指手工与计算机同时处理、相互核对结果，以修改完善新系统，是一个以用户为主、开发方为辅的系统管理阶段。通过一段时间的试运行后，就可以进入新系统的正式运行阶段，新、旧系统的转换需要有一个过渡过程，这就是系统切换。

（2）系统切换

系统切换是指信息系统开发完成后新、老系统之间的转换。系统切换有直接切换、并行切换和分段切换三种方式。

2. 系统的维护

（1）信息系统维护的内容

系统运行过程中需要不断维护，这样才能保证系统正常运行并延长使用寿命。系统维护包括以下内容：

①对系统开发和测试过程中没有发现的错误进行修改和补充；

②对单位的内、外部政策和制度变化引起的变动进行修改；

③对系统的功能进行扩充或随着计算机技术的发展对系统运行环境进行升级；

④对系统及运行环境进行日常维护；

⑤对系统及系统中的数据由于意外事故造成的损坏进行恢复。

（2）系统维护的类型

根据程序需要维护的原因不同，程序维护工作可分为以下4种类型：

①纠错性维护。由于软件测试的不彻底性，软件交付使用后，还会继续发现潜藏的错误，需要对它们进行诊断。纠错性维护是确定错误的原因和位置，并改正错误而进行的维护。

②适应性维护。这是指为了适应环境的变化而进行的维护，如针对硬件的变更、升级、系统软件的更新、应用方法的变化或使用对象的变更等进行的维护。

③完善性维护。这是指根据业务的需要而增加新的功能或改善已有功能和性能而进行的维护。这类维护的工作量最大。

④预防性维护。这是指对一些使用时间较长，目前虽尚能使用，但可能不久就须作重大修改或加强的软件，进行预先的维护，以适应将来的修改或调整而减少维护的工作量。这种维护就是“把今天的方法用于昨天的系统，支持明天的需求”。

□ 本章小结

我们在第一节主要讲述了系统的思想，从物理世界抽象出概念问题，分析机理得到事物运行的逻辑。进而对目标系统进行描述，再通过可行性研究去实现目标系统的物理模型。

人们用系统思想开发实践的过程中，总结和发展了系统化的方法，目的是标准化以提升工作效率。这些方法包括概念设计、逻辑分析和物理实现，我们主要介绍了ERD、DFD、FlowChart、BPMN、EPC等，这些内容需要在实践中逐渐深入了解和掌握。

常见的软件开发方法有两种：（1）生命周期法。（2）原型化方法。

系统开发的起点是信息系统的规划。系统规划包括战略系统规划和项目规划。系统规划的主要工作之一是进行可行性分析的评估，可行性分析是明确应用系统开发的必要性和可行性。可行性分析应从以下3个方面进行评估：（1）技术可行性。（2）经济可行性。（3）管理可行性。系统规划的最后阶段是撰写可行性项目建议书，可行性项目建议书是系统开发人员对现行系统初步调查的结论，反映了系统开发人员对系统开发的看法。

系统分析是通过对用户业务流程与需求进行详细调查，完全搞清楚现有系统的情况以及用户对新系统的种种要求，并把它们用规范化的工具表达出来，从而建立新系统的逻辑模型。

系统设计也叫物理设计。系统设计的任务是根据系统逻辑模型，结合会计业务特点和信息技术，进行一系列技术考虑和设计，提出一个在计算机上实现系统目标的实施方案，即新系统的物理模型，以解决新系统应该“怎么做”的问题。系统设计分为总体设计和详细设计两步。

系统实施阶段是将设计的系统付诸实施的阶段。这个阶段的任务包括计算机等设备的购置、安装和调试，程序的编写与调试，人员培训，数据文件转换，系统调试与转换等。

系统运行过程中需要不断维护，才能保证系统正常运行和延长使用寿命。根据程序需要维护的不同原因，程序维护工作可分为4种类型：纠错性维护、适应性维护、完善性维护、预防性维护。

至此，我们给掌握会计信息系统知识打下了第二块基础。

□ 基本训练

一、选择题（选项有一个或几个正确，请把正确的填在括号内）

1.系统方法是通过一系列科学的方法和步骤，把确定目标和实现目标这两个认识过程有机地统一起来。关于系统方法，下列说法正确的有（ ）。

A.系统方法把研究对象当作一个整体来对待

B.可供选择的方案中选择出一种，使系统运行处于最优的状态

C.系统要逐级分解，实行递阶控制

D.系统方法一般用于科学研究，不用于企业管理

2.系统方法实施的一般步骤为（ ）。

A.实施计划—确定问题—系统分析—方案决策

B.实施计划—系统分析—确定问题—方案决策

C.确定问题—系统分析—方案决策—实施计划

D.系统分析—确定问题—方案决策—实施计划

3.流程图有三种基本控制结构，（ ）不属于流程图结构类型。

A.顺序结构　　B.网络结构

C.选择结构　　D.循环结构

4.流程图最早用于计算机程序的开发，后来演化成为多种系统方法的工具。常见的流程图有（ ）。

A.业务流程图　　B.程序流程图

C.文件流程图　　D.页面流程图

5.软件从计划开发起，直到被废弃为止的整个期间，称为它的生命周期。软件开发的生命周期包括计划、开发、运行与维护三个时期，每个时期又可细分为若干更小的阶段。系统设计属于软件开发生命周期中的（ ）。

A.计划期　　B.开发期

C.运行期　　D.维护期

6.可行性分析是任何一个大型信息系统正式投入之前必须进行的一项工作。可行性分析主要考虑三方面，它们分别是（ ）。

A.技术可行性　B.系统可行性
C.经济可行性　D.操作可行性

7.下列选项中，不属于系统方法应用原则的是（　　）。

A.最优化原则　B.可靠性原则
C.定量化原则　D.预见性原则

8.在DFD中，不可以出现的是（　　）。

A.从外部项流入加工　B.从加工流入文件
C.从加工流入外部项　D.从文件流入文件

9.在下列选项中，属于E-R图要素的是（　　）。

A.实体　B.加工　C.数据项　D.文件

10.下列选项中，不属于系统实施阶段主要任务的是（　　）。

A.程序的编写与调试　B.实现模块功能的算法
C.人员培训　D.计算机设备的安装

二、思考简答题

1.简述数据流图、E-R关系图、流程图、EPC的用途和应用范围。

2.什么是系统方法？举例说明其在会计中的应用。

3.如何进行可行性分析？

4.简述软件开发的生命周期法各阶段的主要任务。

三、开放论述题

系统方法采用的工具有很多种，请比较数据流图、E-R关系图、流程图、EPC各种工具。哪一种更适合CPA日常使用？说明理由。

四、实践与提高

1.根据以下事务处理过程画业务流程图。

教学管理部为维修教室准备一式2份维修请求单，一份留存，另一份给后勤维修部。维修部据此手工编制维修派遣单一式3份并将维修请求单存档，派遣单1给教学管理部，派遣单2留底，派遣单3给维修工。维修工在维修过后根据耗用材料和工时制作维修完工报告一式2份，一份留底，另一份给财会部，并将派遣单3留底。财会部根据完工报告计算维修费用并制作维修费用报告一式3份。一份存档，一份给维修部，一份给教学管理部。

2.根据以下凭证处理流程画业务流程图。

（1）日常经济业务发生时，业务人员将原始单据提交给财务部门。方法一，由凭证处理人员编制纸质记账凭证，然后通过键盘输入记账凭证，经检查无误后，保存在临时的记账凭证文件中；方法二，直接根据原始单据编制凭证，并保存在临时的凭证文件中。

（2）从临时的记账文件中获取凭证，并进行审核。如果审核通过，则对记账凭证作审核标记，否则，将审核未通过的信息提交凭证编制人员。

（3）记账，即记账人员发指令，计算机自动将临时凭证文件中已审核凭证进行记账，分别更新汇总文件、历史凭证文件等，并将临时凭证文件中已记账的凭证删除。

（4）查询与生成报表，计算机根据各种数据文件自动、实时生成日记账、明细账和总账，以及各级管理者所需的会计报表。

3.按照你的理解补全以下数据流图。

（1）销售管理数据流图（如图2-43所示）。

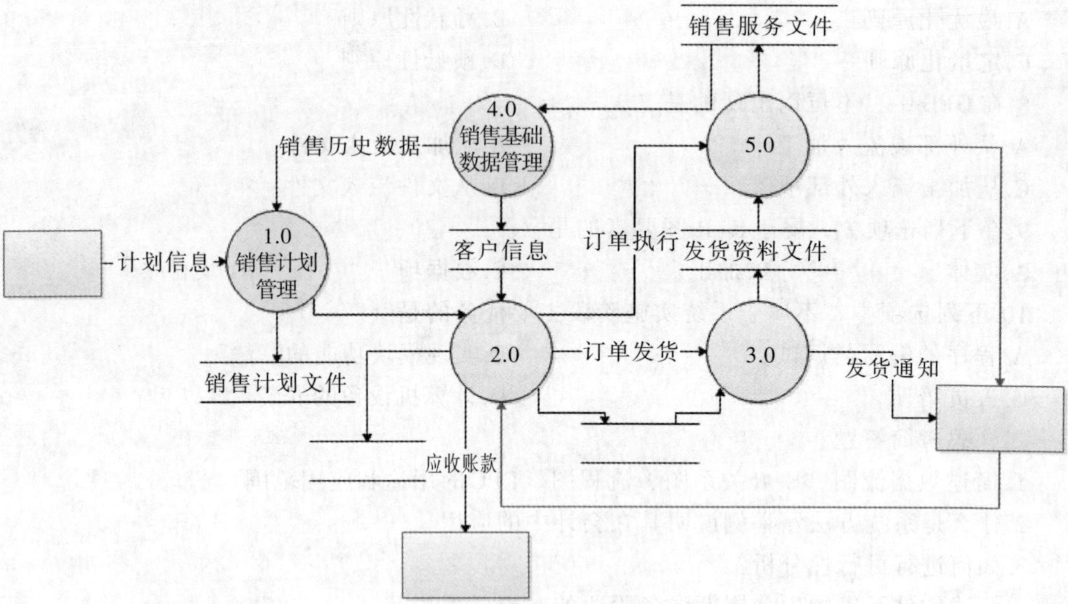

图2-43 销售管理数据流图

（2）采购管理数据流图（如图2-44所示）。

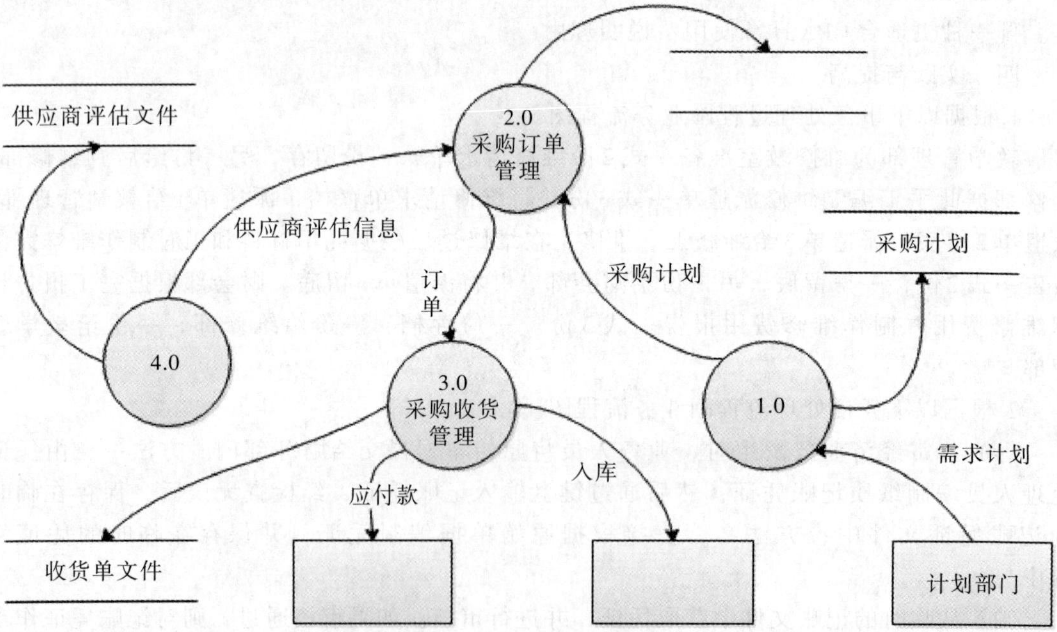

图2-44 采购管理数据流图

（3）存货采购BPMN（如图2-45所示）。

4.甲公司按规定实施短期利润分享计划，在达到约定条件的情况下，公司的管理层可以按照相应的比例分享公司年度净利润。具体内容如下：年销售额5 000万元（含）以上，

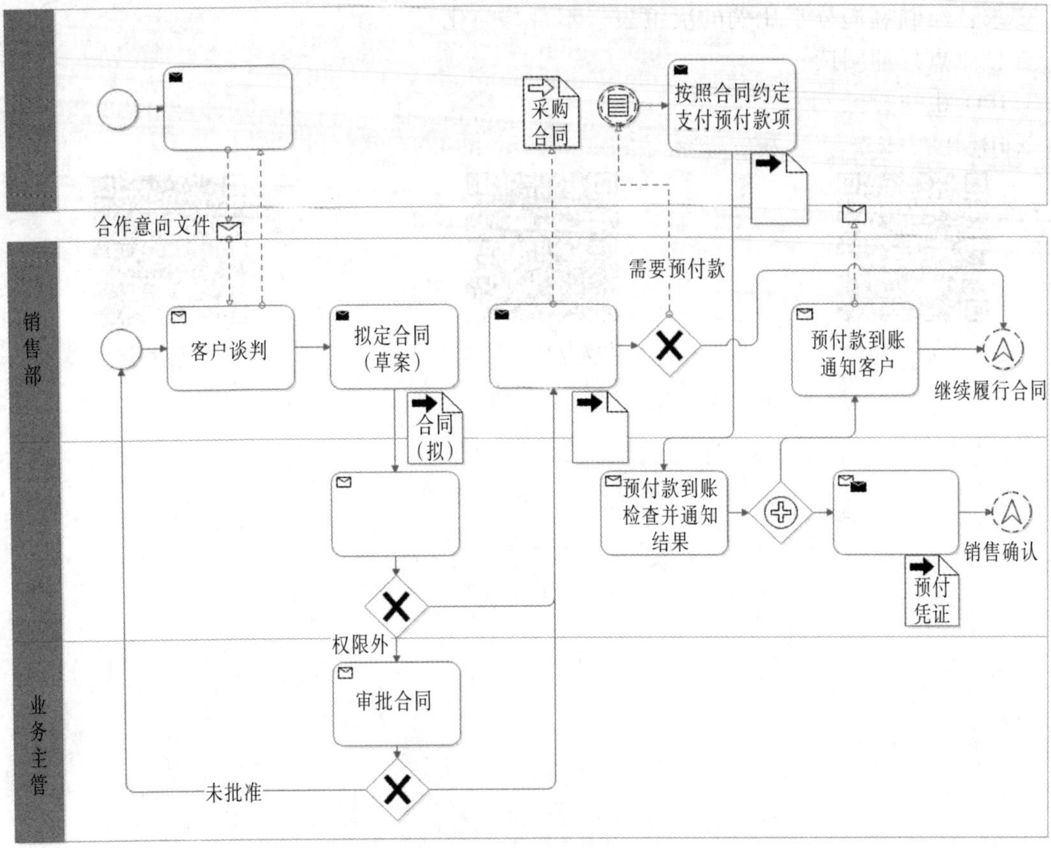

图2-45　存货采购BPMN

且市场占有率比上年提高20%以上，管理层分享当年利润总额的9%；市场占有率比上年提高10%～20%，管理层分享当年利润总额的7%；市场占有率比上年提高10%以下，管理层分享当年利润总额的5%。年销售额5 000万元以下，且市场占有率比上年提高20%以上，管理层分享当年利润总额的8%；市场占有率比上年提高20%以下，管理层分享当年利润总额的5%（见表2-12）。

表2-12　　条件与取值符号

条件	取值符号	符号含义
C1：销售额（XSE）	C	超过5 000万元（含5 000万元）
	D	低于5 000万元
C2：市场占有率（ZYL）	S	20%以上
	Z	10%～20%
	X	10%以下

要求：绘制利润分享比例的决策表（不进行简化）。

五、难点延伸阅读

1. IPO 图。

2. IDEF。

思考与练习　　思考与练习答案　　单元任务

第三章

ERP 基础理论

学习目标

通过本章学习，应该达到以下目标：

学习和把握ERP的概念和管理思想，了解ERP的发展历程。从会计视角理解ERP的优势和劣势，ERP的适用性。

掌握ERP基本概念：物料编码、物料清单、工作中心、提前期与计划提前期、工艺路线、独立需求与相关需求。

掌握ERP基本理论：基本MRP、闭环MRP、制造资源计划（MRP-Ⅱ），了解ERP与这些基础理论的关系。通过金蝶K/3ERP深入理解ERP的目标、结构和功能，以及如何实现这些ERP管理思想。

引例　　“ERP过时了吗?”

背景与情境：曾几何时，ERP敲开了企业信息化管理的大门，只要是有信息管理需求的企业都争相用上了ERP系统。从20世纪90年代至今，ERP经历了三十多年的发展。随着互联网技术的高速发展，ERP也结合最新的科技不断迭代更新。ERP过时了吗？并没有！

ERP优势的发挥需要大量的关注和资源，其维护费用不断增加，许多公司已经开始考虑把整个ERP系统转移到云端。被视为ERP系统大灾难的云计算，现如今已经成为管理ERP最好的方式了。

部署云ERP的最大好处就是公司不用为了获得新功能和新更新而不断花钱升级系统。当所有的数据都保存在云端时，云ERP提供了更好的可扩展性，公司可随时随地上传或下载这些数据。

总之，使用云ERP是将来企业发展的大势所趋，更多新技术的产生也将影响着ERP的升级和改进，向着更有利于企业管理的方向不断发展，也给ERP带来了生机！

本章着重介绍ERP系统的基本概念和基础理论，便于读者理解后面的章节。

第一节 ERP的概念与发展历程

一、ERP的概念

企业资源计划即ERP（enterprise resource planning），由美国Gartner Group公司于1990年提出，是指建立在信息技术基础上，以系统化的管理思想，为企业决策层及员工提供决策运行手段的管理平台。ERP是整合了企业管理理念、业务流程、基础数据、人力物力、计算机硬件和软件的企业资源管理系统。其主要宗旨是对企业所拥有的人、财、物、信息、时间和空间等综合资源进行平衡和优化管理，协调企业各管理部门，围绕市场导向开展业务活动，提高企业的核心竞争力，从而取得最好的经济效益。

ERP系统支持离散型、流程型等混合制造环境，应用范围从制造业扩展到了零售业和服务业等，通过融合数据库技术、图形用户界面、第四代查询语言、客户服务器结构、计算机辅助开发工具、可移植的开放系统等对企业资源进行了有效的集成。

ERP是一个软件，同时也是一个管理工具。它是IT技术与管理思想的融合体，也就是运用先进的管理思想借助电脑，来达成企业的管理目标。ERP的实质是一种针对管理问题的解决方案（solution）或应用系统（application），只有业务全流程实现了信息化管理，才能充分体现信息化带来的价值和效益。

二、ERP的管理思想

1.协同商务思想

在企业运营管理领域，美国Gartner Group公司于1999年提出了协同商务（collaborative commerce）的概念。其含义是：将具有共同商业利益的合作伙伴整合起来，主要通过对整个商业周期中的信息进行共享，实现客户需求，同时，也实现企业本身的利益最大化。通过对各个合作伙伴的竞争优势的整合，共同创造和获取最大的商业价值以及提高获利能力。

就协同商务概念而言，“协同”有两层含义：一层含义是企业内部资源的协同，各部门之间的业务协同、不同的业务指标和目标之间的协同以及各种资源约束的协同。如库存、生产、销售、财务间的协同，这些都需要一些工具来进行协调和统一。另一层含义是指企业内外资源的协同，即整个供应链的协同，如客户的需求、供应、生产、采购、交易间的协同。就企业的信息资源而言，不仅要处理结构化的信息，而且要处理非结构化的信息，这两类信息资源的有序协同，才能实现企业协同商务的有效发展。

协同需要两个整合：①内部整合（internal integration），实现产品研发、核心业务和数据采集三方面的整合；②外部集成（external integration），实现企业与供应链上所有合作伙伴的集成（如图3-1所示）。

2.供应链管理

ERP是供应链管理的信息集成系统，表现在以下方面。

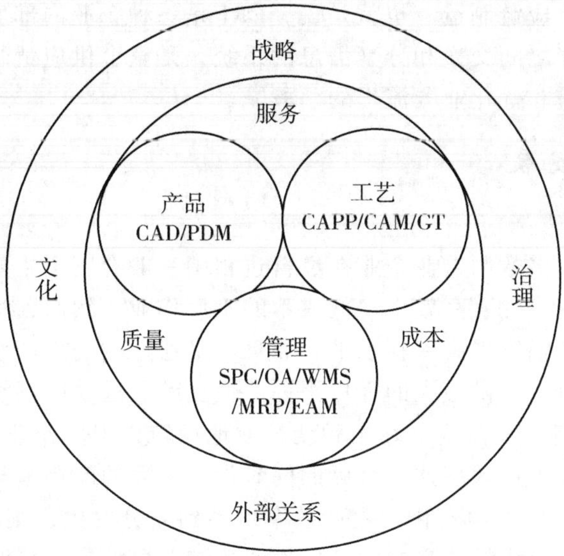

图3-1 ERP在制造业信息化中集成的对象

（1）在整个ERP系统中，供应链系统是整个企业运行的基础。它将企业流程看作一个紧密连接的供应链，链上的每一环节都含有“供”与“需”两方面，包括采购及外协子系统、生产计划及执行子系统、质量管理子系统、设备维护子系统、物流及库存管理子系统、销售及分销子系统等。实施过程中，ERP系统涉及采购管理、销售管理、生产计划、财务管理、成本管理、人力资源管理、客户关系管理，甚至知识链管理（知识链管理将成为ERP一个新的管理内容和发展方向）。

（2）ERP同企业业务流程重组（business process reengineering，BPR）密切相关，两者的结合是必然趋势。提高企业供应链管理的竞争优势，必然带来企业业务流程、信息流程和组织机构的变革，而系统应用程序的使用也必须随企业业务流程的变化而相应调整。

（3）体现精益生产、同步工程和敏捷制造的思想。ERP系统支持混合型生产方式的管理，其管理思想表现在两个方面：其一是“精益生产”（lean production，LP）的思想，即企业把客户、销售代理商、供应商、协作单位纳入生产体系，同他们建立起利益共享的合作伙伴关系，进而组成一个企业的供应链。其二是“敏捷制造”的思想。当市场上出现新的机会，而企业的基本合作伙伴不能满足新产品开发生产的要求时，企业组织一个由特定的供应商和销售渠道组成的短期或一次性供应链，形成“虚拟工厂”，把供应和协作单位看成是企业的一个组成部分，运用“同步工程”，组织生产，用最短的时间将新产品打入市场，时刻保持产品的高质量、多样化和灵活性，这就是“敏捷制造”的核心思想。

（4）体现事先计划与事中控制的思想。ERP系统中的计划体系主要包括：主生产计划、物流需求计划、能力计划等，而且这些计划功能与价值控制功能已完全集成到整个供应链系统中。另外，ERP系统通过定义事务处理相关的会计核算科目与核算方式，在事务处理发生的同时自动生成会计核算分录，保证了资金流与物流的同步记录和数据的一致性。从而实现了根据财务资金现状，追溯资金的来龙去脉，并进一步追溯所发生的相关业务活动，便于实现事中控制和实时做出决策。

总之，ERP基本思想是打破企业的四壁，把信息集成的范围扩大到企业的上下游，管理整个供应链，实现供应链制造。也就是说，ERP是一种企业内部所有业务部门之间，以及企业同外部合作伙伴之间交换和分享信息的系统，是整合供应链管理的工具、技术和应用系统，是管理供应链、优化业务流程的手段。

三、ERP的发展

1.ERP产生的原因

旨在获取利润的大多数制造业企业在经营过程中一般有三个主要目标：（1）最大的客户群；（2）最小的投资；（3）高效率、低成本的工厂作业。然而，达成这些目标的实现过程是互相冲突的。若大幅度提高库存水平，而且不惜通过改变生产水平与生产日程去满足客户需求的变化，就可以提供最大的客户服务。但这种做法要以牺牲第二、第三个目标来实现。若生产水平提高，机器调整好之后就长期地运转，工厂作业可保持高效率；然而，其结果却是在达成最高工厂效率这一目标的同时带来巨大的库存量与不良的客户服务。倘若企业根据客户需求的变化而变化，生产效率得不到充分发挥，则库存可以保持低水平。为了达成客户服务、库存周转与高效的工厂作业这三个目标，所采取的行动应该根据明确的管理政策来进行，但往往会发生两种失误。一种是管理者未能掌握做出正确决策所需的重要信息，另一种是管理者未能确定恰当地控制企业作业流程所需的重要政策。

制造业内部管理可能遇到以下一些问题：如企业可能拥有卓越的销售人员推销产品，但是生产线上的工人却没有办法如期交货，车间管理人员则抱怨采购部门没有及时供应他们所需要的原料。订货单和采购单上的日期和缺料单上的日期都不相同，没有一个是确定的。财务部门不信赖仓库部门的数据，不以它来计算制造成本。

问题发生的原因在于企业各个层面的工作人员对待企业的经营有不同的责任和作用域，对同一事物有不同的视角。ERP的核心是一种整合，为整合企业系统资源而诞生。

2.ERP发展的历程

企业管理软件的发展历程如图3-2所示。

（1）基本MRP阶段

20世纪40年代，为解决库存控制问题，人们提出了订货点法，库存控制成为ERP最早、最原始的发展起点。到了60年代，随着计算机系统的发展，人们为解决订货点法的缺陷，提出了MRP理论。此时，MRP（material requirements planning）作为一种物料需求计划。该阶段称为ERP的基本MRP阶段。

（2）闭环MRP阶段

20世纪60年代，随着人们认识的加深及计算机系统的进一步普及，为解决采购、库存、生产、销售的管理，发展了生产能力需求计划、车间作业计划以及采购作业计划理论，作为一种生产计划与控制系统——闭环MRP阶段（closed-loop MRP）。

（3）MRPⅡ阶段

到了20世纪80年代，随着计算机网络技术的发展，企业内部信息得到充分共享，MRP的各子系统也得到了统一，形成了一个集采购、库存、生产、销售、财务、工程技术等为一体的子系统，发展了MRPⅡ理论，作为一种企业经营生产管理信息系统——MRPⅡ阶段。

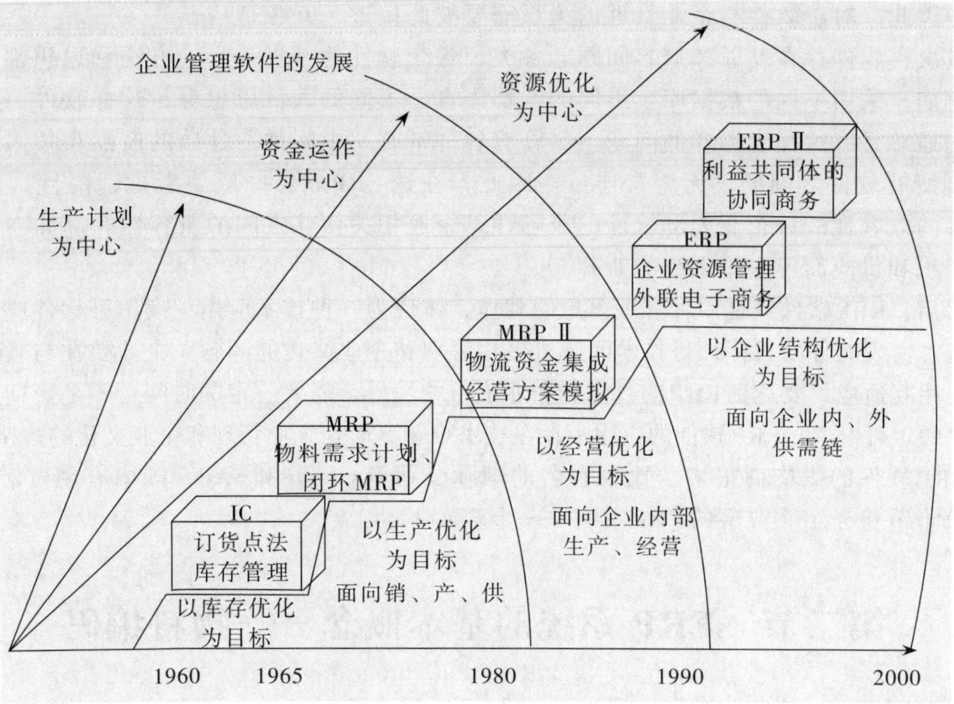

图3-2　企业管理软件的发展历程[①]

（4）ERP阶段

进入20世纪90年代，怎样有效利用和管理整体资源的管理思想逐步发展，企业资源计划（enterprise resources planning，ERP）随之产生。ERP是由美国加特纳公司（Gartner Group Inc.）首先提出的，当时的解释是根据计算机技术的发展和供应链管理，推论各类制造业企业在信息时代管理信息系统的发展趋势和变革。现代ERP强调供应链的管理，除了MRPⅡ系统的制造、财务、销售等功能外，还增加了分销管理、人力资源管理、运输管理、仓库管理、质量管理、设备管理、决策支持等功能；支持集团化、跨地区、跨国界运行，其主要宗旨就是将企业各方面的资源充分调配和平衡。

（5）新时代的ERP

现阶段倡导的观念是精益生产、约束理论（TOC）、先进制造技术、敏捷制造，以及现在热门的Internet/Intranet技术。因此，现代ERP系统采用云计算、大数据、移动互联等技术，支持不断涌现的商业模式和企业经营创新。

四、ERP的软件

首先，ERP的理念需要通过软件实现，软件是管理思想的部分载体。但是整个企业的管理是一个超复杂的系统，企业又由于国家、地区、行业和规模的不同而千差万别。因此，无论如何也不可能有一个软件能适用于所有的企业，也不可能有一个软件恰好适合某一个企业。尽管现代软件为了适应不同的行业和不同企业的要求，软件设计成为一种“可配置”的产品，但是对于一个具体对象而言总是有一些特例的，要么更改软件，要么改造

① 杨景宜．ERP阶段不可逾越［EB/OL］．［2018-06-15］．http://www.toberp.com/html/consultation/10820623013.html.

企业。因此，对于软件与企业管理的关系需要彼此接近，互相适应。

其次，软件存在互通和兼容问题。各类、各个软件的开发工具、方法和思想都是不同的，例如，采用不同的数据库、不同的编程语言、不同的人员思想等，这样软件与软件之间的沟通总是有这样、那样的问题。尽管有各种带有“中间件”性质的产品和技术，也不能实现所有软件之间的“无缝”连接。因此，在选ERP软件时既要考虑适应性，又要考虑软件的兼容性——企业内部软件的兼容性，企业相关伙伴之间的兼容性。例如，企业的上级组织和供应商等应用系统的兼容。

最后，ERP软件只是一种管理思想的载体，体现为一种技术应用，离不开软件应用的企业环境。实现软件的目标，是技术问题，更是管理和企业文化的问题。企业要在与软件“冲突”中相互适应，要达到ERP的目标和企业追求的境界，需要一定的时间，不是短期之内可以解决的。可以说，ERP软件的应用不存在技术难题，而是企业管理和企业文化的攻坚。

ERP软件的供应商很多，比较有名的国际公司有Oracle和SAP，国内有用友和金蝶。本章第十节将介绍“典型的ERP系统——金蝶K/3”。

第二节　ERP系统的基本概念——物料编码

一、物料的概念

ERP系统的物料是制订计划、控制库存、控制成本的物件统称。也就是说，物料是计划的对象、库存的对象和成本的对象。

物料数据是企业管理的基础信息，也是企业ERP系统成功实施的重要基础。物料数据的规范化程度体现出一个企业整体的管理水平，一套有效实用的物料编码体系除了可以衡量企业物料管理的标准化程度外，还可以有效降低物料管理的复杂度。实施ERP失败的原因很多，因数据尤其是物料数据导致失败的案例并不鲜见。

二、物料分类

1.物料分类的作用

（1）定义相关的会计科目——物料分类最主要的目的是说明每一种物料同什么会计科目相关，也是实现物料信息与资金信息的静态集成的第一步。

（2）查询物料存货——按分类查询可以帮助业务人员了解仓库现有的物料有哪些规格、多少积压等，也可以把规格相近的物料归并成一种优选规格，简化采购、运输和保管，降低成本。

（3）说明物料的来源——物料有不同的来源，最基本的来源有两类，即自制或采购。MRP系统展开时，按照“来源码”将物料分别归属车间或采购单位，从而执行加工作业或采购作业。

（4）说明处理方法——对于不同特征的物料，系统的处理方法不同，有不同的处理码。如物料是一种可供客户选择的基本组件（特征件），ERP系统会给出一个配置选项目录，由客户选定，计入销售合同，系统会自动生成“定制物料单”。

（5）便于建立物料文档——同一类物料往往会具有类似的属性，在建立物料主文件时，可以复制、修改，提高工作效率。

2.制造业企业物料

物料包括原材料、间接物料、制成品、半成品、商品、维修用零组件等直接用于产品生产制造，或间接辅助生产制造，或用于营业部门销售的产品，用于厂内机器维修用途等物料。除了上述物料项目之外，一个产业所使用到的图号、固定资产、模具、工具、治具、夹具、网版等，也都会牵涉到编码的问题，编码规划的原则都是相同或类似的。我们在此对所有公司生产营运中使用到的物料加以说明如下：

（1）原材料，是指从供料厂商处购买取得的货品，而且必须是要投入车间（生产线）加工制造之后，才能产生另外一种产出品，再进行出售的原始货品。

（2）间接物料，是指从供料厂商处购买取得的货品，间接用于生产制造，或因其成本价格太低，在制造成本中根本无法或不需要体现的货品。例如，手套、打包袋、去渍油、润滑机油等。

（3）半成品，是指经由公司厂内自制，或经由委外加工生产的未完成货品，是可以再经由生产领用，或外包领用等作业，继续进行生产加工的货品。

（4）制成品，是指经由公司厂内自制，或经由委外加工完成的最终产品，是可供销售的完成品。

（5）商品，是指直接向供货厂商订购，不需要经过生产加工过程，即可直接销售的货品。

（6）受托加工品，是指客户因为委托加工而提供进厂的物料，因为该类物料并非公司采购的原材料，必须另行编码管控。

（7）维修零组件，是指用于保养或维修机器设备、厂房设施而使用的零组件或备品，而非用于直接生产的物料项目。

（8）费用类物料，是指日常在公司或工厂内部使用，或消耗的物料，属于费用类的项目。

三、物料编码

1.物料编码的概念

物料编码（item number或part number），是指将货物按分类内容，有次序地编排，用简明的文字、符号或数字，代替货物的“名称”“类别”及其他有关资料的一种方式。仓库在进货后，商品本身大部分都已有商品号码及条码，但有时为了物流管理及存货管理的方便，仓库会配合自己的物流作业信息系统，将商品编一货物代号及物流条码，以方便货位管理系统运作，并掌握货物的动向。

物料编码是计算机管理物料的检索依据，为ERP系统运行所需的所有物料进行编码是ERP最基础的工作。物料编码主文件是用来存储物料在ERP系统中的各种基本属性和业务数据的。它是进行主生产计划和物料需求计划运算的最基本文件。

物料编码对于制造业企业而言，是一项非常专业而艰巨的工作。编码规则制订容易，但是制订得好还是不好，会影响整个公司的营运效率。因为料号只需要编订一次，一旦料号确定，每天企业的研发、制工、营业、生管、物控、采购、品管、仓管、制造、外包、成本、售后服务、进出口等部门所有员工，都要使用这个物料编号来工作，这会对企业经营绩效产生重大影响。

2.物料编码的基本要求

物料编码可以有具体含义，也可以毫无含义，可以部分有含义，部分没有含义。物料编码的要求包括：

（1）识别物料——计算机识别和检索物料的重要途径是物料的代码。物料编码要避免不明确的编码规则，例如，“其他类”，这种不明确的编码规则会对日后工作造成许多困扰。

（2）唯一性——物料编码的唯一性就如同人的身份证号码一样，按照同一编码规则是能够保证唯一性的。物料编码不唯一会给物料的管理带来困难。

（3）扩充性——对于一些产品的编码，需要遵守中国物品编码中心有关条码的规定。同时，一个制造产业的物料编码规划人员，要为公司长远的扩大发展考虑。

（4）应用自动识别技术——在物料编码问题上一定要结合条码技术应用。无线射频识别（RFID）技术在ERP系统数据采集应用方面，是物联网不可或缺的手段。

（5）可分析性——物料编码不仅要在每个部门的日常工作中使用到，而且必须要在主管和高级管理人员的分析管理体系中应用到。

四、物料主文件

1.物料主文件内容

ERP系统必须为每一种物料建立一份文档，称为物料主文件或物料文档，用来说明物料的各种参数、属性及有关信息，反映物料同各个管理功能之间的联系，通过主文件来体现信息的集成。图3-3为金蝶K/3物料主文件。

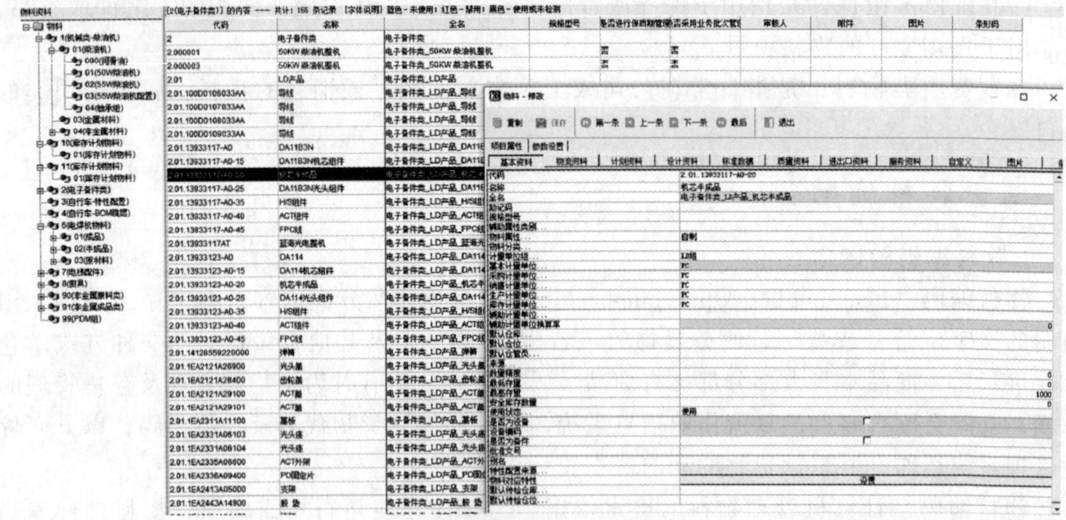

图3-3 金蝶K/3物料主文件

物料编码主文件一般包含如下信息：

（1）物料的技术资料——有关物料设计和工艺的技术资料，如名称、规格、型号、图号（配方）、计量单位、工艺路线、体积、生效日期等。

（2）物料的库存信息——物料库存管理方面的信息，如物料来源（自制、采购、外加工、虚拟件等)、存货类别、单位、批量规则、批量周期、安全库存、最大库存、货位等。

(3) 物料的计划管理信息——与物料计划相关的信息,如计划属性(MRP、FAS、MRP、订货点等)、生产周期、提前期、生产分配量、库存可用数量等。

(4) 物料的采购管理数据——用于物料的采购管理的数据,如上次订货日期、物料日耗量、订货点数量、主供应商等。

(5) 物料的销售管理信息——用于物料的销售及相关的管理,如销售类型、销售收入科目、销售成本科目、销售单位等。

(6) 物料的财务信息——物品的财务分类、增值税代码、实际成本、标准成本、计划价格、成本核算方法、成本单价、成本标准批量、成本项目代码等。

(7) 物料的质量信息——检测标志信息、检测方式、存储期限和存储期等。

以上信息,有的是必须设置的物料的基本资料,其他信息在各个相关业务需要时进行设置或编辑。

2.物料主文件的会计信息

(1) 计价方法——应用于存货核算系统,是指存货出库结转存货成本所采用的计价方法。

(2) 计划单价——采用计划成本法计价时,物料所规定的计划单价。

(3) 存货科目代码——存货科目代码是当前物料作为存货对应的最明细会计科目,是物料重要的核算属性。

(4) 销售收入科目代码——当前物料用于销售时所对应的最明细的会计科目,是物料重要的核算属性。

(5) 销售成本科目代码——当前物料用于结转销售成本时所对应的最明细会计科目,是物料重要的核算属性。

(6) 成本差异科目代码——当前物料采用计划成本法计算计划差价时所对应的最明细会计科目。

(7) 税目代码和税率——需在辅助资料中设置税目代码的内容,以及当前物料的税率。

(8) 成本项目——物料进行成本核算时,所隶属的成本项目。

第三节　ERP系统的基本概念——产品结构模型

一、产品结构

在ERP系统中,产品是按照描述其形成过程的产品结构模型来表达的。物料清单是产品结构的报表形式,是在产品结构的基础上建立起来的。它不仅说明了产品结构的上层级的从属关系和数量关系,而且说明每个物件物料需用和投入的时间关系,是信息化管理环境的“期量”。

产品结构模型是指产品是由众多的“单层结构”组成的。由一组唯一性的物料组成的“单层结构”是产品结构的基本单元。任何一个产品都是由若干个“单层结构”组成的,单层结构中的上层物料称为“母件（parent）”，下层物料称为“子件（component）”。

图3-4中每一个方框都代表一种“唯一性”的物料，要求无论是尺寸精度、形状结构、材质、物理化学性能等都没有丝毫区别。这个特性决定了物料编码的唯一性。X作为最上层的母件是一个供销售的产品，是由A、B、C、D组成的一个“单层结构”，以此类推。任何一个产品都是由这样众多的“单层结构”组成的。

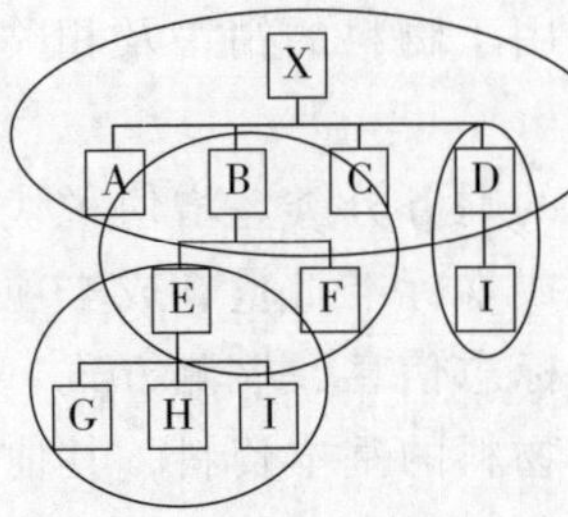

图3-4　产品的“单层结构”

母件同子件的关系可以是一对一的，也可以是一对多的，但是必须是唯一的。如果众多子件中有品种或数量的差异，就应当是另一种不同的单层结构，从属于不同的母件，必须有不同的母件代码。如果子件有多个可选品种，则需要按模块化产品结构处理，此时母件是虚拟件。

母件同子件之间的连线对于加工件而言是加工流程（工艺路线）和加工周期，对于采购件则是入库前的采购流程和采购周期（供应商的制造周期以及运输、检验等），单层结构中的每个方框代表的是物料的完工状态，可以入库存储，而不是正在工序之间流动，处于尚未成型的状态。

只有明白产品是由多个单层结构组成的道理，才能区分“专用件”“借用件”“通用件”“选用件”，正确编制物料清单。产品结构中的物料区分属性是物料的基本性质和产生状态，ERP系统设定的属性包括规划类、配置类、特征类、外购、委外加工、虚拟件、自制物料等。

二、产品结构的类型

（一）三种产品结构类型

根据产品和工艺的不同，所有的制造业企业都可以划分为V型、A型和T型中的一种或它们的混合（如图3-5所示）。

1.A型结构

A型结构是由数量众多的原材料加工组装成各种组件和部件，最后装配出一种产品，如同金字塔。前面讨论的产品结构都是以A型结构举例的，这是最常见的产品结构类型。

2.V型结构

在V型结构中，原材料的种类很少，少量原材料经过工艺流程后产生众多品种的产品。这是连续流程工业最常见的结构形式。石化企业的产品结构，冶金、造纸和建材等流程行业企业均为V型结构。

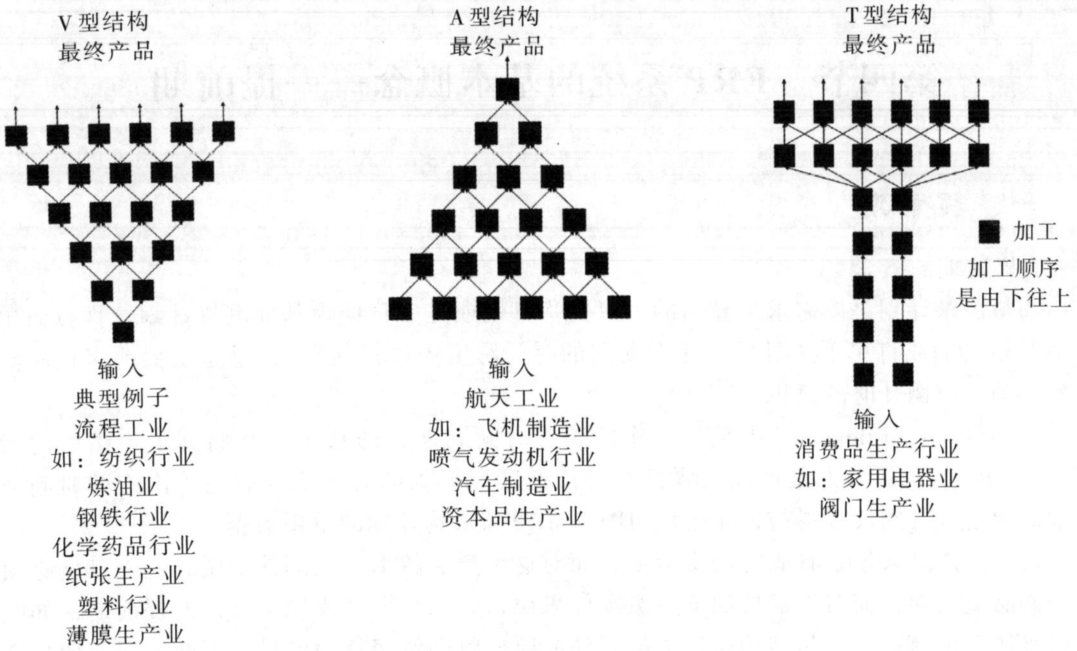

图3-5 三种类型产品结构的示意图

3.T型结构

在T型结构中，最终产品是由相似的零部件以不同的方式装配而成的。T型企业的生产过程可以分为两个阶段：第一个阶段是以相对笔直的方式（T的下半部分）制造并储存基本的零部件；第二个阶段是装配阶段，将这些相同的零部件组装成各种最终产品。由一种原材料加工出多种规格的产品，属于T型结构。如钢材或铝材多次轧制成不同厚度并根据订货要求切割成不同宽度的带钢或铝箔。

（二）三种产品结构类型的企业特征

三种产品结构类型的企业特征见表3-1。

表3-1 **三类企业的特征及管理焦点**

类型	特征	管理焦点
V型企业	资本密集 机械化程度高 专用性强 缺乏柔性 专业化程度高	成本
A型企业	资本密集程度低 通用性强 机器有柔性 加工过程多样	需要加强控制（工艺流程、原材料供应、关键路线）
T型企业	有制造和装配两个领域 制造领域：加工路线短 机器多为通用型 装配领域：装配作业有优势 装配提前期短	交货状况

第四节 ERP系统的基本概念——提前期

一、提前期

1.提前期的概念

物料需求计划是以需求为导向的，以交货日期或完工日期为基准倒排计划，推算出工作的开始日期或订单下达日期。这个期间的时间跨度为“提前期”，意思是提前多长时间开始行动，有倒计时的意思。

提前期（lead time）是指某一工作的工作时间周期，即从工作开始到工作结束的时间。在ERP中，提前期是产品或零件在各工艺阶段投入的时间比最后完工出产的时间所提前的周期或时间段。提前期是生成MPS、MRP和采购计划的重要数据。

对一个产品来说，有固定的交货期，而对这个产品的下一级部件来说，完工日期必须先于产品交货期，而对于部件的下一级零件来说，完工日期又要先于部件的提前期，如此一级级往下传递。在产品结构树梢上的零件或原材料必然交货期最早，因此，提前期是产品及其零部件在各工艺阶段投入的时间比产出时间提前的周期或时间段。从产品至零件或原材料均按各个部分提前期进行递推。从以上过程可以看出，产品交付日期一旦排定，就可以按照提前期推算出零部件的计划交付日期。

2.提前期与实际提前期

前面所说的提前期仅仅只是计划提前期，它与实际提前期不同。前者是假定情况顺利时由计划下达至计划完成的时间；后者是完成计划实际花费的时间，这个时间往往由于实际情况的变化在事后才能掌握。MRP系统使用的是计划提前期，执行中往往要检查这些计划下达的订单是否到期，是否需要调整其优先度，当实际提前期和计划提前期之间有差异时，MRP系统具有不断地修正其优先度的功能，通过修正以适应实际需要。

由于提前期因素的介入，物料需求的计算就变得更为复杂了，即需要根据提前期来倒推出计划下达的时间，而产品结构中上一级零部件的计划下达时间即为完成下一级项目毛需求量的需要时间。MRP系统进行计划时，采用倒排的方式，即从需求日期（交货日期或完工日期）开始向前倒推出工作的开始日期，这个时间跨度称为提前期。

3.提前期的三个层次

根据《APICS[①]辞典》的定义，提前期有3个层次：

（1）总提前期（total lead time）。从签订客户订单之时起，到把商品交到客户手里为止的时间称为总提前期，为的是对全流程进行控制，就是前面说的“计划期”。总提前期包括产品研发设计阶段。

（2）累计提前期（cumulative lead time）。从采购开始到完成产品装配和测试的时间称为累计提前期，就是完成采购和生产作业的总时间（采购提前期和加工提前期），是编制MPS计划所覆盖的范围，也是设定计划时界的参考依据。对一个产品而言，累计提前期相

① 美国生产与库存管理协会。

当于关键路线的长度。

(3) 加工提前期 (manufacturing lead time)。累计提前期中除去采购周期，从下达车间订单开始到产品验收的生产加工周期部分称为加工提前期。加工提前期中的总装提前期也就是产品结构中从1层到0层的周期，是设定需求时界的依据。加工提前期中的每一工序又细分为若干作业时间，是编制工艺路线、分析加工提前期、缩短生产周期的基础数据。

二、计划的时间要素

1.计划期

为了对生产运营进行管控，ERP系统把时间看成延绵不断的无限长河，根据管控的需要，决定计划期的长短。各种产品从接到客户订单开始到完成交付的周期是不同的，计划期也不同。生产牛奶，采购周期加生产周期累计不到一周；生产货轮，往往需要一年以上的时间。为了控制产品的生产全过程，计划的跨度就要覆盖产品的全周期（即总提前期）。

企业接到订单或合同，要把最远交货的产品合同完成日期作为计划期的终点，才能统筹考虑和控制全部订单或合同的计划以及生产准备、物料采购和财务资金预算。

总之，定义计划期的目的，是为了实现对产品全流程的控制、提高计划的预见性和实现供需链计划。有了计划期的概念，除了有助于控制产品生产的全过程外，还将有助于了解和管理产品的生命周期，有助于制定长远的产品战略发展目标。

2.时段

时段（time bucket或time period），是表示时间持续的一个长度单位，含义是整个时间过程中的一段时间。时段是描述计划的时间粒度单位。划分时段的目的是准确说明计划在各个时段上的需求量、计划量和产出量。通常采用的时段粒度是天、周、旬、月、季和年等。如果计划的时段粒度是天，则比天时段粒度大的周、旬、月、季和年等时段粒度主要用于对计划工作的监视、统计和输出报表等。

计划中的时段粒度越小，则该计划越容易得到准确的描述、执行和控制。跨度比较长的计划往往采用近细远粗的汇总方式呈现出来。例如，如果某个产品的累计提前期是9个月，则该产品的计划可以采取当前周按照天时段、当前月按照周时段以及计划后期的工作按照月时段的汇总方式提供给有关管理和监控部门。但是，无论如何汇总，该计划的粒度依然是天时段。

3.时区与时界

产品从计划、采购、投入到产出需要经历不同的时间段，即存在提前期。计划受这些时间段约束，而且不同时间点对计划的影响也不同。因此，引入时区与时界的概念。

时区（time zone）是说明某一计划的产品在某一时刻处于该产品的计划跨度内的时间位置。时界（time fence）表示时间界限，是一个时刻点，是MPS中的计划参考点，又称时间墙。

时界表明了修改计划的难易程度。MPR在处理主生产计划时，把计划期划分为3个时区，从而产生2个时界，作为主生产计划人员控制计划变动的手段之一。

时区1：是计划期内最近的计划时段，其长度等于或小于最终成品的总装配提前期，即从产品投入加工开始到产品装配完工的时间跨度。

时区2：是紧随时区1之后的时区，第1、2时区长度之和等于或大于最终产品的累计提前期。

时区3：第2时区之后的计划期是第3时区。

需求时界（demand time fence，DTF）：第1、2时区之间的分界线称为需求时界，在需求时界以近的范围内，由于产品装配已经在进行，计划变动会造成严重损失，变动代价大，因此，需要公司级领导批准后才能更改计划。

计划时界（planning time fence，PTF）：第2、3时区之间的分界线称为计划时界，也称计划确认时界（firm planning time fence，FPTF）。在计划时界以近的范围内，计划已经确认，资源已经分配，变动计划代价大。计划时界以远的范围内，由于还没有进入累计提前的范围，当需求发生变化时，可由计算机系统自动对计划进行调整。

（1）某产品单次生产计划时区分布

图3-6表示某产品单次生产计划的时间分布，从开始计划到产品交付、计划完成。从左到右时间顺序的单位用时段表示。假设当前时段为1，该产品的总装配提前期为6个时段，采购提前期为9个时段。当前订单要求产品在24个时段内完工。

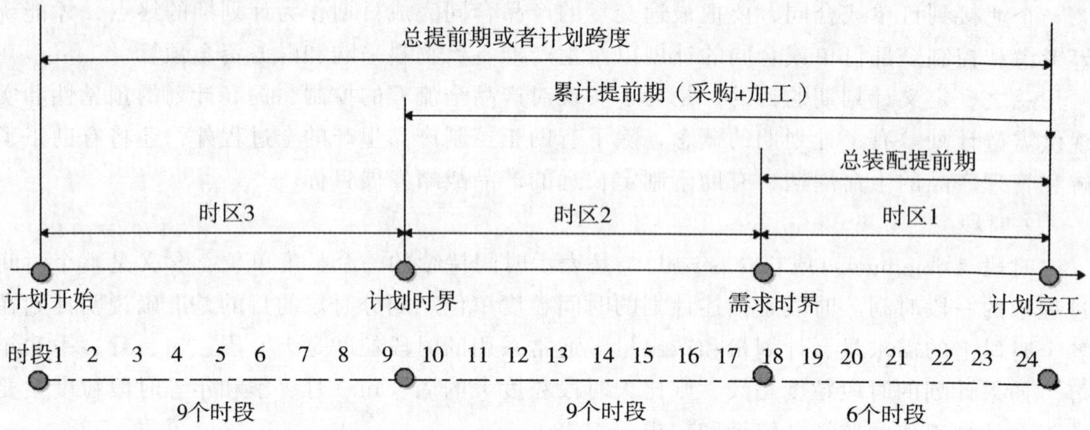

图3-6 某产品单次生产计划时区分布

（2）某产品各计划所处的时区分布

图3-7表示某产品多个订单计划的时区分布关系。假设时段1为当前计划的开始，时段坐标上方的数量（台）为不同时段订单交货的数量，15台在时段6时点交付，处于总装的阶段；30台对应10时点，20台对应16时点，订单处于采购过程中；50台对应24时点，订单处于未要求采购阶段，属于计划期。

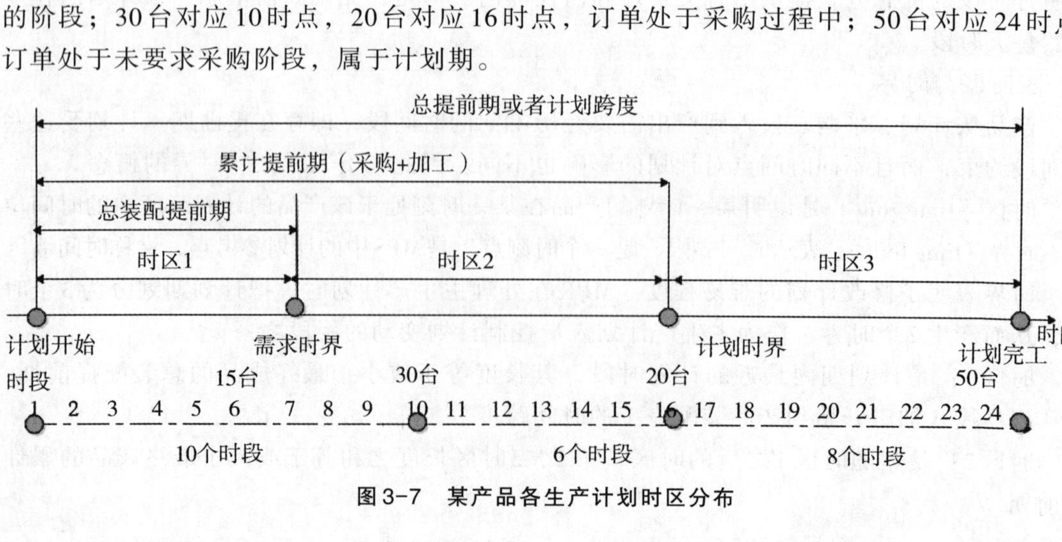

图3-7 某产品各生产计划时区分布

计划与时区、时界的关系见表3-2。

表3-2　计划与时区、时界的关系

时区	需求依据	订单状态	计划刚性
时区1	实际（合约）订单	下达及执行中	很难变动，变动成本大
时区2	取预测订单与实际（合约）订单的最大值	已确认及下达	系统不能更改，只能人工干预，成本大
时区3	预测为主，或取预测订单与实际（合约）订单的最大值	计划	允许变动

三、时区与订单状态[①]

在不同的时区，订单的状态是不同的，处理的方式也是不同的，订单有3种状态。

1.计划订单

在第3时区，各种需求订单是由系统按照MRP正常逻辑自动运算生成的，这时的订单状态是系统“建议”的，依据的是销售要求输入的原始信息，还需由计划员进一步确认或作必要的调整后才能真正生效。这种订单的状态称为计划订单（planned order）状态。

2.确认订单

在第2时区，系统生成的具有建议性质的计划订单往往是不能直接应用的，必须经过能力平衡，由主生产计划员核实或对一些计划参数作必要的合理修订（如更改额定的提前期，调整订单的批量或将一个订单拆分为多个，将加工件临时改为外购件，或更改安全库存和批量的默认值等），在认为物料、能力、数量和时间都没有问题以后，对计划订单加以确认，形成确认订单后，方可准备下达。这时的订单状态是“确认”状态，称为确认订单（firmed planned order）。确认订单就是在基于默认数据（正常逻辑）的计划订单基础上认定或调整后形成的订单，在软件的“订单状况”栏目中设置。

3.下达订单

凡是经过确认并已经下达执行，即第1时区全部和第2时区部分订单，都是下达订单（released order）状态。对下达订单，计算机系统更是不能自动更改。下达订单通常是经过打印程序，由计划订单或确认订单转换而来的。

计划订单和确认订单一般不设订单号，只有下达订单才有订单编号。

时区时界的功能体现了ERP系统处理计划变更的原则和策略，也体现了ERP在人与系统关系方面的处理原则，既要保证系统的灵活性，又要贯彻“人主宰系统”的思想。有了时界的概念，才能做到：既保证对市场变化的快速响应，又要有一个相对稳定的计划，保持生产作业有序地进行。

ERP系统的时区时界功能，不仅企业的计划人员要用，销售人员也必须重视。在同客户洽谈时，要考虑后方的计划执行状态，前方的工作不能随便给后方工作“添乱”；反过

① 这部分可能在当前学习阶段不好理解，建议在学到MRP计算时，一起综合理解。

来，只有后方能够提供充分保证，前方的承诺才能可靠地落实。这对保证企业的信誉度、提高客户的忠诚度都是非常重要的。美国通用汽车公司的一位销售经理说得好："我们答应客户的就一定要做到；我们做不到的，就不能轻易许诺。这是关系到我们公司信誉的原则大事。"经常会遇到这样的情况，销售员把单子拿了再说，这样就算完成了销售员的定额指标，至于订单能不能完成，那就是另外一回事了。其实在ISO 9000中已经要求合同必须经过评审，向客户承诺的必须是可行的。应用ERP系统后，如何考核销售员业绩将是一个新的课题，销售洽谈合同的过程也应重新审定。

第五节　ERP系统的基本概念——物料清单

一、物料清单

物料清单（bill of materials，BOM）是描述企业产品组成的技术文件。它表明了产品的总装件、分装件、组件、部件、零件、原材料之间的结构关系，以及所需的数量。物料清单说明了一个最终产品是由哪些零部件、原材料构成的，这些零部件在时间、数量上的相互关系是什么。

物料清单是一种树形结构，以产品结构对物料物理结构按照一定的划分规则进行简单的分解，描述了物料的物理组成。其描述了构成父项装配件的所有子装配件、中间件、零件及原材料，包括装配所需的各子项的数量。同时，物料清单也说明了它们彼此间的组合过程。如图3-8所示，成品A是由2个原料B，及1个半成品C所组成的，而半成品C则是由2个原料D及3个原料E所组成的。

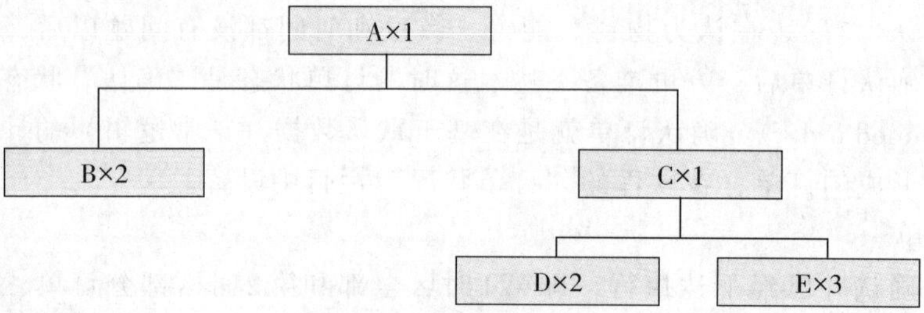

图3-8　物料清单举例

依其组成关系，A为B、C的母件，B、C为A的子件；C为D、E的母件，D、E为C的子件。如果A之上再无母件，A可称为成品，C为自制或委外的半成品，B、D、E则为采购件，采购件不可能是母件。A对B、C，或者C对D、E的上下关系，称为单阶。对整个结构而言，上、中、下各阶，称为多阶或全阶。

BOM将用图表示的产品组成转换成用数据表格的形式表示出来，是MRPII系统中计算MRP过程的重要控制文件。物料清单和主生产计划一起作用，来安排仓库的发料、车间的生产和待采购件的种类和数量。

二、物料清单的相关概念

1.耗损率与产出率

耗损率与产出率如图3-9所示。

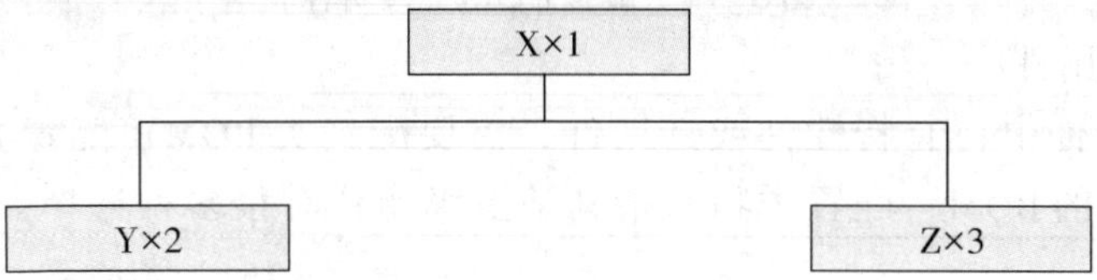

图3-9 耗损率与产出率（BOM）

对母件而言，耗损率与产出率的关系如下：

产出率 =（1-耗损率）× 100%

图3-9中，1个单位的X由2个单位的Y及3个单位的Z所组成。X的耗损率为2%，Y、Z的耗损率分别为5%、3%。若现在需要100个单位的X，则要生产102.04个单位（100÷（1-0.02））的X才够用，而要生产102.04个单位的X，则要投入214.82个单位（102.04÷（1 - 0.05）×2）的Y，315.59个单位（102.04÷（1 - 0.03）×3）的Z。

2.结构批量

结构批量如图3-10所示。

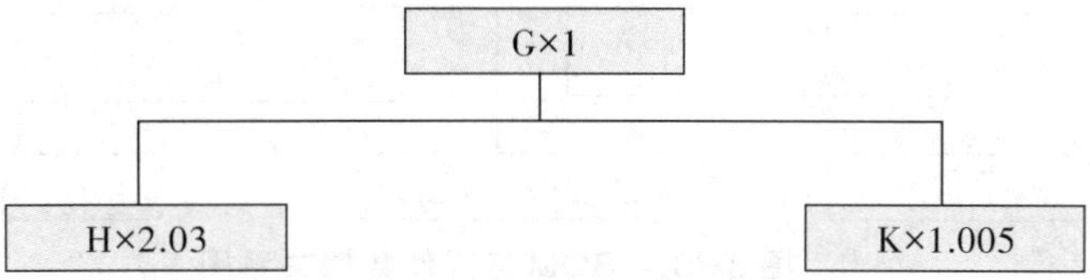

图3-10 结构批量（BOM）

按常规的方式，物料清单中，都是以1个母件为单位，而建立各子件的用量关系。如图3-10所示，1单位的G是由2.03单位的H及1.005单位的K所组成的。有许多行业，如果只以1母件为单位来建立清单，其子件的用量可能要许多位小数才能表达，往往有困难，结构批量的目的就是克服这一问题。图3-10中，若G的结构批量定为100，则建结构时H的用量应该为203，而K的用量则为100.5。

3.虚拟件

虚拟件是用于ERP系统的BOM构成方法，它的主要作用如下：

（1）作为产品结构中的一种过渡件，只为了显示，不入仓库，不报完工量；

（2）虚拟件可以用于代表一组、一系列、一种属性或者一类规格的物料；作为规划用料号，供预测、规划之用；

（3）在一个可选物料的基本组件里（产品结构呈模块化），也就是特征件，也可以用虚拟件描述。

如某类产品，其共用部分的子件较多，可将这些共用部分的子件合称为一虚拟件，编出料品代号，只要先建立其物料清单表，该类产品则可以用虚拟件，再附加各差异部分料件，逐一定义。例如，图3-11中，X为虚拟件，即A1、A2、A3三料品的共用部分。

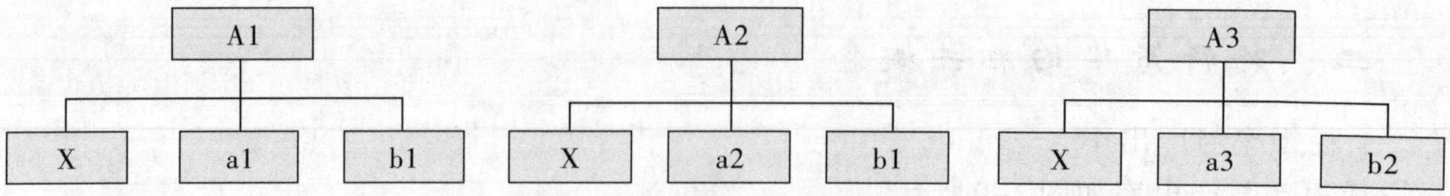

图3-11 虚拟BOM（共用件）

4.特性件或选用件

若各料品的子件中，有特性件或选用件，需要配置类BOM。配置类BOM指的是物料属性为配置类物料的BOM，配置类物料指其某下级物料有很多种选择。

三、物料清单的作用

（一）BOM与其他系统数据的关系

在MRPⅡ和ERP系统中，BOM是一种数据之间的组织关系，这些数据之间的层次关系可以作为很多功能模块设计的基础。BOM是制造业企业的核心文件，各个不同的部门和系统都要用到BOM，从BOM中获取特定的数据（如图3-12所示）。

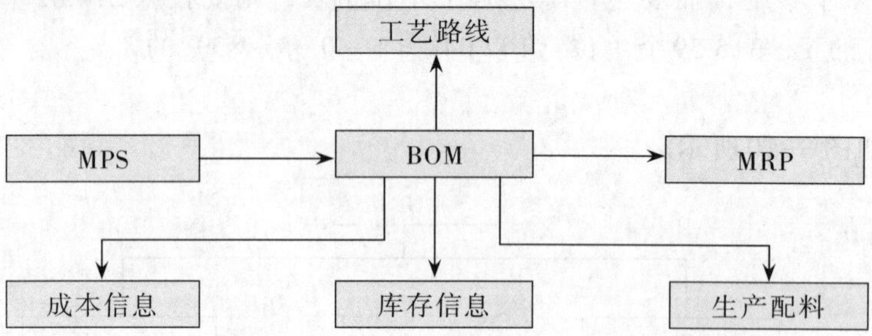

图3-12 BOM与其他数据关系图

采用计算机辅助生产管理时，首先要使计算机能够读出企业所制造的产品构成和所有涉及的物料，这时的BOM就必须由传统的图示表达转化为某种数据结构。为了计算机处理和管理的方便，BOM必须具有某种合理的组织形式。此外，BOM还是CIMS/MIS与CAD、CAPP、PDM等子系统的重要接口，是系统集成的关键。因此，用计算机进行BOM管理时，必须充分考虑与其他子系统的信息交换问题。

（二）物料清单的作用

物料清单是企业所有核心业务都要用到的共享管理文件。物料清单的作用分以下几个方面：

1.用报表表达时间坐标的产品结构

在时间坐标上的产品结构是集成物料的模型，物料清单以报表的形式表示出来，便于基于关系型数据管理，其说明产品形成的流程、所涉及的物料和期量标准数据。

2.联系与沟通企业各项核心业务的纽带

物料清单是运行ERP内部集成的主导文件，企业各个业务部门都要依据物料清单进行工作。

（1）物料清单是成本部门计算成本的依据；

（2）物料清单确定配置产品需要的可选件、计算累计提前期，是销售部门制定订单的依据；

(3) 物料清单是按照实际生产装配顺序编制的，是计划部门编制生产计划和采购计划的依据，也是追溯任务来源的依据；

(4) 物料清单是仓库部门向生产单元分配物料的依据；

(5) 物料清单是质量部门跟踪物流、工序及生产过程的依据；

(6) 物料清单是供应部门采购、外协的依据；

(7) 物料清单是设计部门改进需要参考的重要文件。

物料清单是系统识别产品的依据，说明产品是如何“做出来的”。上述各项业务涉及销售、计划、生产、供应、物料、成本、设计和工艺等部门。物料清单体现了信息集成与共享。对于制造业企业而言，企业信息化管理离开物料清单不能运行。

(三) BOM用于成本计算

如果将各采购件的采购成本与各成品的人工成本，按照BOM的结构从最底层逐层往上汇总，即可以得到其上各阶成品及其半成品的直接制造成本；如果再将制造费用也纳入逐层的计算中，就可以得到产成品的制造总成本，这种成本数字称为卷叠成本（rolled-up cost）。

卷叠成本类似于标准成本，主要是用来进行内部管理之用，可用它来模拟：

(1) 料品改变（设计变更）对产品成本所产生的影响；

(2) 人工成本的改变对产品成本产生的影响；

(3) 不良率的改变对产品成本产生的影响；

(4) 新产品的标准成本，以作为拟订售价的参考。

四、不同类型的BOM

要客观科学地通过BOM来描述某一制造业产品，必须从制造工艺入手，才能准确描述和体现产品的结构。广义的BOM =产品结构 + 工艺流程。二者不可分割，离开工艺流程谈产品结构，没有现实意义。

1.按产品阶段分类

产品要经过工程设计、生产计划、生产制造、成本核算4个阶段，相应的在这4个过程中分别产生了名称十分相似却内容差异很大的物料清单EBOM、PBOM、MBOM、CBOM。

1）工程BOM——EBOM（engineering BOM）

EBOM是产品工程设计管理中使用的数据结构。它通常精确地描述了产品的设计指标和零件与零件之间的设计关系。对应文件形式主要有产品明细表、图样目录、材料定额明细表、产品各种分类明细表等。

2）计划BOM——PBOM（plan BOM）

MRP计划方法中，对各种成品销售做出预测，通过制造BOM展开原材料需求，冲减在库和在途量后形成净需求，这种做法利用ERP软件很容易实现，但是当成品需求出现结构性偏差时（假设多种成品的实际订单总量与预测总量相同，但是不同成品的实际订单量与预测量不一致），就会出现缺料（专用料）与冗余库存（公用料）并存的状况，导致交货及时率和库存周转率同时下降。

计划BOM若是应用得当能够适当缓解这种问题，并可以简化预测和计划流程。所谓计划BOM是针对一个有较大比例公用物料的产品族建立的一套仅用于预测和计划管理的BOM，用于管理原材料净需求。通常适合建计划BOM的产品族，其公用物料百分比（金额）要达到70%以上，若是百分比达不到70%，也可以在产品族内继续细分成小族或者把公用物料较多的外购件纳入计划BOM统筹考虑，以扩充物料公用百分比，故一个产品族可能有多个计划BOM，但是一个产品只能存在一个计划BOM中（如图3-13所示）。

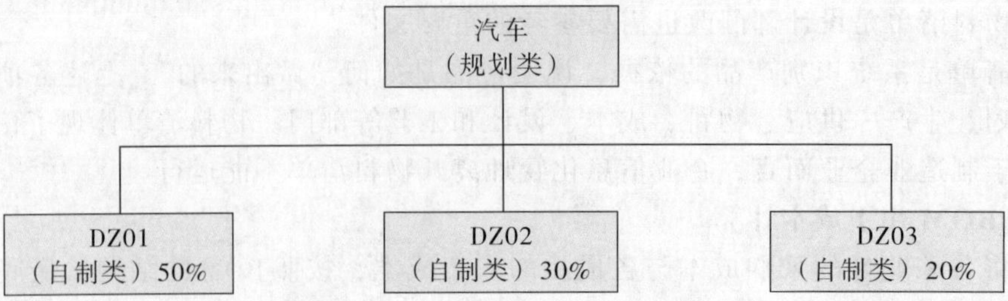

图3-13 计划（规划）BOM举例

对于产品系列比较丰富的企业，如汽车行业，一条生产线上的轿车型号是多种多样的，在标准型和变型车之间要合理分配比例，以得到合理的预测。可以把该产品类虚拟为一个物料，物料属性为规划类，其他属性没有实际意义。把产品定义为其子项，并根据市场情况在各产品之间分配比例。

3）制造BOM——MBOM（manufacturing BOM）

生产部门的MBOM是在EBOM的基础上，根据制造装配要求完善的，包括加工零部件JBOM和按工艺要求的毛胚、模具、卡具等PBOM，也可以称其为工艺BOM。对应的常见文本格式表现形式包括工艺路线表、关键工序汇总表、重要件关键件明细表、自制件明细表、通用件明细表、通用专用工装明细表、设备明细表等。

制造BOM的信息一般来源于工艺部门编制工艺卡片的内容，但是要以设计BOM作为基础数据内容。

4）成本BOM——CBOM（cost BOM）

CBOM是财务部门根据设计部门、工艺部门和制造部门的数据信息进行汇总核算形成的财务报表。CBOM给出了产品的成本信息，包括采购成本、制造成本、总采购成本、总制造费用及分摊的管理费用等。

2.按BOM特征分类

依据BOM中物料的属性特征，我们把其分成5种类型，分别给用户展现了不同的应用视图：普通BOM、规划BOM、配置BOM、特征BOM、虚拟BOM。

1）普通BOM

普通BOM是不附加任何应用视图和特殊含义的BOM。

2）规划BOM

规划BOM与计划BOM的含义基本相似。

3）配置BOM

应对个性化需求日益增长的趋势，有些产品本身是可配置的，比如颜色差异、性能差异，是否使用选配件等，如台式电脑，其机箱、主板、CPU、内存等都有若干选项。销售过程中，客户可从选配清单中决定自己想要的配置。这样可以把电脑定义为配置类物料，机箱、主板、CPU等定义为特征类物料，立式机箱定义为自制件，卧式机箱、技嘉主板、华硕主板、CPU、硬盘等定义为外购件。必须先确定配置BOM，才能配置出客户BOM（如图3-14所示）。

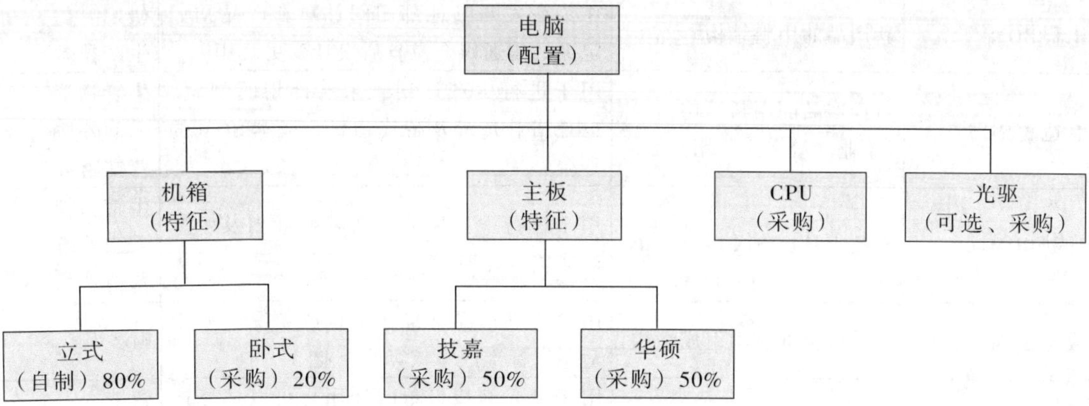

图3-14　配置BOM举例

4）特征BOM

在图3-14中，对于类似具有机箱属性的物料，可以定义为特征BOM，它们是配置BOM中的子项，但同时又是必不可少的，只能选择其一的子项，比如要么选择立式机箱，要么选择卧式机箱，是必须要指定的。特征BOM必须和配置BOM配合使用，才有其应用价值。其本身是虚拟的一个物料，属性为特征类，此类物料的其他任何属性不再具有实际意义，其子项才是需要指定的项目。机箱这个本身并不存在的物料就需要有个编码，作为特征类物料，以立式机箱、卧式机箱为其子项，构成特征BOM。

5）虚拟BOM

一些产品中有些材料用量和组成都是一样的，比如只要是立式电脑，就肯定需要42个螺丝，2条电源线，1个塑胶袋，此时可以把此固定组合定义为一个虚拟BOM。先在物料主文件中虚拟一个物料“配件”，物料属性为虚拟件，其他属性无实际意义。把这些固定组合的物料定义为其子项，可以极大提高BOM定义的效率。MRP计算如果遇到虚拟件物料，则直接向下展开得到子项需求。如果任务单确认生成投料单的过程中有子项为虚拟件，也是展开到其子项的物料（如图3-15所示）。

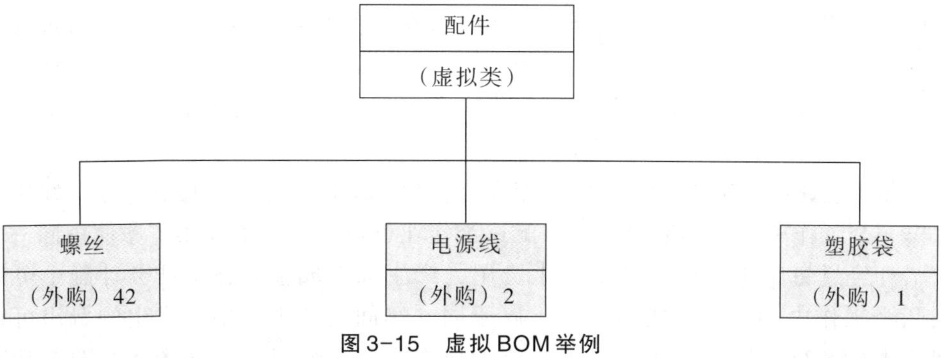

图3-15　虚拟BOM举例

3.各类BOM比较

各类BOM用途的比较见表3-3。

表3-3　各类BOM用途比较

名称	记录内容	主要用途	主要使用部门
工程BOM	新产品的用料结构	作为研发与其他部门间针对新产品初始定义的沟通媒介及日后设计变更之用	研发 生产技术
制造BOM	量产产品的用料结构（企业内最多人使用）	用于进行生产计划，采购计划的制定，也是搭载选配及替代物料，成本BOM的平台	生管物管 采购外协 营销财务
计划BOM	产品组及比例关系	用于进行中长期的原料采购计划及生产产能负荷计划	生管物管 采购外协 营销
成本BOM	产品的标准成本组成结构	用于查询产品标准成本构成状况，通常适用以标准成本核算的企业	财务
配置BOM	产品的选配件结构	用于录入客户订单时让用户可以选择产品的选配件	营销 生管物管
特征BOM	产品的替代用料结构	用于进行物料计划时或实际进行生产时，针对本身数量不足，但替代零件足够的状况，以替代件替换原零件，以降低库存或避免缺料	生管物管 采购外协

第六节　ERP系统的基本概念——工作中心与工作日历

一、工作中心

1.工作中心的概念

工作中心（working center，WC）是生产加工单元的统称，是指在企业生产规划中，人为划定的具有某种生产能力的单元。工作中心是进行物料需求计划和能力需求计划运算的基本资料。工作中心的规模和构成没有固定的标准，需要根据企业实际情况和MRP软件使用情况确定。在完成一项加工任务的同时也发生了加工成本。它是由一台或几台功能相同的设备，一个或多个工作人员，一个小组或一个工段，一个成组加工单元或一个装配场地等组成，甚至一个实际的车间也可作为一个工作中心，在这种情况下管理流程大大简化了。

在编制工艺路线之前，先要划定工作中心，建立工作中心主文件。工艺路线中每道工序要对应一个工作中心，但诸如焊接装配这类作业也可能有几道连续工序使用同一个工作中心。工件经过每个工作中心都要发生费用，产生加工成本。在责任会计制中可以定义一个或几个工作中心为一个成本中心。属于同一车间所有工作中心发生的费用可作为计算车间成本的基础，车间又可以是上一层的成本中心。所以，工作中心又有产品成本范畴的概念。

不要把工作中心同加工中心（machining center）混淆。众所周知，后者是一种高精度、多种加工功能、带刀具库的数控机床。

2.工作中心的作用

工作中心有4个作用。

(1)作为物料需求计划(MRP)运算的基本单元,作为平衡任务负荷与生产能力的基本单元。运行能力需求计划(CRP)时以工作中心为计算单元。分析CRP执行情况时也是以工作中心为单元进行投入/产出分析的。

(2)作为定义物品工艺路线的依据。在定义工艺路线文件时,必须先确认其工作中心。

(3)作为车间作业分配任务和编排详细进度的基本单元。派工单是按每个工作中心来说明任务的优先顺序的。

(4)作为计算加工成本的基本单元。计算零件加工成本,是以工作中心数据记录中的单位时间费率(元/工时或台时)乘以工艺路线数据记录中占用该工作中心的时间定额得出的。

3.关键工作中心

约束理论(theory of constraints,TOC)把主生产计划(MPS)比喻成“鼓”,根据瓶颈资源和能力约束资源(capacity constraint resources,CCR)的可用能力来确定企业的最大物流量,作为约束全局的“鼓点”,鼓点相当于指挥生产的节拍。在所有瓶颈和总装工序前要保留物料储备缓冲,以保证充分利用瓶颈资源,实现最大的有效产出。必须按照瓶颈工序的物流量来控制瓶颈工序前道工序的物料投放量。换句话说,头道工序和其他需要控制的工作中心如同用一根传递信息的绳子牵住的队伍,按同一节拍,控制在制品流量,以保持在均衡的物料流动条件下进行生产。瓶颈工序前的非制约工序可以用倒排计划,瓶颈工序用顺排计划,后续工序按瓶颈工序的节拍组织生产。

企业制造流程中处于关键或瓶颈部位的工作中心也被称为关键工作中心(critical work center),是粗能力计划的计算对象。

4.工作中心的数据

1)工作中心描述(见表3-4)

表3-4 **工作中心的数据项**

数据项	说明
工作中心代码	工序所在的工作中心的代码,可由企业编码后录入ERP系统
工作中心名称	工序所在的工作中心的名称,根据工作中心代码从基础资料中的工作中心资料带出,不可修改
工作中心部门	工作中心所属的部门。这里输入的部门属性值为“车间”,即只有生产车间部门才有工作中心
效率	工作中心使用效率,使用百分比表示,通常等于或小于100%
利用率	利用率同设备的完好率、工人的出勤率等,通常是平均值,等于或小于100%
能力计算类型	定义为设备或人力
总能力	该中心的总能力
单位成本	记录工作中心的单位成本
成本中心	记录工作中心所属成本中心
是否关键工作中心	供粗能力运算使用,在进行粗能力运算时只运算关键工作中心

2）能力数据

能力数据包括效率、利用率、总能力、是否关键工作中心等。

①效率：有可能一个工作中心一周使用了100小时，但并没有完成100个标准小时的工作。如员工的工作节奏或许比标准工作节奏更快或更慢，机器设备老化，性能受到影响，导致工作中心的效率大于或小于100%。

$$效率=\frac{完成的标准定额小时数}{实际工作小时数}\times 100\%$$

②利用率：可用资源是我们可以从工作中心得到的最多工作时间，然而，在实际工作中，不太可能在所有情况下都能使用这些时间。机器损坏、员工缺勤、缺少原料这些都会导致停机现象。而且，所有这些问题也都会引起不可避免的延期。工作中心实际使用的时间与可用时间之百分比称为工作中心的利用率。

$$利用率=\frac{实际工作小时数}{计划工作小时数}\times 100\%$$

$$\begin{array}{c}工作中心\\能力\end{array}=\left(\begin{array}{c}生产日历\\日数\end{array}-\begin{array}{c}节假\\日数\end{array}\right)\times 班次\times\begin{array}{c}每班工作\\小时数\end{array}\times\begin{array}{c}工作中心\\利用率\end{array}\times\begin{array}{c}工作\\中心效率\end{array}\times\begin{array}{c}工作中心设备台数\\（或操作人员）\end{array}$$

3）成本数据

工作中心的成本数据定义了该工作中心所属成本中心，以便后面进行人工成本和制造费用的分摊。生产加工在工作中心每小时发生的费用，称为费率或费用分配率。

工作中心发生的费用包括人员工资、直接能源、辅助材料、设备维修费和资产折旧费等。在核定产品的标准成本，进行产品模拟及成本差异分析时都会用到成本中心的数据。

$$工作中心费率=\frac{在工作中心发生的所有费用之和}{发生费用的持续小时数}(元/(台)时)$$

4）其他数据

在工作中心文件的参数中，有时还要包括一些其他的数据。例如：

（1）设备数量（当一个工作中心包括多个机床时）和设备的能力差异数据；

（2）操作人员数量和技术等级数据，以计算人工费，并与人力资源管理系统集成；

（3）替代工作中心及其代码；

（4）标注是否为关键工作中心，系统可自动摘取用于运行粗能力计划；

（5）平均排队时间（统计平均值）。

二、工作日历

1）工作日历的概念

工作日历也称为生产日历（shop calendar），是在自然日历的基础上除去非工作日后顺序编排的日历，是ERP系统特有的日历。

工作日历属于基础数据，需要提前准备好，在ERP系统中，需要根据自然日历除去每周双休日、节假日、设备检修日、停工和其他不生产的日期而形成企业的工作日历，并在此基础上分别指定各车间的工作日历，如生产部门或工作中心的工作日历。

2）工作日历的应用

工作日历是计算主生产计划、物料需求计划、能力计划、生产任务、工序计划等的基础资料，对系统运行结果有重大影响。工作日历同时影响生产任务、生产投料、工作中心、工序计划的生产指令的执行。针对企业的分工，工作日历的应用在于：

（1）与计划的关系。MPS和MRP计算生成需求时，要根据工作日历，非工作日不能安排任务单。在ERP系统生成计划时，遇到非工作日会自动越过。

（2）与车间作业的关系。进行工序计划的开工日期和完工日期受工作日历约束，如果由ERP系统自动编排工序计划，不管是正排法还是倒排法，遇到非工作日都会自动越过。

（3）与粗能力和细能力的关系。工作中心、设备的可用资源和能力负荷必须根据工作日历进行，如企业利用周末或晚上加班或设备检修，资源发生变化，应及时调整工作中心工作日历。

第七节 ERP系统的基本概念——工艺路线与关键路径

一、工艺路线

1.工艺路线的概念

工艺路线（routing）也称加工路线，是描述物料加工、零部件装配的操作顺序的技术文件，是多个工序的序列。工序是生产作业人员或机器设备为了完成指定的任务而做的一个动作或一连串动作，是加工物料、装配产品的最基本的加工作业方式，是与工作中心、外协供应商等位置信息直接关联的数据，是组成工艺路线的基本单位。

工艺路线数据包括：物料加工和装配的工序顺序、每道工序使用的工作中心、各项时间定额（如准备时间、加工时间、传送时间等）及外协工序的时间和费用。

在ERP系统中，工艺路线文件一般用以下内容进行描述：物品代码、工序号、工序说明、工作中心代码、排队时间、准备时间、加工时间、等待时间、传送时间、最小传送量、外协标识（Y/N）、标准外协费和工序检验标志（Y/N）等字段（如图3-16所示）。物料代码用来表示该工艺路线是针对何种物料的工艺路线。工序号用来表示该物料加工时需要经过多少个工序，该工序号应该按照加工顺序进行编排。工作中心代码，用来表示该工序在哪个工作中心进行加工。排队时间、准备时间、加工时间、等待时间、传送时间五种作业时间，主要是用来描述工序的作业时间，以进行能力计算和车间作业排产。外协标识、标准外协费是指如果该工序（如电镀）对企业来说是进行外协加工的，需要在工艺路线中进行指定。

2.工艺路线的作用

工艺路线是一种关联工作中心、提前期和物料消耗定额等基础数据的重要基础数据，是实施劳动定额管理的重要手段。工艺路线用于描述制造每一种物料的生产步骤和过程，并且用于确定详细的生产进度。工艺路线与工作中心的关系如图3-17所示。

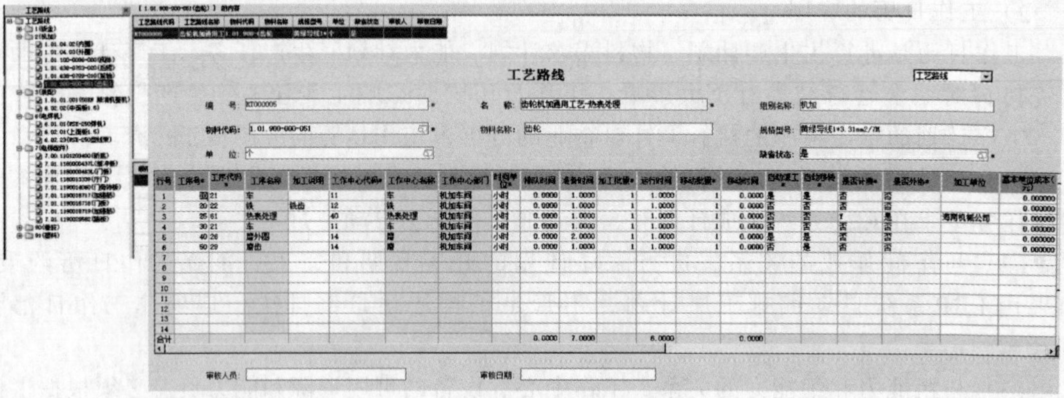

图 3-16 金蝶 K/3 ERP 工艺路线

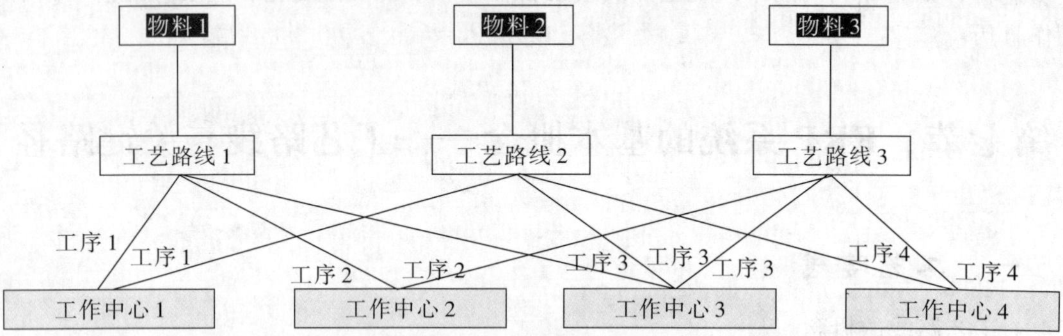

图 3-17 工艺路线与工作中心

工艺路线的作用如下：

（1）从性质上来讲，工艺路线是指导制造单位按照规定的作业流程完成生产任务的手段。用于下达车间作业计划，根据加工顺序和各种提前期进行车间作业安排。

（2）在 MRP 中，可以根据产品、部件、零件的完工日期、工艺路线和工序提前期，计算部件、零件和物料的开工日期，以及子项的完工日期。例如，系统根据工艺路线和物料清单计算出最长的累计提前期，这相当于网络计划中关键路径的长度。企业的销售部门可以根据这个信息同客户洽谈交货期限。

（3）在能力计划（CRP）中，可以基于工序和工艺路线计算工作中心的负荷（消耗的工时）。因此，工艺路线也是计算工作中心能力需求的基础。

（4）根据从每一道工序采集到的实际完成数据，企业管理人员可以了解和监督生产进度完成情况。工艺路线提供的计算加工成本的标准工时数据，是成本核算的基础和依据。装配件的成本由材料成本和工时、费用成本构成。系统内物料清单指出生产某一装配件所需的材料及其数量。对于工时和费用的标准消耗，系统内通过定义工艺路线来指定：可以把任何除原材料的其他投入定义为资源（如人工、设备、燃料、厂房、金额等），把间接投入定义为费用（管理费用等），通过定义每道工序所使用的资源、费用，把工时和费用记录到材料成本中。

（5）跟踪在制品。工艺路线是重要的文件，它代表着一项作业在工厂里的运行方式。如果说物料清单用于描述物料是按怎样的层次结构连在一起的，那么工艺路线则是描述制造每一种物料的生产步骤和过程，并且用于确定详细的生产进度。根据工艺文件、物料清单及生产车间生产完工情况，生成各个工序的加工进度情况，并对在制品的生产过程进行跟踪和监控。

工艺路线错误还会引起工作中心负荷不均衡，在制品积压，物流不畅以及加工成本计算错误等问题。通过计算每周下达到车间的工艺路线数和每周工长反馈的错误路线数，可以测出工艺路线准确度。

工艺路线由工程设计部门建立和维护，由生产部门使用。当MRP投入运行之后，让工长根据派工单随时报告所发现的工艺路线错误，从而不断对工艺路线加以维护。对于工艺路线的变更，应由两个部门协商进行。

二、关键路径

在物料信息集成的数据模型中，关键路径用累计最长的物料之间的连线来表达，用最早最晚开始和结束时间作为每个工序的缓冲，如图3-18所示。

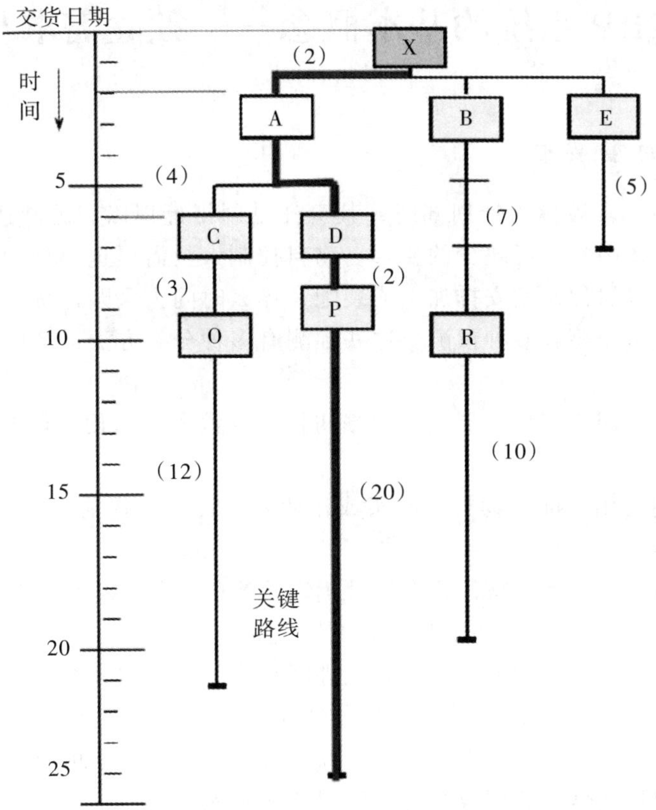

图3-18 X产品工艺路线之关键路径

这个模型不仅反映了产品结构上、下层物料的从属关系和数量关系，还通过物料之间线的长短反映了每一件物料的加工周期或采购周期。就是说，模型同时表达了“量”和“期”的关系。处于产品结构最顶层的物料是要销售的出厂产品，处于最底层的物料是采购物料，处于二者之间的是加工装配（生产）的物料。就是说，这样一个模型涉及销售、生产和供应三个制造业企业主要核心业务部门的业务。因此，不要把产品结构简单地理解为物料清单的原型，它不单单是一个技术文件，而是有更深刻意义的，是物料信息集成的模型。保证模型的构成和数据参数的正确性，是运行MRP至关重要的基础。

图3-18中，时间坐标上的产品结构模型集成了制造业企业的销售、生产、采购三大主要核心业务部门的需求与供应信息。这个模型中包括了物料的数量和需用时间，它回答了编制计划所需的“要什么？”“要多少？”“什么时候要？”三个基本问题。

由于产成品、加工件和采购件都集成在一个模型中，只要顶层的“独立需求”有了变化，所有低层的各“相关需求”通过系统快速运算立即发生相应的变化，做到迅速响应和应变。销售-生产-采购三者的计划既是基于优先顺序的“优先级计划”，也是集成销-产-供众多信息的“一体化计划”，是MRP系统突出的特点，从而不但解决了产供销严重脱节的矛盾，又解决了快速应变的问题，也是物流信息与资金流信息集成的基础。所谓优先级计划主要是：需用早的优先投产；周期长的优先下订单。

第八节　ERP系统的基本概念——独立需求与相关需求

一、预测的重要性

物料控制部门，常被称为计划部门，其责任是制订计划以满足制造产品的未来需要。需求预测在这一准备中是不可缺少的要素。物料控制人员需要这一预测来计划要买多少组件，买多少原料，以何种速度安排加工或装配，什么时间去采购订货等。

在大多数公司里需要有多种预测。这些预测有多种分类方法，其中之一是按其所涉及的期间长短来区分：

（1）长期预测。用于工厂扩展与添置新机器、新设备，以便提前5年或更早地去计划资本投资。

（2）中期预测。用于前期物料的购买或作业率的计划，提前1至2年考虑季节性或周期性的产品。

（3）短期预测。用于为采购件或自制件确定恰当的订货量与订货时机的安排，安排恰当的制造能力，并考虑提前3至6个月平整工作负荷是否值得。

（4）近期预测。用于每周或每日的装配进度与成品库存的分配。

长期预测涉及复杂的考虑，它的视界通常向前看2到5年，有时甚至更多年。它需要具有对经济因素、竞争性与技术性影响与最高管理者制订的资本扩展计划的认识。这类预测的开发包括对市场战略、雇佣政策与政府规章的考虑。

一般说来，较短期的预测要求更高的准确性。例如，能力的中期预测可能指示一个工作中心需要多少小时，当利用这些小时的时刻到来时，它们可能被用在原来作能力预测时根本没有考虑过的一件工作上。本周预测建立一份最终装配或一特定产品组合的包装日程。由于这些产品将确定可供发货的具体成品库存，这一预测额度的准确性非常重要。

企业预测、存货与满足各类客户对各类物料的需求的主导策略应该是：“不到最后时刻，不要把存货物品委置于任一具体的地点。”

二、独立需求与相关需求的产生

经济订货批量（economic order quantity，EOQ）是固定订货批量模型的一种，可以用来确定企业一次订货（外购或自制）的数量。当企业按照经济订货批量来订货时，可实现订货成本和储存成本之和最小化。在库存管理中必须做出的基本决定之一就是对照发出重新补充库存的订单的成本平衡库存投资的成本。要回答的问题是，应该订多少货。正确的订货数量要使同发出订单的次数有关的成本与同所发订单的订货量有关的成本达到最好的平衡。当这两种成本恰当地平衡时，总成本最小。这时所得的订货量就叫作经济批量或经济订货量。

订货点法又称安全库存法，是指对于某种物料或产品，由于生产或销售的原因而逐渐减少，当库存量降低到某一预先设定的点时，即开始发出订货单（采购单或加工单）来补充库存，直至库存量降低到安全库存时，发出的订单所定购的物料（产品）刚好到达仓库，补充前一时期的消耗，此订货的数值点，即称为订货点。从订货单发出到所订货物收到这一段时间称为订货提前期。

订货点法本身具有一定的局限性。例如，某种物料库存量虽然降低到了订货点，但是可能在近一段时间企业没有收到新的订单，所以近期内没有新需求产生，暂时可以不用考虑补货。故此订货点法也会造成一些较多的库存积压和资金占用（如图3-19所示）。

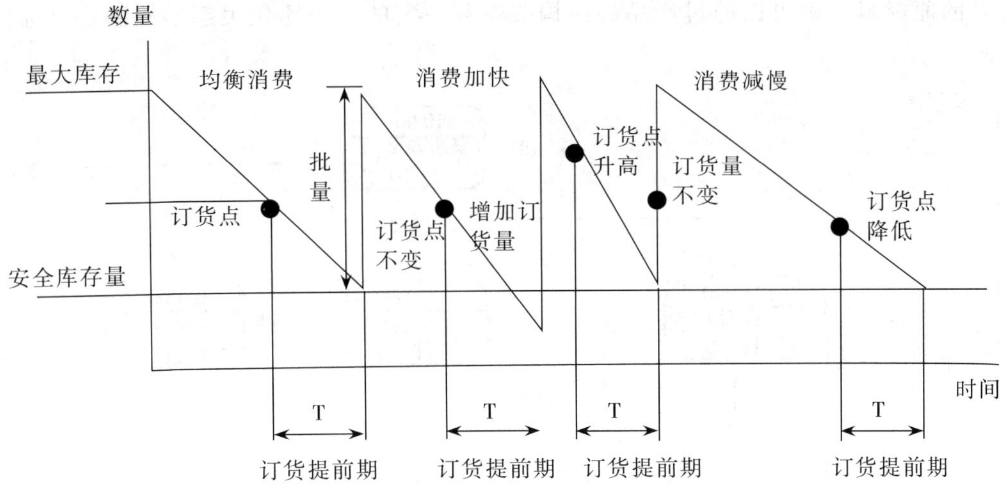

图3-19　订货点法

事实上，订货点法有如下局限性，使其应用非常有限。

（1）订货点法能够为企业正常生产提供足够的原料，但是会有库存积压现象。

（2）订货点法对原料的要求较高，要求原料具有以下特点：

●对各种物料的需求是相对独立的。

●物料需求是连续发生的。

●提前期是已知的和固定的。

●库存消耗之后应立即补充。

●无法很好地解决何时订货的问题。

订货点法在工业的库存控制中并未获得普遍的应用。事实上，该方法对成品库存与库存中的维修零件管理有极好的应用，例如，该方法适用于该物品的需求倾向于连续的而且不依赖于任何其他库存物品的情况。然而，在需求倾向于间歇的而且需求量的变化取决于更高层装配件的需求水平的情况，补充这种组件与子装配件的库存，通常使用MRP更为有效。

1965年，J.A.Orlicky建议在制造业中区分两种类型的需求。他用独立需求来描述对于与一家公司的库存中其他物品的需求无关的成品或组件需求。这种独立需求的特征是客户对成品或服务件订货。他用相关需求来描述直接由生产——母物品或其他伴随物品的日程计划所确定的物品的任何需求。相关需求的典型例子是原料、采购的或自制的零件或成分以及自制的子装配件、附件与附属品。

Orlicky建议将这种区分作为确定选用什么订货技法的一条准则。独立需求必须被预测，传统的或分时段的订货点技法是正当的（而且是唯一的）可用技法。相关需求可以计算，物料需求计划是正确的技法。

三、独立需求与相关需求

独立需求（independent demand），是指对于一个相对独立的企业而言，其产品是独立的需求变量，因为其需求的数量与需求时间对于作为系统控制主体——企业管理者而言，一般是无法预先精确确定的，只能通过一定的预测方法得出。而生产过程中的在制品以及需要的原材料，则可以通过产品的结构关系和一定的生产比例关系准确确定（如图3-20所示）。

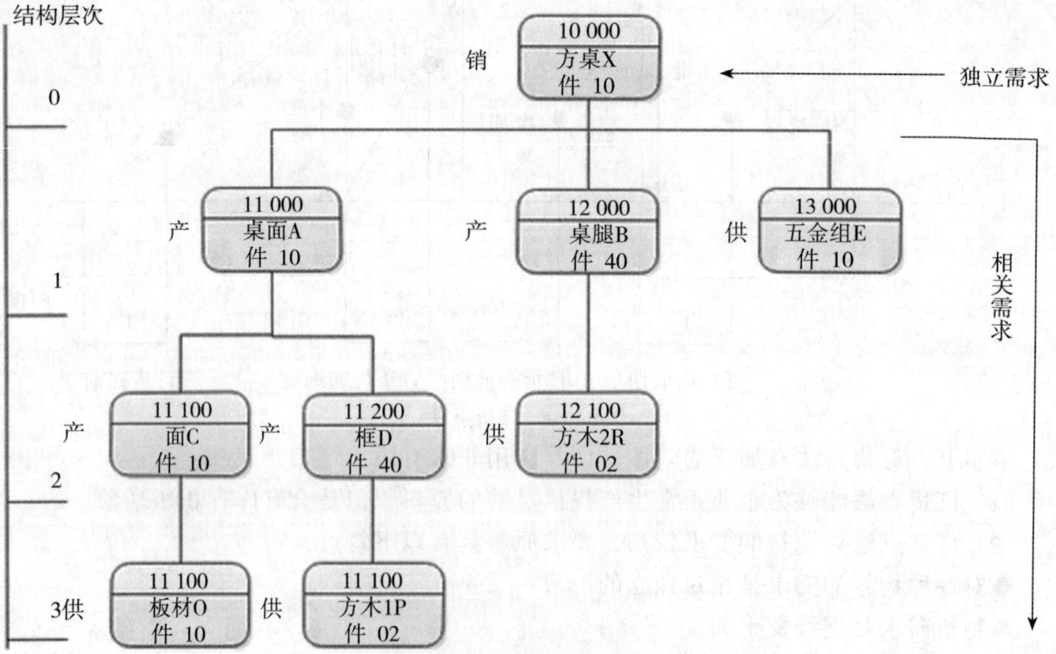

图3-20　产品的结构与供应链

相关需求（dependent demand），也称非独立需求，是指根据物料之间的结构组成关系由独立需求的物料所产生的需求，如半成品、零部件、原材料等的需求。

独立需求是指需求量和需求时间由企业外部的需求来决定，例如，客户订购的产品、科研试制需要的样品、售后维修需要的备品备件等；而相关需求的需求数量和需求时间与其他的变量存在一定的相互关系，可以通过一定的数学关系推算得出。

第九节　ERP系统的基础理论

一、基本MRP

1.物料需求计划的概念

物料需求计划（material requirement planning，MRP）是指根据产品结构各层次物品的从属和数量关系，以每个物品为计划对象，以完工时期为时间基准倒排计划，按提前期长短区别各个物品下达计划时间的先后顺序，是一种工业制造业企业内物料计划管理模式。MRP根据市场需求预测和顾客订单制订产品的生产计划，然后基于产品生产进度计划，组成产品的材料结构表和库存状况，通过计算机计算所需物料的需求量和需求时间，从而确定材料的加工进度和订货日程的一种实用技术。

其主要内容包括客户需求管理、产品生产计划、原材料计划以及库存记录。其中，客户需求管理包括客户订单管理及销售预测，将实际的客户订单数与科学的客户需求预测相结合即能得出客户需要什么以及需求多少。

2.物料需求计划的思想

MRP是由美国库存协会在20世纪60年代初提出的。之前，企业的库存计划通常采用订货点法，当库存水平低于订货点时，就开始订货。这种管理办法在物料消耗量平稳的情况下适用，不适用于订单生产。由于计算机技术的发展，有可能将物料分为相关需求（非独立需求）和独立需求来进行管理。相关需求根据物料清单、库存情况和生产计划制定出物料的相关需求时间表，按所需物料提前采购，这样就可以大大降低库存。

其主要思想是：

（1）打破产品品种台套之间的界限，把企业生产过程中所涉及的所有产品、零部件、原材料、中间件等，在逻辑上视为相同的物料。

（2）把所有物料分成独立需求和相关需求两种类型。在MRP系统中，“物料”是一个广义的概念，泛指原材料、在制品、外购件以及产品。所有物料分成独立需求和相关需求两类。

（3）根据产品的需求时间和需求数量进行展开，按时间段确定不同时期各种物料的需求。

3.物料需求计划的基本原理

MRP基本的原理是，由主生产计划（MPS）和主产品的层次结构逐层逐个地求出主产品所有零部件的出产时间、出产数量，这个计划叫作物料需求计划。如果零部件靠企业内部生产，需要根据各自的生产时间长短来提前安排投产时间，形成零部件投产计划；如果零部件需要从企业外部采购，则要根据各自的订货提前期来确定提前发出各自订货的时间、采购的数量，形成采购计划。确实按照这些投产计划进行生产和按照采购计划进行采购，就可以实现所有零部件的出产计划，从而不仅能够保证产品的交货期，而且还能够降低原材料的库存，减少流动资金的占用。MRP的逻辑原理，如图3-21所示。

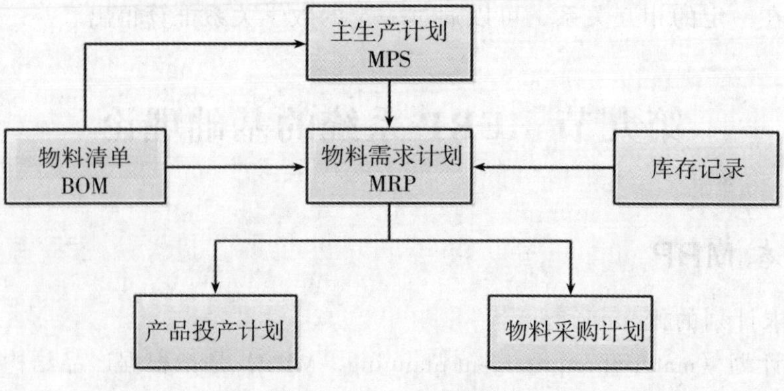

图3-21 MRP逻辑图

物料需求计划（MRP）是根据主生产计划（MPS）、物料清单（BOM）和库存记录形成的。由物料需求计划再产生产品投产计划和物料采购计划，根据产品投产计划和物料采购计划组织物料的生产和采购，生成制造任务单和采购订货单，交制造部门生产或交采购部门采购。

因此，制订物料需求计划必须具备以下的基本数据：

（1）主生产计划，指明在某一计划时间段内应生产出的各种产品和备件。它是物料需求计划制订的一个最重要的数据来源。

（2）物料清单（BOM），指明了物料之间的结构关系，以及每种物料需求的数量。它是物料需求计划系统中最为基础的数据。

（3）库存记录，把每个物料品目的现有库存量和计划接收量的实际状态反映出来。

（4）提前期，决定着每种物料何时开工、何时完工。

在制订物料需求计划之前，这4项数据必须完整地建立好，而且保证是绝对可靠的、可执行的数据。

4.物料需求计划的基本计算步骤

一般来说，物料需求计划的制订是遵照先通过主生产计划导出有关物料的需求量与需求时间，然后，再根据物料的提前期确定投产或订货时间的计算思路。其基本计算步骤如下：

（1）计算物料的毛需求量。即根据主生产计划、物料清单得到第一层级物料品目的毛需求量，再通过第一层级物料品目计算出下一层级物料品目的毛需求量，依次一直往下展开计算，直到最低层级原材料毛坯或采购件为止。

（2）净需求量计算。即根据毛需求量、可用库存量、已分配量等计算出每种物料的净需求量。

（3）批量计算。即由相关计划人员对物料生产做出批量策略决定，不管采用何种批量规则或不采用批量规则，净需求量计算后都应该表明是否有批量要求。

（4）安全库存量、废品率和损耗率等的计算。即由相关计划人员来规划是否要对每个物料的净需求量作这3项计算。

（5）下达计划订单。即通过以上计算后，根据提前期生成计划订单。物料需求计划所生成的计划订单，要通过能力资源平衡确认后，才能开始正式下达计划订单。

(6) 再一次计算。物料需求计划的再次生成大致有两种方式：第一种方式是对库存信息重新计算，同时覆盖原来计算的数据，生成的是全新的物料需求计划；第二种方式则只是在制订、生成物料需求计划的条件发生变化时，才相应地更新物料需求计划有关部分的记录。这两种生成方式都有实际应用的案例，至于选择哪一种要看企业实际的条件和状况。

二、闭环 MRP

1.闭环MRP的概念

闭环MRP（closed-loop MRP）是在物料需求计划（MRP）的基础上，增加对投入与产出的控制，也就是对企业的能力进行校验、执行和控制。闭环MRP理论认为，只有在考虑能力的约束，或者对能力提出需求计划，在满足能力需求的前提下，物料需求计划（MRP）才能保证物料需求的执行和实现。因此，企业必须对投入与产出进行控制，也就是对企业的能力进行校验和执行控制。

在物料需求计划执行之前，要由能力需求计划核算企业的工作中心的生产能力和需求负荷之间的平衡情况。在闭环MRP之后，又发展出制造资源计划（manufacturing resources planning，MRPⅡ）。

2.闭环MRP系统的原理

MRP系统的正常运行，需要有一个现实可行的主生产计划。它除了要反映市场需求和合同订单以外，还必须满足企业的生产能力约束条件。因此，基本MRP系统进一步发展，把能力需求计划，执行及控制计划的功能也包括进来，形成一个环形回路，称为闭环MRP。闭环MRP为一个完整的生产计划与控制系统。

在闭环MRP系统中，关键工作中心的负荷平衡称为资源需求计划，或称为粗能力计划，它的计划对象为独立需求件，主要面向的是主生产计划；全部工作中心的负荷平衡称为能力需求计划，或称为详细能力计划，而它的计划对象为相关需求件，主要面向的是车间。由于MRP和MPS之间存在内在的联系，所以资源需求计划与能力需求计划之间也是一脉相承的，而后者正是在前者的基础上进行计算的。

3.闭环MRP的制定过程

整个闭环MRP的制定过程如下：

(1) 企业根据发展的需要与市场需求来制定企业生产规划。

(2) 根据生产规划制订主生产计划，同时进行生产能力与负荷的分析。该过程主要是针对关键资源的能力与负荷的分析过程。只有通过对该过程的分析，才能达到主生产计划基本可行的要求。

(3) 根据主生产计划、企业的物料库存信息、产品结构清单等信息来制订物料需求计划。

(4) 由物料需求计划、产品生产工艺路线和车间各加工工序能力数据（即工作中心能力，其有关的概念将在后面介绍）生成对能力的需求计划，通过对各加工工序的能力平衡，调整物料需求计划。

(5) 如果这个阶段无法平衡能力，还有可能修改主生产计划。

(6) 采购与车间作业按照平衡能力后的物料需求计划执行，并进行能力的控制，即输入输出控制，并将作业执行结果反馈到计划层（如图3-22所示）。

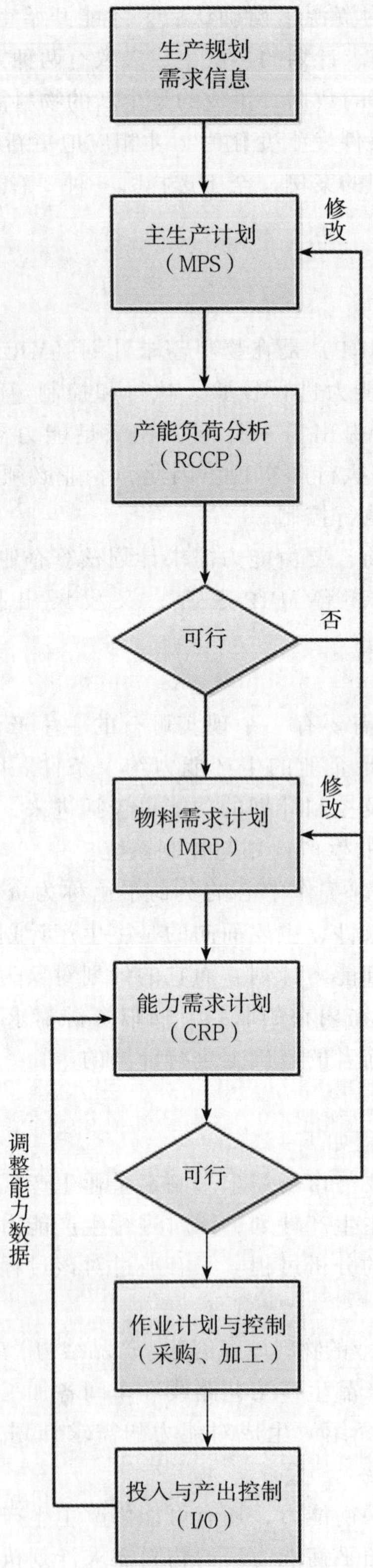

图 3-22　闭环 MRP 计算逻辑

三、制造资源计划（MRPⅡ）

1.制造资源计划（MRPⅡ）的概念

制造资源计划（manufacturing resource planning，MRPII），是以物料需求计划（MRP）为核心，覆盖企业生产活动所有领域、有效利用资源的生产管理思想和方法的人-机应用系统。

闭环MRP系统除了物料需求计划外，还将生产能力需求计划、车间作业计划和采购作业计划也全部纳入MRP，采用“计划—执行—反馈”的管理逻辑，有效地对生产各项资源进行规划和控制。进入20世纪90年代，人们又将生产活动中的主要环节销售、财务、成本、工程技术等与闭环MRP集成为一个系统，成为管理整个企业的一种综合性的制订计划的工具。它可在周密的计划下有效地利用各种制造资源，控制资金占用，缩短生产周期，降低成本，实现企业整体优化，以最佳的产品和服务占领市场。美国的Oliver Wight把这种综合的管理技术称为制造资源计划（MRPⅡ）。

2.制造资源计划（MRPⅡ）的原理与逻辑

不同于闭环的MRP，MRPⅡ的基本思想就是把企业作为一个有机整体，从整体最优的角度出发，通过运用科学方法对企业各种制造资源和产、供、销、财各个环节进行有效的计划、组织和控制，使它们得以协调发展，并充分地发挥作用。

流程图（如图3-23所示）的右侧是计划与控制的流程，它包括决策层、计划层和执行层，可以理解为经营计划管理的流程。中间是基础数据，要储存在计算机系统的数据库中，并且反复调用。这些数据信息的集成，把企业各个部门的业务沟通起来，可以理解为计算机数据库系统；左侧是主要的财务系统，这里只列出应收账款、总账和应付账款。各个连线表明信息的流向及相互之间的集成关系。

由此可见，MRPⅡ是一种计划主导型管理模式，计划层次从宏观到微观、从战略到技术、由粗到细逐层优化，但始终保证与企业经营战略目标一致。它把通常的三级计划管理统一起来，计划编制工作集中在厂级职能部门，车间班组只能执行计划、调度和反馈信息。计划下达前反复验证和平衡生产能力，并根据反馈信息及时调整，处理好供需矛盾，保证计划的一贯性、有效性和可执行性。

另外，MRPⅡ是一种制造业企业管理信息系统，企业各部门都依据同一数据信息进行管理，任何一种数据变动都能及时地反映给所有部门，做到数据共享。在统一的数据库支持下，按照规范化的处理程序进行管理和决策。改变了过去那种信息不通、情况不明、盲目决策、相互矛盾的现象。

从会计信息角度出发，MRPⅡ包含了成本会计和财务会计功能，可以由生产活动直接产生财务数据，把实物形态的物料流动直接转换为价值形态的资金流动，保证生产和财务数据一致。财务部门及时得到资金信息用于控制成本，通过资金流动状况反映物料和经营情况，随时分析企业的经济效益，参与决策，指导和控制经营和生产活动。

制造资源计划（MRPⅡ）再发展，就是企业资源计划（ERP）。

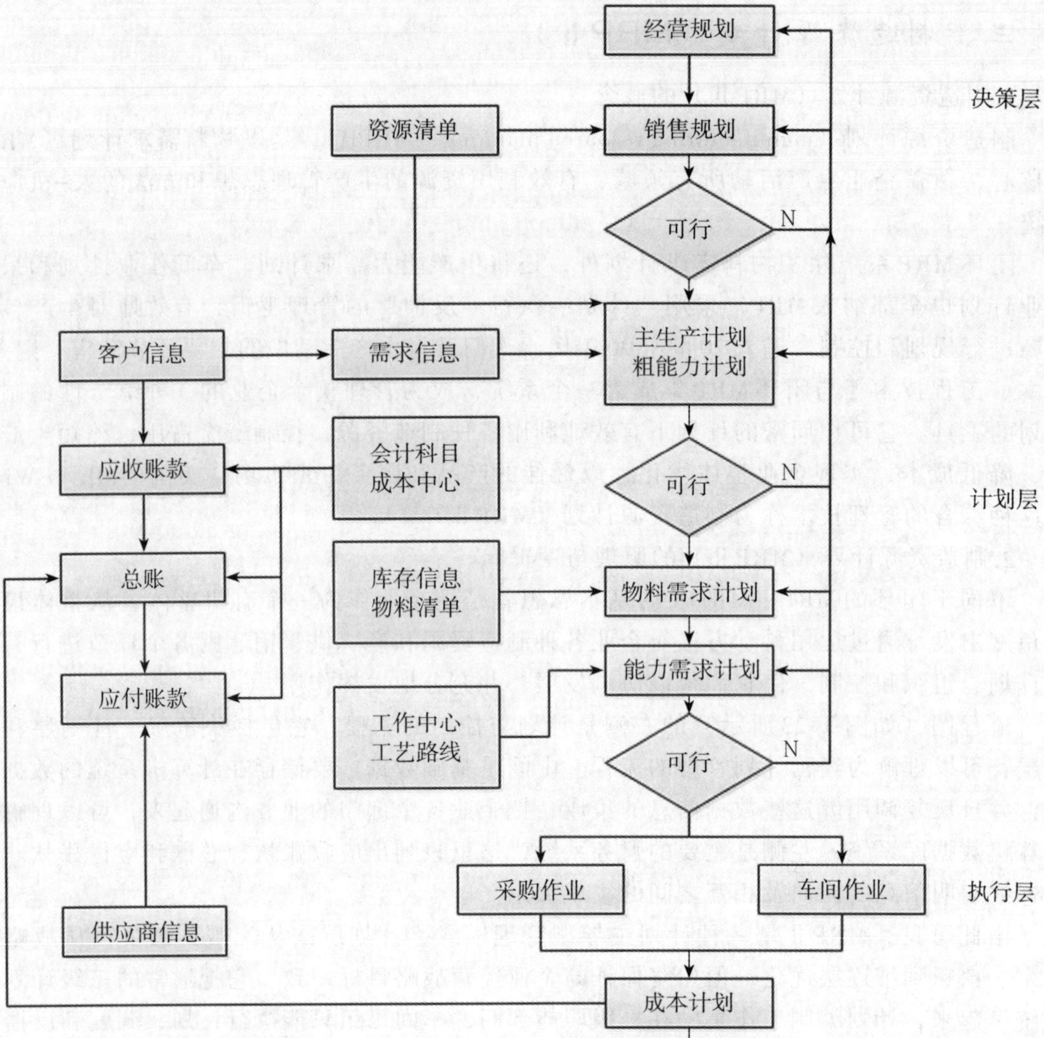

图 3-23　MRP Ⅱ逻辑流程

第十节　典型的 ERP 系统——金蝶 K/3[①]

一、金蝶 K/3 产品整体设计思想

国际上比较大的 ERP 系统供应商有 SAP 和 Oracle 等。国内比较有名的 ERP 系统供应商应属金蝶和用友两个品牌供应商，它们提供的产品层次多样，满足多数行业的需求。本节以金蝶 K/3 V14.0 作为案例，介绍典型的 ERP 系统。

① 本节资料来源于金蝶 K/3 14.0 相关技术手册。

金蝶K/3是一款ERP软件，ERP系统集供应链管理、财务管理、人力资源管理、客户关系管理、办公自动化、商业分析、移动商务、集成接口及行业插件等业务管理组件为一体，以成本管理为目标，计划与流程控制为主线，通过对成本目标及责任进行考核激励，推动管埋者应用ERP等先进的管理模式和工具，建立企业人、财、物、产、供、销科学完整的管理体系。

金蝶K/3以企业基础管理为核心设计思想，对覆盖产品（服务）价值链的业务的流程进行全面的计划、组织、协调，及对业务的有效处理和有效控制的管理。针对战略企业管理的特点，强调对企业基础数据、基本业务流程、内部控制、知识管理、员工行为规范等管理，通过丰富的工具与方法有机整合并提供贯穿战略企业管理全过程所需的决策信息，实时监控战略执行过程中的问题，帮助企业创造持续增长的核心竞争力（如图3-24所示）

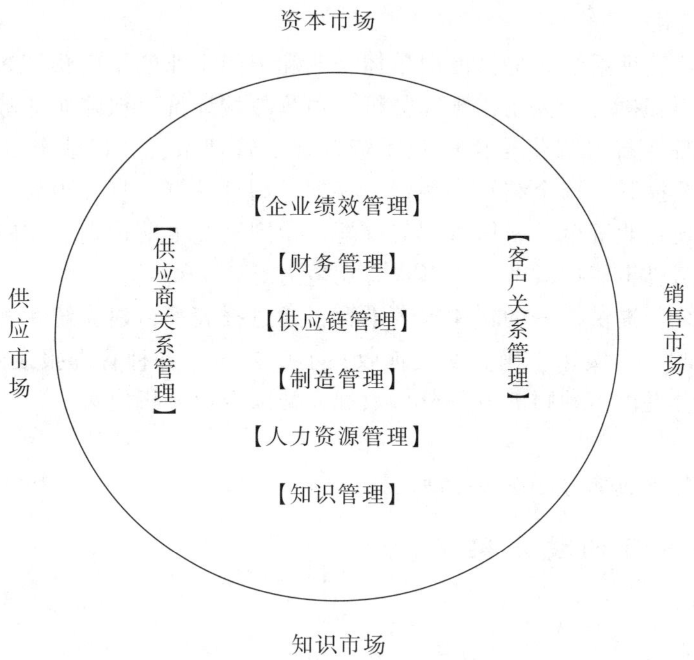

图3-24　金蝶K/3整体功能架构

二、金蝶K/3的功能

K/3系统虽然是面向中小企业的ERP系统，但是其功能是很全面的，主要功能模块如下。

1.供应链模块

K/3供应链管理系统面向企业采购、销售、库存和质量管理人员，提供采购管理、销售管理、仓库管理、质量管理、存货核算、进口管理、出口管理等业务管理功能帮助企业全面管理供应链业务。

2.生产制造模块

K/3生产制造管理系统面向企业计划、生产管理人员，对企业的物料清单、生产计划、能力计划和车间业务等业务进行全面的管理，实现企业物料清单的建立与变更、多方案的生产计划、精细的车间工序管理等生产制造相关业务管理。

3.财务会计模块

（1）财务核算系统。以凭证处理为核心，在凭证录入的基础上，自动生成各种分析账表，帮助企业减少重复工作，提高数据准确性、适时性、共享性。

（2）资产管理系统。提供以固定资产卡片为核心的全面的资产管理，根据资产的不同折旧方法，自动计提折旧，并形成各种资产分析管理报表，帮助企业强化资源有效控制，防范减值风险。

（3）成本核算系统。提供全面的工业企业成本核算及管理系统，围绕“费用对象化”的基本成本理念，与相关模块集成，通过费用归集、费用分配、成本计算实现实际成本处理的业务流程。在此基础上，建立成本预测、成本控制、成本分析和考核体系，实现企业全面、科学的成本管理。

4.财务管理模块

（1）全面预算管理系统。提供面向单体企业和集团企业的全面预算管理系统，通过预算编制、调整，预算执行、控制，预算分析、预算考核评价，保障企业战略目标的实现。

（2）资金管理系统。提供全面的集团资金统一管理系统，以业务为中心、财务为核心，对资金计划及控制、资金结算、融资、存款、利息计算、资金报表、资金分析等进行一体化管理，实现企业资金的整体管理与调配，做到资金事前计划、实时控制和分析，加快资金周转，提高资金使用效益，提升核心竞争力。

（3）报表系统。提供统一的集团报表平台，通过报表平台建立统一规范的财务报告体系，帮助企业及时、真实、准确、快速地收集下属公司的各种管理报表并进行合并处理，同时通过报表平台提供多种财务业务分析数据，帮助企业分析决策。

5.其他

其他模块及各组成部分如图3-25所示。

三、金蝶K/3的技术架构

1.三层结构应用

K/3系统是典型的三层结构应用，由数据库、中间层、客户端三层构成。此外，HR/Web系统为可选部件（如图3-26所示）。

（1）数据库。安装数据库产品和K/3数据库服务部件。目前，K/3系统支持的数据库产品是Microsoft SQL Server，所有的业务数据都存储在这个服务器中。

（2）中间层，包括所有业务系统的业务逻辑组件，这些组件会被客户端所调用，是K/3系统的核心部分。

（3）客户端。K/3客户端桌面应用程序，基于Windows GUI，安装在业务系统操作人员的机器上。

另外，HR/Web服务器基于IIS提供K/3人力资源、管理门户、CRM等功能。

2.标准部署方案（分层部署）

数据库、中间层、Web系统均分别单独部署在专用服务器上，适合于K/3系统大多数部署案例。若客户端数量超过10个，应该把每个服务器角色分开单独部署，并且这些服务器专用于K/3服务，不建议用其他企业应用服务器（如AD、DNS、Mail等）兼任

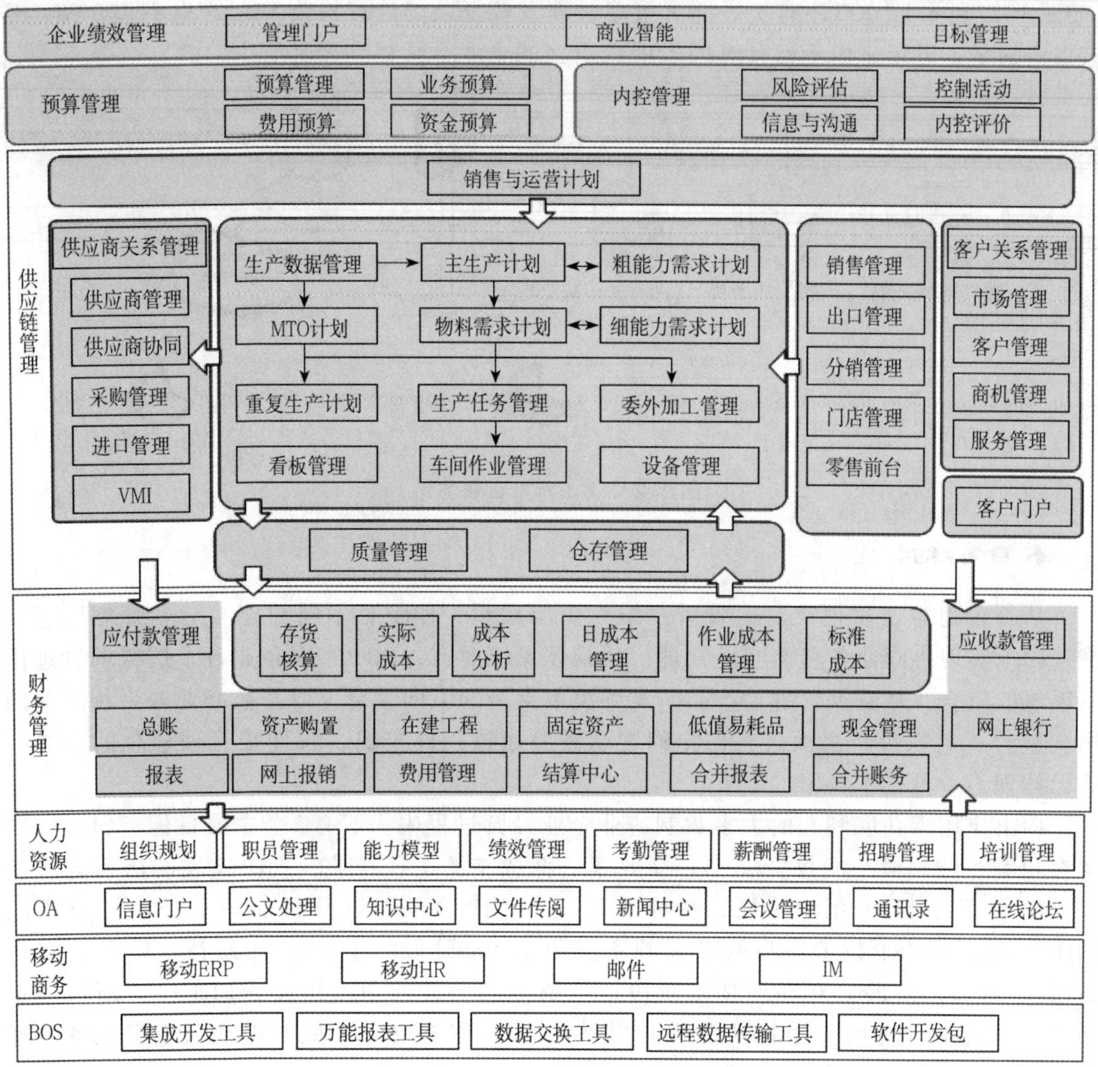

图 3-25 金蝶 K/3 子系统功能模块

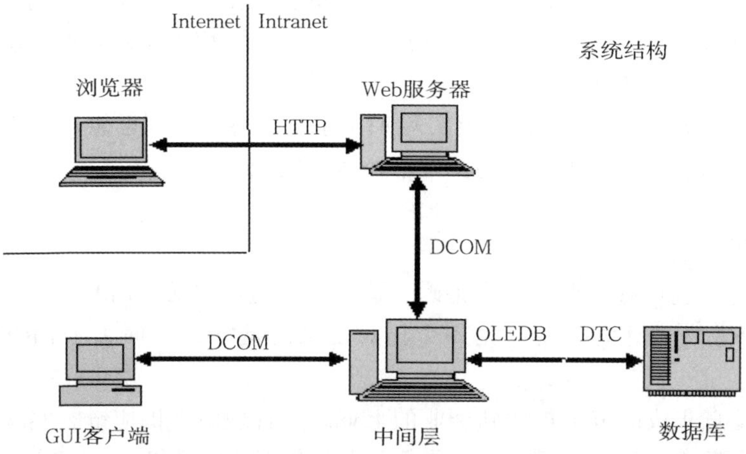

图 3-26 K/3 系统的三层结构

(如图3-27所示)。K/3还有扩展部署策略，涉及较复杂的计算机技术，这里不再介绍。应该强调的是，近年来由于云计算的发展，更多的企业会转移到云部署。

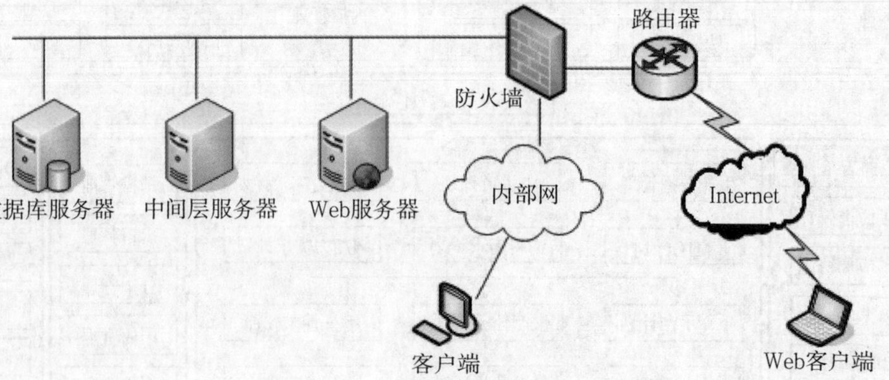

图3-27 K/3标准部署方案

□ 本章小结

从管理思想、软件产品、管理系统三个层次看，ERP有不同的含义。就管理思想而言，ERP实现协同商务和供应链管理；就管理系统而言，ERP实现企业各个层级的管理信息系统的整合，从数据管理、产品研发到决策支持的纵向整合，以及核心业务系统之间的横向整合；就软件产品而言，ERP的理念需要通过软件实现，软件是管理思想的主要载体，体现为一种技术应用。

ERP应用于获取利润的大多数制造业企业经营过程中一般有3个主要目标：(1) 最多的客户群；(2) 最小的投资；(3) 高效率、低成本的工厂作业。ERP发展的历程为：基本MRP阶段，闭环MRP阶段，MRPⅡ阶段，ERP阶段，以及目前的电子商务时代的ERP阶段。而ERP技术自身的发展基本经历了3个阶段：主机/工作站技术阶段，客户机/服务器技术阶段，互联网技术阶段。从财务和会计的角度出发，ERP已逐渐从“账务”型管理向“理财”型管理发展。“理财”型的财务管理突破了以往只重视账务管理的观念。

ERP系统的基本概念有：物料编码、物料清单、工作中心、提前期与计划提前期、工艺路线、独立需求与相关需求、工作日历。ERP系统的基础理论包括：基本MRP，闭环MRP，制造资源计划（MRPⅡ）。

最后，以金蝶K/3产品为例，介绍实际ERP系统的整体设计思想、功能和技术架构。

至此，会计信息系统知识结构的基础已经搭建完成。

□ 基本训练

一、选择题（选项有一个或几个正确，请把正确的填在括号内）

1.ERP（企业资源计划系统）是一个比较复杂的概念，下面关于ERP的说法正确的有（　　）。

A.ERP把信息集成的范围扩大到企业的上下游，管理整个供应链，实现供应链制造

B.ERP是实现业务部门之间、企业同外部合作伙伴之间交换和分享信息的系统

C.ERP是管理供应链、优化业务流程的手段

D.ERP是以库存控制为核心高度集成的软件系统

2.ERP的核心是一种整合，为整合企业系统资源而诞生。ERP发展的历程依次为（　　）。

A.闭环MRP—基本MRP—MRPⅡ—ERP　　B.MRPⅡ—基本MRP—闭环MRP—ERP

C.基本MRP—闭环MRP—MRPⅡ—ERP　　D.ERP—基本MRP—闭环MRP—MRPⅡ

3.ERP是指建立在信息技术基础上，以系统化的管理思想，为企业决策层及员工提供决策运行手段的管理平台。其核心关键词包括（　　）。

A.整合供应链　　B.优化业务流程

C.企业资源管理系统　　D.制造业信息化

4.美国Gartner Group公司于1999年提出了协同商务（collaborative commerce）的概念，其含义不包括（　　）。

A.资源协同　　B.业务协同

C.供应链协同　　D.产业协同

5.ERP是供应链管理的信息集成系统，表现在（　　）。

A.ERP系统中，供应链系统是基础

B.ERP同企业业务流程重组密切结合

C.体现精益生产、同步工程和敏捷制造的思想

D.体现事先计划与事中控制的思想

6.物料编码主文件是用来存储物料在ERP系统中的各种基本属性和业务数据的。它是进行主生产计划和物料需求计划运算的最基本文件。物料编码主文件不包含（　　）。

A.物料的技术资料　　B.物料的采购、销售管理数据

C.物料的BOM数据　　D.物料的计划管理信息

7.采用计算机辅助生产管理时，首先要使计算机能够读出企业所制造的产品构成和所有要涉及的物料，需要做的是（　　）。

A.BOM描述图形进行数字化

B.BOM作为工艺路线的一部分数据

C.BOM要进行业务流程重组

D.BOM由传统的图示表达转化为某种数据结构

8.工作中心是生产加工单元的统称，是指在企业生产规划中，人为划定的具有某种生产能力的单元。（　　）可以作为一个工作中心。

A.一台或几台功能相同的设备

B.一个成组加工单元或一个装配场地

C.一个或多个工作人员

D.一个小组或一个工段

9.工作中心是生产加工单元的统称，其作用主要表现在（　　）。

A.作为物料需求计划（MRP）运算的基本单元

B.作为定义物品工艺路线的依据

C.作为车间作业分配任务和编排详细进度的基本单元

D.作为计算加工成本的基本单元

10.企业制造流程中处于关键或瓶颈部位的工作中心也被称为关键工作中心，下面关于关键工作中心的说法不正确的是（　）。

A.关键工作中心是粗能力计划的计算对象

B.必须按照关键工作中心工序来控制其他前道工序的物料投放量

C.关键工作中心工序前的非制约工序可以用倒排计划

D.关键工作中心工序用倒排计划

二、思考简答题

1.请从制造业本身需求的角度出发，讨论ERP产生的原因。

2.ERP的理念需要通过软件实现，软件是管理思想的部分载体。如何理解ERP软件是一种“可配置”的产品？请解释说明。

3.ERP系统如何体现事先计划与事中控制的思想？请举例说明。

4.从财务和会计的角度出发，ERP已逐渐从“账务”型管理向“理财”型管理发展。“理财”型的财务管理突破了以往只重视账务管理的观念，请简述主要表现。

5.物料编码主文件是用来存储物料在ERP系统中的各种基本属性和业务数据的。它是进行主生产计划和物料需求计划运算的最基本文件。物料编码主文件一般包含哪些信息？

6.物料清单（bill of materials，BOM）是描述企业产品组成的技术文件。请解释虚拟件及其应用，并举例说明。

7.物料清单是产品结构的技术性描述文件，请分别叙述它在企业设计部门、工艺部门、生产部门、仓存部门和财务部门业务中的作用。

8.简述工作中心成本数据信息包含的项目，这些数据对成本核算的意义。

9.用提前期和BOM的概念，解释“产品结构中上一级零部件的计划下达时间即为下一级项目的毛需求量的需要时间”。

10.工艺路线是描述制造每一种物料的生产步骤和过程的，并且用于确定详细的生产进度。从工艺路线包含的数据出发，讨论工艺路线在ERP系统中的作用。

11.给出独立需求与相关需求的概念，并讨论它们的关系。

三、开放论述题

1.ERP系统运行分为三个层次，即战略层、战术层和作业层，请举例说明三个层次的ERP子系统，并给出它们各自的会计数据或会计信息样本名称。

2.查阅ERP理论和实践资料，尤其是ERP实施的案例。谈谈您对ERP未来发展的看法。

3.根据所学知识，讨论企业系统中企业的战略愿景和目标、企业组织、业务流程与ERP系统之间的关联关系。

四、实践与提高

1.如何理解ERP实施是“三分设计、七分管理、十二分数据”。请讨论ERP的静态数据和动态数据内容，以及这些数据之间的关系。

2.ERP系统的应用一般通过各种方法适应商业环境的变化，预设很多参数，但是这些假设越多系统就越复杂，增加了实施、培训和维护成本。系统需求的改变，往往使ERP

系统和应用成本难以估计。请讨论ERP系统的优势和劣势。既然对ERP的褒贬不一，为什么还要学习ERP思想和知识？

3.根据第十节对金蝶K/3的介绍，举例说明它是如何体现ERP思想的。

五、难点与延伸阅读

1.精益生产。

2.约束理论（TOC）。

3.敏捷制造。

思考与练习　　思考与练习答案

第四章

业务系统基础

学习目标

通过本章学习，应该达到以下目标：

了解基础的行业分类、企业类型、业务模式之间的关系。掌握ERP业务系统基础，包括：各种单据类型，单据方法，单据关联关系，业务系统中的量，以及量之间的关系。为学习具体的业务流程打下基础。

引例 **业财融合**

业财融合是指业务经验与财务管理的结合，它要求财务人员扮演决策者，既要掌握财务目标，也要了解企业运作状况。管理核心是决策，而资源、信息和管控手段是应对变化的决策基础，这些来源于业务，却都与财务管理紧密相连。一个具有高附加值的财务人应该深入到业务中，配合企业高层，根据企业战略部署，联合业务部门和相关职能部门，为企业提供服务与保障。

ERP是企业实现业财融合的技术手段，其核心就是实现对整个供应链的有效管理，它将供应链管理功能包含进来，强调企业、供应商、客户和市场的有机结合，并将企业内部的采购、研发设计、生产、销售进行整合，由经营活动直接产生财务数据，把实物形态的物料流动直接转换为价值形态的资金活动，实现了物流、资金流、工作流、信息流的实时反映，为企业提供了大量的实时会计信息，使得企业能够有效地管理和控制整个业务流程，从而提高资源的利用效率。

传统核算式财务管理早已落伍，新时代下财务管理人员需要更多接触业务层面，深入了解并支持业务过程和决策，并对业务绩效评估提供依据，让财务在资源、信息和管控方面的效用最大化，“业财融合”由此产生。

第一节　制造业生产类型

一、离散生产

（一）离散生产的概念

离散生产（discrete manufacturing）环境下，物料的单位是件，生产和加工的产品和零部件是由不再拆分的单件逐件组成的，单件和组件都可以单独存储，而且只能按“件”生产和销售，产品结构通常为A型。由于是一种装配型的产品，零部件的形成一般是物理性的变化，装配后的产品还可以拆卸或更新其中损坏的零部件。

（二）离散生产的特点

（1）从产品形态来说，离散生产的产品相对较为复杂，包含多个零部件，一般具有相对较为固定的产品结构、原材料清单和零部件配套关系。

（2）从产品种类来说，一般的离散制造型企业都生产相关或不相关的较多品种和系列的产品。这就决定了企业物料的多样性。

（3）从加工过程看，离散制造型企业生产过程是由不同零部件加工子过程或并联或串连组成的复杂的过程，其过程中包含着更多的变化和不确定因素。离散制造型企业的过程控制更为复杂和多变。

（4）离散制造型企业的产能不像连续型企业主要由硬件（设备产能）决定，而主要以软件（加工要素的配置合理性）决定。同样规模和硬件设施的不同离散型企业因其管理水平的差异产生的结果可能有天壤之别，从这个意义上来说，离散制造型企业通过软件（此处为广义的软件）方面的改进来提升竞争力更具潜力。

由于离散生产的这些特点，离散制造型企业具有较多的物料，其运作和管理是围绕物料及其变化过程展开的。可以说离散制造型企业是以物料为主要操作对象，这些物料有基本信息，其变化过程（形态变化、位置变化、价值增值等）衍生了其他信息，管理系统正是通过对物料的信息处理、分析来决策对实体物流实施何种操作。

（三）离散生产的管理

1.基础数据管理

离散生产基础数据包含完整的物料信息、物料清单（BOM）、产品结构、工作中心、工艺路线和其他企业基本资料。基础数据是否准确及产品结构关系完善与否，对ERP系统至关重要。

2.供应链管理

离散生产ERP包括销售业务管理、库存管理、采购业务管理、物流数据的分析等。

3.生产计划

物料需求计划是必要的，大量的物料处理通过MRP运算可以高效产生采购计划和生产计划。但计算的准确性则依赖于准确的基础信息，包括准确的材料定额、采购和加工提前期、工艺路线、工作中心能力等。由于影响计划的因素较多，生产计划的制订非常复杂，计划的多变性是最常见的控制难点；能力需求是根据每个产品混合建立的，并且很难预测。

4.生产过程控制

生产任务多，生产过程控制则非常困难。其主要表现在：①生产数据多，且数据的收集、维护和检索工作量大；②工作流根据特定产品的不同经过不同的加工车间，每个生产任务对同一车间能力的需求不同，因此，工作流经常出现不平衡的情况；③产品的种类变化较多，非标准产品多，设备和工人必须有足够灵活的适应能力；④通常情况下，一个产品的加工周期较长，每项工作在工作中心前的排队时间很长，引起加工时间的延迟和在制品库存的增加。

5.成本管理

离散生产成本管理的特点如下：①原材料、半成品、产成品、废品频繁出入库、成本计算复杂，需要针对成本对象并随着生产过程进行成本的归集和分配；②使用标准成本法、先入先出法和加权平均法进行成本核算，其中，标准成本法对企业的管理水平要求最高，具体采用何种方法要看企业的管理水平和实际需要；③注重实际成本和标准成本的差异比较和不同角度的成本分析。

6.财务管理

业务运行过程中资金流是自动产生的，财务管理相应地对资金信息进行处理和分析。业务运作规范才能采集准确的财务信息。基础业务管理尚未理顺会使财务信息不准确。

二、流程生产

（一）流程生产的概念

流程生产（process manufacturing）是对应离散生产而言的。流程生产是指被加工对象不间断地通过生产设备，通过一系列的加工装置使原材料产生化学或物理变化，最终得到产品。“流程生产”与“流水生产”不同，后者是针对大批量生产的离散型产品。流程生产虽然有“重复”的性质，但它不属于“重复式生产”。流程生产的往往是V型结构的产品，一般包括产品、副产品、复用品、回收品和废弃物等。

（二）流程生产的特点

流程生产相对于离散生产，它们的特点刚好相反。生产物料多为粉状颗粒、液体或气体，计量单位是重量、体积、长度的任意量。最终产品有包装，可以是不同计量单位的瓶、袋、桶等，有“件”的性质。工艺过程是连续进行的，不能中断。工艺过程的加工顺序是固定不变的，生产设施按照工艺流程布置。劳动对象按照固定的工艺流程连续不断地通过一系列的设备和装备被加工处理成产品。

（三）流程型生产的管理

流程型生产要求连续供应原料，确保每一个环节在工作期间必须正常运行，否则会引起整个生产过程的瘫痪。另外，产品和生产工艺相对稳定，自动化装置可以实现对生产过程的实时监控。因此，流程生产管理需要做到：

1.预测与计划

考虑市场预测、已有的客户订单及现有的产品库存等因素制订主生产计划（MPS），同时产生物料需求计划，加入设备产能限制，充分对照装置维修计划，制订出最终生产的长、中、短期计划。计划制订简单，常以日产量的方式下达计划，计划也相对稳定；生产设备的能力固定。

2.生产过程

把要生产加工物料的过程分解成各个逻辑阶段，每个阶段有一个以上的配方（recipe），配方由资源（材料、人工、机器和杂项费用等）的投入产出及约束条件（如质量控制、工艺指标控制）组成。

3.生产过程控制

工艺固定，工作中心的安排符合工艺路线。工作中心是专门生产有限的相似的产品，工具和设备为专门的产品而设计；物料工作流程是自动的，实施和控制相对简单。

4.成本管理与控制

各阶段的各种配方定义好后，系统就自动算出除人员以外各种产品所需要的原材料、机器设备使用时间、操作人员、杂项费用、辅助材料（如催化剂、发酵剂等）的各项数据。为生产准备，材料采购提供订单依据，算出的费用可以作为标准成本。

5.财务信息

生产过程的每个活动都与采购、仓储、财务、销售、设备状况等紧密相关，业务发生，同时产生一个会计分录自动过账到总账等。

三、离散生产与流程生产的比较

离散生产和流程生产有时在同一个企业里是并存的，Gartner的研究报告中就提到ERP系统必须满足混合生产（hybrid）的要求。这个混合还不是完全由企业集团的多元化经营引发的需求，而是在一个生产厂内部，同时就有离散生产和流程生产两种类型并存的情况，在制药、食品、饮料、卷烟等行业尤为多见。拿卷烟来说，烟丝生产的膨化工艺是流程生产中的批流程，而卷接包的流程是离散生产中的流水生产。

表4-1针对不同生产类型的ERP要求进行了对比。为满足不同行业特点的需求，ERP系统会有不同的版本或适当的功能配置。

表4-1 离散生产与流程生产

ERP功能	离散生产	流程生产
主生产计划	单件计划	流程计划
制约因素	物料的获取	生产装置的能力
计划焦点	数量和期量	流程的连续性和成品率
MRP	详细计划的主要工具	次要工具
CRP	次于MRP的第二位工具	详细计划的主要工具
BOM	层次多且复杂	扁平且简单
工艺路线	多种选择	固定且由流程确定
工作中心	分散，灵活	固定，专用
计划人员工作	面向商品及部件	面向流程工艺

第二节 生产的需求响应

一、需求周期与供应周期

需求响应策略（demand response strategy），即企业满足客户要求的交付时间采取的计划策略，也称为“销售与生产环境”（sales and production environment）。

需求响应策略可以理解为对订单的响应策略。它受两种周期的制约：

（1）客户交付提前期（customer delivery lead time，CDL）（交付周期）——从签订销售合同（接单）开始，到客户收到订购的产品或货物为止的时期，用D表示，也称需求周期（demand cycle）。

（2）制造周期（production cycle）——企业制造客户所需产品的周期，包括产品研发设计、生产准备、采购、加工、装配、发送到客户等几个阶段。接单以后所需要的全部或部分制造周期称为供应周期，或交付周期，用P表示，也称MCT（manufacturing cycle time）。

需求响应策略就是要缩短供应周期，满足苛刻的需求周期的策略。两种周期之比为P/D。P/D值总是大于或等于1，是衡量需求响应速度的一项指标。各种需求响应策略的交付（需求）周期（D）同制造周期（P）的关系可用图4-1来说明。

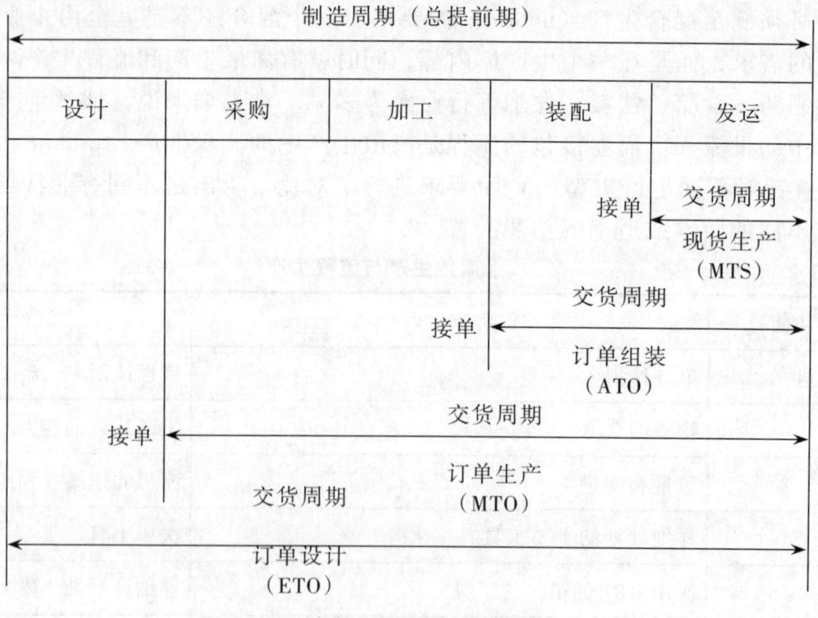

图4-1 4类基本需求的响应策略

二、需求响应策略的类型

需求响应策略最基本的类型有4种。

1.现货生产（make to stock，MTS）

现货生产是指产品在接到订单之前就已经生产出来，客户订单上的商品可以随时从成品库的货架上取到，故也称为“现货销售”。交货期只受运输条件限制，交付周期等于发运时间，是制造周期中的发运阶段。缩短交付周期的关键在于做好预测和物料配送，是几种类型中交付周期最短的一类。

现货生产的生产计划很大程度上依赖销售预测的准确性，受竞争对手销售策略、消费者的消费行为、技术进步等不确定因素影响极大，因此，必须定期核查预测的有效性，销售和运作计划（sales and operations planning，S&OP）[①]往往是不可少的。在补充库存所需的提前期很短时，通常是根据前端（客户端）实时的消耗信息，通过网络通信技术和协同运作进行实时补充。当补充库存所需的提前期较长时，要事先预测，一般采用订货点法补充库存，或在保证保质期或有效期的前提下有适量的安全库存。对正在加速更新换代的产品，采用MTS要慎重。

日用消费品、常用药品、烟酒、食品等都属于现货生产类型，一般来说产品价值相对较低。

2.订单组装（assemble to order，ATO）

订单组装也称按订单配置（configure to order，CTO）。接到订单后再开始组装产品称为订单组装或按单组装。这类产品具有一系列的标准基本组件和通用件，是模块化的产品结构，可以根据客户的要求进行选择装配，也是“大量客化定制”的主要形式。

大量的基本组件和通用件都是在接到订单之前，事先根据预测生产出来，保持一定的库存，接单后再加工的零部件极少。接到正式订单后，只需要有一个最终装配计划（final assembly schedule，FAS），将基本组件中的可选项，按照客户选择的型号装配出来就可以交货（总装配计划包括收到合同以后，核查物料可用量、配套领料、装配、测试、检验、包装及发货等项作业）。这时的交付（需求）周期等于制造周期中的装配加发运周期。

这种模式很像在中药店抓药，各种药材早已制备好。分门别类地存放在放药的抽屉中，药方一到，就可抓药配齐交货。计算机和小轿车是典型的订单组装商品。

3.订单生产（make to order，MTO）

订单生产也称接单生产或按订单生产（有时也称build to order），这类产品主要是标准的定型产品，在接到订单后再开始生产产品，不需要从头设计和编制工艺，可以迅速报价和承诺交货期。

交付周期中不包括制造周期中的设计阶段，采用典型的MRP计算方法。原则上产品无库存或只有极少库存。可根据供应时间（采购提前期）长短、通用性和价值等因素，适当保留一定量的安全库存。

有标准型号规格的电机、通用机械是典型的订单生产类型产品。

4.订单设计（engineer to order，ETO）

订单设计也可称为按单设计，指在接到订单后按照订单的要求，从产品设计开始直到产品交付。订单设计的交付周期等于全部制造周期（总提前期），是4种类型中周期最长的一种，这类产品完全是按客户特殊要求重新设计的定制产品，从设计到制造各个阶段，同客户的信息交流非常密切，需要通过网络和电子业务（e-business）实时沟通。产品往往只生产一次，不再重复。不仅产品和工艺路线需要重新设计，原材料采购也需要重新开

① S&OP计划的核心是进行供需链平衡，是对市场营销和销售计划，以及制造、研发、采购和财务方面的有效资源进行综合平衡，以此更新各部门业务运作计划，协调一致，实现公司总体经营战略目标。

始。这时，压缩产品开发周期和制造周期是影响竞争力的关键因素，一个企业往往受能力限制难以做到。

对这类情况，要用到敏捷制造和网络制造的原理，根据客户订单要求，组织各种专业的经济实体，发挥各自的特长，组成虚拟企业（动态联盟）协同完成订单任务。这是供需链管理所要研究和解决的重点问题。

三、需求响应策略的比较

企业竞争力的一个重要标志是：有比竞争对手更短的需求周期（交付期）。企业采用柔性加工和并行工程提高应变力，利用缩短的生产周期满足需求周期。P/D只是用来说明各种响应策略的区别。对比不同企业的响应速度，还必须注意P与D的绝对值。不同生产类型的需求响应策略，参见表4-2。

表4-2 不同生产类型的需求响应策略

需求响应策略	计划依据	P/D值	举例
现货生产（MTS）	根据市场消耗反馈信息安排生产	最大	大批量生产的定型产品，如日用消费品
订单组装（ATO）	根据合同按客户要求配置可选项（各种变型的系列产品）	次大	标准系列产品，如轿车、计算机、电梯
订单生产（MTO）	根据客户订货合同组织生产	较小	标准定型产品，如电机、水泵
订单设计（ETO）	根据客户要求专门设计	1	单件或小批量生产，如飞机，龙门吊

（1）现货生产的P/D值最大。现货生产的交付周期最短，供应周期更短，可以用最短的时间满足客户需求，生产性质多为大批大量生产。商店和超市的商品都属于此类。

（2）订单组装的P/D值次大。订单组装需求周期只要考虑最后总装和发运的周期，生产性质多为系列变型产品。

（3）订单生产的P/D值较小。订单生产根据合同确定需求量，多为标准或定型设计的多品种小批量生产，同订单设计相比，只是省去设计周期。对产品中销售量大的型号，在资金限制条件下往往也可以有一定的库存，随时供应。

（4）订单设计的P/D值为1。订单设计需求周期等于总提前期，要根据客户要求专门设计，属单件小批量生产。重型装备机械、船舶等属于此种类型。

四、产品生命周期与需求响应策略

企业依据产品在市场上的兴衰，以确定产品发展和推陈出新战略。如果把产品使用、服务、维护、回收、报废、处理全部包罗进去，可以称为产品全生命周期（PLM）。

在产品生命周期的不同阶段，某些产品响应策略的表现形式可能不同。在产品开发初期，一般是针对某个用途或用户设计的，有订单设计（ETO）的性质。产品逐渐发展定型，新用户增加，进入订单生产（MTO）性质。产品再进一步发展，形成系列，可满足市场多方面的需求，从而又将形成订单组装（ATO）性质。到产品成熟周期，需求大增，又可能进入现货生产（MTS）性质。待产品进入衰减期，需求减少，少量的订货又可能回到订单生产（MTO）性质。

因此，企业必须清楚自己产品的生命周期，在生命周期的不同阶段需求响应策略会发生变化，销售策略和计划方法也要随之变化。

此外，响应策略也影响安全库存和批量规则的设定。产品品种和批量可以有多种组合，如大批大量生产（mass production），多种小批量生产，单件生产，大量客户化定制（mass customization）。

由以上情况可知，选择ERP产品时要注意自身产品类型和产品的生命周期特征。

第三节 销售与运作规划

一、ERP计划的层次

（一）计划与控制

计划与控制是企业成功实现经营目标的主要核心工作。计划与控制是不可分的，对计划不加控制，没有反馈计划执行的信息，计划会落空。把企业看作一个经营系统，计划与控制的作用体现在4个方面。

（1）输出设置：使企业的产出（包括产品和服务、数量和时间）满足市场和客户的需求。

（2）输入设置：提供设计图纸、材料、装备、人力需求数量和需用时间信息。

（3）运行控制：有效地利用企业的各种资源，协调各部门运作，合理组织各类产品生产。

（4）效率控制：使投入能以最经济的方式转换为产出。

控制的作用是使企业系统计划执行的结果不超出承诺允许的偏差，利用系统反馈信息，使系统按照计划的路径运行。也就是使客户或市场能够承受产出数量、时间和费用的偏差，同时把执行情况反馈给计划编制部门，完成信息系统的闭环。

ERP是优化整个供需链计划的信息化管理系统，计划与控制是整个供需链计划与控制的核心。抓住计划与控制这条主线，像人的神经系统一样，协调企业各项经营生产活动以实现企业的经营战略目标，如图4-2所示。

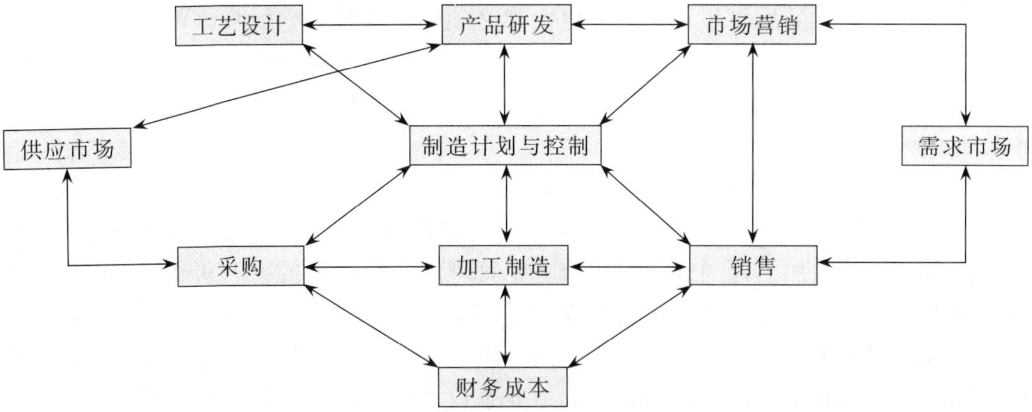

图4-2 计划与控制同各项核心业务的关系（陈启申，2004）

（二）ERP系统计划层次

企业计划与控制子系统，就物料计划与控制来讲有五个层次，其中，计划层次四个，执行层次一个。

第一层：企业经营规划（business plan，BP）。企业的计划是从长远规划的战略规划开始，在ERP系统中称为经营规划，是计划的最高层次。企业经营规划的目标，通常以货币金额表达，是企业的总体目标，也是ERP其他各层计划的依据。所有层次的计划只是对经营规划的进一步具体细化，不允许偏离经营规划。

第二层：销售与运作规划（sales and operational planning，S&OP）。销售与运作规划的任务是根据企业经营规划的目标，把经营规划中货币表达的目标转为用产品系列的销售量和生产量来表达，制订一个均衡的年度运作计划大纲，以便均衡利用资源，也作为编制主生产计划（MPS）的依据。

第三层：主生产计划（MPS）。主生产计划是以销售与运作规划制订的生产计划大纲为依据，制订各时间段企业应生产的最终产品数量以及交货时间，并在生产需求与可用资源之间做出平衡。主生产计划是计划系统中的关键一环，它承上启下，连接了市场与生产。一个有效的生产计划保证了生产对客户需求的承诺，其充分利用企业资源协调生产与市场，实现生产计划大纲中的企业生产经营计划目标。

第四层：物料需求计划（MRP）。物料需求计划是根据主生产计划对最终产品的需求数量和交货日期，推导出构成产品的零部件及材料的需求数量和需求日期，直至导出自制零部件的制造订单下达日期和采购件的采购订单发放日期，并进行需求资源和可用能力之间的进一步平衡。

第五层：生产作业控制（production activity control，PAC）。生产作业控制是计划的最底层，是微观执行层面，它根据由MRP生成的零部件生产计划编制工序排产计划和日常调度控制。采购作业虽同属执行层，但它所涉及的是企业外部资源，企业只能实时掌握执行情况但无法控制。

ERP中计划与控制的五个层次如图4-3所示。

二、ERP系统计划层次之间的关系

划分层次的目的是体现计划管理由宏观到微观、由战略到战术、由粗到细的深化过程。经营规划是企业的战略规划，各个层次都必须满足经营规划的战略要求，同时又必须做到供需平衡、使计划积极可行。划分层次还有一个目的是明确责任，不同层次计划的制订或实施由不同的管理层负责，评价MRP实施业绩时，不同管理层次要对各自的计划实现率负责。

在对市场需求的估计和预测成分占较大比重的阶段，计划内容比较粗略，计划跨度也比较长。一旦进入需求信息比较具体的阶段，计划内容就比较详细，计划跨度也比较短，处理的信息量大幅增加，计划方法同传统手工管理的区别也比较大。从高层次向低层次的过程是计划管理由宏观到微观、由粗到细的计划流程。

企业的计划必须是现实和可行的，否则，再宏伟的目标也是没有意义的。任何一个计划层次都包括需求和供应两个方面，对制造业企业就是需求计划和能力计划。每个层次进行不同深度的供需平衡，并根据反馈的信息，运用模拟方法加以调整或修订。

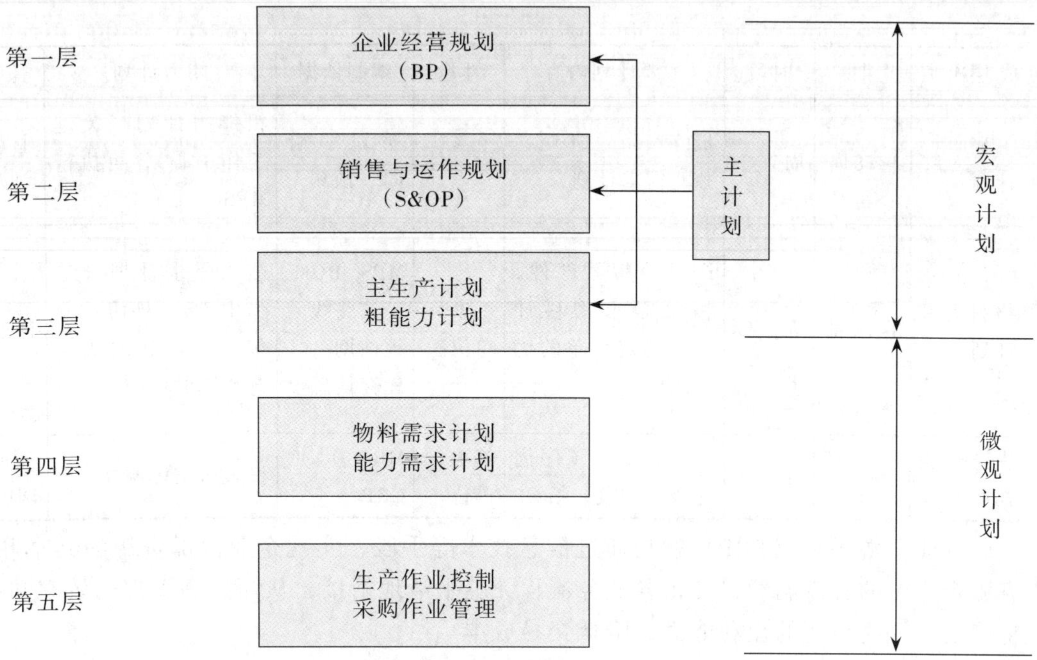

图4-3　ERP系统计划的五个层次

每个计划层次都要回答3个问题：

(1) 生产什么？生产多少？何时需要？

(2) 需要多少资源？

(3) 供需有无矛盾？如何协调？

换句话说，每一个层次都要处理需求与供应的矛盾，平衡需求与供应，做到计划既积极可行，又不偏离经营规划的目标。上层计划是下层计划的依据，下层计划要符合上层计划的要求。如果下层计划偏离了企业的经营规划，即使计划执行得再好也是没有意义的。整个企业遵循和集成在一个统一的计划下，即所谓“一体化计划”，既有宏观与微观计划的统一、产品发展规划与经营规划的统一，又有销-产-供计划的统一、物料与资金计划的统一及业务与财务的统一，这是ERP计划管理的核心精神。ERP系统计划层次比较，见表4-3。

表4-3　ERP系统计划层次比较

层次	期	时段	主要计划内容	计量	编制依据	能力计划	人员
经营规划	3~7年	年	产品开发，市场，销售收入，经营策略，基建和技改等	元	市场分析 市场预测 技术发展	企业资源（关键资源、资金、关键材料等）	最高层
销售与运作规划	1~3年	月	产品大类、产品系列；平衡月产量，控制库存或拖欠	吨、台	经营规划 销售预测	资源需求计划（固定资产等），提出新增能力方案	最高层 业务部门

续表

层次	期	时段	主要计划内容	计量	编制依据	能力计划	人员
主生产计划	3~18周	周	最终产品 独立需求计划	台、件	规划、合同、预测	粗能力计划（关键工作中心），可执行MPS	主生产计划人员
物料需求计划	3~18周	周，日	产品分解零部件，相关需求物料计划，确定订单的优先级	基本单位	MPS，BOM 工艺路线 提前期 库存信息	能力需求计划（工作中心），外协、分包、加班、改变工艺路线的措施	计划员
生产作业控制	1周	日	执行计划、工序优先级、调度、结算	基本单位	MRP CRP	投入产出控制	车间计划调度员

企业资源规划（ERP）就是通过信息技术等手段，实现企业内部资源的共享和协同，克服企业中的官僚制约，使得各业务流程无缝平滑地衔接，从而提高管理的效率和业务的精确度，提高企业的盈利能力，降低交易成本。

第四节 业务单据

一、单据

1.业务单据

单据，是在经济业务发生时所取得或填制的，载明交易、事项实际情况的书面证明，它是进行会计核算的原始资料和重要依据。单据的状态和单据的转移往往是业务流程的标志，因此，单据是业务管理、控制、跟踪和监督的重要手段。

2.常见的单据

企业业务系统常用的单据，如销售订单，销售出库单，销售发票等；生产与仓储管理系统——生产任务单，生产领料单，外购入库单，产品入库单，其他入库单，委外加工入库单，委外加工出库单，仓库调拨单，其他出库单，外购入库暂估补差单，委外加工费补差单，发货通知单，退货通知单，预收单，应付退款，付款单，预付单，收款单，应收退款，其他应付单，其他应收单，应收票据，应付票据等。不同的企业，不同的业务类型，流程设计采用有细微差别的单据设置。

3.业务单据的状态

业务流程在执行过程中，业务单据会标记为不同的状态。常见的状态设置有：销售订单——未审核，已审核未出库，已审核部分出库，已关闭；销售出库单——未作废，已作废，未审核，已审核；销售发票——已过账，未审核，未作废，已作废，未核销，完全核销，部分核销；生产任务单——下达，结案，计划关闭。在业务过程中，不同的单据状态有不同的操作限制和可执行的操作，就此跟踪业务执行。

二、单据关系

1.源单据和目标单据

源单据（source doc）和目标单据（target doc）又称为上游单据和下游单据，是指单据关联关系中的一组单据，源单据是将单据上的业务信息传递给其他单据的单据；目标单据是获得其他单据传递的业务信息的单据。

2.单据关联

单据关联（doc association）是指单据之间建立的一种传递业务信息的关系，即在连续的业务处理过程中，将某一流程单据的业务信息传递给下一流程单据，使二者之间保持业务的连续性，包括上拉式和下推式两种关联方式。

上拉式单据关联（selected doc association），即在相互关联的目标单据及目标单据序时簿上，选择源单据号码来生成该目标单据，并在序时簿上筛选查询（如图4-4所示）。

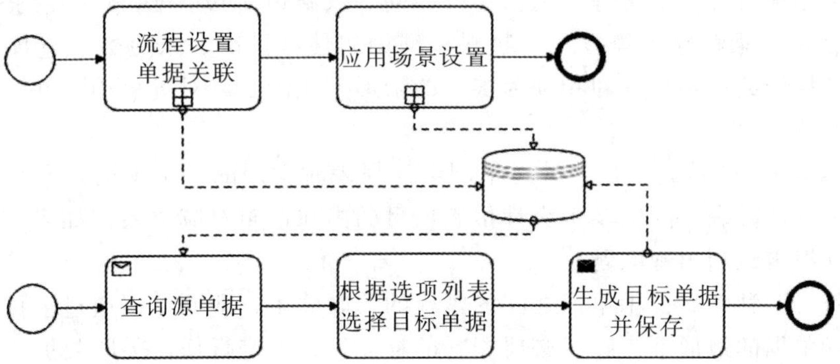

图4-4　上拉式单据关联

下推式单据关联（generated doc association），即在相互关联的源单据的序时簿上，显示选中的关联关系所对应的目标单据，直接下推生成关联的目标单据（如图4-5所示）。

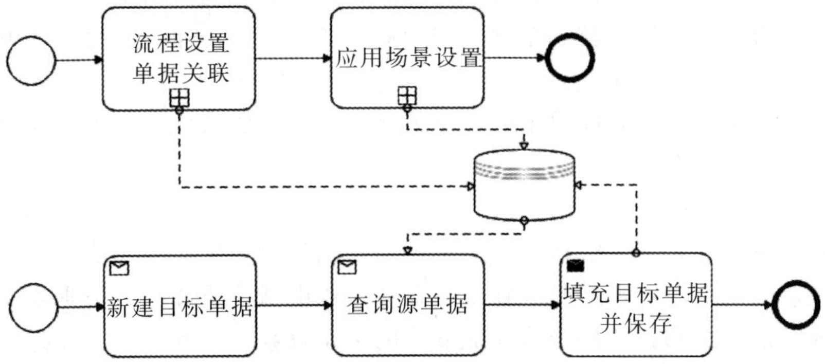

图4-5　下推式单据关联

这种源单据到目标单据是在流程运行中应用的，单据之间的数据关联复用和控制，还需要进行应用场景设置。应用场景设置包括：单据产生是价格政策选择，是否执行价格控制，关联单据是否重新选取价格政策等。

无论如何进行业务流程设计，系统预设的、涉及系统正常业务处理的流程是不受影响的。在ERP系统中出于控制考虑，有些单据必须关联，例如，①质检业务流程："检验申请单"—"检验单"。②生产业务流程："生产任务单"—"生产投料单"。

3.连属单据

连属单据（related doc）是一种单据关系定义，当两种单据之间不属于关联关系，同样也不属于钩稽关系，甚至单据头、单据体都部分或完全不同，但两者之间存在着从属或相关关系，就称为连属单据。这种单据关系就相当于一个将两种单据夹在一起的活页夹。例如，费用凭证与费用单（具体费用原始单据）。

4.单据对等核销

单据对等核销（parity write-off），一般特指发票与发票、销售出库单与销售出库单、外购入库单与外购入库单等红、蓝字单据之间建立的一种相互抵销的关系。进行对等核销的外购入库单必须符合以下条件：两张业务相同、数据相反的单据，包括两张单据的供应商或者销售客户、采购或销售方式、物料、辅助属性、批次、条目数、仓库等内容均一致，而每个条目的数量相反（即相加为零）的情形下才能予以对等核销。

5.单据钩稽

钩稽（cross-check）关系是会计在编制会计报表时常用的一个术语，它是指某个会计报表和另一个会计报表之间以及本会计报表项目的内在逻辑对应关系，如果不相等或不对应，说明会计报表编制出现问题。

单据钩稽有两种含义：①单据之间的紧密的关联关系，即源单据通过上拉式、下推式关联生成目标单据的情形下，除了必要资料的补充外，不进行任何关联数据，如数量、金额等改变的关联；②发票在审核的同时，直接与出库单执行核销的操作，是确定销售成本和销售收入实现的标志。

三、三方关联单据

单据三方关联（three-party association）是指在采购和销售业务处理中，"订单→出/入库单→发票"组成业务系统的核心单据，当形成业务流程、传递关联时综合出库单、入库单的数量信息和订单的价格信息来完成发票的关联。即当发票关联出库单、入库单生成时，发票除了取得出库单、入库单上的数量信息之外，还要从该出库单、入库单所关联的订单上取得订单价格信息。

1.采购业务三方关联

采购业务三方关联是指采购核心业务单据"采购订单→采购入库单→采购发票"在执行三方单据关联时的关联取数规则。在实际业务应用中指，通过这三张业务核心单据，系统会综合入库单的数量和订单的价格完成发票的关联取数。企业通过三方关联，可以简化单据操作，明晰单据流转，并实现业务流转的标准化管理。

采购系统中，采购订单作为企业业务的采购起点，入库单和发票可以通过订单关联生成，同时入库单和发票可以互相关联生成对方。也就是说，采购发票可以关联采购订单生成，同时如果这笔业务已经入库并开具采购入库单，那采购发票也可以通过采购入库单关联生成；反之，如果采购入库单在制作时，这笔业务已经开具发票，那采购入库单也可以通过引用订单或者采购发票关联生成。

2.销售业务三方关联

销售业务三方关联是指企业销售核心业务单据"销售订单→销售出库单→销售发票"在执行三方单据关联时的关联取数规则。在实际业务应用中，通过这三张业务核心单据，系统会综合出库单的数量和订单的价格完成发票的关联取数。

具体的业务操作中，销售订单作为企业业务的销售起点，出库单和发票可以通过订单关联生成，同时出库单和发票可以互相关联生成对方。也就是说，销售发票可以关联销售订单生成，同时如果这笔业务已经出库并开具销售出库单，那销售发票也可以通过销售出库单关联生成；反之，如果销售出库单在制作时，这笔业务已经开具发票，那销售出库单也可以通过引用订单或者销售发票关联生成。

三方关联主要实现了三张业务核心单据的数据统一集中，通过发票可以汇总订单和入库单的关键性数据，从流程上可以实现闭环管理。系统还提供各单据序时簿中上查下查功能，用以反映整笔业务的完整信息，业务报表中也可以反映业务单据的流转和信息查询。

第五节　业务系统中常见的量

一、库存管理业务中的量

（1）现有库存，或称在库量（on-hand inventory，OH），在查询库存或执行MRP的时刻，正在仓库库位中的库存量，是指当前物料所在各个仓库库存量，不包括虚仓的数量。

（2）安全库存（safety stock，SS），是指为维持基本生产需要，必须达到的、以基本计量单位计算的库存量。为了应对突发的需求或供给的波动，在库存中保持一个额外的库存量是必要的。这种为应对不确定因素而建立的库存称为"安全库存"。它一般会在物料主文件的库存参数中设置。它是物料需求计划（MRP）考虑的因素之一。

（3）已分配量（allocated qty），保留量（allocated inventory，AI），或已备料量。保留量是用来表示已被指定用于某张已发出的销售订单、生产加工单、外包单或调拨单，预定从仓库领出但实际尚未领出的数量。当生产计划员发出生产加工单及领料单时，MRP会将该生产加工订单的加工数量，排在预定完工的时段内，变成该组件的在途量（SR），同时将每一个被该组件用到的零件数量记录为"保留量"，或称"已备料量"。备料包括销售订单的备料和加工订单的备料，销售订单备料的对象是产成品。加工订单备料是通过展开产成品的BOM来对其下的原材料进行的。

在软件系统中，其也称为预计出库量，累加操作计算包括：

①销售订单——已审核未出库的销售订单，表示待销售的预计量。

②生产投料单——已审核未领料的生产投料单，表示待领料的预计量。

③委外投料单——已审核未发料的委外投料单，表示待委外发料的预计量。

④未审核的出库单——取已保存未审核的销售出库的领料单、委外加工出库单、其他出库单、调拨单（调出仓库）数量，表示即将出库的预计量。

（4）在途量（scheduled receipts，on-order inventory，SR或OO），排定在未来某一段时间内的将会取得量，又称为已开订单量或已订未交量。它分为两种：一种是在途的采购订单，对应的是原材料的在途量。另一种是在途的加工订单，它所对应的是半成品或成品的在途量（计划接收量）。

在软件系统中，预计入库量的累加操作计算包括：

①采购订单——已审核未入库的采购订单，表示采购在途的预计量。

②生产任务单——已下达未入库的生产任务单，表示在制品的预计量。

③委外订单——已审核未入库的委外订单，表示委外在途的预计量。

④未审核的入库单——取已保存未审核的外购入库单、产品入库单、委外加工入库单、其他入库单、调拨单（调入仓库）数量，表示即将入库的预计量。

二、计划管理业务中的量

1.安全时间（safety time，ST）

安全时间是将MRP逻辑中的计划订单收料及计划订单发出同时提前的一个时间值，用来保障在实际前置时间发生变动时，仍能在需求日期前完成订单。安全时间的目的是减少供应商迟交对生产造成的影响。

2.前置时间（lead time，LT），提前期（参见第三章）

前置时间是进行一个作业所需的时间，就ERP而言，是指从确定订购需求到取得材料或产品的时间，包括准备订单、签核、通知、制作、运输、收货、检验等时间。

3.批量（lot size，LS）

批量指某项目的整装量，向工厂或供应商订货，或发料到现场，都是根据这个量。在MRP系统中一般有两种批量，一种是向供应商采购物料的批量，另一种则是生产加工单发料的批量。这两种批量一般在物料主文件或供应商物料对照主文件中设置。

批量法则（lot size rule，LSR），决定批量的程序及规则。这些批量法则包括：①按需订货法（lot for lot）；②周期订货法（period order quantity）；③固定订货法（fixed order quantity）；④经济订货法（economic order quantity）。

合理制定订货策略不仅是控制库存量的一个重要内容，而且对MRP/CRP运算也有重要影响。

4.报废率（scrap rate，scrap factor）

报废率是指一个子件在被用来制造父件的过程中，变成不良品的概率。同一子件用来生产不同父件时可能有不同的报废率，因此，报废率定义在材料表中。MRP利用BOM将某材料的计划订单发出展开计算其子件时，会除以“1-报废率”以扩大子件总需求。

三、销售管理业务中的量

（1）信用额度（credit limit）即能够允许购货的客户的最大欠款金额，是信用管理的主要管理指标。

（2）信用数量（credit qty）即当前客户针对每个物料所能赊销购进的最大数量，是信用管理的主要管理指标。

（3）信用期限（credit term）是企业允许客户从购货到付款之间的时间，或者说是企业给予客户的付款期间，按天数计算，是信用管理的主要管理指标。

第六节 可承诺量（ATP）

一、可承诺量的概念

可承诺量（available to promise，ATP），又称可供销售量，或可答应量。ATP是主生产计划通过计算后，已满足该时区时间段的订单需求数量，并已超出下一个时间段订单需求数量之和的数量，可提供销售部门产品销售员出售给顾客的数量。简单地说，可承诺量是物料现有库存及供应计划，在满足已有需求外，还可对新的需求进行承诺的数量。

ATP通常显示在MPS报表中，以使业务员能合理地向客户承诺订单交货期。可承诺量在MPS报表中出现在第一期以及所有有MPS的期间。它指出在不改变主生产计划的前提下，在每个时区还可以满足多少客户需求。这是一条非常有用的信息，它是销售人员同临时客户洽谈供货条件时的重要依据，为做出可靠的客户订单承诺提供了依据。每一个做客户订单录入的人员都应当搞清ATP的概念和作用。

二、可承诺量的计算

1.毛需求量与净需求量

毛需求量是指导生产的信息，根据一定的规则从预测量和合同量中得到，表明“需要多少”，是最终产品等独立需求物料量。就物料需求的角度而言，这些产品常常位于产品结构树的最上层，即第0层。

净需求量（net requirements）是指现有库存不能满足合同量和安全库存量，所缺少的部分，表明“缺多少”。净需求量是综合毛需求量和安全库存量，并考虑期初结余和本期计划产出的数量。

当前时段净需求量的计算公式为：

净需求量 = 本时段毛需求量 - 前一时段末的可用库存量 - 本时段计划接收量 +安全库存量

2.预计可用库存量

预计可用库存量（projected available balance，PAB），是指某一时段的期末库存量，要扣除用于需求的数量（如图4-6所示）。

预计可用库存量 = 前一时段末的可用库存量 + 本时段计划接收量 - 本时段的毛需求量 + 计划产出量

如果某时间段没有订单需求量，只按预测量作为需求数安排，那么这个时间段的产出量减去下一个时间段订单需求量后余下的也可作为可供销售量。

由于按设定的批量投产，计划产出量会出现大于净需求的情况。此外，若预测值大于合同量，毛需求取预测值，也会出现产出大于需求的情况。

可承诺量=计划产出量 + 计划接收量 - 到下次计划产出前的累计订单量

例如，A商品当前库存为100件，1周内，销售订单未发货数量为25件，7天内总产能出货量（计划接收量）为70件，那么在7天后的这个时点ATP为145件（100-25+70）。

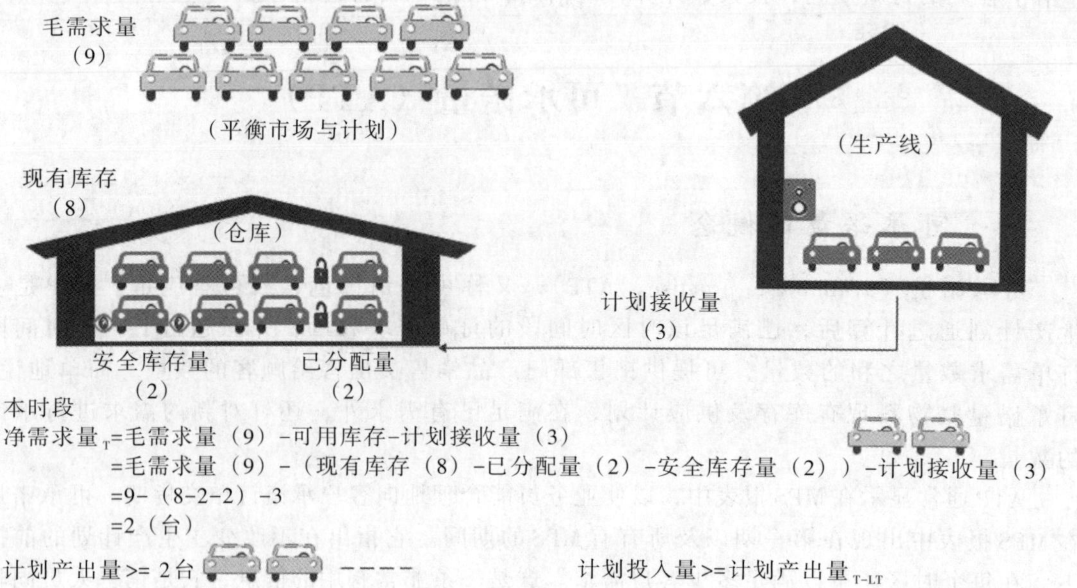

图4-6 计划、生产、销售中的量

注意可供销售量中包括安全库存量，因为安全库存量也可满足顾客需求，所以它不能从可供销售量中扣除。

三、三种类型可承诺量

在应用中有三种ATP，即离散ATP，不向前看的累计ATP和向前看的累计ATP。

（一）离散ATP

计算方法如下：

（1）第一个时区的ATP是初始库存量加上主生产计划量再减去下一次出现主生产计划量之前所有时区中未交付的客户订单之和。

（2）对于以后的时区，如果在该时区设置了一个主生产计划量，则ATP是这个主生产计划量减去在这个时区以及直到下一个主生产计划量出现之前的各个时区上所有的客户订单得到的差。

（3）对于主生产计划为零的时区，ATP亦为零（见表4-4）。

表4-4 主生产计划和离散ATP

初始库存量：30件 单位：件

时区/周	1	2	3	4	5	6
客户订单	20	15	5	10	10	0
主生产计划	0	40	0	40	0	40
离散ATP	10	20	0	20	0	40

（二）不向前看的累计ATP

不向前看的累计ATP的计算方法如下：

（1）第一个时区的ATP是初始库存量加上主生产计划量再减去所有在第一时区末之

前到期的未交付客户订单之和。

（2）对于以后的时区，ATP等于前一个时区的ATP加上本时区的主生产计划量减去本时区未交付的客户订单。

这样，第2周的ATP等于30件（5＋40－15），其他时区的计算方法与此相同。

使用这种方法得到的结果是，某一个时区的ATP可能包括了前面时区的ATP数量，而且这个数量也包括在其后时区的ATP中。例如，第2周30件的ATP包括了第1周的5件ATP，而且这5件也包括在其后各周的ATP中（见表4–5）。

表4–5　主生产计划和不向前看的累计ATP

初始库存量：30件　单位：件

时区/周	1	2	3	4	5	6
客户订单	25	15	0	50	0	0
主生产计划	0	40	0	40	0	40
不向前看的累计ATP	5	30	30	20	20	60

另外，某一周的ATP可能包括了用来满足以后某一周的需求的数量。例如，第2周和第3周的ATP中有10件是用来满足第4周的客户订单的。这是和离散ATP的显著区别。这样，如果除了已经承诺要在第1周末发货的25件之外，又收到另外一份订单，要求在第1周末发货5件，那么第1周的ATP将变成0，而其他时区的ATP都要重新计算。而且，虽然第2周和第4周显示的ATP分别是30件和20件，但是如果同时收到两份客户订单，分别要求在第2周末和第4周末发货30件和20件，那么这两份客户订单是不能都得到承诺的。事实上，需要格外小心的是，如果对要求在第2周末发货30件的客户订单做出承诺，那么不但不能承诺要求在第4周发货20件的新的客户订单，原来已经做出的要在第4周末发货50件的承诺也会遭到破坏。

由以上分析可以看出，这种方法只能用于新客户订单所要求的交货日期晚于所有已承诺的客户订单的发货日期的情况，而难以处理“插单”，即新客户订单所要求的交货日期早于某些已承诺的客户订单的发货日期的情况，因为这将要求客户订单承诺人员必须充分理解这些数据之间的关系，才能从中得到正确的信息。所以，这种方法应用起来比较复杂。

（三）向前看的累计ATP

计算分为如下两个步骤：

1.计算时区ATP

时区ATP只是计算向前看的累计ATP过程中的一个中间结果，它本身不能用来指导对客户订单的承诺。其计算从计划展望期的最远时区开始由远及近逐个时区进行，方法如下：

时区ATP＝主生产计划量–未交付的客户订单量

（在第1时区，上述公式等号右侧为：主生产计划量+初始库存量–未交付的客户订单量）

如果未交付的客户订单量大于主生产计划量，则该时区的时区ATP记为0，而超出的需求量要从前一时区的时区ATP中预留出来。

例如，第2时区：

时区ATP=计划量–订单量（本时区）–第3、4时区的未满足量

=40–15–10=15（件）

2.计算向前看的累计ATP

从最早时区开始，把各个时区的时区ATP累加到所考虑的时区即这个时区的向前看的累计ATP。

$$\text{向前看的累计ATP} = \text{前一时区的ATP} + \text{本时区的主生产计划量} - \text{本时区的未交付的客户订单} - \text{所有未满足未来时区的客户订单承诺所需求的量}$$

第1时区：

向前看的累计ATP=时区ATP

第2时区计算：

$$\text{向前看的累计ATP(2)} = \text{时区ATP(1)} + \text{主生产计划量(2)} - \text{未交付的客户订单(2)} - \text{未满足未来时区的客户订单承诺所需求的量(2+)} = 5+40-15-10=20\text{（件）}$$

表4-6是关于向前看的累计ATP的例子。

表4-6 主生产计划和向前看的累计ATP

初始库存量：30件 单位：件

时区/周	1	2	3	4	5	6
客户订单	25	15	0	50	0	0
主生产计划	0	40	0	40	0	40
时区ATP	5	15	0	0	0	40
超出的需求量	0	0	10	10	0	0
向前看的累计ATP	5	20	20	20	20	60

这样计算出来的ATP和不向前看的累计ATP的区别在于，在一个时区产生的ATP不包括用来满足未来时区需求的数量。例如，从第2周到第5周，ATP都是20件。这样，在接到一份新的客户订单时，只需要根据表中的向前看的累计ATP做出承诺即可。换言之，对新客户订单（即使是“插单”）的承诺，不会破坏原来已经做出的客户订单承诺。

总结三种ATP的概念和相应的计算方法。使用比较多的是离散ATP和向前看的累计ATP。用户在进行客户订单承诺的实践中要看软件系统所提供的是什么方法，以及自己的产品适合使用什么方法。概括地说，如果产品的时令性比较强，则适合使用离散的ATP，否则适合使用向前看的累计ATP。而如果“插单”较少，也可使用不向前看的累计ATP。

□ 本章小结

本章我们主要围绕业务系统基础知识展开。

企业销售管理与企业生产类型有关。为此我们学习了知识点“制造业生产类型”——离散生产与流程生产，以及它们生产产品的特点，这些特点对ERP系统的不同需求，以及产品不同生命周期对应的销售策略。

不同的生产类型生产产品特征，决定了企业不同的需求响应策略。为此我们学习了知识点“生产类型与需求响应”，主要讲述了需求响应策略最基本的类型：现货生产（MTS），订单组装（ATO），订单生产（MTO），订单设计（ETO）。

企业的销售管理，属于企业经营管理的核心，其实现的目标来源于ERP系统的第二个计划层次——销售与运作规划（S&OP）。ERP计划层次的关系，很好地解释了ERP系统是一个操作系统、管理系统，更是计划与控制系统。

业务单据是业务与财务结合的节点，这是业务流程从起点到汇聚点的状态及标识。我们需要深刻理解单据之间的管理关系，这是所有会计确认和计量的基础专业技能。

可承诺量（ATP）是销售系统与生产系统的结合点，在这里也单独介绍。在讲解销售与生产系统时，我们还会深入学习。

□ 基本训练

一、选择题（选项有一个或几个正确，请把正确的填在括号内）

1.下列说法正确的是（　　）。

A.离散生产环境下，产品结构通常为V型

B.“流程生产”等同于“流水生产”，针对大批量生产的离散型产品

C.企业产品不同生命周期阶段的需求有较大的差异

D.流程生产ERP系统中MRP是详细计划的主要工具

2.下列叙述中，（　　）不是离散生产ERP的要求。

A.基础数据准确及完善产品结构关系

B.MRP（物料需求计划）的必要性

C.生产过程控制的必要性

D.CRP是详细计划的主要工具

3.生产计算机和小轿车商品的企业，需求响应策略的类型一般是（　　）。

A.ATO　　B.MTS　　C.MTO　　D.ETO

4.P（制造周期）/D（需求周期）比值最大的是（　　）。

A.ATO　　B.MTS　　C.MTO　　D.ETO

5.（　　）可以用于评估销售与运营规划的合理性和可行性。

A.物料需求计划

B.资源需求计划

C.主生产计划

D.经营规划

6.ERP内部集成的计划与控制子系统，下面有关各个计划层次关系的阐述正确的有（　　）。

A.上层计划是下层计划的依据

B.下层计划要符合上层计划的要求

C.整个企业遵循和集成在一个统一的计划下

D.销-产-供计划的统一、物料与资金计划的统一或业务与财务的统一

7.在ERP系统中出于控制考虑，有些单据必须关联，例如质检业务流程“检验申请单”必须与（　　）关联。

A.“采购订单”　　B.“出库单”　　C.“入库单”　　D.“检验单”

8.在途量不包括（　　）。

A.采购在途的预计量　　B.在制品的预计量

C.委外在途的预计量　　D.出库单表示的预计量

9.（　　）不属于销售管理业务中的量。

A.信用金额　　B.信用数量　　C.信用额度　　D.信用期限

10.计算ATP的方法有（　　）。

A.离散ATP

B.不向前看的累计ATP

C.时区ATP

D.向前看的累计ATP

二、思考简答题

1.简述离散生产与流程生产在ERP中应用的差异。

2.举例说明需求响应策略的类型，阐述其需求周期与供应周期的不同。

3.简述上拉式单据关联过程。

三、开放论述题

1.讨论ERP系统计划层次，并用图形化表示它们之间的关系。

2.讨论销售业务的三方关联单据，并说明其意义。

四、难点延伸阅读

1.PAB

2.ATP

思考与练习　　思考与练习答案

第五章

销售业务系统

学习目标

通过本章学习，应该达到以下目标：

学习和掌握销售管理的业务内容、标准业务流程。给定业务模式，能够用EPC或BPMN方法绘制业务流程图。通过对金蝶K/3 ERP销售管理系统的了解，掌握销售管理系统功能，以及其与ERP其他主要系统的关系。同样，掌握应收管理的业务流程、系统功能，以及其与ERP其他主要系统的关系。

引例　　**ERP的起点：独立需求**

背景与情景：需求管理就是协调、控制企业的各种需求的来源，从而有效地利用生产系统并按时发送货物。企业需求有两个基本来源：非独立需求和独立需求。

对于同一种物料，独立需求和相关需求是有可能同时存在的。而根本的区别是：相关需求是计算出来的，而独立需求是预测出来的。那么从这个角度，可以说：独立需求和相关需求是计划属性，而不是物料属性。简单地讲，面向经销库存的需求是独立需求，面向生产库存的需求是相关需求。

独立需求是指企业与其他产品或服务的需求无关的对某种产品或服务的需求。独立需求不能直接从其他产品的需求中派生出来。典型的独立需求有公司在一定时期内的销售量等。

销售与收款活动构成企业的基本业务循环，如图5-1所示。销售与收款处理流程是企业最为重要的业务流程。本章基于信息化后业务财务一体化模式来讨论该流程中关键的业务环节的管理与控制问题。

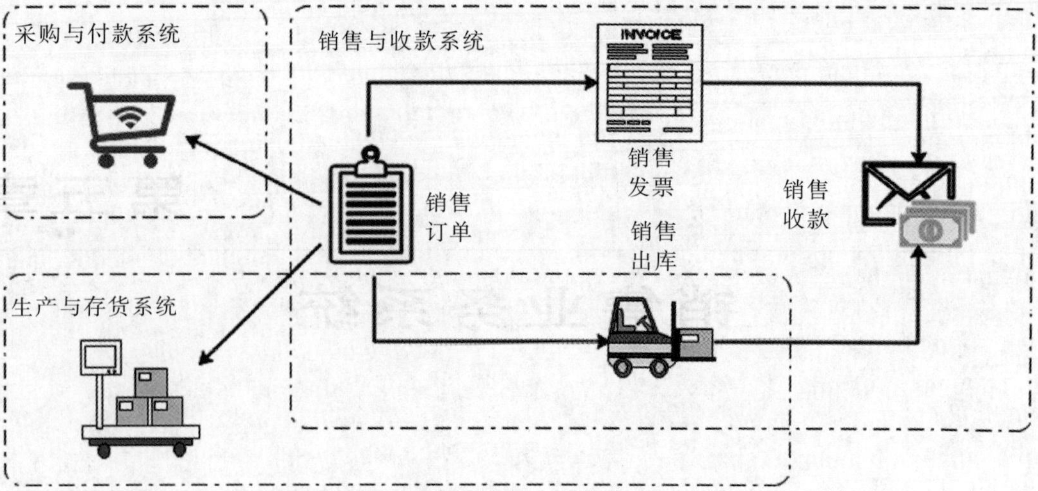

图5-1 销售与收款系统

第一节 销售业务模式及应用

一、销售业务概述

（一）销售管理

销售管理是指通过销售报价、销售订单、销售发货、退货、销售发票处理、客户管理、价格管理等功能，对销售全过程进行有效的控制和跟踪。销售人员在业务过程中完成客户档案管理、销售报价管理、销售订单管理、客户订金管理、客户信用检查、提货单及销售提货处理、销售发票及客户退货、货款拒付处理等一系列销售管理事务；通过企业内部的信息共享，使企业的领导和相关部门及时掌握销售订单内容，准确地做出生产计划及其他计划安排，可以及时了解销售过程中每个环节的准确情况和数据信息。同时，通过减少订单准备时间，降低出错率及迅速解答客户查询来提高企业的服务水平。

销售管理同库存、财务、应收、主生产计划、制造数据管理的集成关系密切，同分销需求计划、运输管理等也是紧密关联的。

（二）销售管理的主要业务

销售管理的工作流程如图5-2所示，主要包括：

1.销售预测

销售与运作规划是企业计划的第二层次，由业务部门或企划部门做好销售预测，再由产销排程（MPS）人员依据此销售预测来排定主生产计划，并针对MPS件来检讨材料和产能供应度的可能情况。

（1）如果供应充足，则向业务部门确认销售预测的内容，并交予可承诺量（ATP）数据，供接单人员参考，另将主生产计划交给生产部门，用于展开MRP。

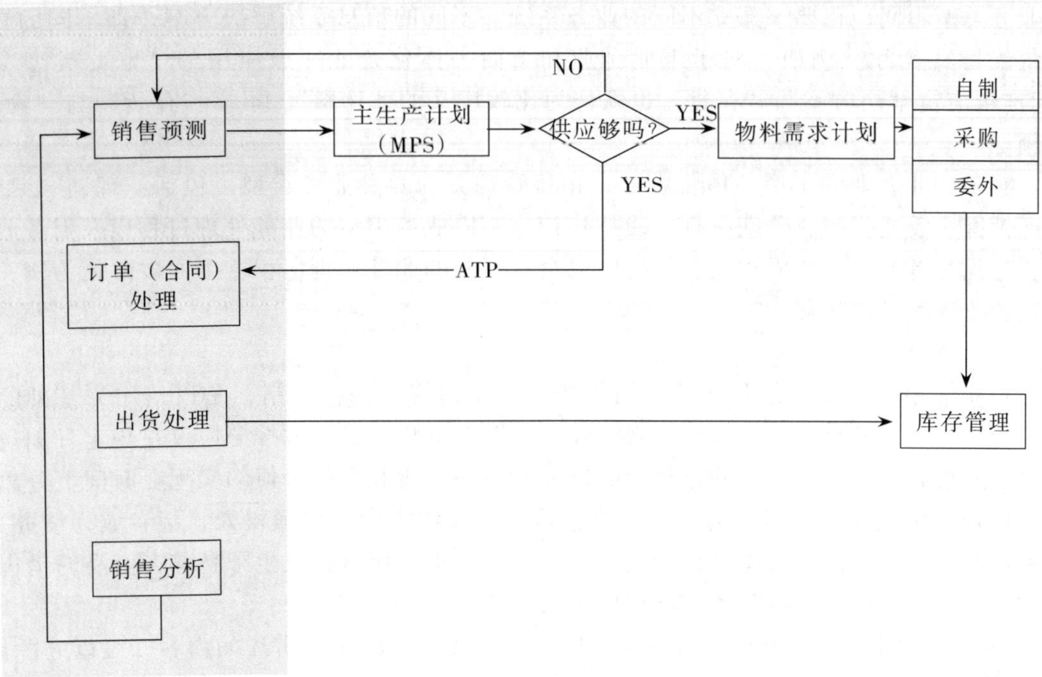

图 5-2 销售管理业务概要流程

（2）如果供应不足，即产能不足或者来不及采购，则需要和预测部门协商以修改预测的内容，并重新按照新的预测内容展开MPS，直到确认供应度足够为止。MPS确定后，将ATP数据交给业务部门，同时将MPS日程交给MRP人员。

从ERP系统来看，不同需求响应策略针对预测对象是不同的。现货生产（MTS）的主要依据是产品预测，即使企业不预测，代销商也要进行预测。订单生产（MTO）主要对原材料储备进行预测，可以运用“计划物料单的形式”。订单组装类型（ATO）要对基本组件和可选件进行预测。一旦有了实际需求（销售订单），则要冲销产品的预测值，相关低层物料的预测值也同时冲销，以免重复计算增加库存。订单设计（ETO）主要预测对象是能力资源。

2.订单（合同）处理

业务部门依ATP来承接客户订单，即在ATP范围内可直接接单，而在订单超出了ATP的范围时，必须先与生产部门协商，以确保能及时供应。

3.出货处理

生产部门依客户订单需求排定出货日程，并依实际出货的数据来掌握客户订单的处理状况。

4.销售分析

业务部门按照所接的客户订单，与出货的数据进行销售统计分析，以掌握营业目标与利润目标的达成率，作为下次销售预测的重要参考。

二、销售业务类型

（一）业务类型

企业行业类型可以划分为商业企业、工业企业以及工商一体化企业等，不同类型的企业业务类型不同，也要求建立不同的业务系统，不同的信息系统解决方案，即不同的ERP系统支持其业务。例如，对于工业企业和工商一体化企业一般应用的“账套类型”为“标准供应链解决方案”，“存货”也默认为比较广义的“物料”。本书“存货”与“物料”通用。

对于工业企业和工商一体化企业，销售管理分为六种业务类型，包括：现销、赊销、直运销售、委托代销、分期收款、受托代销。不同业务类型的业务处理过程以及财务收支核算过程都有差异，所以对应在系统中也会有不同的业务处理流程。下面以赊销为例，介绍销售业务的具体流程。

（二）赊销

企业信用管理主要是基于信用销售的。信用销售，俗称赊销，是以信用为基础的销售，卖方与买方签订购货协议后，卖方让买方取走货物，而买方按照协议在规定日期付款或以分期付款形式付清货款的过程。赊销使商品的让渡和商品价值的实现在时间上分离开来，使货币由流通手段转变为支付手段。赊销商品使卖者成为债权人，买者成为债务人，这种债务关系是在商品买卖过程中产生的。商品发出后所有权发生了转移，商品的销售已完成，双方产生债权债务关系和其他民事关系。

赊销是工商业企业最常用的一种销售方式。我们后面主要讲述的内容，是以“赊销”流程展开的，这里不再详述。图5-3描述了赊销业务的流程。

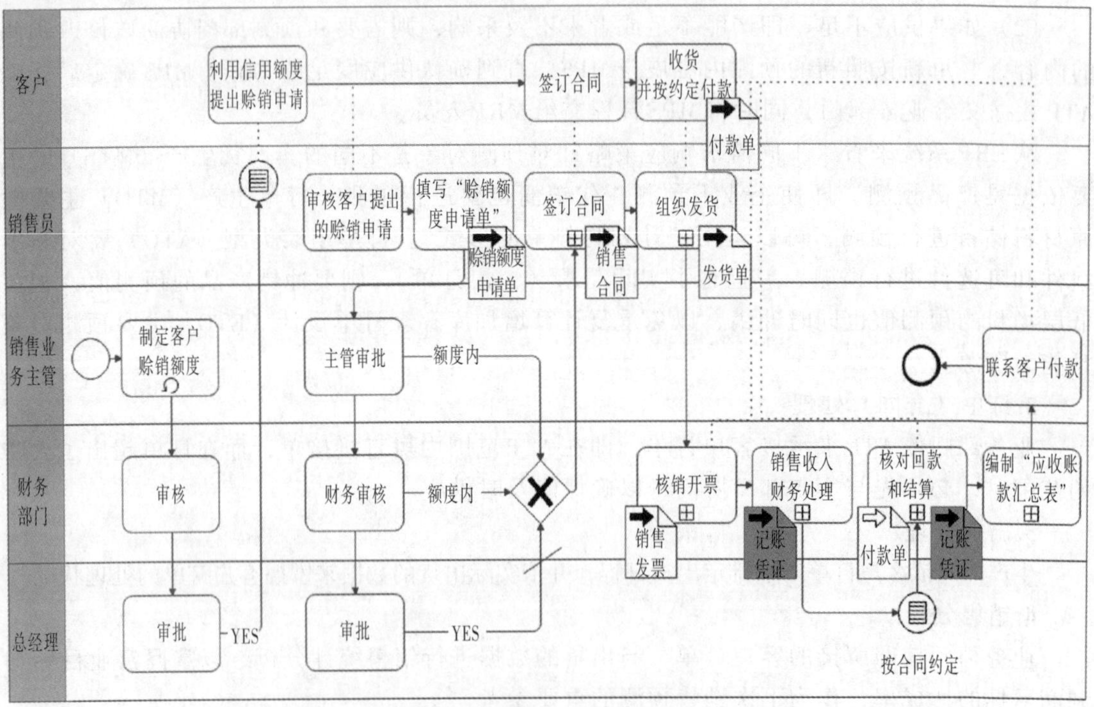

图5-3 信用销售业务概要流程

（三）销售退货流程

退货指由于质量问题、交期、运输损坏、发运错误等原因从而导致客户将货物退回。退货一般包括退货申请、退货入库和退票几个业务环节，如图5-4所示。

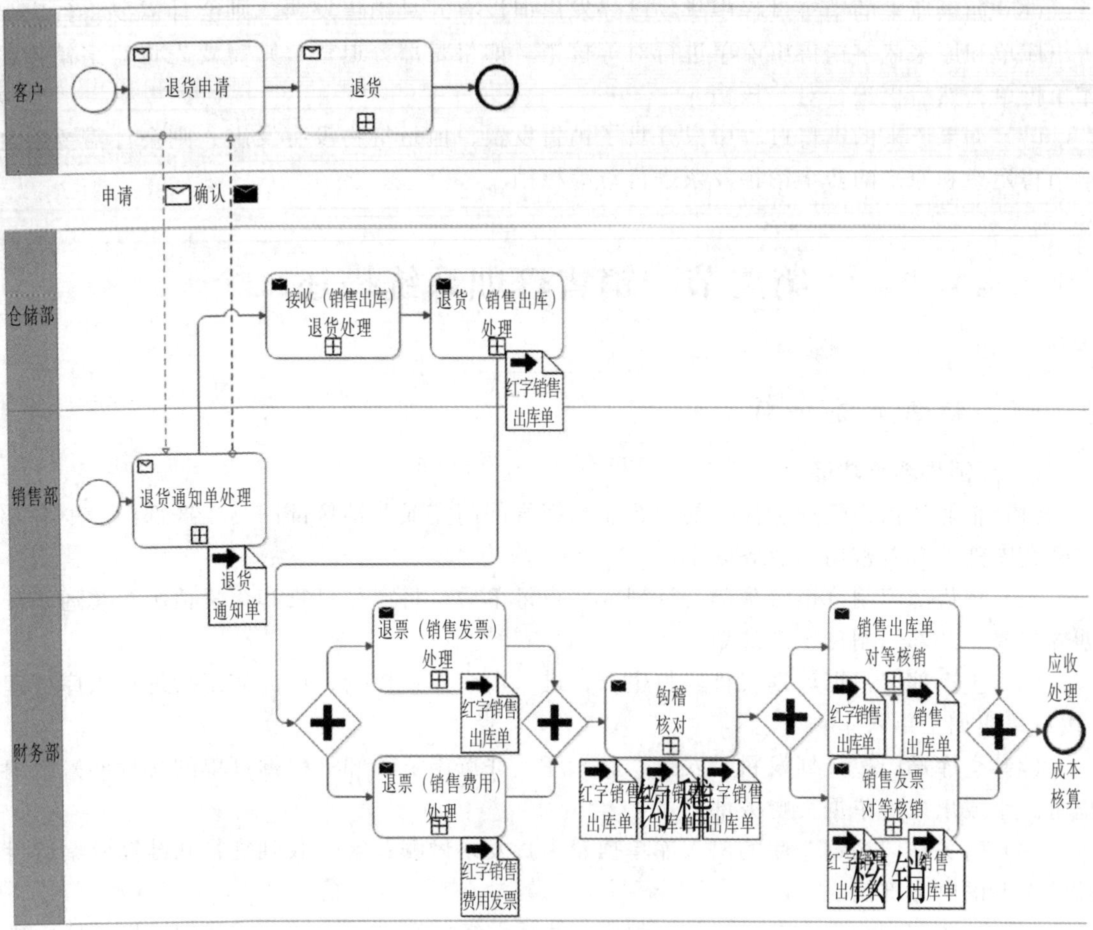

图5-4　退货业务流程

（1）销售人员根据原来的发货通知或者红字销售发票录入退货通知单，通知仓库准备接收。

（2）仓管人员根据退货通知单录入红字销售出库单进行收货。红字销售出库单还可以依据销售订单、原蓝字销售出库单、红字销售发票关联生成。

（3）如果原来的销售过程中货物已经发出，分以下情况进行处理：

①开具了销售发票，则会计需要根据红字销售出库单开具红字销售发票。红字销售发票还可以依据销售订单和原蓝字销售发票生成。可以红字销售出库单、红字销售发票进行钩稽核对，也可以蓝字销售出库单、蓝字销售发票、红字销售出库单、红字销售发票一起钩稽核对。

②开具了费用发票，则会计需要视情况开具红字费用发票。

③只是部分开票，则以红字销售出库单、蓝字销售出库单和蓝字销售发票需要进行钩稽核对。

（4）根据蓝字发票开具了红字发票，则以蓝字销售出库单、蓝字销售发票、红字销售发票进行钩稽核对。

（5）如果有费用发票，则费用发票也需要参与上述钩稽。

（6）如果原来的销售过程中货物已经发出但没有开具销售发票，则会计需要将红字销售出库单和原来蓝字销售出库单进行对等核销。如果是部分退货，则需要先将蓝字销售出库单拆单，然后再进行对等核销。

（7）如果原来的销售过程中只开具了销售发票，但是货物没有发出，则会计需要将红字销售发票和原来的蓝字销售发票进行对等核销。

第二节　销售管理系统描述

一、销售业务分析

（一）销售系统功能

（1）企业的销售管理工作主要由企业的销售部门完成，销售部门与生产部门、财务部门和仓库部门有着密切的业务联系。

（2）销售部门制订销售预测、计划或客户订单后，将产品订货和交货情况汇总通知计划部门或生产部门制订生产计划。

（3）生产部门根据计划安排领料生产，进入生产作业控制，产品完工后进行入库处理（按订单或加工单入库）。

（4）仓库部门按计划发料、安排产品入库，并按出货通知（根据订单的交货期）组织出货，生成出入库单据交财务部门。

（5）财务部门根据仓库的出入库单据、出货发票做账；客户收到货物和结算发票后付款给企业的财务部门。

（6）销售部门记录有关的售前、售中、售后服务情况，对有关的质量问题提交给质量部门进行产品质量分析。

（二）与其他子系统的关系

销售管理子系统与其他子系统的关系如图5-5所示。

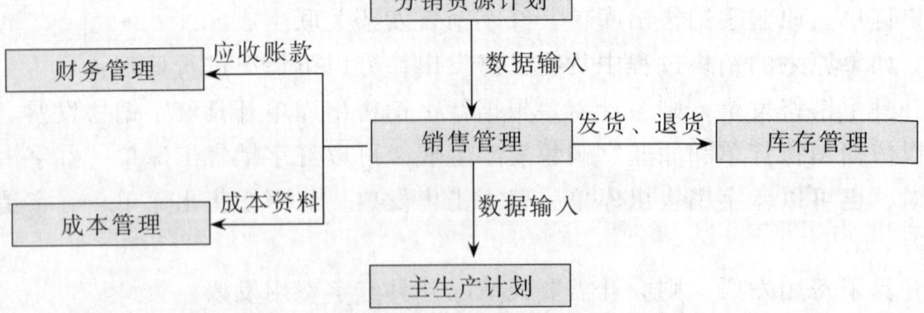

图5-5　销售管理子系统与其他子系统的关系

（1）与生产系统的关系——生产任务单和委外加工生产任务单可以根据销售订单生成，可以处理以销定产的业务。

（2）与分销资源计划系统的关系——分销资源计划系统根据销售情况输入分销计划订单数据。

（3）与库存管理系统的关系——销售出库单是库存管理系统中的一种重要库存交易单据，会更新相应仓库的即时库存。

（4）与应收系统的关系——销售发票可以直接传递到应收系统作为确认应收的依据，应收类型的销售费用发票在保存时传递到应收系统转换为其他应收单；应付类型的销售费用发票传递到应付系统转换为其他应付单；现销的销售费用发票不传递到应收系统。

（5）与存货核算系统的关系——销售系统中的销售出库单是进行产成品出库核算的原始依据，出库核算完成之后要更新销售出库单的成本字段；销售系统的销售发票也将作为确认收入的原始依据，生成相应的销售收入凭证。

二、销售管理系统数据流图

依据前面关于销售管理系统与其他主要系统的关系，我们画出销售管理系统的顶层数据流图，如图5-6。

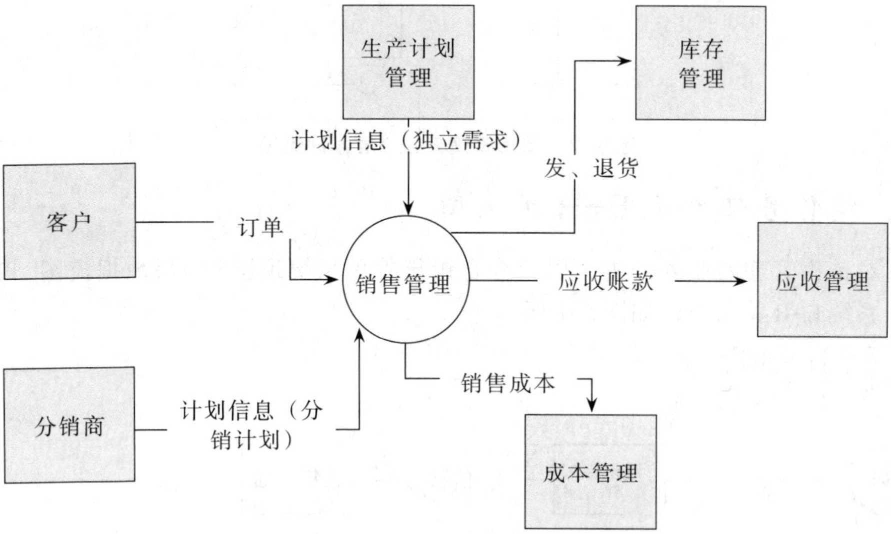

图5-6 销售管理系统顶层数据流图

从顶层数据流图可以看出，销售管理系统的外部实体包括客户、分销商，以及ERP的其他子系统（生产计划管理、库存管理、应收管理和成本管理等）。销售管理系统与这些外部实体进行数据交换。事实上，在该顶层数据流图中省略了一些外部实体，数据流也不是很完整（如没有客户的反馈信息）。

我们根据销售管理系统的功能，给出0层数据流图，如图5-7所示。系统分解成5个子系统，分别是：销售计划管理，销售基础数据管理，销售订单管理，发货管理，销售服务管理。其继承了顶层数据流图的数据流。数据存储包括：销售计划，客户信息，发票，订单，发货资料和销售服务等。

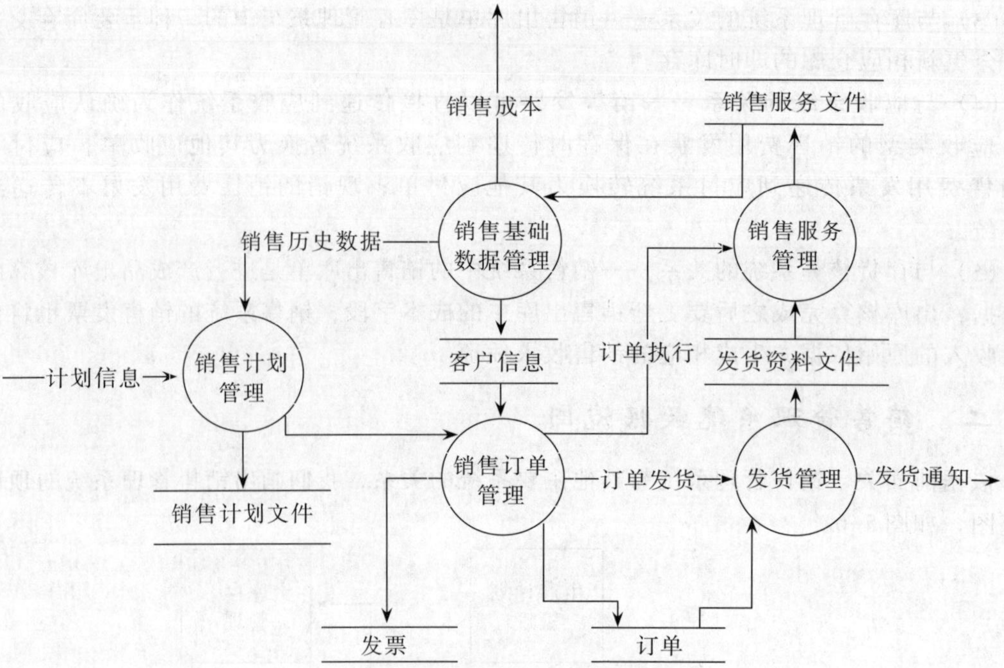

图5-7 销售管理系统0层数据流图

三、销售管理系统E-R关系图

根据对销售管理的业务分析，以及综合销售管理系统顶层和0层数据流图，我们给出销售管理系统E-R关系图，如图5-8所示。

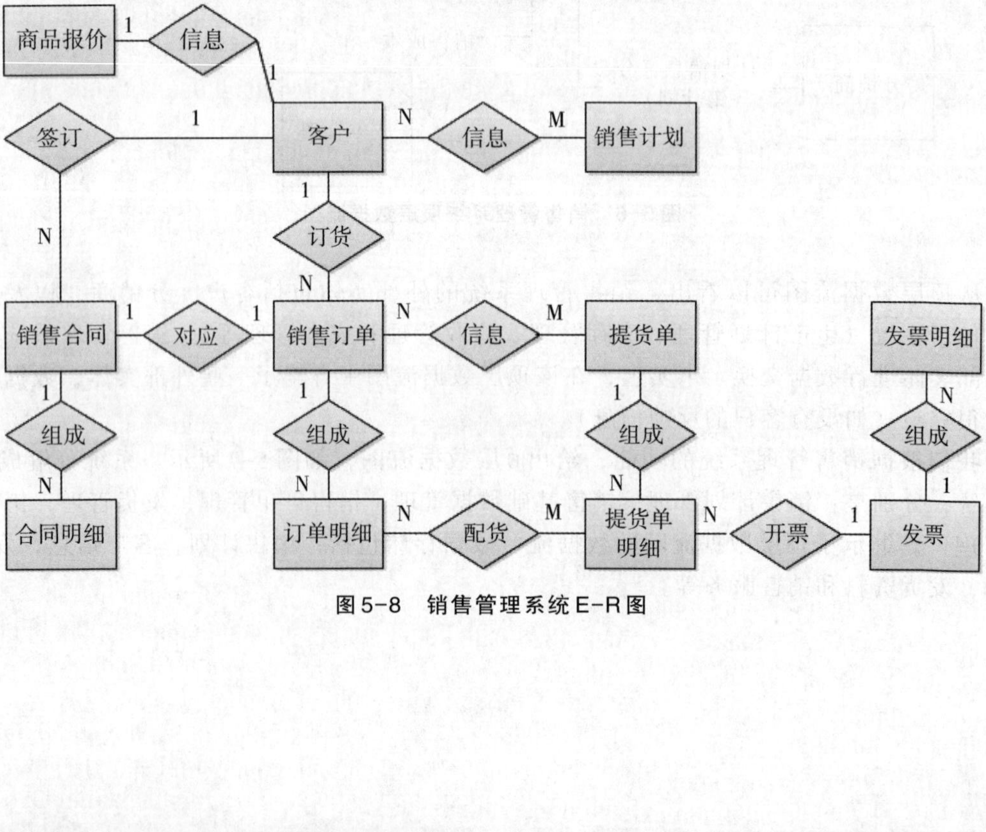

图5-8 销售管理系统E-R图

第三节 销售系统的单据

一、销售报价

销售报价是销售部门根据企业销售政策、产品成本、目标利润率、以往价格资料等，向客户提出的标的产品报价。

（一）销售政策

销售价格管理是企业重要的销售政策之一，灵活的价格调整体系可以满足快速多变的市场需求，严密的价格控制手段可以保证企业销售政策的有效执行。

1.价格政策

价格政策是对销售价格进行综合维护的一种方案，一般分为两种类型的价格政策：①基本价格。这种政策定义产品的基本售价，针对一般客户。②特价政策。其可以按照客户、业务员等不同维度，依据物料的不同辅助属性、不同计量单位、不同数量段、不同有效日期的价格和适用周期，设置不同物料的明细销售单价。一般适用于比较复杂的价格应用。

2.折扣政策

价格管理的另一个问题是折扣政策，其侧重于对不同条件下折扣率和折扣额的处理。同样，折扣政策可以依据客户、业务员等定义物料的不同辅助属性、不同计量单位、不同数量段、不同有效日期的折扣率或折扣额，并且可以定义折扣政策的周期。

（二）模拟报价

面向订单（MTO）生产模式下，由于其从生产到发货，都是听从销售订单指令的，因此，其料、工、费与大批量按库存生产模式下的成本不同。对于面向订单生产（MTO）、面向订单装配（ATO）或按订单设计（ETO）接单生产的企业，客户会提供图纸或相关信息，要求报价；企业需要根据产品的构成，进行料、工、费的模拟计算，再加上合理利润给客户进行报价。在按库存生产（MTS）的企业，进行新产品研制时，也需要预先进行成本模拟，以确定目标成本，以便进行准确的市场定位。

模拟报价管理通过建立或指定模拟BOM、设置相关费用，生成一张模拟报价单，按用户设置详细计算出产品报价。

模拟报价过程采用向导方式，分为三步：①选择报价物料及BOM；②设置料、工、费信息；③生成模拟报价单。详细过程参考模拟报价操作过程，如图5-9所示。

销售报价可以通过关联模拟报价和商业机会生成，即将模拟报价和商业机会作为源单据，根据用户选择的源单据自动生成销售报价。此时要求源单据必须是经过审核的。

二、销售合同

（一）销售合同管理

销售合同是指平等主体的自然人、法人、其他组织之间设立、变更、终止民事权利义务关系的协议。签订销售合同需要遵守诚实信用的原则。

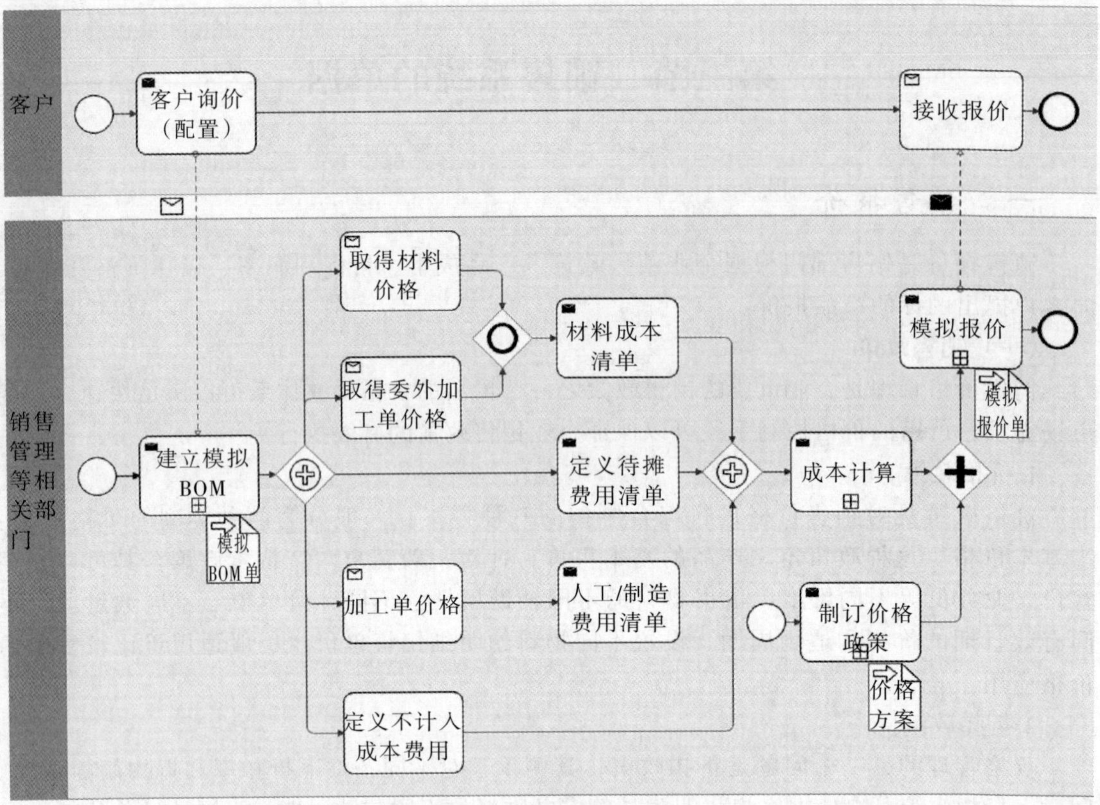

图5-9 模拟报价过程

完整的合同管理流程包括：售前服务、合同评审、确认与合同承诺、订单录入等项业务。记录合同信息时必须先建立客户档案，说明客户的群体类型、重要性等级以及信誉记录，否则不能执行销售作业。所有合同必须编码，说明年份、客户的行业及所在地区、商品类型等。合同号根据管理需要可以在车间订单中反映出来，有利于追溯和跟踪。按照企业销售管理的需要，合同管理子系统应能灵活执行各种情况。

总括订单（blanket order）实质上是一种由客户制定的需求预测和意向，还不是真正意义上的销售合同。只是以协议的形式认定总量，但具体的需求（品种规格、交货数量及日期）则要逐期（月）提出销售订单（合同）予以明确。

除现货生产（MTS）可以根据库存补充和预测外，其余需求响应策略（ATO、MTO、ETO）都要求依据合同进行生产。即使是补充库存也需要有合同协议，说明补充库存的时间和数量。合同是生产计划的法律依据，必须认真对待，坚决执行。

按照预测值下达的订单，可以看成是一种在接到销售订单之前的“内部订单”，一旦有了实际的销售订单则要及时冲销。其他需求也可以采用内部订单的形式，这样有利于会计结算。

（二）销售合同签订

销售合同的签订程序具体可概括为两个阶段：要约和承诺，如图5-10所示。

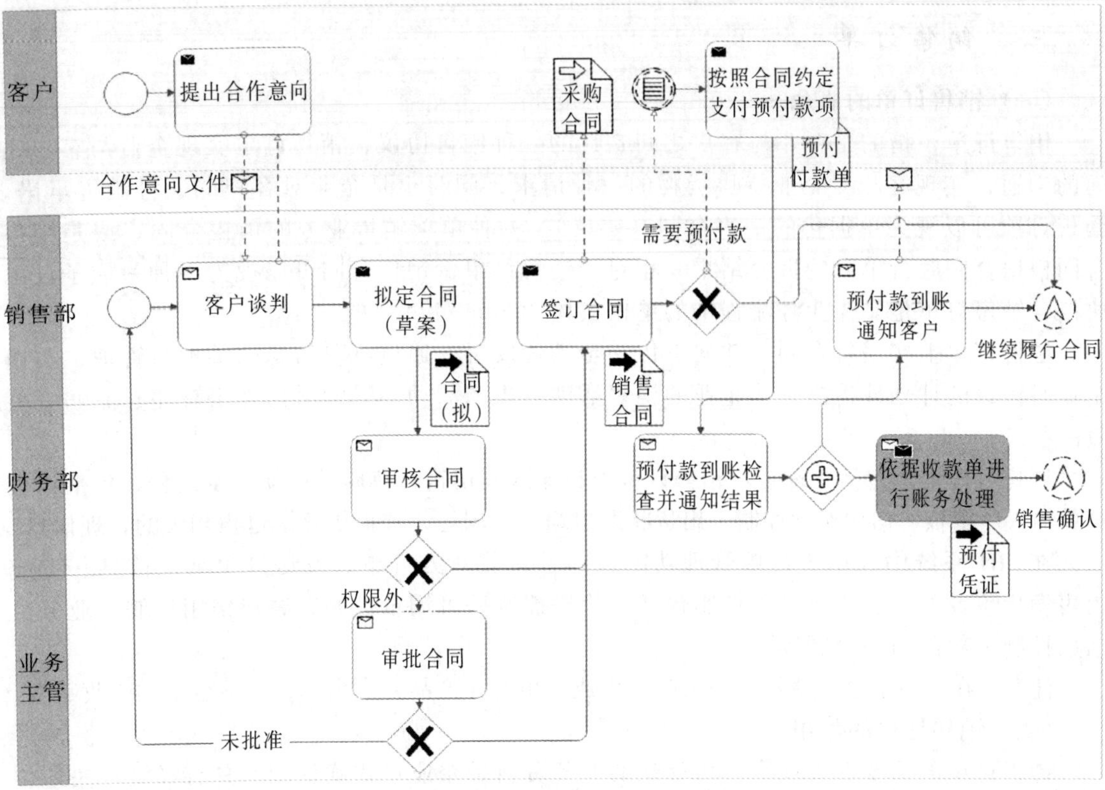

图5-10　合同签订过程

1.要约阶段

要约是指当事人一方向另一方提出订立销售合同的建议和要求。提出要约的一方称为要约人，对方称为受约人。要约人在要约中要向对方表达订立销售合同的愿望，并明确提出销售合同的主要条款，以及要求对方做出答复的期限等。要约人在自己规定的期限内，要受到要约的法律约束；如果对方接受自己的要约，就有义务同对方签订销售合同；就特定物而言，不能向第三者发出同样的要约或签订同样内容的销售合同。否则要承担由此给对方造成的损失。

2.承诺阶段

承诺是指受约人对要约人提出的建议和要求表示完全同意。要约一经承诺，即表明双方就合同主要条款达成协议，合同即告成立，所以承诺对合同的成立起着决定性作用。承诺应在要约规定的期限内做出，要约中没有规定期限的，应按其合理期限考虑，即双方函电的正常往返时间加上必要的考虑时间。承诺的内容必须与要约的内容完全一致，承诺必须是无条件地完全接受要约的全部条款。如果受约人在答复中，对要约内容、条件作了变更或只部分同意要约内容，或附条件地接受要约，就应视为对要约的拒绝，而向原要约人提出新的要约，这也叫反要约。

在实际的操作中，一份销售合同的订立往往要经过要约、反要约、再反要约，一直到承诺这样一个复杂的谈判过程。一个销售合同能否有效成立，主要看其是否经历了要约和承诺两个阶段。

三、销售订单

（一）销售订单的概念

销售订单，指的是企业与客户之间签订的一种销售协议，销售订单实现企业与客户之间的沟通，实现客户对企业待售货物的一种请求，同时也是企业对客户的一种销售承诺。销售订单可以视为单据化的销售合同（协议），一种单项销售业务的销售合同，或是销售合同根据合同履行单元的拆分结果。相对于销售订单，销售合同可以视为一种一揽子订单协议，销售订单是具体业务流程中的单据实体。

销售订单上接销售合同，并向下传递至销售发货。通过订单信息的维护与管理，实现企业对销售的计划性控制，使企业的销售活动、生产活动、采购活动处于有序、流畅、高效的状态。

销售订单处理包括管理客户销售订单资料输入和销售订单履行周期的全过程，包括销售订单输入、审核、信用额度控制、出货状况追踪、关闭等，并提供整个过程相关的管理信息。

在ERP系统中，销售订单管理功能包括：接收对方订单、发送订单确认信息、生成销售发货单及发票。销售订单控制包括：价格控制、可用量控制、客户信用控制、业务员信用控制、部门信用控制等。

注意，在客户下单、签订合同后公司生成订单时，产品并未出库，并不会增加应收账款。

（二）销售订单的作用

销售订单的重要性表现为其所反映的业务资料是企业正式确认的、具有经济合法地位的文件，通过它可以直接向客户销货并可查询销售订单的发货情况和订单执行状况，在销售系统中处于核心地位；同时，在整个供需链系统中也处于非常重要的地位。销售订单的作用主要体现在以下几个方面：

1.销售业务的起点

销售订单是销售业务的起点，是详细记录企业物资的循环流动轨迹、累积企业管理决策所需要的经营运作信息的关键。无论是销售订单自身的确认，还是其业务顺序流动、下游单据精确执行，都能反映在销售订单上，销售订单可以反映销售业务的全部处理过程。

2.供需链整体的业务源

销售订单不仅是销售业务的起源，更是供需链整体的业务源。销售订单是联系其他系统和销售系统的纽带，供应链系统可以实现以销定产、以销售定计划、以销定购等多种业务处理。在所有业务系统中，如采购系统、仓存系统、计划系统、生产系统、分销管理系统等，其都是重要的源单据和目标单据。

销售订单的源单据可能包括“销售报价单号”“合同号”“销售明细计划”等可选项，具体显示的项目根据业务流程设计设置的情况而定。通过下推关联可以直接生成发货通知单、发货检验申请单、退货检验申请单、销售出库单、销售发票、采购申请单、采购订单、生产任务单、委外订单、产品入库单等销售订单的目标单据。

四、发货通知

（一）销售发货管理

销售发货管理的内容包括根据销售订单中已到交货期的订单进行库存分配，下达提货单。

在工厂内交货的订单由用户持提货单到仓库提货；厂外交货的则按提货单出库并组织发运，即按销售订单的交货期组织货源，下达提货单，并组织发货，然后将发货情况转给财务部门。

销售发货环节是货物物权转移的过程，是企业物流控制的重要环节。对于严格按订单生产模式的销售发货，仍然需要根据订单的MTO跟踪号来进行。销售订单上的MTO跟踪号，可以匹配到发货通知单、销售出库单上。发货时，应依据MTO跟踪号进行出货，防止窜货，以免给企业带来不必要的退换货处理。同时，库存管理也严格按照MTO跟踪号更新库存，提供体现MTO跟踪号的即时库存和库存状态分析。

发货之后，要为客户提供各种相关的服务，为进一步稳固市场与开拓市场打下基础。销售服务是企业对客户提供售前、售中和售后服务并进行跟踪。销售部门（或联系技术部门）解答售前客户对产品的技术咨询，跟踪合同、了解订单的交货情况及客户对产品质量、交货期的满意程度，提供售后服务支持（或联系技术部门），如产品安装、产品调试、产品维护和产品维修等，并向质量部门和技术部门提供产品的售后质量记录。

（二）发货通知管理

1.发货通知单

发货通知单是销售部门在确定销售订货成立、向仓库部门发出的发货通知，从而方便物料的跟踪与查询。

发货通知单是销售订单的重要执行单据，其不仅要处理与销售订单直接关联的执行情况，还要处理销售出库单与销售订单间接关联的执行情况，起到承上启下的业务管理作用。

2.发货通知单生成

发货通知单可以通过关联销售订单和销售发票生成，即将销售订单或销售发票作为源单据。其中，销售订单必须是已审核、尚未关闭的订单，而发票必须是已审核未钩稽的发票。

如果在信用管理中针对当前客户或职员设置了发货通知单的信用控制的选项，包括信用额度、信用期限和信用数量的控制，则会根据其定义公式控制单据。

五、销售出库

（一）销售出库单的概念

销售出库单是确认产品出库的书面证明，是处理包括日常销售、委托代销、分期收款等各种形式的销售出库业务的单据。同采购管理系统的外购入库单一样，销售出库单在供应链系统中具有非常重要的意义。

（1）销售出库单是体现库存业务的重要单据，供应链系统是以独立于企业物流的单据流转代替业务中存货流转轨迹，从而将整个物流业务流程统一为一个有机整体。销售出库单不仅表现了货物转移，同时也是所有权实际转移的重要标志。

（2）销售出库单是储备资金转为货币资金的标志。销售出库单一方面表现为实物的流出，另一方面则表现为货币资金的流入，或债权的产生，销售出库单和销售发票的钩稽联系控制了这一处理过程。

（3）销售出库单也是财务人员据以记账、核算成本的重要原始凭证。销售出库单确认后，需要继续处理销售发票与销售出库单的核销，或销售出库单的拆单、自动生成记账凭证、出库成本的计算，从而为正确进行成本核算和结账打下基础。

（二）销售出库单生成

一般来说，销售出库单可以通过销售订单、销售发票，以及采购入库单等多途径直接关联生成。

蓝字销售出库单可以关联销售订单、发货通知单、发货检验申请单、销售发票、外购入库单、产品入库单以及调拨单生成；红字销售出库单可以通过关联蓝字销售订单、退货通知单、退货检验申请单、发运单、原蓝字销售出库单、红字销售发票、调拨单、产品入库单、外购入库单等生成。其中，销售订单、发货通知单、退货通知单、蓝字销售出库单等必须是已审核，尚未关闭的单据，而发票必须是已审核未钩稽的发票。

注意，这里没有考虑发货质检问题。当销售“非免检物料”时，必须有通过质检系统的发货检验申请单，才能生成蓝字出库单；退货物料不能直接由订单生成红字出库单，也不能直接由蓝字出库单关联生成红字出库单，必须通过退货检验申请单，经过质检后，才能生成红字出库单。

六、销售发票

（一）销售发票管理

销售发票是供货单位开给购货单位，据以付款、记账、纳税的依据。销售发票管理是对销售出去的产品开出销售发票，向客户收取销售货款，同时将发票转给财务部门记账。

销售账款结算是财务部门根据销售发票收取销售货款，将客户来款分配到未收款的销售发票上。对于客户退货可以开红字发票冲抵销售收入。对于拖欠货款的客户，销售人员要做好收款计划，同时要配合财务人员积极催款。

销售发票包括销售专用发票和销售普通发票。其中，专用发票是指增值税专用发票，是一般纳税人销售货物或者提供应税劳务所开具的发票，发票上记载了销售货物的售价、税率以及税额等。在专用发票上记载所收取的销项税额，抵扣采购增值税专用发票上记载的购入货物已支付的税额，作为缴纳增值税的依据；普通发票是指除了专用发票之外的发票或其他收款凭证。所有销售发票上记载的销货收入都是所得税的应纳税所得额的组成部分。

现销和零售发票，是发票和收款的凭证，既表示收款也表示开票。

（二）销售发票的作用

（1）销售发票是企业收入的确认标志。供需链实现业务收入的标志就是销售发票，发票的确认代表企业收入的实现和债权的取得。

（2）销售发票是销售业务的重要环节。发票以单据流表示企业生产经营活动中资金流动轨迹，并与反映物流的销售出库单一起相互钩稽，符合收入与费用的配比原则，实现资金流和业务流的双轨并行，从而将整个系统中的物流、业务流程统一为一个整体。

（3）销售发票是重要的关联单据。销售发票在销售系统中联系的单据最多，销售发票与销售订单、发（退）货通知单、销售出库单等全部业务单据都有联系；同时，与应收款系统实现发票共享，并与销售合同、收款单、预收单据联系紧密。

（4）发票处理是应收款管理的核心。发票所标志的营业收入是企业现金流入的主要来源，是补偿经营活动中成本费用和形成利润的有效保障，因而在企业金融理财中具有重要地位。

发票所记载的应收账款是企业流动资产的一个重要项目，系统针对应收款管理的信用管理，很大程度上是通过控制发票来进行的。另外，销售发票包括的丰富内容，其所记载的收入是应交所得税中应纳税所得额的组成部分；增值税发票所记载的税额又是抵扣增值税进项税额的法定凭证，因而也是税法和税务筹划的重要管理内容。

（5）发票是财务人员据以记账、核算成本的重要原始凭证。发票与销售出库单钩稽后，需要继续处理出库核算、自动生成记账凭证，从而为正确进行利润的计算和结账打下基础。

（三）发票的生成

蓝字销售发票可以通过关联销售订单、销售合同、蓝字销售出库单生成；红字销售发票可以通过关联销售订单、销售合同、红字销售出库单和蓝字销售发票生成，即将销售订单、销售合同、销售出库单等作为源单据。

当销售发票通过关联销售出库单而新增时，发票除了取得销售出库单上的数量信息之外，还要从该出库单所关联的销售订单上取得订单价格信息。

（四）发票钩稽与反钩稽

销售发票的钩稽主要是指发票与销售出库单的钩稽。对于分期收款和委托代销销售方式的销售发票只有钩稽后才允许生成凭证，且无论是本期还是以前期间的发票，钩稽后都作为钩稽当期发票来计算收入；对于现销和赊销发票，钩稽的主要作用就是进行收入和成本的匹配确认。

在业务系统中，一张销售发票可以与多张销售出库单钩稽，多张发票也可以与一张销售出库单钩稽，同样，多张销售发票可以与多张销售出库单钩稽。两者钩稽的判断条件包括：

（1）两者的客户、物料、辅助属性以及钩稽数量必须一致。

（2）销售方式的判断。分期收款销售、委托代销、受托代销、零售的发票必须和相同销售方式的出库单钩稽，现销和赊销两种方式之间可以混合钩稽。

（3）单据状态必须是已审核且未完全钩稽（未钩稽或者部分钩稽）。

（4）两者单据日期一般性规则（略）。

七、销售费用发票

（一）销售费用发票的概念

在销售过程中发生了销售费用，或者是代垫了费用，或者是由销售方在销售过程中向采购方提供了运输等服务，在这些情况下发生的费用可以采用费用发票来记录和管理。在记账时，可记入“销售费用”科目，或冲减销售收入。

销售费用发票包括“应付费用发票”和“应收费用发票”两种。其中，应付费用发票用于处理销售时由销售方支付销售费用的情况；应收费用发票用于处理由销售方代垫运费的情况。

（1）采购方式为赊购的销售费用发票，传递到应付系统的其他应付单。

（2）发票类型为应收费用发票，销售方式为赊销的销售费用发票直接传递到应收系统的其他应收单。

（3）现购的销售（采购）费用发票不传递到应收（应付）系统；现销的销售费用发票不传递到应收系统。

（4）费用发票分为蓝字发票和红字发票，红字发票是蓝字发票的反向单据，代表费用退回，两者方向相反，但内容一致。

（二）费用发票的生成

销售费用发票可由销售发票关联生成，其与销售发票是从属关系。红字费用发票可以通过关联蓝字费用发票生成，即将费用发票等作为源单据。

第四节　销售管理系统（举例）

一、基于面向订单生产的销售

根据不同的需求响应策略，以及产品的流向，将区分不同的销售流程，我们以面向订单生产模式下的销售业务为例进行说明。

面向订单生产（MTO）模式下，在接到客户订单之后再开始生产产品，满足客户需求。为了缩短向客户的交货期，对于具有较长提前期的产品子项要在订单到达之前进行预测。签订销售订单后再开始进行生产和加工产品，不需要重新设计和编制工艺，可以迅速报价和承诺交货期。

面向订单生产模式的业务处理是以销售订单为业务源头，通过销售订单拉动整个企业的生产、仓储直到出运整个流程，实现销售、生产、采购三大业务以订单为核心的全程跟踪。适用于产品结构简单、产品工艺简单、生产周期较短的制造业企业。

生产电机、水泵制造就属于面向订单生产的模式。其标准的产品设计已经完成，当接到客户订单时，开始进行制造、运输等几个环节，就可以完成订单的交付。相比按单设计（ETO）的制造策略，省去了设计时间、材料备库周期。小批量、多品种，面向订单生产，是当前越来越多的企业最典型、最广泛的生产模式，这种类型的企业强调的是以销售订单驱动生产，从而最大限度地满足市场和客户的需求。面向订单生产模式下需求响应策略的需求周期，如图5-11所示。

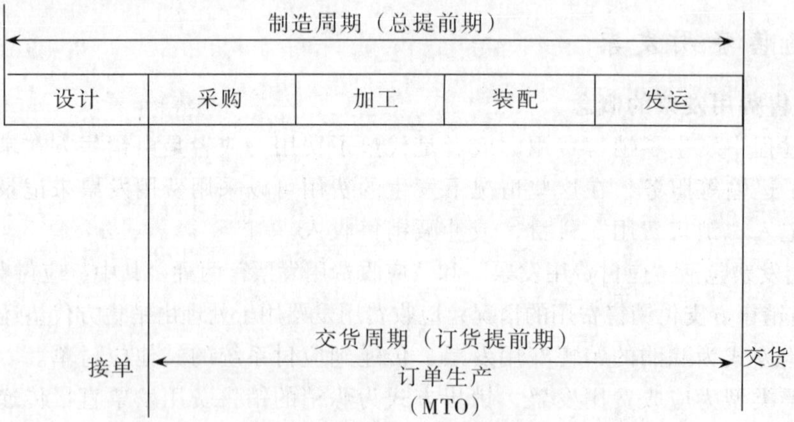

图5-11　面向订单生产模式下需求响应策略的需求周期

二、销售业务的标准业务流程（金蝶K/3为例）

1.销售业务标准业务流程（EPC）

销售业务标准业务流程（现销）（EPC）如图5-12所示。

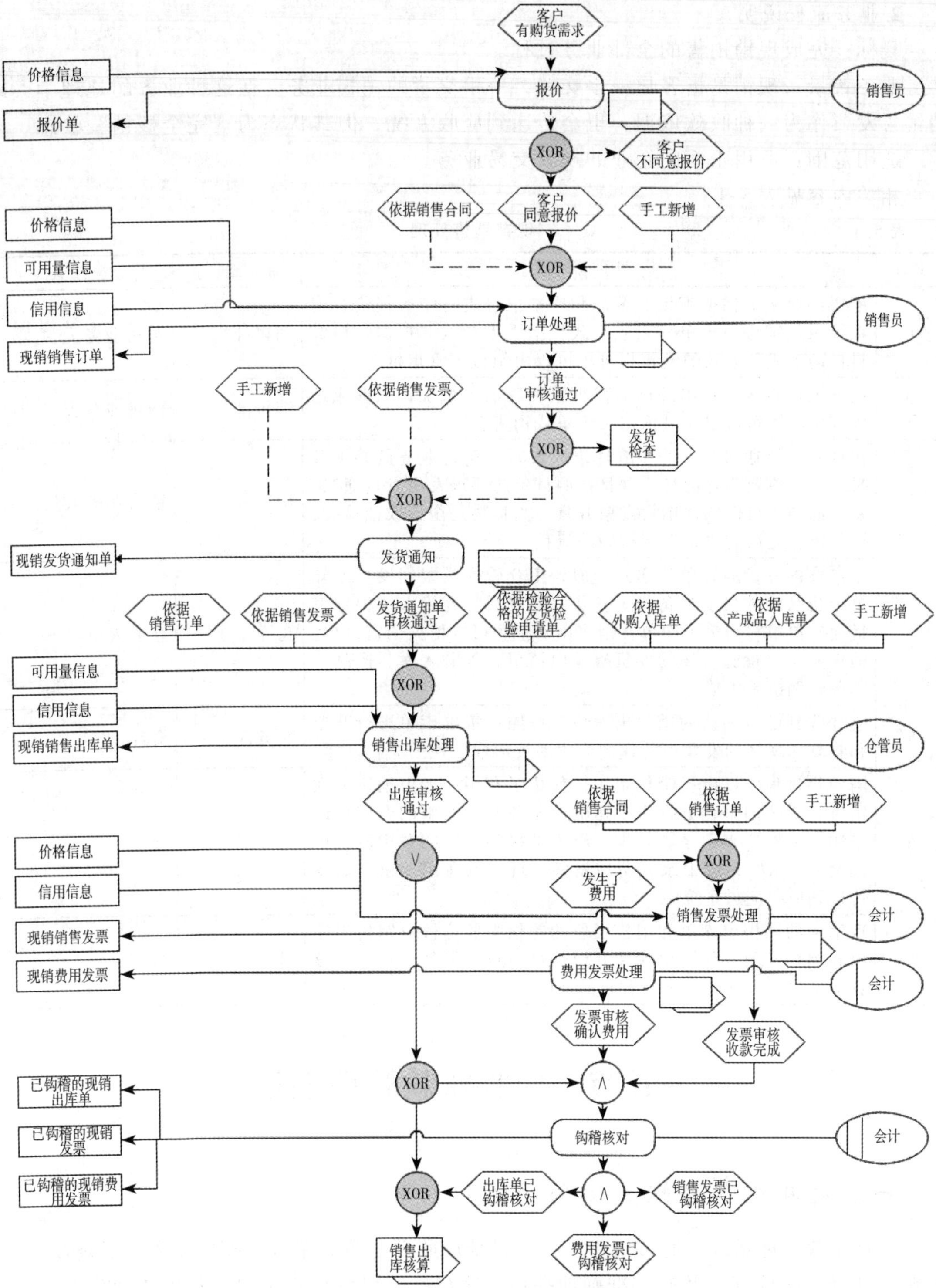

图 5-12　销售业务标准业务流程（现销）[①]（EPC）

① 销售商品收取现金（这里的现金就是现款的意思）的业务收入款，它区别于赊销。

2.业务流程说明

目标：完成现销销售的全部业务过程。

业务背景：现销是指客户一手交钱，一手交货的销售业务。在这种业务的处理中，现销销售发票作为一种收款依据，也会传递到应收系统，但其状态为“完全核销”状态。

适用范围：适用于面向企业的现款交易业务。

相关内容见表5-1。

表5-1 现销销售处理

序号	处理说明	责任部门	责任人
1	销售部业务员根据市场、客户和成本信息进行销售报价，向系统录入销售报价单。录入方式包括手工录入和根据价格资料自动生成。录入的销售报价单可以由销售主管审批	销售部	销售业务人员
2	业务人员将客户提出的产品需求整理后输入系统，以形成销售订单。销售订单还可依据报价单或销售合同生成	销售部	销售业务人员
3	在订单审核通过后，为了仓库准时发货，销售业务员必须及时了解订单及库存信息，并且按照订单的要求发出发货通知。发货通知也可以依据销售发票开具。当货物是全检或抽检时，订单审核之后需要走发货检验的流程	销售部	销售业务人员
4	已审核的发货通知单传递到仓库，由仓管人员根据发货通知单上货品的数量要求备货。备货完毕之后，仓管人员根据发货通知单填写销售出库单。销售出库单还可以依据销售订单、销售发票、检验合格的发货检验申请单、外购入库、产品入库单和调拨单生成	仓库	仓管人员
5	会计收到已经确认的销售出库单，按照销售出库单进行开票和收款。现销的发票也传递到应收系统形成已核销应收发票	财务部	会计
6	当销售过程中发生了销售费用，代垫了费用或者由销售方在销售过程中向采购方提供了运输等服务时，发生的费用可以采用费用发票来记录和管理。财务部接到相应的费用发生单证之后在K/3系统中录入费用发票。现销的费用发票不需要传递到应收应付系统中	财务部	会计
7	现销中的销售出库单和销售发票的钩稽主要是核对销售出库单和销售发票，保证出库和开票信息一致，另外，从会计核算上来讲可以保证成本和收入的匹配	财务部	会计

第五节 应收账款管理系统

一、应收账款管理系统的功能

应收账款管理系统，通过销售发票、其他应收单、收款单等单据的录入，对企业的往来账款进行综合管理，及时、准确地提供给客户往来账款余额资料，提供各种分析报表，如账龄分析表、周转分析、欠款分析、坏账分析、回款分析、合同收款情况分析等，通过各种分析报表，合理地进行资金的调配，提高资金的利用效率。同时，系统还提供了各种预警、控制功能，如到期债权列表的列示以及合同到期款项列表，及时对到期账款进行催收，以防止发生坏账，通过信用额度的控制随时了解客户的信用情况。此外，还提供应收票据的跟踪管理，可以随时对应收票据的背书、贴现、转出、退票、收款等操作进行监控。

应收款管理系统主要的功能有：

（1）单据管理。系统提供发票、其他应收单、收款单、退款单等单据的维护功能，以准确记录、跟踪企业实际发生的各项往来业务。

（2）票据管理。系统提供应收票据的跟踪管理，以利于企业随时对应收票据的背书、贴现、转出、退票、收款等操作进行监控管理。

（3）结算功能。该功能针对企业债权的结算，包括到款结算、预收款冲应收款等结算方式，并提供按单据、存货数量和关联关系核销等多种核销处理方式，以满足企业的不同业务需要。

（4）凭证处理。系统提供了模板式和非模板式的两类基本的凭证处理方式，并可进一步选择不同的凭证模式、汇总方式，以适应企业的不同管理需求。

（5）坏账处理。系统提供了多种坏账准备的计提方式及坏账损失确认和坏账收回业务的相关账务处理。

（6）报表功能。系统及时、准确地提供给客户往来账款余额资料，包括应收款明细表、汇总表、往来对账、到期债权列表、月结单等，并提供各种分析报表，包括账龄分析表、周转分析、欠款分析、坏账分析、回款分析，帮助企业合理地进行资金的调配，提高资金的利用效率。

（7）合同管理。系统提供了合同的维护及变更的功能。为反映合同与其他单据的关联及执行情况，系统同时提供了一系列的合同报表反映合同的执行情况，包括合同金额执行明细表、合同执行情况汇报表以及合同到期款项列表等，以满足企业加强合同管理的需要。

（8）外币核算和期末调汇。系统可支持多种外币业务的处理，并且可以在期末对外币核算的业务计算汇兑损益，同时系统自动进行汇兑损益的凭证处理以及生成调汇记录表。通过调汇记录表可方便查询到各种币别的历史汇率变动情况和各期的汇兑损益情况。

（9）系统对账。系统分别提供初始化对账、期末对账两种业务处理类别，并提供按总额、按会计科目核对的两种对账方法，便于企业根据自身管理要求和管理水平灵活选择，帮助企业提高工作效率。

二、与其他系统的关系

1.与销售管理系统的关系

销售系统录入的销售发票及应收类型费用发票传入应收账款管理系统进行应收账款的核算。

2.与采购管理系统的关系

采购管理系统录入的采购发票与应收账款管理系统进行应收冲应付的核算。

3.与应付账款管理系统的关系

应付账款系统录入的采购发票与其他应付单及应收账款管理系统进行应收冲应付的核算。应付账款系统录入的预付单、付款单与应收账款管理系统进行预收冲预付、收款冲付款的核算。

4.与总账系统的关系

应收账款管理系统生成的往来款凭证传递到总账系统。

5.与现金管理系统的关系

现金管理系统与应收账款管理系统的应收票据、收款单进行互相传递。现金管理系统传递过来的收款单支持在应收账款管理系统进行选单操作。应收账款系统的单据可参与现金管理系统资金预测的取数。

6.与存货核算系统的关系

各类发票生成凭证后，存货核算系统自动将凭证字等相关信息传递到应收账款系统对应的往来单据上，实现财务处理的一致性。

三、应收账款业务流程

根据企业的不同要求，划分为不同的业务模式，如发票收款、其他应收单收款、未收款退货、已收款未核销退款退货、已收款已核销退款退货、坏账处理、应收票据处理、期末调汇。受篇幅限制，这里只介绍“发票收款”业务处理流程。详细内容如图5-13所示。

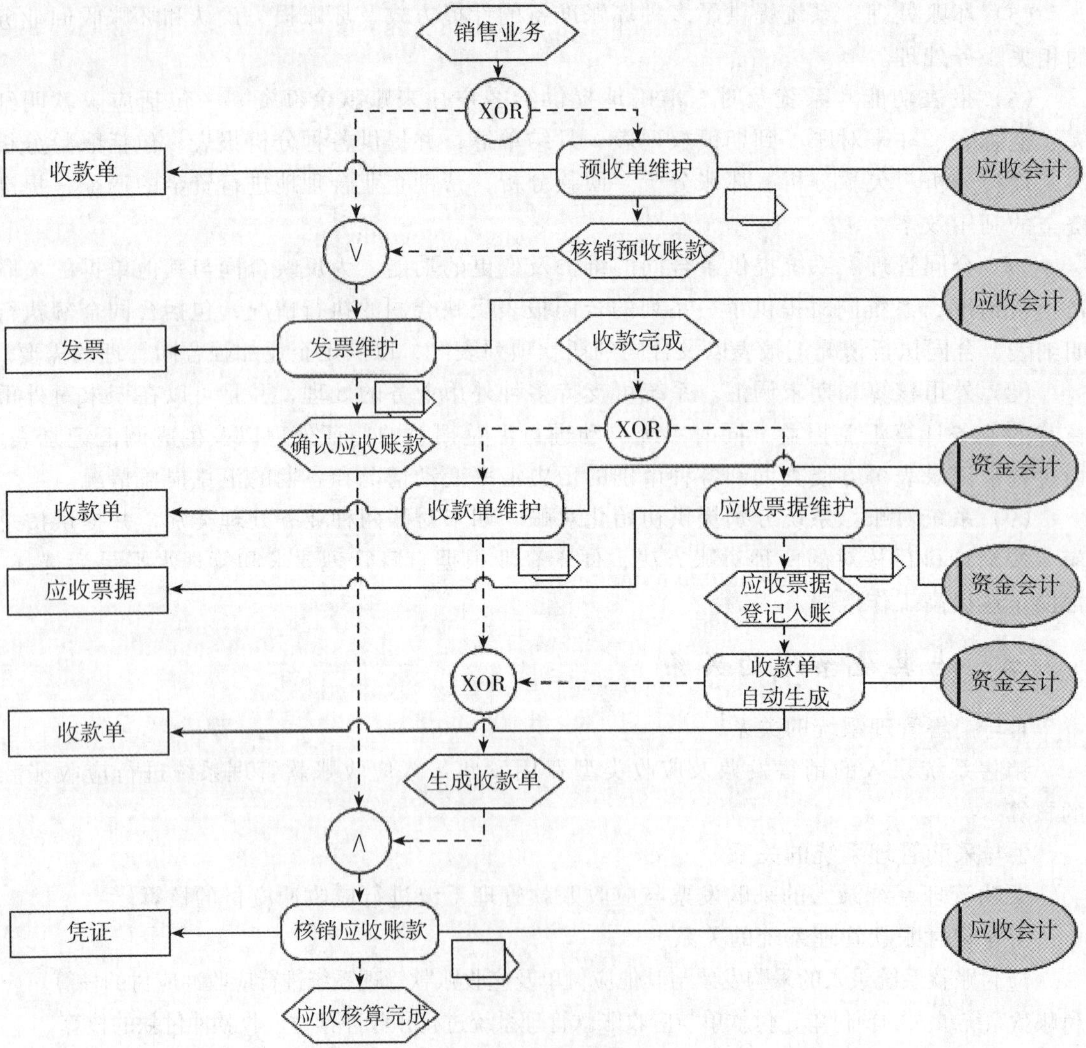

图5-13　应收账款业务流程（EPC）

现就流程说明如下。

目标：完成发票录入到收款的全过程。

业务背景：企业存在销售出库业务时，需要根据销售合同或订单开具发票确认应收账款，并将收回款项与销售发票核销。

适用范围：适用企业销售出库，发票收款业务（见表5-2）。

表5-2 应收账款业务流程（K/3）

序号	处理说明	责任部门	责任人
1	在【应收款管理】的【发票处理】中，根据实际业务需要，录入或维护普通发票或专用发票	财务部	应收会计
2	经审核发票录入无误后，在【应收款管理】-【凭证处理】，确认应收账款并生成凭证。可查询系统生成并审核的凭证	财务部	应收会计
3	收款业务完成后，由结算中心导入或由现金系统出纳手工录入收款单	财务部	结算中心会计/出纳
4	现金系统的收款单审核后，收款信息传递至应收账款管理系统并转换成应收账款管理系统的收款单或由应收会计手工录入收款单	财务部	应收会计
5	应收款管理系统的收款单审核后，在【应收款管理】的【凭证处理】中生成凭证，并在【应收款管理】的【结算】中核销收款单与发票	财务部	应收会计

应收账款管理系统还包括其他应收单收款业务流程、未收款退货业务流程、已收款未核销退货业务流程、已收款已核销退款退货业务流程、坏账处理业务流程。

□ 本章小结

本单元我们主要围绕ERP系统的销售与收款管理子系统展开。

企业销售管理与企业生产类型有关，企业的销售管理，属于企业经营管理核心业务。如何快速满足市场和客户的需求，让客户满意是企业管理的核心。销售是企业生产经营成果的实现过程，是企业经营活动的中心，是企业的价值来源。

销售与收款业务流程包括的业务活动有询价报价、合同创建、订单录入、信用检查、产成品管理、装运发货、开单、收现、应收账款与总分类账等。ERP系统能够储存和处理有关销售与收款业务流程的大量信息，提供通畅、完善的业务管理与控制流程：各业务前后环节互相衔接、形成了一个完整的运营体系，确保客户的需求能够及时满足。

我们首先总体阐述销售与收现循环的业务描述、业务流程，之后分别介绍销售管理系统和应收管理系统，包括业务流程、数据流程图、E-R实体关系等。借此深入了解系统功能和结构，并通过介绍ERP系统金蝶K/3销售管理和应收管理模块，深入了解实践和实务的具体执行和操作。

□ 基本训练

一、选择题（选项有一个或几个正确，请把正确的填在括号内）

1.从ERP系统来看，不同需求响应策略针对的预测对象是不同的。以下对此描述正确的有（　　）。

A.现货生产（MTS）的主要依据是产品预测

B.订单生产（MTO）主要对原材料储备进行预测

C.订单组装类型（ATO）要对基本组件和可选件进行预测

D.订单设计（ETO）主要预测对象是能力资源

2.销售退货流程中，如果原来的销售过程中货物已经发出，需要包含（　　）会计业务流程。

A.开具了销售发票，则会计需要根据红字销售出库单开具红字销售发票

B.开具了费用发票，则会计需要视情况开具红字费用发票

C.只是部分开票，则红字出库单、蓝字出库单和蓝字发票需要进行钩稽核对

D.根据蓝字发票开具了红字发票，则蓝字出库单、蓝字发票、红字发票进行钩稽核对

3.销售退货流程中，如果原来的销售过程中货物已经发出但没有开具销售发票，以下会计业务说法正确的有（　　）。

A.会计需要将红字销售出库单和原来蓝字销售出库单进行对等核销

B.部分退货，则需要先将蓝字销售出库单拆单，然后再进行对等核销

C.开具了销售发票，而货物没有发出，则会计需要核销

D.以上都正确

4.销售管理子系统的外部实体可能包括（　　）。

A.客户

B.分销商

C.生产作业管理子系统

D.成本管理子系统

5.销售管理系统E-R关系图中，“订单”与“订单明细”之间的联系是（　　）。

A.对应

B.组成

C.关联

D.相对

6.销售管理子系统0层数据流图中，（　　）是可能的数据文件。

A.订单文件

B.客户文件

C.销售计划文件

D.销售服务文件

7.ERP系统中，模拟报价过程采用向导方式，执行步骤包括（　　）。

A.选择报价物料及BOM

B.选择报价部门

C.设置料、工、费信息

D.生成模拟报价单

8.销售订单的源单据可能包括（　　）。

A.“销售报价单号”

B.“合同号”

C.“销售计划”

D.“销售出库单”

9.下列有关销售订单的说法，（ ）是错误的。

A.销售订单是在销售业务的起点

B.销售订单是供需链整体的业务源

C.销售订单的目标单据众多

D.以上都不对

10.发货通知单可以通过关联销售订单和销售发票生成，即将销售订单或销售发票作为源单据。发票必须是（ ）发票。

A.尚未关闭的

B.已审核未钩稽的

C.未审核的

D.记账的

二、思考简答题

1.简述销售出库单在供应链系统中的重要意义。

2.讨论销售出库单可能的源单据和目标单据。

3.什么是销售发票的钩稽？讨论销售发票与销售出库单的钩稽业务。

三、开放论述题

1.简述销售发票与销售出库单的钩稽，讨论两者单据日期一般性规则。

2.归纳整理销售发票在会计业务中的作用。

四、实践与提高

1.某公司客户管理规程如下：

1）销售人员通过各种途径开发新客户，并提出新增新客户需求；

2）由销售员手工填写“客户资料表”；

3）销售经理审核并签署“客户资料表”；

4）销售经理审批后由客户资料管理员在“公共资料—客户”中录入客户资料信息；

5）销售经理判断是否审核该客户资料；

6）销售经理在系统中审核该客户资料，结束流程。

要求：

据此画出该企业客户管理流程EPC图和业务流程图（泳道图）。

2.某公司销售订单规程如下：

1）接到客户订单，提出下单需求；

2）由销售组织计划、工程、生产、品管、采购等相关部门对订单进行评审，确认是否接受订单；

3）由销售员将客户订单资料录入到系统中；

4）销售人员将销售订单打印出来，一式三份；

5）销售经理在系统中审核销售订单（如为N，则需重新修正销售数据或作废此单据）；

6）销售员分发审核后的销售订单，一式三份，一份留底，一份给财务，一份下计划；

要求：

据此画出该企业订单管理流程图。

3.某公司销售出货规程如下：

1）销售人员按订单交货期要求提出销售出货需求；

2）销售员在“发货通知—录入”中录入发货通知单；

3）销售员打印出该发货通知单；

4）销售经理审核发货通知单（如不核准则退回并修改发货通知单）；

5）销售经理签署该发货通知单并在系统中审核该单；

6）将发货通知单交给仓储部准备发货；

7）仓管员按照发货通知单进行备货；

8）备货时检查库存是否足量；

9）仓管员在“销售出库录入”中按发货通知单录入销售出库单或直接由发货通知单下推生成；

10）仓管员打印出销售出库单并转给财务部进行审核账款；

11）财务部应收账会计审核该账款，如不通过则结束；

12）账款审核通过后将销售出库单转仓储部办理出货；

13）仓储部安排销售出货；

14）仓管员签署并在系统中审核该张销售出库单；

15）销售出库单一式四联，一联给销售部，一联给财务部，一联交给客户签收，一联仓储部留底。

要求：

据此画出该销售管理流程BPMN图。

4.已知企业的应收管理系统与其他ERP子系统之间的关系如下：

1）与销售管理系统的关系。销售管理系统录入的销售发票传入应收款管理系统进行应收账款的核算。销售管理系统录入的应收类型费用发票传入应收款管理系统进行应收账款的核算。

2）与采购管理系统的关系。采购管理系统录入的采购发票与应收款管理系统进行应收冲应付的核算。

3）与应付款管理系统的关系。应付款管理系统录入的采购发票与其他应付单与应收款管理系统进行应收冲应付的核算。应付款管理系统录入的预付单、付款单与应收款管理系统进行预收冲预付、收款冲付款的核算。

4）总账系统的关系。应收款管理系统生成的往来款凭证传递到总账系统。

5）与现金管理系统的关系。现金管理系统与应收款管理系统的应收票据、收款单进行互相传递。现金管理系统传递过来的收款单支持在应收款管理系统进行选单操作。应收款管理系统的单据可参与现金管理系统资金预测的取数。

6）与存货核算系统的关系。对各类发票生成凭证后，存货核算系统自动将凭证字等相关信息传递到应收款管理系统对应的往来单据上，实现财务处理的一致性。

要求：

据此画出应收款管理系统数据流图（顶层图）。

五、难点延伸阅读

1.甘特图。

2.客户关系管理（CRM）。

思考与练习

思考与练习答案

第六章

生产制造管理系统

学习目标

通过本章学习，应该达到以下目标：

学习和掌握生产循环包括的4项基本活动，了解这些活动中会计人员的作用。掌握ERP系统中生产管理子系统的组成、功能，以及各个子系统的关系。重点掌握PDM、MPS、MRP系统的基础数据、基本概念和计算逻辑，了解它们之间的数据关系。通过对金蝶K/3 ERP各个子系统的了解，理解实务ERP系统的实施、运行和管理的要点。

引例　　数据与生俱来（Born With Data）

背景与情境：阿里巴巴首任CTO王坚认为，互联网、数据与计算是相互依存的关系。数据天然存在，只有被计算才能真正发挥价值。而数据的最大价值在于，当信息无法告知用户“世界是怎样的”时，数据却能够完整地描绘出来。数据是被沉淀下来的，而非存在价值限制性的收集。（“BDTC 2015中国大数据技术大会”上的讲话）

ERP的起点是解决库存控制问题，最终是解决面向市场的资源配置。赖以维继的ERP系统核心是数据，而重要的基础数据来源于生产管理与控制系统。

生产是将投入转化为产出的活动，或是将生产要素进行组合以制造产品的活动。我们将讨论在生产循环中会计信息系统的三项主要职能：获取和处理生产活动数据；储存和组织数据以支持决策；提供控制措施以保证数据的可靠性和组织资源的安全性。我们从描述生产循环基本业务活动入手，探讨收集、储存、处理生产业务活动数据的方法，如图6-1所示。

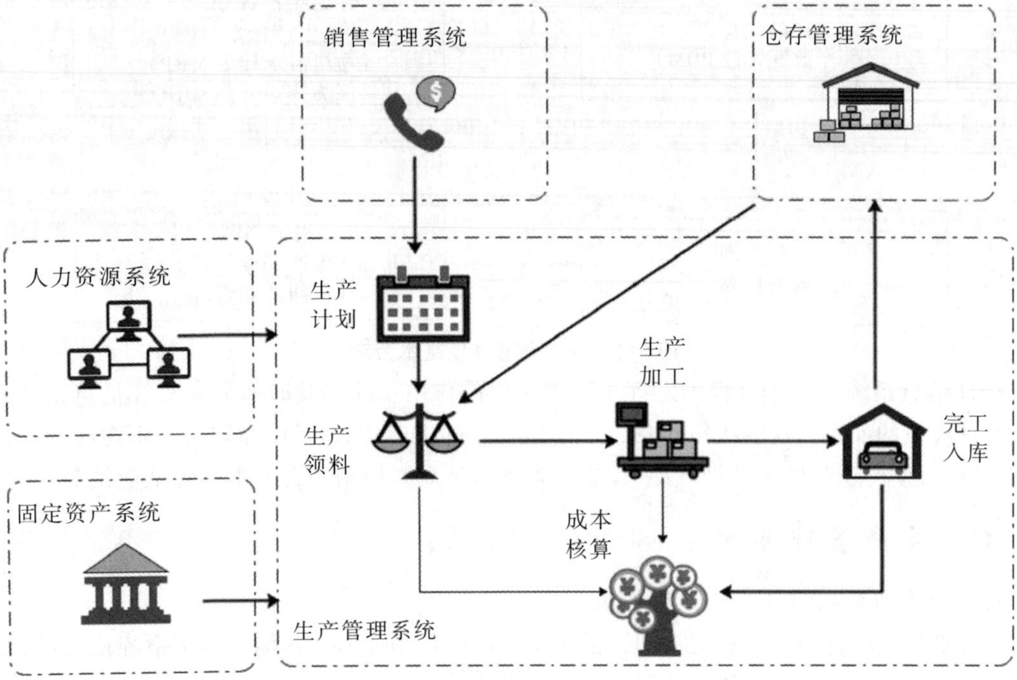

图6-1　生产管理系统

第一节　生产管理系统概述

一、生产管理概述

我们回顾一下关于生产类型的内容：根据生产对象在生产过程中的工业特点，可以把工业分为连续型生产和离散型生产。在连续型生产过程中，物料均匀、连续地按一定工业顺序运动，如化工（塑料、药品等）、炼油、冶金等，物料按一定流程连续不断地通过各个工序进行生产。另一类产品，如汽车、电视机等，是由离散型的零部件装配而成的，零部件以各自的工艺流程通过各个生产环节，物料运动呈离散状态，这种生产称为离散型生产。因为这类制成品都是先加工出零件，再将零件装配成产品，所以又称为加工-装配式生产。

生产管理（production management）是计划、组织、控制生产活动的综合管理活动。内容包括生产计划、生产组织以及生产控制。通过合理组织生产过程，有效利用生产资源，经济合理地进行生产活动，以达到预期的生产目标。

根据用户对产品的需求特性，按照产品定位策略可把生产类型分为现货生产（MTS）和订单生产（MTO）。我们这里为了简化，讨论的生产管理系统是离散的，MTS与MTO相结合的生产类型。

生产管理是与产品制造相关的一系列循环反复的业务活动和信息处理过程。生产管理包括4项基本活动：产品设计、生产计划、生产作业和成本核算（如图6-2所示）。

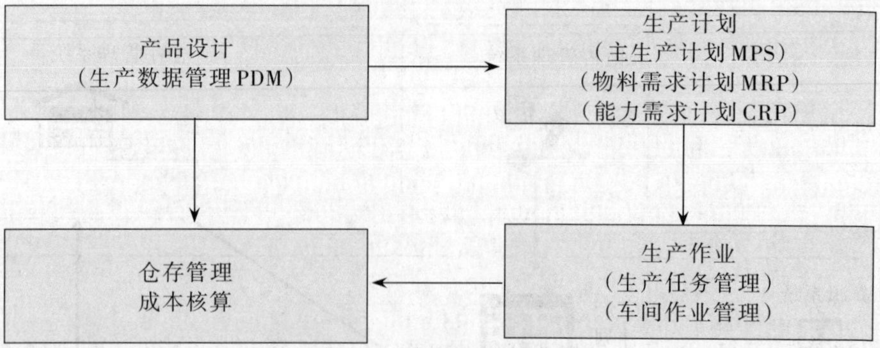

图6-2 生产管理4项基本活动

会计信息系统在生产过程中发挥了至关重要的作用。准确及时的成本核算信息是进行有效的管理决策的前提。这些决策包括：产品组合（即生产什么）；产品定价；资源配置和计划（例如，自行生产还是外购某种产品）；成本管理（计划和控制制造成本，评估业绩等）。

二、生产管理系统

1.生产管理系统与其他子系统的关系

图6-3是生产管理顶层数据流图，描述了生产循环是如何与其他管理子系统相联系的。

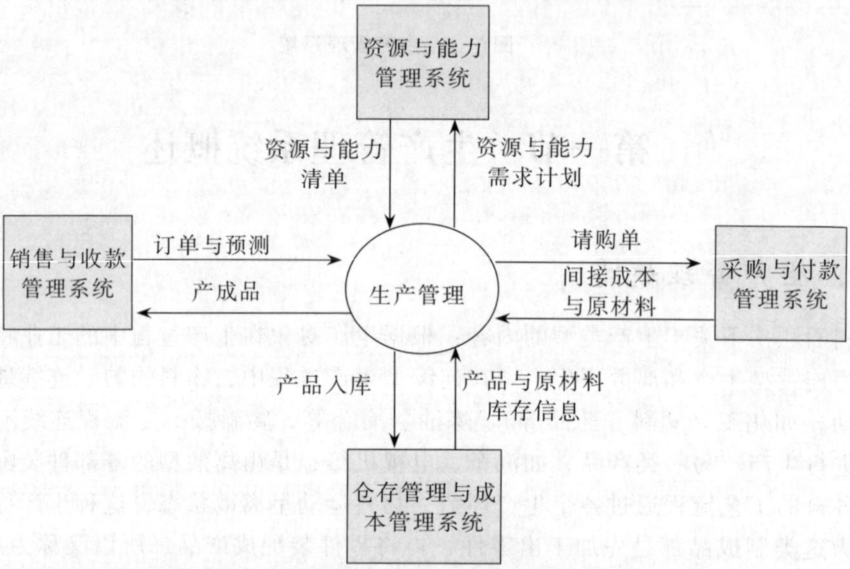

图6-3 生产管理系统顶层数据流图

（1）销售与收款管理系统提供用于计划生产和存货量的信息，如订单和预计销售量，反过来，生产管理系统向销售与收款管理系统发送可供销售的产成品信息。

（2）原材料需求信息以请购单的形式发送至采购与付款管理系统，反过来，采购与付款管理系统向生产管理系统反馈原材料的采购信息和其他费用支出信息，如制造费用等。

（3）生产管理的人工需求信息等发送到资源与能力管理系统，反过来，资源与能力管理系统向生产管理系统提供人工信息和工作中心等资源数据。

（4）生产管理系统需要借助仓存管理与成本管理系统的仓存信息制订生产计划，反过来，将作业成本基础信息发送给成本管理系统，最终生成总分类账和报告。

2. 生产管理系统0层数据流图

图6-4是生产管理系统0层数据流图，描绘了生产循环的具体活动以及与其他会计信息系统子循环之间主要的信息流。尽管企业会计人员主要参与的是成本核算活动，但是，会计人员必须十分熟悉其他系统的经济活动。这样有助于会计人员在设计会计信息系统时，能够提供现代制造业企业管理生产活动所需的信息。其中，需要会计人员做的工作是设计准确的计量方法，因此，这就需要会计人员对所考涉及的生产活动十分熟悉。

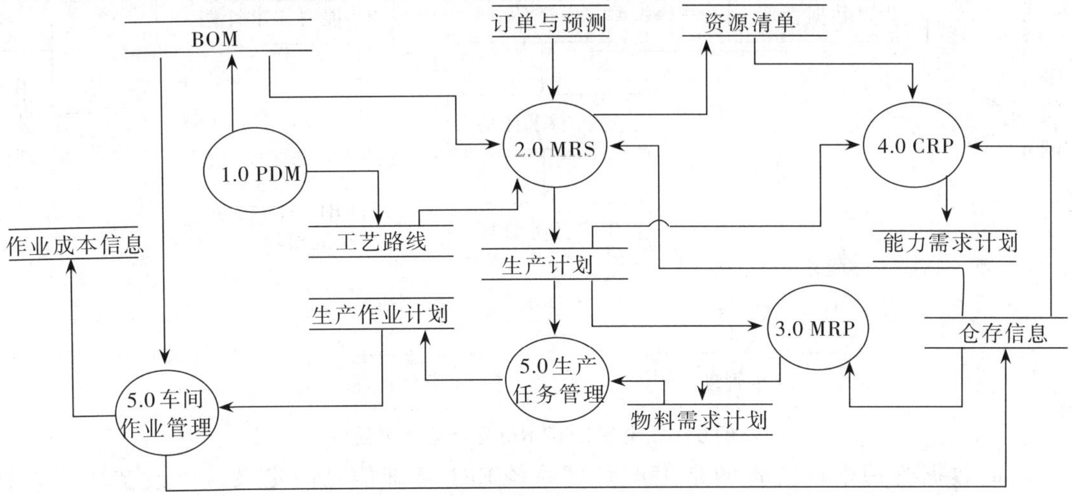

图6-4 生产管理系统0层数据流图

三、ERP系统中的生产功能模块（K/3）

生产管理系统在ERP系统中的位置，如图6-5所示。

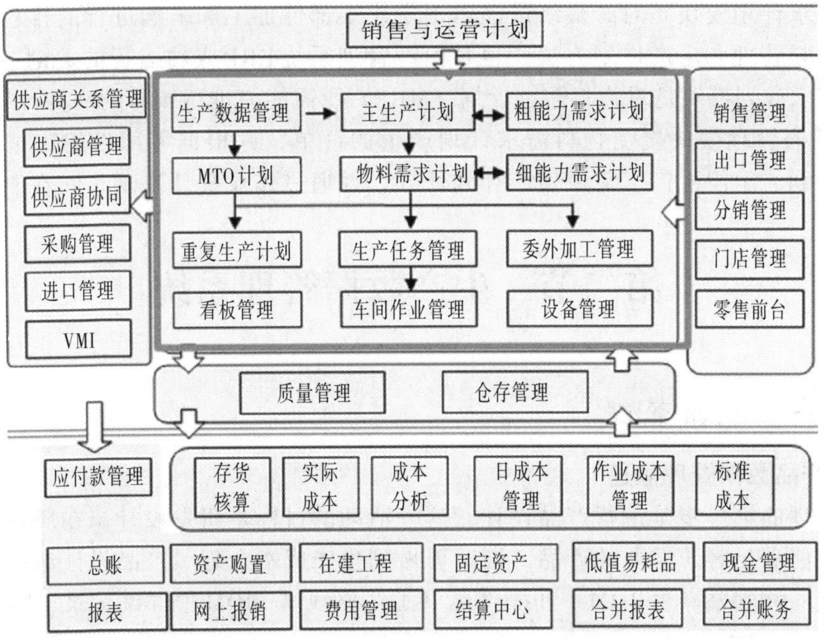

图6-5 生产管理系统在ERP中的位置

金蝶K/3系统的生产管理系统主要包括5个模块，分别是制造数据管理、主生产计划、能力需求计划、物料需求计划和生产任务管理，如图6-6所示。

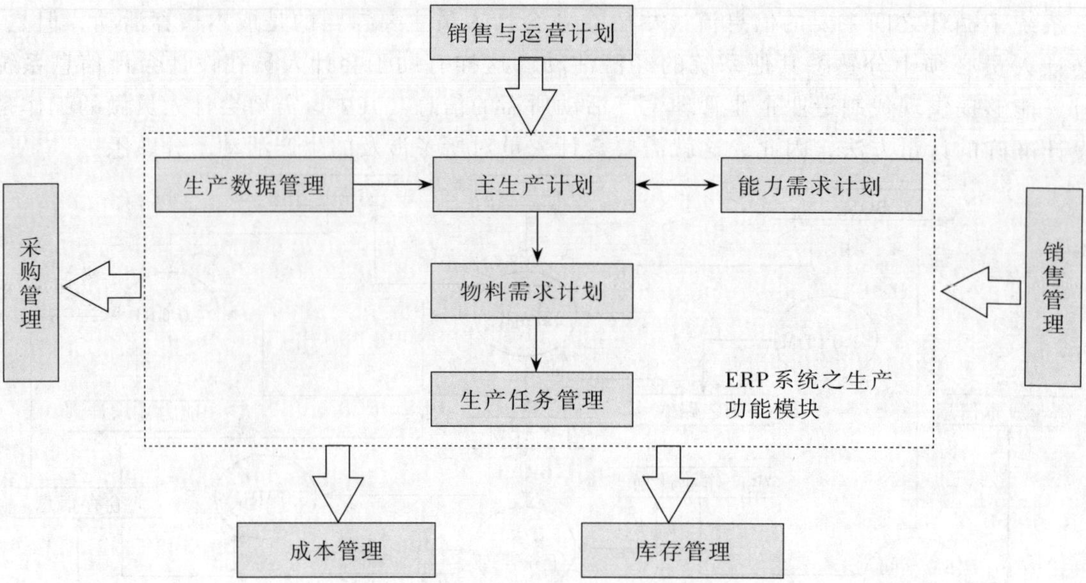

图6-6 金蝶ERP K/3生产管理系统

制造数据管理模块负责的是生产管理系统ERP基础信息的定义、修改工作，它是ERP系统最早实施、工作量最大的模块。制造数据的准确性、完整性直接关系到整个ERP系统的成败。

主生产计划模块主要说明企业计划生产什么产品，什么时候生产，生产多少，它是生产管理系统ERP中的一个重要计划层次。

物料需求计划模块是对于最终产品以下层次零部件加工和采购进行的排程技术，是一种科学的物料管理和生产计划方法，也是生产管理系统ERP成功运行的关键。

能力需求计划模块是对物料需求计划（MRP）所需能力进行核算的一种计划管理方法。

生产任务管理模块接受物料需求计划产生的订单，并根据零部件的工艺路线来编制车间作业计划，组织生产，完成生产计划任务，并通过作业统计实现车间在制品的管理。

第二节 生产数据管理系统

一、产品数据管理[①]

（一）产品数据管理概述

生产管理的第一步是进行产品设计。这一活动的目标是研发设计出在质量、耐用度和功能方面都能满足客户需要的产品，同时要做到生产成本合理。产品设计活动会创建两种主要的文档：物料清单（BOM）和操作单（工艺路线）。BOM中详细记录了零件编号、产

① 我们讲的生产数据管理，是狭义的概念，指的是产品数据管理。

品说明和产成品每个组件的需用数量；工艺路线说明了生产流程、设备使用和每一步生产操作所需的时间。

对于会计人员来说，他们需要参与到产品设计当中。因为，多数情况下，65%~80%的产品成本发生在产品设计阶段。会计人员可以为产品设计提供成本信息，来显示各种设计方案在产品的生产成本和盈利能力上的不同。会计信息系统可以提供目前生产设计方案中各产品组件成本数据和使用替代组件的设计方案的产品预计成本。此外，不同组件的数量以及装配方法，也会显著地影响生产时间及生产成本。这些成本数据，都有赖于会计人员提供。因此，设计会计信息系统时应该考虑到收集和提供与产品设计相关的信息的能力，如机器安装信息、材料加工成本信息、现有产品的保修成本信息等。特别是，现有产品的保修成本信息可以有助于设计出更优质的产品，而这一信息来源于销售管理系统，是售后服务的一部分。

ERP系统的核心是计划，解决企业需要什么、需要多少、何时需要的关键问题。而生产工程数据是做好计划的基础，如果工程数据不准，录入的数据是垃圾，MRP运算出来的也是垃圾，ERP系统是“3分技术，7分管理，12分数据”，IT行业的流行语充分说明了工程数据的重要性。所以，生产数据管理系统作为企业ERP系统中的基础部分，规范、管理着企业最核心的数据信息，即产品结构资料和工艺资料。它是各个业务部门沟通和协作的基础，可以用相同的语言进行沟通，降低了因沟通不顺畅而造成的部门间协作的难度。

产品数据管理（product data management，PDM）是将所有与产品相关的信息和所有与产品有关的过程集成到一起进行管理。产品有关的信息包括任何属于产品的数据，如CAD/CAM/CAE的文件、物料清单（BOM）、产品配置、产品订单、生产成本、供应商状态等。产品有关的过程包括任何有关的加工工序、加工指南和有关批准文件、安全规范、工作标准和方法、工作流程等所有过程处理的程序。

（二）产品数据管理的应用

工程部门人员需要把产品结构描述成物料清单（BOM）的形式，逐层界定，最终将达成一致的物料清单反映到ERP系统中，并对其进行定期维护。企业的一切生产设备、生产人力资源、生产布局情况，需要以资源清单的形式在ERP系统中进行详尽的定义。所有产品的生产工艺，也需要详尽和全面地在系统的工艺路线资料中进行定义。这样，所有的物料清单、资源清单、工艺清单都将在系统中得到共享，各个业务环节的相关人员都可以进行分析查询，以决定生产发展策略、销售策略、市场运营策略，以及生产计划调整等关键问题。

计划人员也是BOM的主要关注人员，MRP计算是根据BOM资料展开得到零部件的生产计划和原材料的采购计划。

对于按单生产或者按单装配的企业，销售人员制作销售订单时，可以即时根据客户要求得到配置的BOM，并以此指导后续的计划制订和生产执行以及选配件的补货计划。生产完成入库后，系统在仓库直接对该产品进行批次管理，销售人员即可根据该客户BOM进行发货，避免货物发错情况的发生。

生产人员要根据BOM给定的资料进行生产，BOM给定的是工程设计数据、额定用量，应严格据此生产，对生产报废、补料等异常情况，可以进行有效监控。如果发生工程变更，需要非常清楚生产中受到影响的业务，以便及时进行调整，以适应变更后的计划要求。

财务人员根据BOM资料分析标准成本构成，以便进行材料成本分析，作为实际生产材料耗用绩效的评比标准，也可根据业务需求进行相似产品之间BOM成本构成的差异分析。

二、产品数据管理系统的功能

产品数据管理系统的功能主要包括：文档管理，BOM管理，物料需求定额管理，版本与有效性控制等。PDM是制造业信息化解决方案的核心和平台，为制造业企业构建集成产品开发和创新设计与管理的协同工作环境，将企业产品形成过程中所有与产品相关的信息和过程进行统一管理，实现数据的规范化、设计过程的优化和资源的共享，帮助企业高效地进行产品开发、提高产品质量、降低成本，并缩短产品上市周期。金蝶K/3 PDM系统主要功能见表6-1。

表6-1 金蝶K/3 PDM系统主要功能

功能名称	明细功能	说明
BOM维护	BOM维护	BOM资料的定义，状态的修改
	BOM合法性检查	提供BOM完整性检查、嵌套检查工具
	低位码维护	低位码的作用是在进行MRP净需求计算时，用于决定何时可以计算净需求，确保物料需求计算的正确性
	客户BOM维护	完成客户BOM配置过程
	BOM配置规则	通过配置规则选配件之间定义关联关系，或者互斥关系
BOM查询	BOM展开	自制件/委外加工件的直接构成情况展示，产品的多级组成情况展示、单级反查（某个材料用于哪些零部件）等
	成本BOM查询	产品的最新材料价格构成，或者标准材料价格、标准人工费用、标准变动费用、标准固定费用进行平行分项结转得到的产品成本，或者综合结转得到的产品成本
	BOM差异分析	几个BOM之间单层构成差异，包括材料差异、用量差异、成本差异
工程变更	工程变更单维护	直接制作工程变更单，根据变更申请单制作变更单等更新所变更BOM的信息
工艺路线	工艺路线维护	工艺路线资料的管理
基础资料	物料替代	物料替代关系的维护
	资源清单	设备资料、人工资料的定义
	生产类型	生产任务的类型的定义
	班制	班制主要用来定义工厂工人具体的工作时间和班次，作为排产和能力计算的基本数据
	工种	企业按照生产劳动的性质和任务而划分的工作种类，此系统中工种的定义主要是为了实现计时工资的计算
	工作中心	生产产品的场所，可以是机器设备，如一台车床，几台车床，一条流水线等

三、与其他系统的关系

1.与主生产计划/物料需求计划系统的关系

BOM资料是MPS/MRP的计算的主要基础数据，根据BOM结构把最终的客户需求传递到子项物料（零部件、原材料）的相关需求，包括偏置时间，以得到子项的需求时间。

2.与粗/细能力计划系统的关系

工艺路线和资源清单是制订粗/细能力计划的主要基础数据，根据资源清单可以得到系统可供能力，根据工艺路线资料和MPS/MRP结果以及在制信息，可以得到计划期内各设备或人力情况的负荷。

3.与生产任务管理系统的关系

BOM资料是生产任务在车间进行生产时，提供材料的用量信息，据此进行领料；工艺路线资料是在进行车间精细管理时，根据任务单、工艺路线资料分解为各工作中心各工序的生产指令信息。

4.与委外加工管理系统的关系

BOM资料是委外加工任务在外发进行生产时，提供材料的用量信息，据此进行发料。

第三节 主生产计划系统

一、主生产计划

（一）主生产计划概述

生产管理的第二步是计划与时序安排。这一活动的目标是制订高效的生产计划以满足现有订单和预计的短期销售需求，同时，尽可能降低原材料和产成品的库存量。

制造资源计划（MRPⅡ）和精益生产（JIT）是两种常用的生产计划方法。①MRPⅡ通过平衡现有产能和原材料需用量来满足预测的销售需要，通常被称为推动式生产，因为产品是根据对客户需求的预测来安排生产的。②JIT目标是减少或消除原材料、在产品及产成品存货，通常被称为拉动式生产，因为产品的生产是由客户订单引发的。但是在实务中，大多数的精益生产系统会制订短期生产计划。

生产计划与时序安排活动中创建的主要文档有主生产计划、生产作业计划、物料需求计划和能力需求计划等。主生产计划详细说明了计划期内每种产品的计划产量和完工时间，物料需求与能力需求。

主生产计划（master production schedule，MPS）是确定每一具体的最终产品在每一具体时间段内生产数量的计划。这里的最终产品是指对于企业来说最终完成、要出厂的完成品，它要具体到产品的品种、型号，是独立需求计划。

MPS考虑了经营规划和销售规划，使生产规划同它们相协调。它着眼于销售什么和能够制造什么，这就能为车间制订一个合适的“主生产进度计划”，并且以粗能力数据调整这个计划，直到负荷平衡。

主生产计划将独立的需求（销售或预测）作为需求，考虑现有库存、已分配量、预计入库等因素，通过BOM向下展开需求，得到主要产品（MPS类物料）的计划量。也就是说，主生产计划根据客户合同和市场预测，把经营计划中的产品系列具体化，使之成为展开物料需求计划的主要依据，起到了从综合计划向具体计划过渡的承上启下作用。

（二）主生产计划的作用

制订MPS，得到相对稳定和均衡的生产计划，使得在一段时间内主生产计划量和需求量相匹配。由于主生产计划是稳定和均衡的，物料需求计划也将是稳定的和均衡的。如图6-7所示，MPS的作用表现在以下方面：

（1）确保销售与运营规划的实现；

（2）建立一个平衡供需的支点；

（3）建立有效的优先级计划；

（4）建立相对均衡和稳定的产品生产计划；

（5）在满足客户需求的前提下，控制库存和未完成订单。

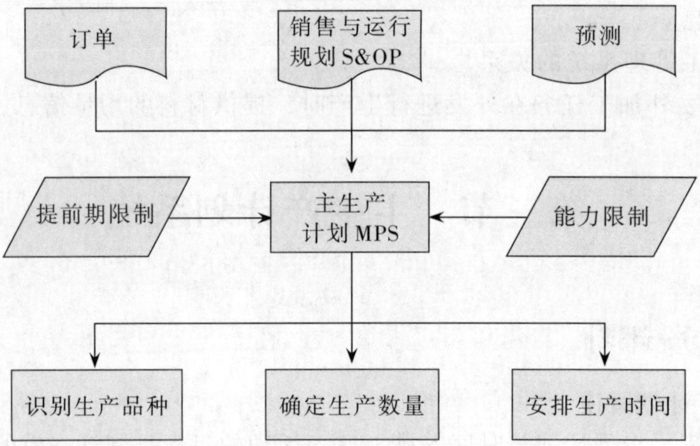

图6-7 ERP中的主生产计划的作用

（三）主生产计划的对象

主生产计划的对象主要是生产规划中的产品系列具体化后的出厂产品，通称最终项目。所谓“最终项目”通常是独立需求件，对它的需求不依赖于对其他物料的需求而独立存在。但是由于计划范围和销售环境不同，作为计划对象的最终项目其含义也不完全相同。

（1）库存生产（MTS）。用很多种原材料和部件制造出少量品种的标准产品，则产品、备品备件等独立需求项目称为MPS计划对象的最终项目。对产品系列下有多种具体产品的情况，有时要根据市场分析估计产品产量占系列产品总产量的比例。此时，生产规划的计划对象是系列产品，而MPS的计划对象是按预测比例计算的。产品系列同具体产品的比例结构形式，类似一个产品结构图，通常称为计划物料或计划BOM（或称为规划BOM）。

（2）订单生产（MTO）。最终项目一般就是标准定型产品或按订货要求设计的产品。如果产品是标准设计或专项，最终项目一般就是产品结构中0层的最终产品。

（3）订单装配（ATO）。产品是一个系列，结构相同，表现为模块化产品结构，都是由若干基本组件和一些通用部件组成的。每项基本组件又有多种可选件，有多种搭配选择（如轿车等），从而可形成一系列规格的变型产品，可将主生产计划设立在基本组件级。在这种情况下，最终项目指的是基本组件和通用部件。这时，主生产计划是基本组件（如发动机、车身等）的生产计划。

二、主生产计划系统

（一）主生产计划（MPS）系统概述

主生产计划（MPS）是ERP管理软件的核心，也是ERP系统的基础。通过MPS/MRP系统将企业外部销售市场对企业的销售需求转化为企业内部的生产需求和采购需求，将销售计划转化为生产计划和采购计划。

主生产计划系统融先进的MRP管理思想于软件设计之中，通过主生产计划，将独立的需求（销售或预测）作为需求，考虑现有库存、已分配量、预计入库量等因素，通过BOM向下展开需求，得到主要产品（MPS类物料）的计划量。生产计划员可以对该计划量进行维护、确认或进行粗能力计划，将能力的影响体现在计划的改变上。对确定的计划订单，也可作为预计入库量，实现滚动计划功能。MPS计算产生的计划订单经过确认，除可以生成本身的生产计划外，还可以将相关需求传输到MRP系统中，作为MRP的需求来源。

（二）业务模式及应用（以金蝶K/3为例）

对于按“预测+订单”进行生产的企业，详细内容如图6-8所示。业务流程说明见表6-2。

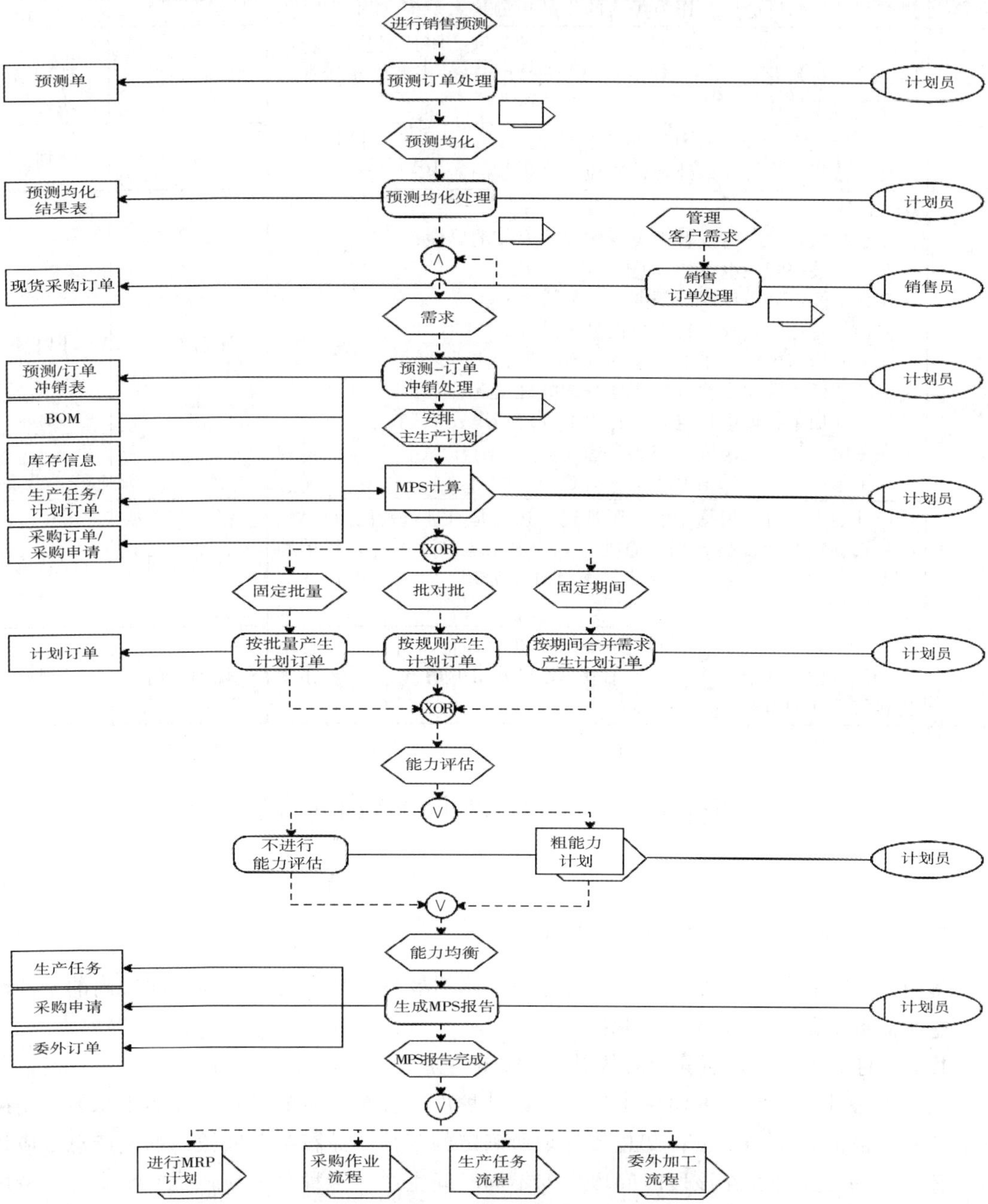

图6-8 主生产计划系统（K/3）业务流程

业务目标：实现按产品预测进行生产准备，再根据销售订单进行最终产品生产、销售。

业务背景：制造业企业根据预测进行采购准备和公用物料的生产；制造业企业再根据客户的实际销售订单进行主产品的生产并销售。

适用范围：按“预测+订单”进行生产的制造业企业。

表 6-2 主生产计划系统（K/3）业务流程说明

序号	处理说明	责任部门	责任人
1	预测单处理：企业计划人员根据销售部门的信息，做出产品的预测，经过内部讨论后，作为正式的产品预测录入系统	计划部门	计划员
2	预测均化处理：企业计划人员根据不同的时间，将预测数量按月、周、日进行均化处理，均化后的结果作为MPS的来源（预测处理及预测均化管理）	计划部门	计划员
3	预测冲销处理：企业计划人员将销售人员录入的客户实际销售订单与产品预测进行冲销处理，避免产生多余的需求	计划部门	计划员
4	MPS计算： ·在系统的公共资料设置中设置物料、仓库的属性； ·在生产数据管理中设置BOM、工厂日历； ·在主生产计划中设置展望期、计划方案； ·在销售管理中检查销售订单的处理情况； ·在采购管理中检查采购订单的处理情况； ·在生产任务管理中检查生产任务的处理情况； ·在委外加工管理中检查委外订单的处理情况； ·在主生产计划中设置MPS向导方案； ·在主生产计划中根据MPS向导，进行MPS计算	计划部门	计划员
5	企业计划人员可以根据企业实际情况，选择是否进行粗能力计划。如果选择进行粗能力计划，企业计划人员根据产生的计划订单和已安排的生产任务进行粗能力计算和评估处理，并对主生产计划进行调整	计划部门	计划员
6	企业计划人员在对计划订单进行确认并进行粗能力计划后，将主生产计划的结果转化为“生产任务单”“采购申请单”，并可作为物料需求计划MRP的一个来源	计划部门	计划员

第四节 主生产计划的编制

一、主生产计划的约束条件

编制主生产计划（MPS）时要确定每一具体的最终产品在每一具体时间段内的生产数量。它所需要满足的约束条件如下：

1.MPS的生产总量必须等于总体计划确定的生产总量

该约束条件包括两个方面：①每个时段某种产品各个型号的产量之和等于总体计划确定的该种产品的月生产总量；②总体计划所确定的某种产品在某时间段内的生产总量应该以一种有效的方式分配在该段时间段内的不同时间生产。这种分配应该是基于多方面考虑的，例如，需求的历史数据，对未来市场的预测，订单以及企业经营方面的其他考虑。当选定以周为单位以后，必须根据周来考虑生产批量的大小，其中重要的考虑因素是作业成本和库存成本。

2.计划的产品批量和生产时间要考虑资源的约束

与生产量有关的资源约束有若干种，例如，设备能力、人员能力、库存能力、流动资金总量等。计划时通过这些约束条件分配资源，将关键资源用于关键产品。

二、编制主生产计划

主生产计划的计算过程是将需求转化为生产（采购）计划的过程，首先将周期（每天）的需求汇总，然后检查现有库存及预计入库是否满足需求，如不满足，就会产生新的计划订单。该计划订单就是主生产计划。可以根据能力的情况对主生产计划进行调整，最后确认的“计划订单”为下级物料的需求来源。物料需求计划的计算过程与主生产计划是一致的。

MPS计算逻辑，如图6-9所示。编制主生产计划一般要经过以下步骤：

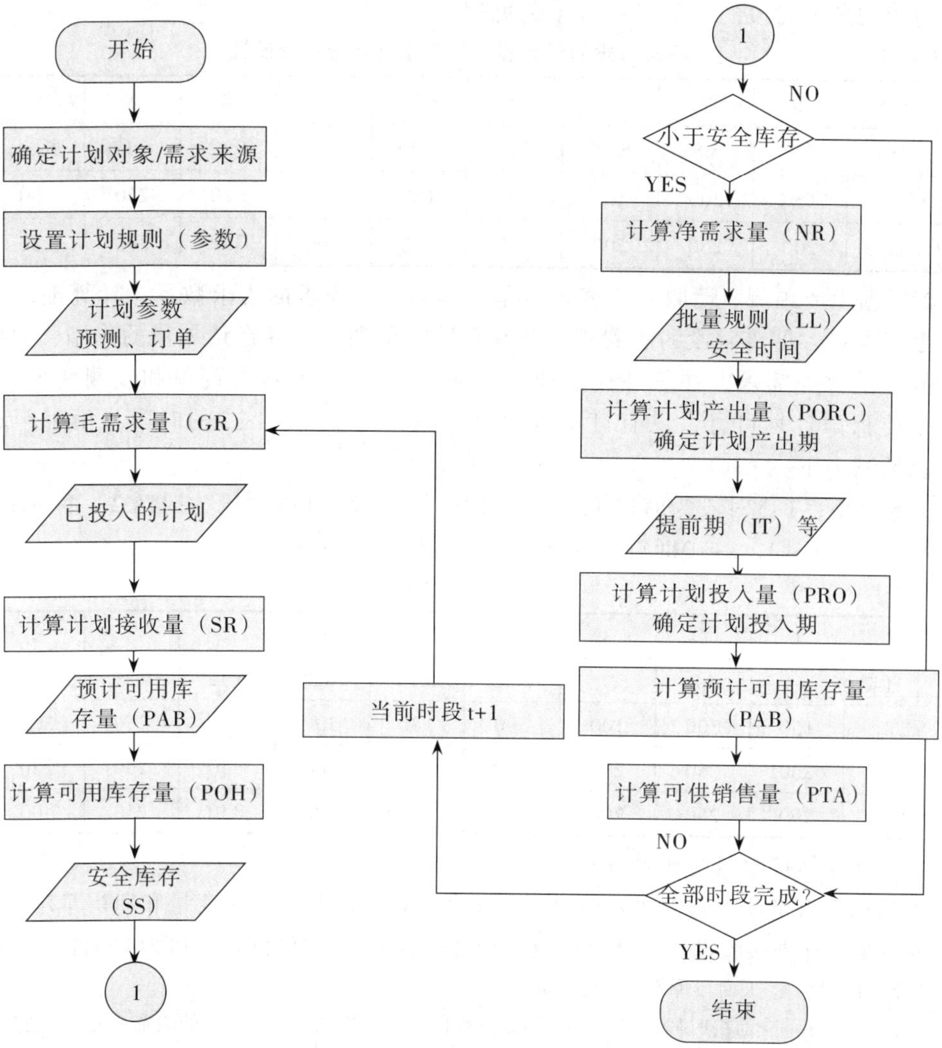

图6-9　MPS计算

1.系统设置

根据生产规划和计划清单确定对每个最终项目的生产预测，设定订单数量、销售预测和主生产计划时区和时段。

举例，假如时区和时界等数据如图6-10所示。系统安全库存50件，4月30日库存160件。

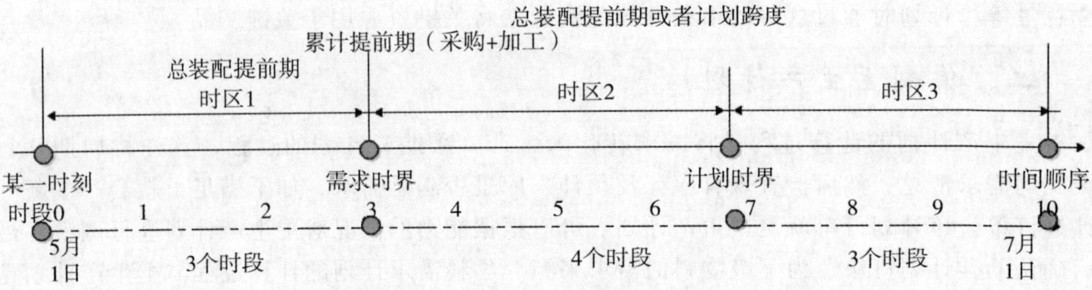

图6-10　主生产计划编制实例——时区和时界

1~3时段为时区1，4~7时段为时区2，8~10时段为时区3，总时段数量10。

初始的各个时段的预测量和订单量见表6-3。

表6-3　不同时段的预测量和订单量（部分初始设置）　单位：件

类别											
类别	时段	1	2	3	4	5	6	7	8	9	10
	日期	5.1	5.8	5.15	5.22	5.29	6.5	6.12	6.17	6.24	7.1
预测量		150	300	100	300	180	300	320	250	300	200
订单量		200	250	200	250	200	160	350	200	280	250

2.根据生产预测、已收到的客户订单，作为独立需求的需求数量，计算毛需求量

毛需求量，即该时段的总需求。其在总装提前期，不存在计划量的作用，只能围绕订单指标才能保障需求；在累计提前期（采购和加工），要考虑订单和预测两个方面孰大，这样既能保障计划可行，已有订单也得以保障；对于在时区3的时段，由于距离交付较远，以预测为主。

表6-4中，1~3时段为时区1，毛需求量=订单量。4~7时段为时区2，毛需求量=MAX（订单量，预测量），8~10时段为时区3，毛需求量=预测量。

表6-4　毛需求量的计算　单位：件

类别											
类别	时段	1	2	3	4	5	6	7	8	9	10
	日期	5.1	5.8	5.15	5.22	5.29	6.5	6.12	6.17	6.24	7.1
预测量		150	300	100	300	180	300	320	250	300	200
订单量		200	250	200	250	200	160	350	200	280	250
毛需求量		200	250	200	300	200	300	350	250	300	200

3.计算计划接收量与预计库存量

根据总需求量和事先确定好的订货策略和批量，以及安全库存量和期初库存量，计算各时区的主生产计划接收量和预计可用量（预计库存量）。假设订货批量为100件（见表6-5）。

预计可用库存量=K时段库存量-毛需求量

预计可用库存量=前一时段末的可用库存量+本时段计划接收量-本时段的毛需求量+计划产出量

这里的计划产出量，是本期的MPS计划量，计划接收量是前期计划的产出量。

表 6-5　**预计可用库存量的计算**

批量 100 件　　安全库存 50 件　　单位：件　4 月 30 日库存 160 件

类别 时段	1	2	3	4	5	6	7	8	9	10
日期	5.1	5.8	5.15	5.22	5.29	6.5	6.12	6.17	6.24	7.1
预测量	150	300	100	300	180	300	320	250	300	200
订单量	200	250	200	250	200	160	350	200	280	250
毛需求量	200	250	200	300	200	300	350	250	300	200
计划接收量	100									
预计可用库存量	60	-190	-390	-690	-890	-1 190	-1 540	-1 790	-2 000	-2 290

4.计算计划产出量

计算第一个出现0或负的预计可用库存量的净需求量（见表6-6）。

净需求量=本时段毛需求量-前一时段末的可用库存量-本时段计划接收量+安全库存量

表 6-6　**计划产出量的计算**

安全库存 50 件　　单位：件　4 月 30 日库存 160 件

类别 时段	1	2	3	4	5	6	7	8	9	10
日期	5.1	5.8	5.15	5.22	5.29	6.5	6.12	6.17	6.24	7.1
预测量	150	300	100	300	180	300	320	250	300	200
订单量	200	250	200	250	200	160	350	200	280	250
毛需求量	200	250	200	300	200	300	350	250	300	200
计划接收量	100									
预计可用库存量	60	110	110	110	110	110	60	110	110	110
净需求量		240	140	240	140	240	290	240	240	140
计划产出量		300	200	300	200	300	300	300	300	200

具体步骤如下（参见图6-9）：

（1）首先，对第一个0或负的计划可用库存量的时段计算净需求，之后决定计划产出量的大小（考虑批量），再计算本时段的计划可用库存量。

（2）重新计算下一时段预计可用库存量（计划产出先设为0），然后考虑安全库存，计算出净需求量，根据净需求量计算（决定）本时段的计划产出量，之后计算本时段的计划可用库存量。

（3）重复以计算下一时段的可用库存量，用类推的方法计算各个时段的净需求量，计划可用库存量和计划产出量。得到表6-7和表6-8的结果。

第1时段：

预计可用库存量=前一时段末的可用库存量+本时段计划接收量-毛需求量

=160+100-200=60

计划可用库存量=预计可用库存量-安全库存量=60-50=10>0

第2时段：

预计可用库存量=前一时段末的可用库存量+本时段计划接收量-毛需求量

=60+0-250=-190<0

表 6-7 **计算计划投入量与可供销售量的计算**

安全库存 50 件　　单位：件　4 月 30 日库存 160 件

类别 时段	1	2	3	4	5	6	7	8	9	10
日期	5.1	5.8	5.15	5.22	5.29	6.5	6.12	6.17	6.24	7.1
预测量	150	300	100	300	180	300	320	250	300	200
订单量	200	250	200	250	200	160	350	200	280	250
毛需求量	200	250	200	300	200	300	350	250	300	200
计划接收量	100									
预计可用库存量	60	110	110	110	110	110	60	110	110	110
净需求量		240	140	240	140	240	290	240	240	140
计划产出量		300	200	300	200	300	300	300	300	200
计划投入量	300	200	300	200	300	300	300	300	200	
可供销售量	60	50	0	50	0	140	−50	100	20	

表 6-8 **主生产计划（MPS）报表样例**

主生产计划（MPS）报表

物料代码：10001　　计划日期：20×7/4/30

物料名称：TXEA　　安全库存量：50件　　计划员：王珏

提前期：1周　　批量：100件　　需求时界：3

现有库存量：160件　　批量增量：100件　　计划时界：7　　单位：件

类别 时段	当前	1	2	3	4	5	6	7	8	9	10
日期		5.1	5.8	5.15	5.22	5.29	6.5	6.12	6.17	6.24	7.1
预测量		150	300	100	300	180	300	320	250	300	200
订单量		200	250	200	250	200	160	350	200	280	250
毛需求量		200	250	200	300	200	300	350	250	300	200
计划接收量		100									
预计可用库存量	160	60	110	110	110	110	110	60	110	110	110
净需求量			240	140	240	140	240	290	240	240	140
计划产出量			300	200	300	200	300	300	300	300	200
计划投入量		300	200	300	200	300	300	300	300	200	
可供销售量		60	50	0	50	0	140	−50	100	20	

计划可用库存量=预计可用库存量−安全库存量=−190−50=−240<0

净需求量=本时段毛需求−前一时段末的可用库存量−本时段计划接收量+安全库存量

=250−60+50=240

计划产出量=【240】=300 （批量100）

【新的】：

预计可用库存量=300−240+50=110

计划可用库存量=预计可用库存量−安全库存量=110−50=60>0

第3时段：

预计可用库存量=前一时段末的可用库存量+本时段计划接收量-毛需求量

=110+0-200=-90<0

计划可用库存量-预计可用库存量-安全库存量=-90-50=-140<0

净需求量=本时段毛需求量-前一时段末的可用库存量-本时段计划接收量+安全库存量

=200-110+50=140

计划产出量=【140】=200 （批量100）

【新的】：

预计可用库存量=200-140+50=110

计划可用库存量=预计可用库存量-安全库存量=110-50=60>0

5.计算计划投入量与可供销售量

计算计划投入量需要考虑提前期和成品率。

第1时段：

可供销售量=某时段计划产出的数量（包括计划接收量）-该时段的订单（合同）总量

=160+100-200=60

第2时段：

可供销售量=上一时段库存量+某时段计划产出的数量（包括计划接收量）-该时段的订单（合同）总量

=300-250=50

以此类推，分别计算各个时段的可供销售量（见表6-7）。

用粗能力计划评价主生产计划备选方案的可行性，模拟选优，给出主生产计划报告。

综合以上五个步骤的计算，我们得出主生产计划（MPS）报表（见表6-8）。

虽然经营规划、预测和生产规划可为主生产计划的编制提供合理的基础，但随着情况的变化，主生产计划期的改变仍是不可避免的。为了寻求一个比较稳定的主生产计划，提出了时界的概念，向生产计划人员提供一个控制计划的手段。

在计划展望期内最近的计划期，其跨度等于或略大于最终产品的总装配提前期；稍后的计划期其跨度加上第1个计划期的跨度等于或略大于最终产品的累计提前期。这两个计划期的分界线称为需求时界，它提醒计划人员，早于这个时界的计划已进行到最后阶段，不宜再作变动。第2个计划期和以后的计划期的分界线称为计划时界，它提醒计划人员，在这个时界和需求时界之间的计划已经确认，不允许系统自动更改，必须由主生产计划员来控制。在计划时界以后的计划，系统可以改动。通过两种时界向计划人员提供一种控制手段。

第五节 物料需求计划系统

一、物料需求计划

在前面我们讲过MRP的基本概念和原理。MRP是一种基于计算机的信息系统，它从最终产品（独立需求）出发，以倒排方式对生产产品所需的全部项目（相关需求）在数量和时间上做出预先安排，从而避免物料的缺货或积压。MRP用来协调生产物料的需求与库存之间的差距。MRP在ERP中的作用，如图6-11所示。

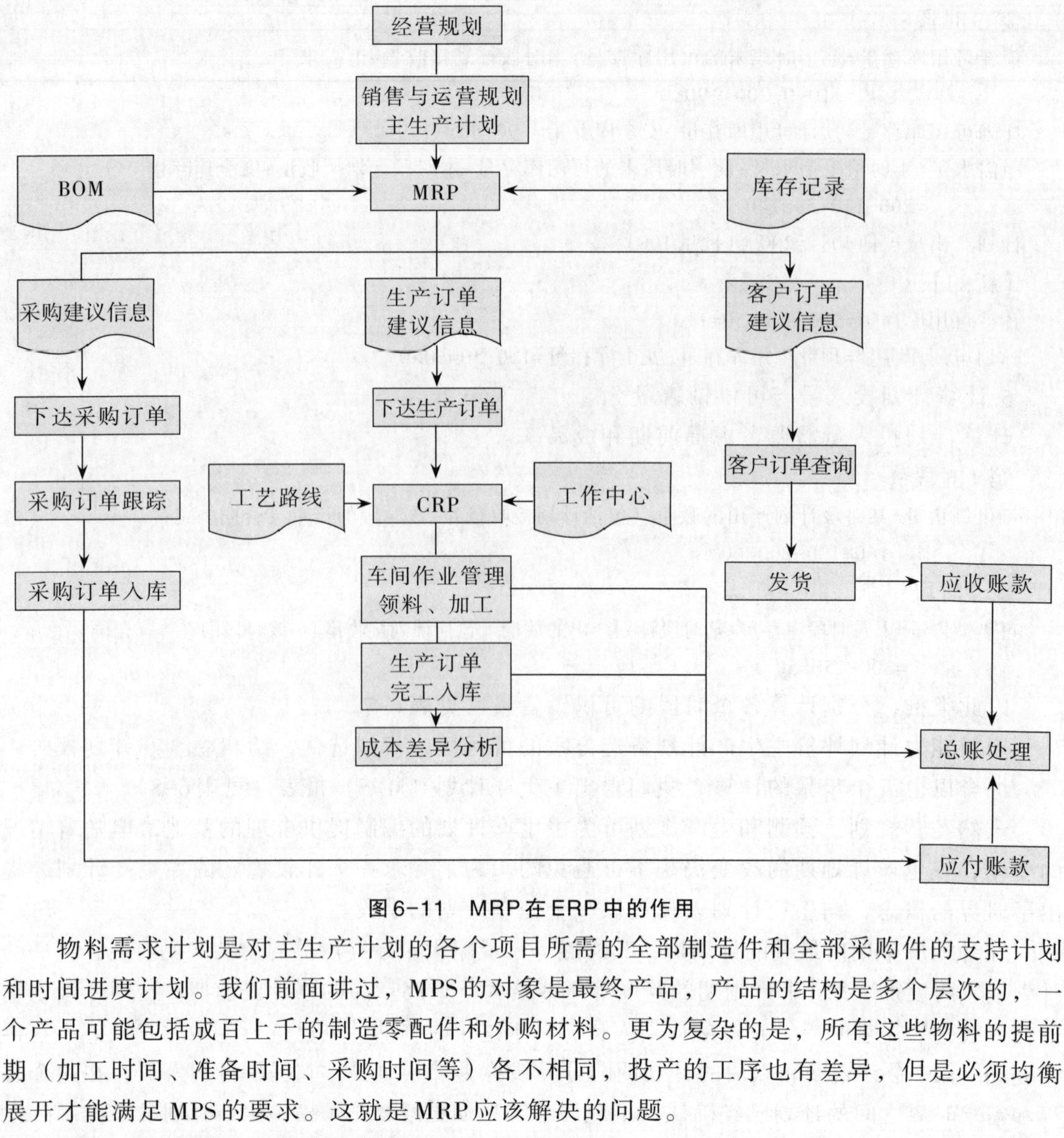

图6-11 MRP在ERP中的作用

物料需求计划是对主生产计划的各个项目所需的全部制造件和全部采购件的支持计划和时间进度计划。我们前面讲过，MPS的对象是最终产品，产品的结构是多个层次的，一个产品可能包括成百上千的制造零配件和外购材料。更为复杂的是，所有这些物料的提前期（加工时间、准备时间、采购时间等）各不相同，投产的工序也有差异，但是必须均衡展开才能满足MPS的要求。这就是MRP应该解决的问题。

因此，物料需求计划的作用可以总结为以下几点：

（1）根据MPS确定生产产品和数量。

（2）由生产产品的BOM，得到生产产品需要的物料和数量。

（3）根据物品的库存信息、即将到货的信息或产出信息，得到已经拥有的物料。

（4）根据（1）~（3）的结果，计算出缺少的物料和数量。

（5）根据物料的提前期等信息，合理制订物料需求计划。

二、MRP基本原理

1.制订MRP的依据

MRP制订依据在于两个方面：

（1）独立需求导出相关需求，即由最终产品的主生产计划导出有关物料的需求量和需求时间。

（2）提前期是确定由MRP计算出来的计划下达时间的一个重要因素。依据物料本身的提前期确定投产或订货时间。

2.制订MRP的关键信息

MRP的制订不是基于过去的统计数据，而是基于未来的需求。因此，制订MRP所需的关键信息要素有三个：

（1）主生产计划（MPS），即每一最终产品的生产计划，据此可以推算出所需的相关物料。

（2）物料清单（BOM），说明一个最终产品的零部件、原材料构成，以及这些零部件时间数量上的相互关系。

（3）库存记录，告诉计划人员，现在库存中有哪些物料，有多少，已经准备再进多少，从而在制订新的加工、采购计划时减掉相应的数量。

3.MRP基本流程

制订MRP的过程如图6-12所示。参见第三章相关内容。

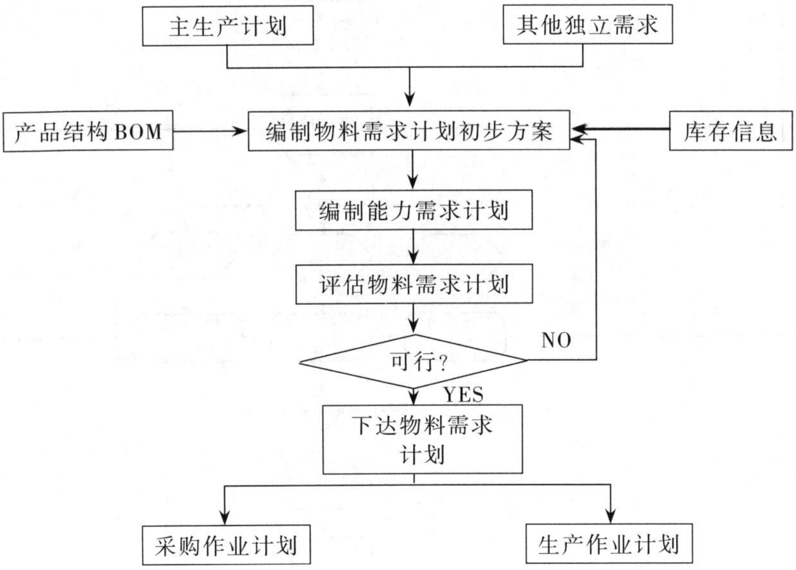

图6-12　制订MRP的过程

三、物料需求计划系统（K/3）

1.物料需求计划系统概述

通过MPS/MRP系统将企业外部销售市场对企业的销售需求转化为企业内部的生产需求和采购需求，将销售计划转化为生产计划和采购计划。K/3物料需求计划管理系统通过物料需求计划MRP，将独立的需求（销售或预测）作为需求，考虑现有库存、已分配量、预计入库等因素，通过BOM向下展开需求，得到主要产品（MRP类物料）的计划量。主计划员可以对该计划量进行维护、确认或进行细能力计划，将能力的影响体现在计划的改变上。对确定的计划订单，也可作为预计入库量，实现滚动计划功能。

2.业务流程——EPC

按订单进行生产的业务情况，详细内容见EPC，如图6-13所示，见表6-9。

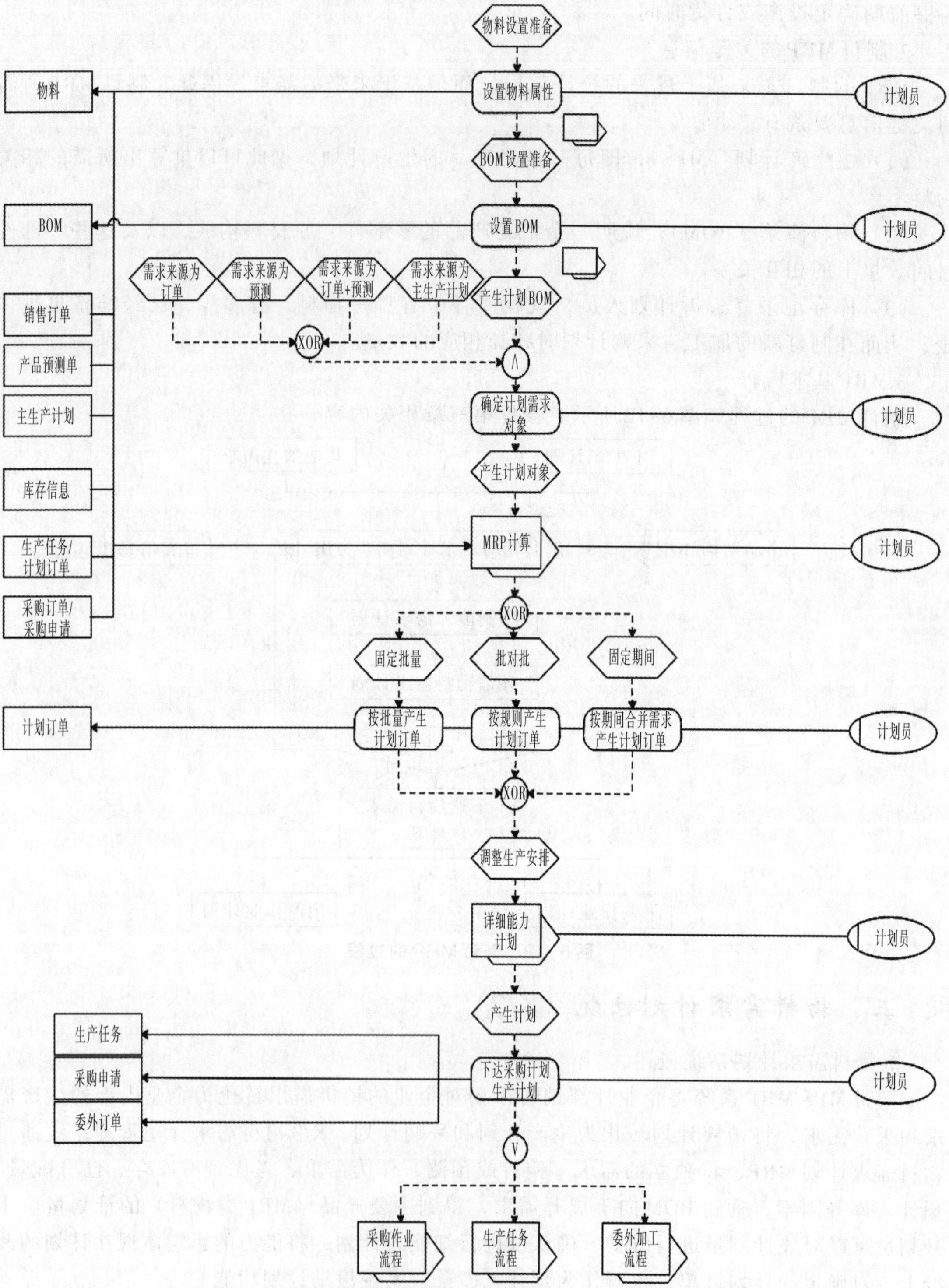

图6-13 按订单生产的MRP EPC

目标：实现按销售订单进行生产计划管理，可以支撑企业面向订单的生产方式。

业务背景：制造业企业根据实际的销售订单进行生产。

适用范围：按订单进行生产的制造业企业。

表6-9　业务流程说明

责任部门：计划部门　责任人：计划人员

序号	处理说明
1	确定计划需求对象：所有设定了计划策略为物料需求计划（MRP）的物料，这些物料对应的所有销售订单或产品预测均参加计算
2	MRP计算： •设置物料的计划部分的参数、仓库的参数； •设置物料清单（BOM）、工厂日历； •在物料需求计划中设置展望期、计划方案； •设置MRP计划方案，选择以下五种计算范围之一，全部计划对象、指定销售订单、指定物料、指定计划员、主生产计划； •进行MRP计算； •根据物料中设置的不同策略生成不同的计划订单； •投放材料的采购申请、自制产品的生产任务和外协产品的委外生产
3	进行细能力计划，对生产能力进行评估，调整半成品的生产计划
4	下达计划订单： 企业计划人员在对计划订单进行确认并进行细能力计划后，将物料需求计划的结果转化为“生产任务单”“采购申请单”

第六节　物料需求计划的编制

一、低层码

1.低层码的概念

产品结构中，最上阶的项目的阶次码定为0，其下依次定为1阶，2阶，……一个材料项目可能出现在2个以上的阶次中，以该材料在产品结构中出现的最低阶次码定为其最低阶码。

同一种物料在各种产品中所处的层次可能不同；即使在同一产品中，也可能在不同的层次上出现。在MRP运算时，要把MPS中所有产品的通用件汇总起来，合并计算它们（物料）在各个时段的需求量。MRP运算是自上向下展开的，当展开到2层遇到成品X的C物料时，由于C的低层码为3，还会出现在成品X的3层；系统根据C的低层码，把展开到2层的运算结果暂存，待展开到3层时，再把成品X对物料C的需求量合并在一起，显示运算结果，如图6-14所示。

一个物料出现在系统的各种产品中最低的那个层次，就是该物料的低层码（low level code，LLC）。各种软件运算低层码的方法略有不同，可人工设定，也可由系统在每建立或维护一次BOM时自动修订。

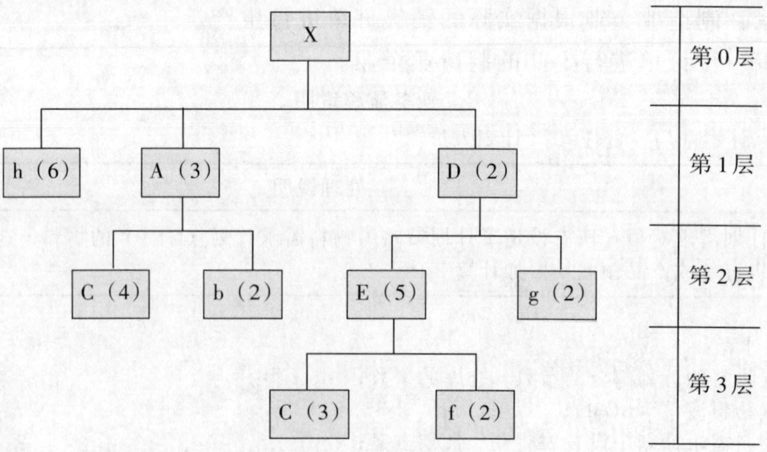

图6-14 X产品结构

2.低层码的作用

这种方法的目的是确保时间上最先需求的物料在计划上最先得到库存量，避免最后需求的物料提前下达而在计划上占用有限的库存量。

低层码的引入是对逐层计算原则的一个补充，低层码指定了对同一物料位于不同BOM阶层时的处理方式，能够合理安排作业计划、简化作业管理、降低库存量和减少企业流动资金积压。

二、MRP的计算模型

MRP的计算逻辑程序如图6-15所示。下面结合实例说明MRP的运算逻辑步骤。

1.计算物料的毛需求量

根据主生产计划、物料清单得到第一层级物料品目的毛需求量，再通过第一层级物料品目计算出下一层级物料品目的毛需求量，依次一直往下展开计算，直到最低层级原材料毛坯或采购件为止。

假设生产W产品，它的产品结构如图6-16所示。

企业生产W产品，BOM第一层包含物料A（生产）1个单位，物料A包含物料C（生产）2个单位，物料C包含物料O（采购）1个单位（见表6-10）。

表6-10 W产品主生产计划（MPS）

W产品提前期=1 批量=1 现有量=0

时段	1	2	3	4	5	6	7	8	9	10	11	12
计划产出量			10		10		10		10		10	
计划投入量		10		10		10		10		10		5

2.净需求量计算

根据毛需求量、可用库存量、已分配量等计算出每种物料的净需求量。

3.批量计算

由相关计划人员对物料生产做出批量策略决定，不管采用何种批量规则或不采用批量规则，净需求量计算后都应该表明是否有批量要求。

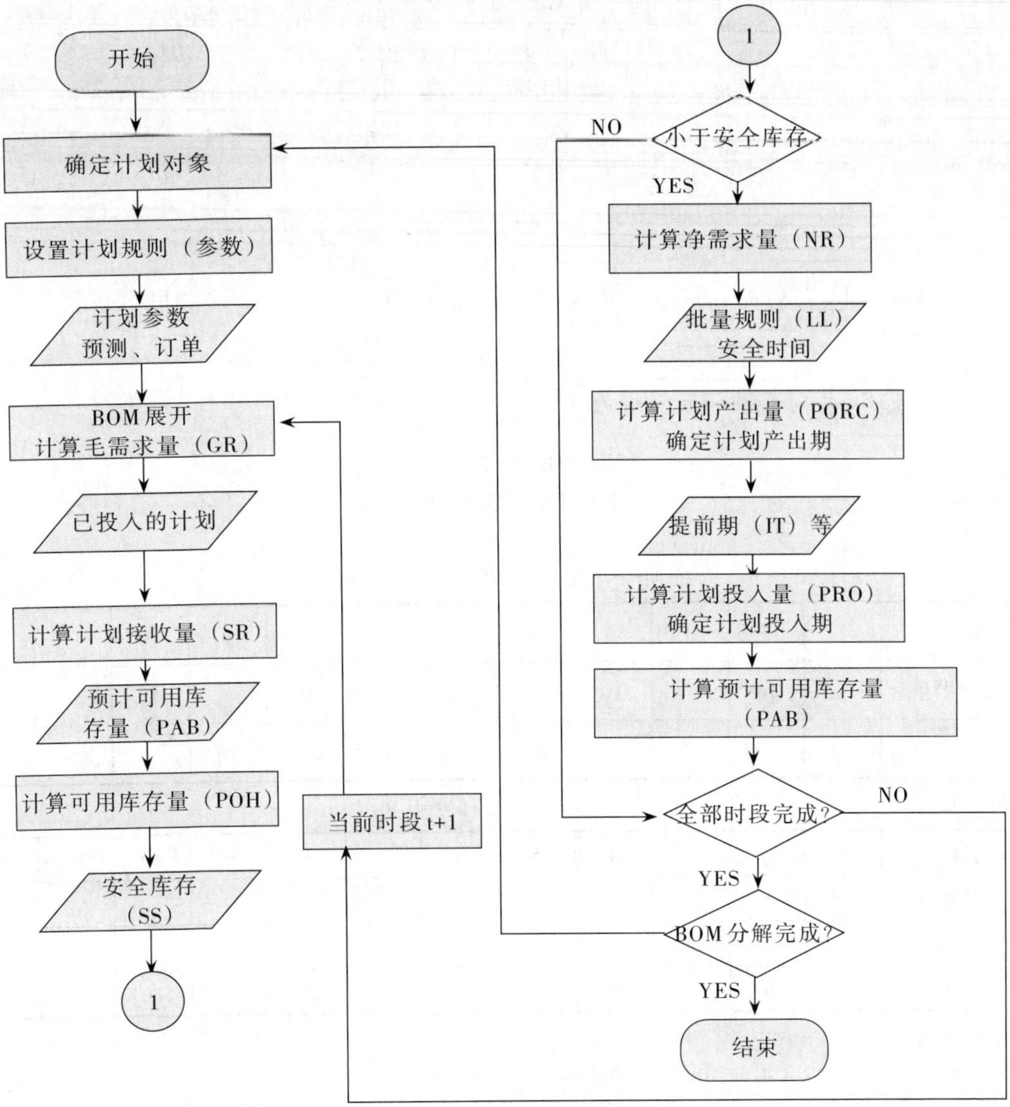

图6-15　MRP运算程序图

4.安全库存量、废品率和损耗率等的计算

由相关计划人员来规划是否要对每个物料的净需求量做这三项计算。

5.下达计划订单

通过以上计算后，根据提前期生成计划订单。物料需求计划所生成的计划订单，要通过能力资源平衡确认后，才能开始正式下达计划订单。

6.再一次计算

物料需求计划的再次生成大致有两种方式：第一种方式会对库存信息重新计算，同时覆盖原来计算的数据，生成的是全新的物料需求计划；第二种方式则只是在制订、生成物料需求计划的条件发生变化时，才相应地更新物料需求计划有关部分的记录。这两种生成方式都有实际应用的案例，至于选择哪一种要看企业实际的条件和状况（见表6-11）。

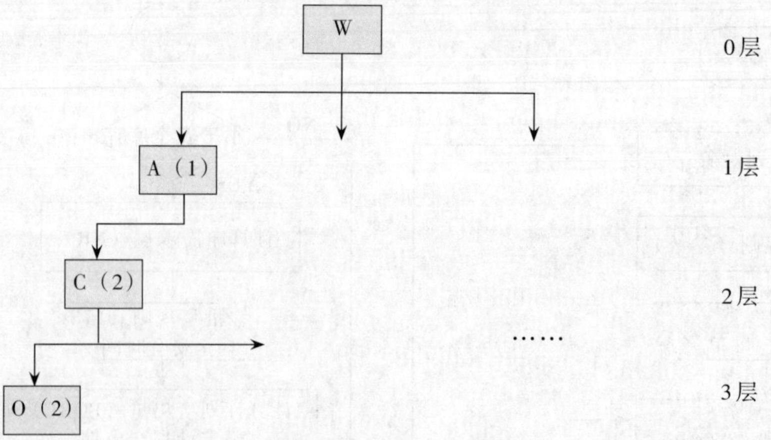

图6-16 W产品结构

表6-11 物料需求计划（MRP）

加工计划

物料A　　提前期=1　批量=1　现有量=0　　单位：件

时段	1	2	3	4	5	6	7	8	9	10	11	12
计划产出量		10		10		10		10		10		5
计划投入量	10		10		10		10		10		5	

物料C　　提前期=1　　批量=1　　现有量=0

时段	1	2	3	4	5	6	7	8	9	10	11	12
计划接收量	20											
计划产出量			20		20		20		20		10	
计划投入量		20		20		20		20		10		10

采购计划

物料O　　提前期=2　　批量=40　现有量=50

时段	1	2	3	4	5	6	7	8	9	10	11	12
毛需求量		20		20		20		20		10		10
计划接收量												
预计库存量	50	30	30	10	10	30	30	10	10	0	0	30
净需求量						10						10
计划产出量						40						40
计划投入量				40						40		

因为批量=40，所以计划产出量和计划投入量为40件。

物料可用量计算如下：

某个时段物料的可用量 = 该时段的现有库存量 + 计划接收量（执行中的订单，预期到货，即将入库）− 生产用分配量（车间订单将使用的原材料或半成品，尚未出库）

第七节　能力需求计划

一、能力需求计划

1.能力需求计划概述

能力需求计划（capacity requirement planning，CRP）是对物料需求计划（MRP）所需能力进行核算的一种计划管理方法。具体地讲，CRP就是对各生产阶段和各工作中心所需的各种资源进行精确计算，得出人力负荷、设备负荷等资源负荷情况，并做好生产能力负荷的平衡工作。广义的能力需求计划又可分为粗能力计划（RCCP，又称为产能负荷分析）和细能力计划（CRP，又称为能力计划）。

能力需求计划是帮助企业在分析物料需求计划后产生出一个切实可行的能力执行计划的功能模块。该模块帮助企业在生产能力的基础上，及早发现能力的瓶颈所在，提出切实可行的解决方案，从而为企业实现生产任务提供能力方面的保证。

MRPⅡ系统的能力平衡一般分为两种：无限能力计划和有限能力计划，前者不考虑能力的限制，而将各个工作中心负荷进行相加，找出超负荷和少负荷；后者则根据优先级分配给各个工作中心负荷。大多数的商品软件并没有解决有限能力的问题，即按MRP生成的计划是无限能力计划，虽然进行了能力计划，但是在解决能力冲突上并没有提出更好的解决方法，这样产生的计划在实施中必然与实际产生偏差，有些偏差可以通过车间的实时调度排除，但是如果不能排除则对生产产生不利的影响，从另一个角度讲，这种偏差是由于计划的不合理性引起的，它导致了生产的混乱、无序。因而能否产生合理的MRP计划将是系统成败的关键，也是系统是否实用的关键。

2.能力需求计划的作用

能力需求计划是MRPⅡ系统中的重要部分，是一个将生产计划和各种生产资源连接起来管理和计划的功能。能力需求计划是在物料需求计划下达到车间之前，用来检查车间执行生产作业计划的可行性的。即利用工作中心定义的能力，将物料需求计划和车间控制的生产需求分配到各个资源上，在检查了物料和能力可行的基础上可以调整生产计划或将生产计划下达给车间，车间就此计划进行生产。能力需求计划将所有订单按照确定的工艺路线展开，以工序的开始日期、完工日期及数量来审核时间和能力资源。能力需求计划的作用如图6-17所示。

能力需求计划可以解决以下几个问题：

（1）各个物料经过哪些工作中心加工？

（2）各工作中心的可用能力和负荷是多少？

（3）工作中心的各个时段的可用能力和负荷是多少？

二、粗能力计划与详细能力计划

粗能力计划（RCCP）可用来检查主生产计划（MPS）的可行性，它将主生产计划转换成对关键工作中心的能力需求。

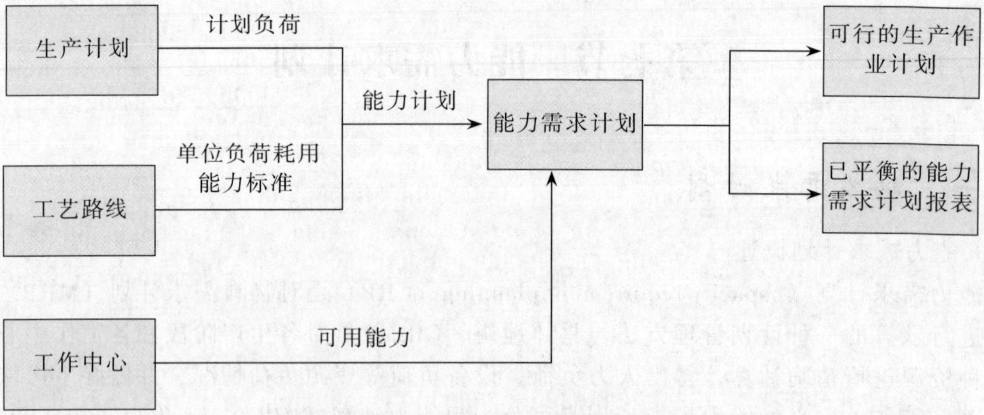

图6-17　能力需求计划的作用

详细能力计划（CRP）可用来检查物料需求计划的可行性，它根据物料需求计划，工厂生产能力进行能力模拟，同时根据各工作中心能力负荷状况判断计划可行性。

能力需求计划中的细能力需求计划与粗能力需求计划的功能相似，都是为了平衡工作中心的能力负荷，从而保证计划的可行性与可靠性，如图6-18所示。但细能力需求计划与粗能力需求计划又有区别，这些区别见表6-12。

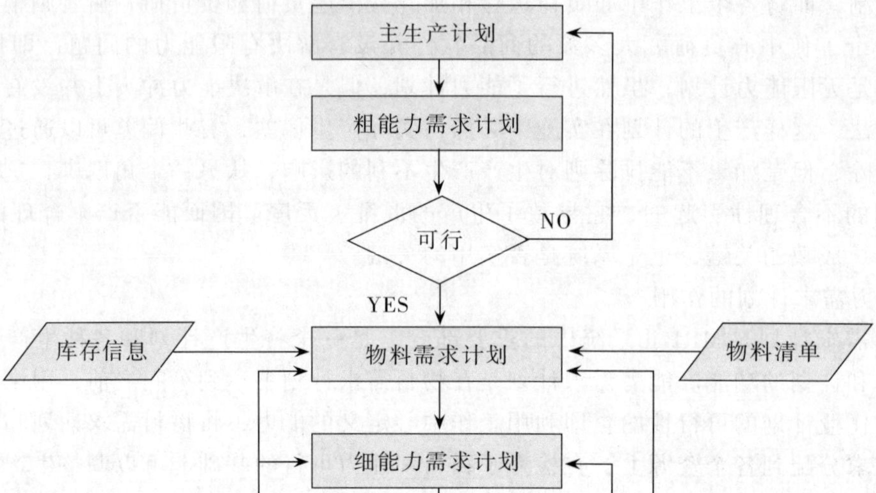

图6-18　能力需求计划程序流程图

表 6-12　粗能力计划与细能力计划比较

项目	粗能力需求计划	细能力需求计划
计划阶段	MRP制订阶段	MRP制订阶段
能力计划对象	关键工作中心	MRP物料涉及的所有工作中心
负荷计算对象	最终产品和独立需求物料	相关需求物料
计划的订单类型	计划及确认的订单（不含已下达的计划订单）	所有订单（含已下达的计划订单）
使用的工作日历	工厂工作日历或工作中心日历	工作中心日历
计划提前期考虑	以计划周期为最小单位	物料开始与完工时间，精确到天或小时

三、能力需求计划编制

考虑能力需求计划的计算方法时，需要把物料需求计划的物料需求量转换为负荷小时，即把物料需求转换为对能力的需求。不但要考虑MRP的计划订单，还要结合工作中心和生产日历，同时还得考虑工作中心的停工及维修情况，确定各工作中心在各时间段的可用能力。最后，由企业根据报告提供的负荷情况及订单的优先级因素加以调整和平衡。

编制能力需求计划的步骤如下。

1.收集数据

通常能力需求计划在具体编制时，可根据MRP下达的计划订单中的数量及需求时间段，乘上各自的工艺路线中的定额工时时间，转换为需求资源清单，加上车间中尚未完成的订单中的工作中心工时，成为总需求资源。再根据实际能力建立起工作中心可用能力清单，有了这些数据，才能进行能力需求计划的计算与平衡。编制能力需求计划需要的数据包括：

（1）工作中心。它是各种生产或加工能力单元和成本计算单元的统称。对工作中心，都统一用工时来量化其能力的大小。例如，表6-13就是工作中心WC01的基础数据。

表 6-13　工作中心基础数据

能力数据
工作中心：WC01 能力类别：工时 能力数据：100 能力单位：小时

（2）工作日历，是用于编制计划的特殊形式的日历。它是由普通日历除去每周双休日、假日、停工和其他不生产的日子，并将日期顺序表示而形成的。

（3）工艺路线，是一种反映制造某项“物料”加工方法及加工次序的文件。它说明加工和装配的工序顺序，每道工序使用的工作中心，各项时间定额，外协工序的时间和费用等。表6-14即为物件A、物件B在工作中心WC01的工时数据。

表 6-14 工时数据

工作中心	物品	能力类别	能力数据	能力单位
WC01	物件A	工时	10	小时
WC01	物件B	工时	5	小时

（4）由MRP输出的零部件作业计划。表6-15、表6-16为WC01下达的物料需求计划。

表 6-15 工作中心 WC1 的物料需求计划（下达及确认）

周	1	2	3	4	5
物件A	10		5	10	
物件B		10	6		5

表 6-16 工作中心 WC1 的物料需求计划（未执行计划）

周	1	2	3	4	5
物件A	5		10		
物件B		5		10	

2.计算与分析负荷

根据MRP下达的计划订单中的数量及需求时间段，乘上各自的工艺路线中的定额工时时间，转换为需求资源清单，加上车间中尚未完成的订单中的工作中心工时，得到总需求资源，如图6-19所示。

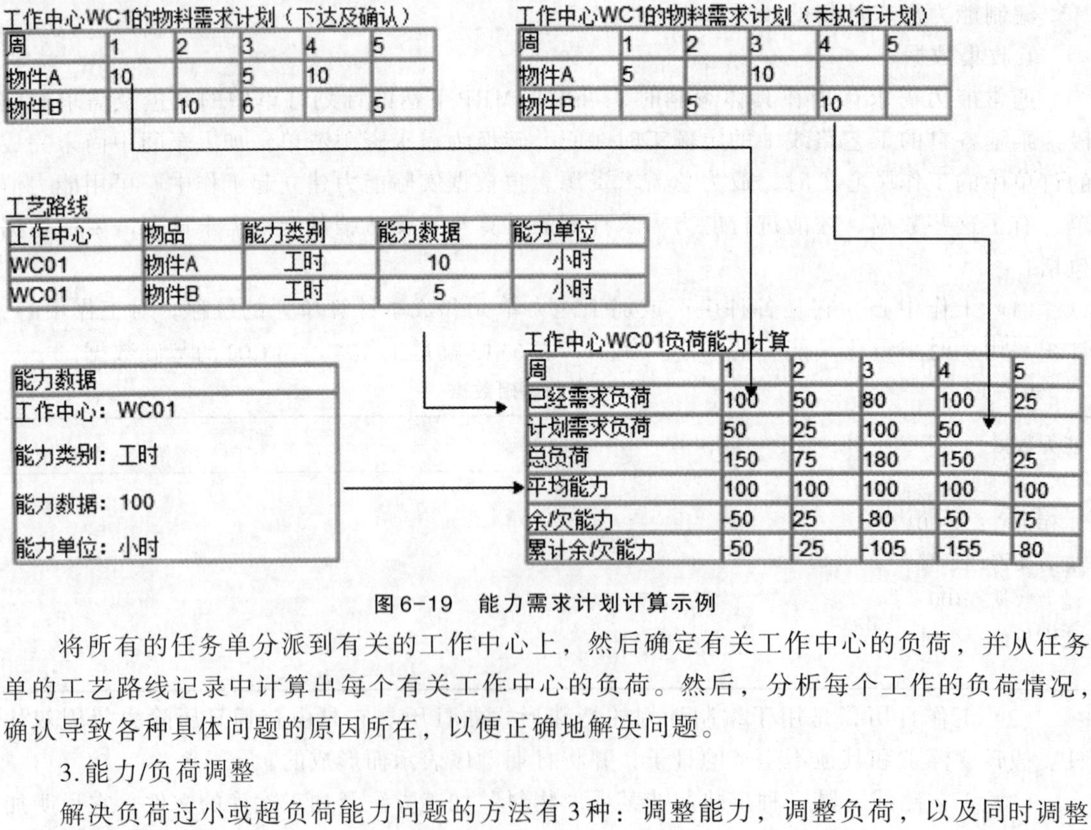

图6-19 能力需求计划计算示例

将所有的任务单分派到有关的工作中心上，然后确定有关工作中心的负荷，并从任务单的工艺路线记录中计算出每个有关工作中心的负荷。然后，分析每个工作的负荷情况，确认导致各种具体问题的原因所在，以便正确地解决问题。

3.能力/负荷调整

解决负荷过小或超负荷能力问题的方法有3种：调整能力，调整负荷，以及同时调整能力和负荷。

4.确认能力需求计划

在经过分析和调整后，将已修改的数据重新输入到相关的文件记录中，通过多次调整，在能力和负荷达到平衡时，确认能力需求计划，正式下达任务单。

能力需求计划的计算逻辑是满足客户和市场的需求，因此，在编制计划时，总是先不考虑能力约束而优先保证计划需求，然后再进行能力计划。经过多次反复运算，调整核实，才转入下一个阶段。能力需求计划的运算过程就是把物料需求计划订单换算成能力需求数量，生成能力需求报表。

各工作中心能力与负荷需求基本平衡后，接下来的一步就要集中解决如何具体地组织生产活动，使各种资源既能合理利用又能按期完成各项订单任务。

第八节　车间作业管理系统

一、生产作业管理概述

生产管理的第三个步骤是产品的实际制造过程。企业间产品类型以及生产自动化程度的差异使得生产作业方式差别很大。

生产任务管理的功能涵盖了企业生产任务管理的全过程。按照计划系统提供的有关生产的计划，进行投料与领料、生产检验与汇报、产品入库、任务单结案功能，协助企业有效掌握各项制造活动信息，管理生产进度，提高生产效率，减少车间在制品，降低损耗与成本，提高产品质量与客户满意度。通过锁库功能对物料进行优先级的分配处理。

在企业中，设施布局是生产系统优化的条件之一，其优劣直接影响整个系统的生产效率、生产能力、生产进度、生产成本、安全运行。优秀的布局设计和拙劣的布局设计在施工的难易和成本方面不会有很大的差别，但经济效果却大不相同。制造过程按照物料的流动可分成三种基本工厂布局（plant layout）：按产品布局（product layout）、按功能布局（process layout）、按项目布局（project layout）。

会计人员并不需要在计算机集成制造系统的每一方面都成为专家。但是，会计人员必须知道生产作业管理系统是如何影响会计信息系统的。尽管不同企业的生产过程特征和计算机集成制造的程度有所不同，但是出于成本核算的目的，每个企业都需要一些基本的生产作业要素信息，即原材料用量、工时用量、机器作业量以及其他间接制造成本。这些信息在成本会计核算中使用，尤其是作业成本核算。

二、车间作业管理

车间作业管理（shop job scheduling and management）处于ERP的计划执行与控制层，其管理目标是按照物料需求的要求，按时、按质、按量，并且低成本地完成加工制造任务。车间管理的过程主要依据MRP、制造工艺路线与各工序的能力编排工序加工计划，遵照生产任务单，控制计划进度，最终完工入库。

车间作业管理系统，是以确定的生产计划为核心，保证车间加工过程紧紧围绕生产计划进行，为离散式生产型工业企业提供自生产计划下达后，各工作中心的工序计划及加工优先级的确定、分派、执行、流转。控制投入和产出的工作量，保持物流稳定，减少车间在制品，并进行数据收集的全过程监督与控制的企业管理软件。车间作业管理系统旨在帮助企业加强工序级别的管理和控制，从而提高业务管理水平与生产效率、控制降低损耗与成本、提高产品质量与客户满意度。

三、车间作业管理的主要内容

车间作业管理子系统帮助车间管理人员监督和控制车间生产活动，同时帮助企业提高劳动生产率，减少车间在制品，提高产品质量。车间作业管理业务从MRP下达生产任务开始，止于所生产物品的完工入库，主要业务处理流程包括：

1.车间任务生成

MRP提供的是各种物料的计划需求日期。车间接收的MRP订单是生产计划员根据理想状态的资料制订的，物料可能由多条加工路线、多个车间完成。所以在投放前要仔细核实车间的实际情况，检查工作中心、工具、物料及生产提前期等的有效性，解决计划与实际间存在的问题，最后建立和落实车间任务，以及物料分配。根据物料短缺报告说明物料在任务单上的短缺量，帮助管理人员及时掌握有关情况，采取相应措施，及时加以解决（见图6-20，表6-17）。

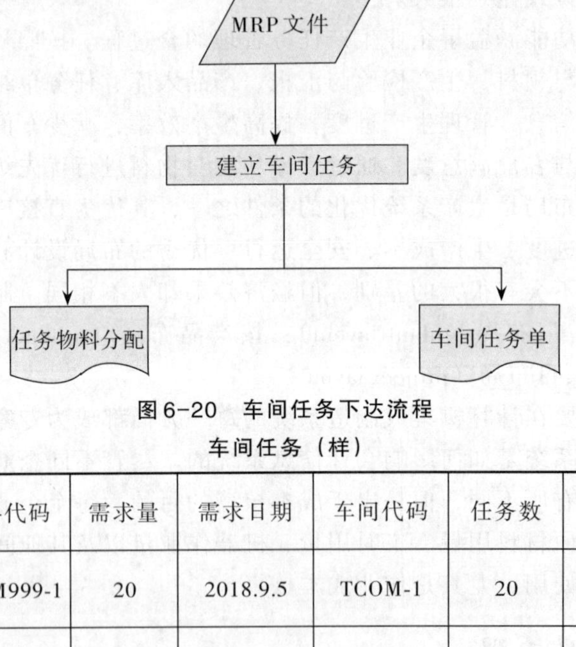

图6-20 车间任务下达流程

表6-17 车间任务（样）

任务号	MRP单号	物料代码	需求量	需求日期	车间代码	任务数	计划开工日期	计划完工日期
R001	M010	TCOM999-1	20	2018.9.5	TCOM-1	20	20×8.9.3	20×8.9.5
R002	M008	TCOM999-T	10	2018.9.7	TCOM-1	10	20×8.9.5	20×8.9.6

2.工作中心加工单与作业排序

工作中心的加工任务也称为工作中心进度表，是根据工作中心正在加工情况、已经进入该工作中心（排队等候）的情况、上工序的加工情况（即将到达的加工任务），做出工作中心的任务计划，以控制生产过程中任务的流动和优先级的。它说明了在某个工作中心将要或正在生产什么订单的物品，已完成的数量和未完成的数量，计划生产准备和加工时间与订单的优先级。举例参见图6-21和表6-18。

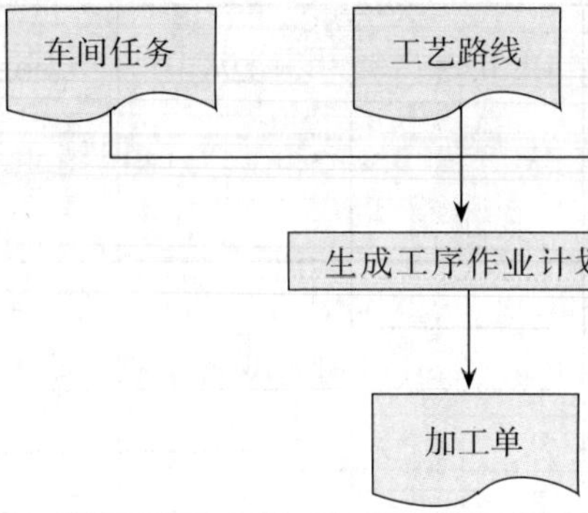

图6-21　工作中心加工单生成流程

表 6-18　工作中心加工单（样）

单号：JGD01　计划时间：20×8.9.3　计划人员：WQ

物料代码：AQ01　物料名称：TCOM999-1

工序	工作中心	标准时间		工序时间	计划进度				状态	传递标志
		准备	工时		最早开工	最早完工	最迟开工	最迟完工		
1	WC01	0.2	1	1.2	20×80905	20×80906	20×80905	20×80906	开工	正常
2	WC02	0.1	2	2.1	20×80906	20×80907	20×80906	20×80907	确认	平行

3.派工单下达与生产作业控制

生成物料的加工单后，根据工作中心的当前正在加工任务和排队任务等生产情况，进行各个工序的作业安排，即下达派工单。每个任务可以下达一张工票，也可以分开多张工票，可以对应一个工序或多个工序（见表6-19）。

表 6-19　派工单（样）

车间代码：P001

工作中心：WC02　派工时间：20×8.10.3

物料代码	任务号	工序号	需求数量	最早开工	最早完工	最迟开工	最迟完工	剩余时间（天）	优先级
AC01	J001	01	10	20×81005	20×81006	20×81005	20×81006	+2	1
DC02	J002	05	30	20×81006	20×81007	20×81007	20×81008	+3	2

生产进度控制贯穿了整个生产过程，有的企业进度控制的主要对象是客户需求产品的最终完工进度，但完整的进度控制包括投入进度控制、工序进度控制和产出进度控制。生产控制活动在制造业的生产管理中占据非常重要的位置。车间生产管理人员的大部分工作是进行生产的控制活动。生产控制的主要内容是进度控制、质量控制、车间物流控制与成本控制。

4.能力的投入产出控制

能力的投入产出控制是指调度与控制投入、产出的工作量，平衡与充分发挥各工序能力，同时控制投入、产出的物品流动，控制在制品（work in product，WP）库存量，保持物流平衡、有序。甘特图是常规的作业排序和进度管理工具，见表6-20。

表 6-20　　　　**AC01 加工进度甘特图（样）**

工序	02/3	02/4	02/5	02/6	02/7	02/10
01	——	——				
02			——			
03				——	——	

5.记录加工信息

根据加工任务、派工单等执行情况记录加工的信息。需要记录加工信息描述任务在工艺路线中每道工序的情况：等待工序上的数量，在工序上的数量，已经加工完成的数量，已转下道工序的数量，在工序中报废的数量，工序计划开始与结束的时间，实际加工的开始与结束时间，物料的计划和实际发放量，以及加工工作中心、加工人员或班组、加工工时、台时、完工数量、完工时间、废品数量和费用等。收集车间数据有助于计划和控制生产活动保证产品质量，记录实际生产成本。

6.在制品管理

在制品管理是车间管理的一项重要的工作内容，对车间物料要定期组织盘点，对盘盈或盘亏的物料和在制品在得到有关部门确认后要及时进行调整，并要总结分析加以预防控制。由于物料占用了企业的大量资金，是生产成本的主要构成部分，车间必须对车间原材料、半成品及成品加以严格管理，要有科学合理的管理方法。

7.统计分析

对车间生产过程的各种信息进行统计与分析，用以改进车间管理工作。统计分析的数据包括进度分析、在制物流分析、投入产出分析、工作效率分析、车间成本分析及车间人员考勤分析等（见表6-21）。

表 6-21　　　　**工作中心投入产出报表**

工作中心：WC01　　　　生产日期：20×8.8.8

能力标志：工时　　　　能力数据：18 小时/日

允许偏差：10

项目	时段				
	1	2	3	4	5
计划投入	50	50	50	50	50
实际投入	48	46	60	52	48
投入累计偏差	−2	−6	+2	+4	+2
计划产出	50	50	50	50	50
实际产出	48	45	55	50	50
产出累计偏差	−2	−7	−2	−2	−2
计划排队	10	10	8	8	8
实际排队	8	8	12	12	13

四、车间管理与其他系统关系

车间管理子系统顶层数据流图如图6-22所示。

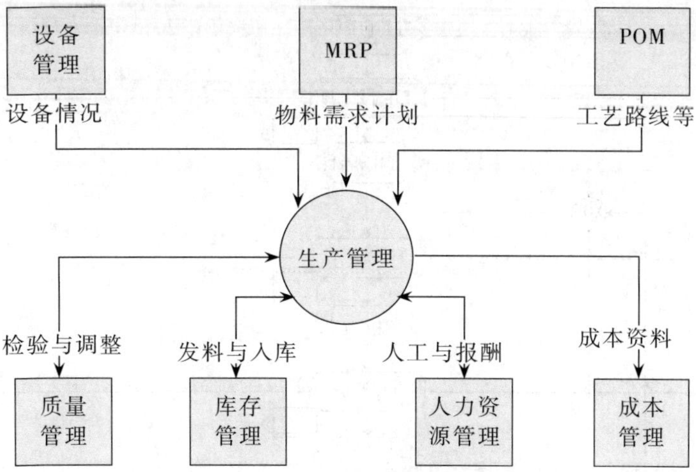

图6-22　车间管理子系统顶层数据流图

1. 与设备管理的关系

设备管理子系统为车间作业管理提供设备使用情况。

2. 与物料需求计划的关系

车间作业管理的车间任务单的生产，需要以物料需求计划模块的物料加工计划为依据。

3. 与生产数据管理的关系

车间作业管理的工序计划单的生成，需要以生产数据管理模块中的工艺路线为依据。工序领料正确使用的前提是BOM中对每个物料使用工序的完整设置。

4. 与成本管理的关系

成本计算的人工费用可以取计时计件工资清单的数据，实际工时的统计需要取工序汇报的具体数据以计算真实的成本。工序中的报废数量也是成本计算的组成部分。

5. 与质量管理的关系

在工序加工过程中的工序检验需要质量模块的检验结果来决定生产过程的下一步处理。

6. 与仓存管理的关系

可以通过工序计划或工序流转卡进行工序领料，也可以根据工序的移转单，工序流转卡，委外工序接收单来生成完工入库单。

7. 与人力资源管理的关系

人力资源管理模块可以取计时计件工资汇总表中的工资金额作为工人工资结算的依据，同时记录工时和成本。

五、车间精细管理业务 EPC（K/3）

1.车间精细管理业务 EPC（如图 6-23 所示）

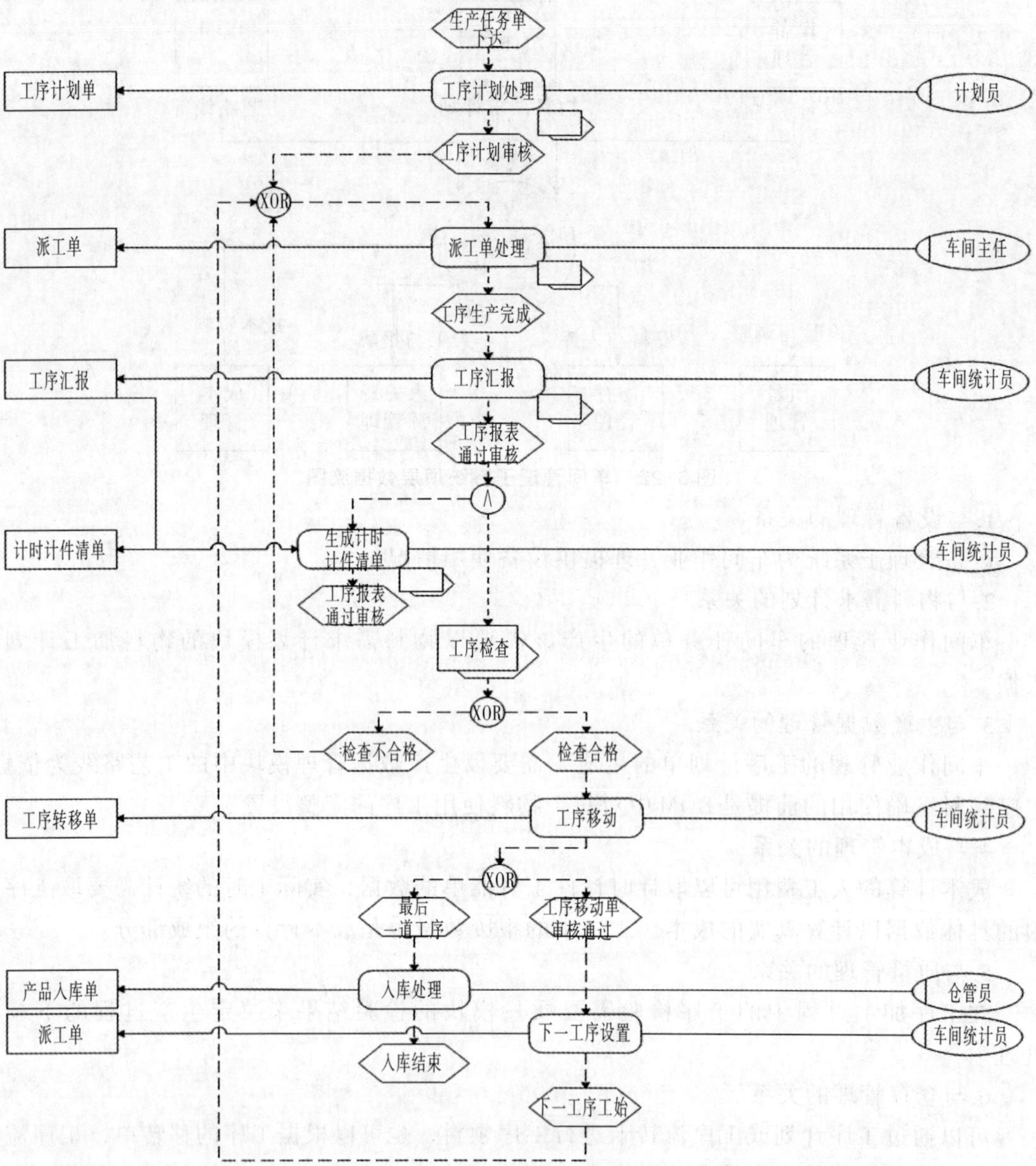

图 6-23 车间精细管理业务 EPC（K/3）

2.业务流程说明

目标：完成工序计划的产生到车间加工完毕精细管理的整个过程。

业务背景：生产任务单必须是工序跟踪类型的，需要管理车间生产从派工到工序移转的整个过程，具备明确清晰的生产工艺路线。

适用范围：适用于一些加工周期长、工艺复杂，需要进行工序过程精细控制、有计时计件工资统计需求的产品。生产管理的水平要求相对较高，车间统计人员可以清晰统计出每个时间段内每道工序，每个工人，每台设备加工完成，报废，返修数量，加工实际工时。需要精细掌握每道工序的派工数量，完工数量，移转数量等车间在制品的完整情况（见表6-22）。

表6-22　业务流程说明

序号	处理说明	责任部门	责任人
1	工序跟踪的生产任务单在确认时，自动根据生产任务单中制定的工艺路线生成对应的计划状态的工序计划单	计划管理部门	计划员
2	生产任务单下达时，根据系统参数可设定是否自动审核工序计划单	计划管理部门	计划员
3	根据审核的工序计划单在工序计划单序时簿下推或在派工单中下拉生成派工单	车间管理部门	车间主任/生管人员
4	对派工的工序加工完毕之后，定期统计其加工完成的数量，耗费的工时，再根据派工单汇报记录完工数量和实际耗用工时	车间管理部门	车间统计员
5	如果需要对完工的产品进行工序检验，则对检验合格的数量，可以生成工序移转单	质量管理部门	质检员
6	如果工序完工的产品不需要进行工序检验，则可以根据工序汇报的合格数量生成工序移转单	车间管理部门	车间统计员
7	可以将工序汇报的完工数量和实际耗费工时引入计时计件工资清单中，生成计时计件工资清单	车间管理部门	车间统计员
8	工序移转单审核之后，如果本工序是末道工序，可以根据此移转单在工序移转单序时簿下推生成产品入库单。如果不是，则可以进行下道工序的派工	车间管理部门/仓库	车间统计员/仓管员

□ 本章小结

生产循环包括4项基本活动：产品设计管理、生产计划管理、生产作业管理和成本核算。会计信息系统在生产过程中发挥了至关重要的作用。准确及时的成本核算信息是进行有效的管理决策的前提。这些决策包括：产品组合（即生产什么）；产品定价；资源配置和计划（例如，自行生产还是外购某种产品）；成本管理（计划和控制制造成本，评估业绩等）。

生产循环主要包括5个模块，分别是制造数据管理、主生产计划、能力需求计划、物料需求计划和生产任务管理。

生产数据管理系统作为企业ERP系统中的基础部分，规范、管理着企业最核心的数据信息，即产品结构资料（BOM）和工艺资料。它是各个业务部门沟通和协作的基础。BOM有5种类型，不同BOM有着不同的应用场景。这5种BOM分别为：普通BOM、规划BOM、配置BOM、特征BOM、虚拟BOM。

主生产计划的计划对象主要是生产规划中的产品系列具体化以后的出厂产品，通称最终项目，编制主生产计划（MPS）时要确定每一具体的最终产品在每一具体时间段内的生产数量。MPS涉及的概念较多，如时段、时区与时界、各种量的概念和计算、批量法则、粗能力计划等。我们用一个简单的案例描述了其计算逻辑，并给出金蝶K/3系统MPS的功能和业务模式。

MPS与物料需求计划MRP构成ERP系统的核心。MRP也是MPS的目的所在。制订MRP的依据是独立需求和提前期，需要三方面的关键信息：主生产计划（MPS），物料清单（BOM），库存记录。其计算逻辑与系统功能同MPS系统类似。

我们重点讨论了ERP的基础PDM、核心MPS和MRP。这些概念和原理对企业业务流程、企业管理、财务会计处理都会有很大帮助。

□ 基本训练

一、选择题（选项有一个或几个正确，请把正确的填在括号内）

1.在PDM系统中，产品设计活动中创建的主要文档有（　　）。

A.物料清单　　B.工艺路线

C.产品订单　　D.工作日历

2.生产循环是与产品制造相关的一系列循环反复的业务活动和信息处理过程。生产循环包括的基本活动有（　　）。

A.产品设计管理　　B.生产计划管理

C.生产作业管理　　D.生产成本核算

3.（　　）定义了制造件的工序执行顺序。

A.物料主文件　　B.物料清单

C.工艺路线　　D.车间日历

4.粗能力计划作用包括（　　）。

A.检查主生产计划的可行性

B.将主生产计划转换成关键工作中心的能力需求

C.评估MPS的一个粗略方法

D.评估材料库存容量

5.产品数据管理将所有与产品相关的信息和所有与产品有关的过程集成到一起进行管理。（　　）属于这些信息。

A.CAD/CAM/CAE的文件　　B.物料清单（BOM）

C.生产成本　　D.供应商状态

6.产品数据管理将所有与产品相关的信息和所有与产品有关的过程集成到一起进行管理。（　　）属于这些过程。

A.加工工序　　B.工作标准和方法

C.工作流程　　D.生产成本

7.生产数据管理系统主要涉及的业务应用角色包括工程人员、销售人员、计划人员、生产人员、财务人员等。财务人员所参与的应用需求包括（　　）。

A.分析标准成本构成　　B.进行相似产品成本差异分析

C.得到零部件的生产计划　　D.生产成本核算

8.在为订单而生产（MTO）的公司中，主生产计划是根据销售计划预先建立的一份计划。其计划的对象是（　　）。

A.BOM　　B.非独立需求

C.最终产品　　D.物料、材料

9.在为库存而生产（MTS）的公司中，其用很多种原材料和部件制造出少量品种的标准产品，主生产计划的计划对象是（　　）。

A.BOM　　B.计划物料或计划BOM

C.最终产品　　D.物料、材料

10.在面向订单生产的计划环境中，下面陈述正确的是（　　）。

A.主生产计划要平衡库存投资与客户服务水平

B.主生产计划要批准每份新订单所使用的原材料和生产能力

C.主生产计划要确定可用于满足客户订单的原材料和生产能力

D.主生产计划要确定采购提前期

二、思考简答题

1.简述生产数据管理系统与其他生产循环子系统的关系。

2.某汽车企业规划BOM如图6-24所示，请简要解释说明其含义。

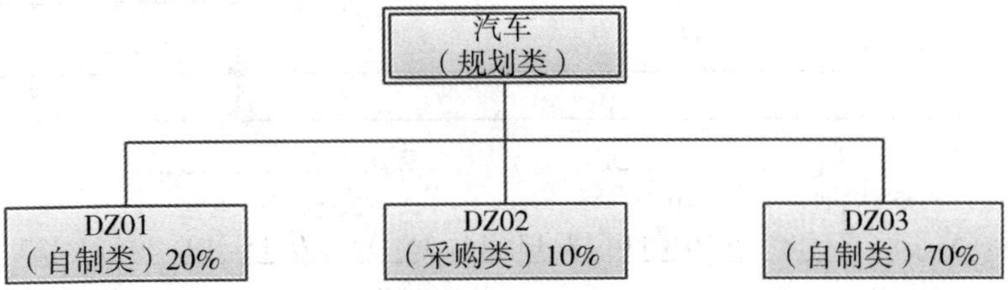

图6-24　规划BOM

3.某电脑生产厂商的配置与特征BOM如图6-25所示，请简要解释说明其含义。

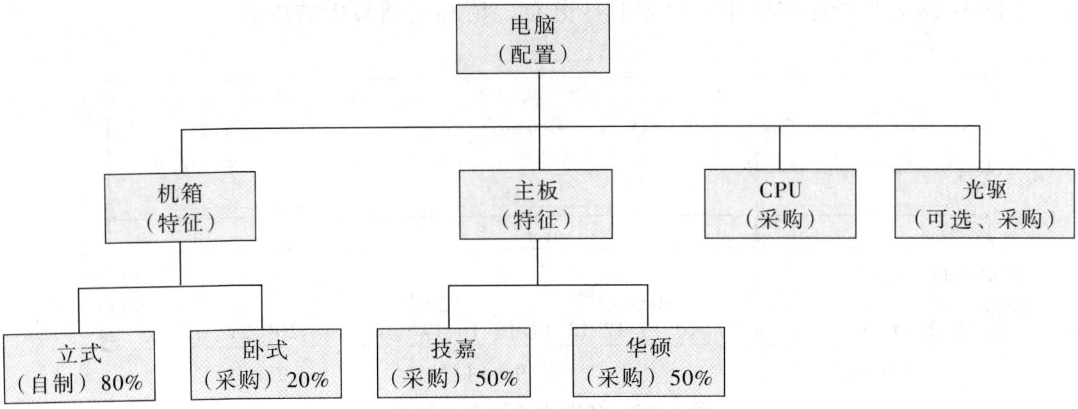

图6-25　配置与特征BOM

4.某电脑生产厂商的虚拟BOM如图6-26所示，请简要解释说明其含义。

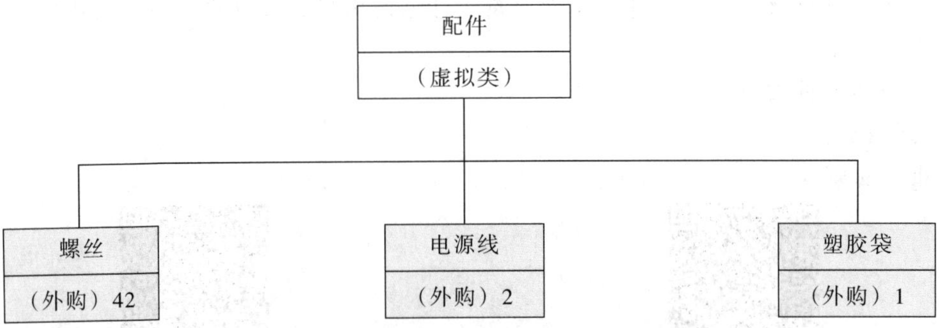

图6-26　虚拟BOM

5.编制主生产计划（MPS）时要确定每一具体的最终产品在每一具体时间段内的生产

数量。它所需要满足的约束条件有哪些？请简单说明。

三、开放论述题

1. 如何理解ERP系统是“3分技术，7分管理，12分数据”这句话。

2. 简述生产数据管理系统管理产品完整的生命周期的过程。

四、实践与提高

1. 图6-27为某产品单次生产计划时区分布，请标记括号中的内容。

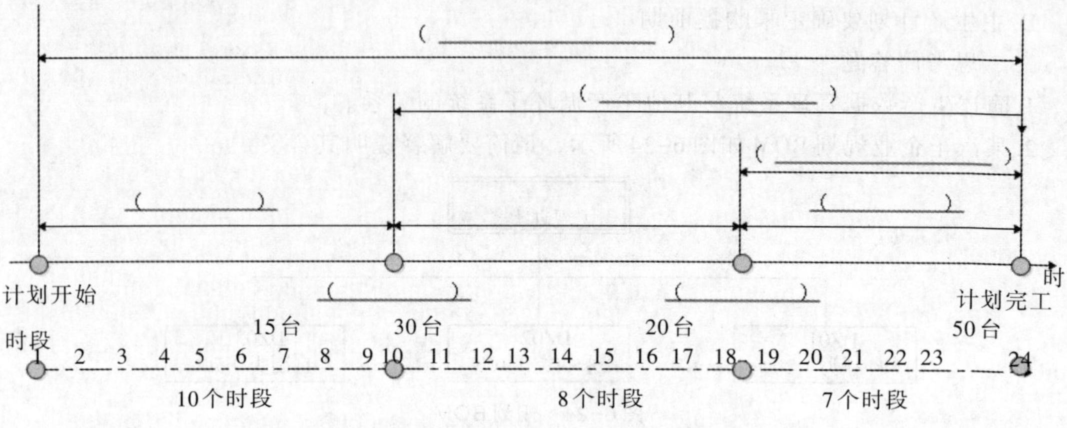

图6-27 单次生产计划时区分布

2. 图6-28为某产品多次生产计划时区分布，请标记括号中的内容。

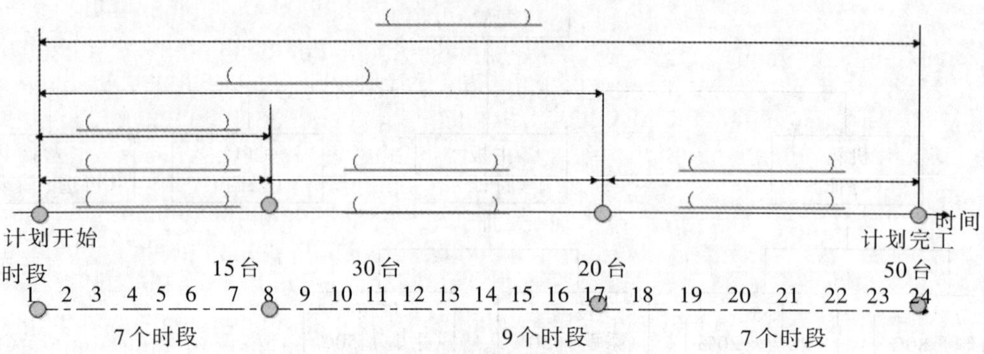

图6-28 多次生产计划时区分布

3. 总结下列概念，并归纳它们的计算公式。

毛需求、计划接收量、预计可用库存量、计划产出量、计划投入量、可供销售量和可用库存量，ATP。

五、难点延伸阅读

1. 时间粒度。

2. 批量法则。

思考与练习　　　　思考与练习答案

第七章

采购及其他支持业务系统

学习目标

通过本章学习，应该达到以下目标：

学习和理解企业供应链管理，各个子系统之间的关系。掌握采购管理、应付管理、仓存管理、存货核算、成本核算各个系统基本业务流程，以及各个子系统如何支持企业主要经营活动。通过对系统描述，掌握实务中相应业务的处理方式方法。

引例 **“拉动式”与“推进式”**

背景与情境：“推进式管理”与“拉动式管理”就是“大棒”和“胡萝卜”，人们往往说，胡萝卜和大棒的组合是最管用的，不过还是要结合实际的情况来分析。

在JIT（准时制）下，“拉动式”物流系统的最大特点是市场供需关系的工序化。它以外部市场独立需求为原点，拉动相关物料需求的生产和供应。生产系统中的上下游、前后工序之间形成供应商–顾客关系，下游和后工序“顾客”需要什么，上游和前工序“供应商”就“准时”提供什么，物流过程精益化。

根据ERP系统的运作原理，由计划控制中心按ERP通过BOM计算物料需求计划，然后根据供应商采购原则以及各种物料生产阶段对应的提前期，确定原材料、零部件和产品的供应计划（包括运输计划），向相关车间或工序以及供应商发出生产和订货计划（看板）指令。这是一种以计划性为主的“推进式”物流管理方式。

价值链理论认为，“每一个企业都是在设计、生产、销售、发送和辅助其产品的过程中进行种种活动的集合体”。企业活动可分为基本活动和辅助活动两类，基本活动包括内部后勤、生产作业、外部后勤、市场和销售、服务等；而辅助活动则包括采购、技术开发、人力资源管理和企业基础设施等。本章主要讲述价值量的支持业务系统。

第一节 采购管理系统

一、采购管理业务概述

（一）采购管理

采购管理（purchasing management）是指为保障企业能可靠地、经济地获取所需物料和服务而进行的一系列管理行为。采购管理是供应链管理的重要环节。供应链管理系统与生产制造管理系统、财务管理系统、客户关系管理系统一起，构成了企业信息化管理系统的有机体，是提高企业服务水平、降低企业经营成本的必要工具。

从会计和财务的角度看，采购成本是企业成本控制中的主体和核心部分。据统计，产品直接材料成本占产品总成本近80%，降低采购成本，将直接增加企业的利润和价值，有利于企业在市场竞争中赢得优势。合理采购对提高企业竞争能力、降低经营风险也具有极其重要的作用。一方面，科学的采购不仅能降低产品生产成本，而且也是产品质量的保证；另一方面，合理采购能保证经营资金的合理使用和控制，从而以有限的资金有效开展企业的经营活动（如图7-1所示）。

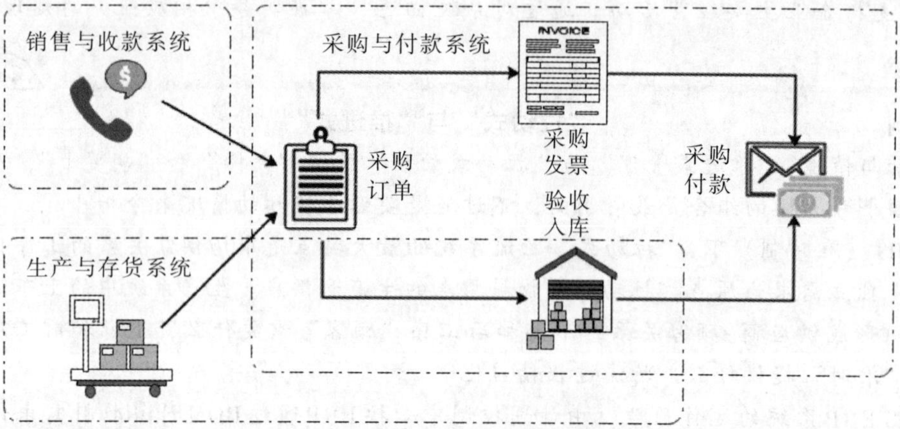

图7-1 采购与付款业务循环

对制造业企业而言，采购管理的主要业务活动有采购活动、采购分析、预测与计划、供应商管理等，其中尤以采购活动最为重要，采购活动是采购管理的核心。

完整的采购活动包括：获取采购需求，挑选合适的供应商；协商采购的条款和条件，包括价格、付款方式等；下达和跟踪采购订单；根据采购订单接收和检验供应商交货；发票处理及付款。

（二）采购业务责任

采购管理活动是由企业内部多个部门协同完成的，主要涉及计划员、采购员、采购经理、应付会计、库管员、质检员等。

（1）计划员根据MRP生成的计划订单，提出采购需求。

（2）采购员是采购管理活动中的主要角色，其主要活动有需求确认、供应商开发、采购价格确定、采购订单下达、采购订单执行情况跟进、采购发票核对以及采购过程意外情况的处理。

（3）采购经理负责审批合格供应商、审批采购价格及交易条款、审批采购计划、订单，检查库存周转情况，编制采购预算，检查采购计划、资金计划执行情况等。

（4）应付会计负责核对应付款往来业务、核实付款申请、结算应付款。

（5）库管员根据采购订单或原材料检验结果对原材料进行接收，根据材料检验结果和采购部门的退货通知办理供应商退货手续。

（6）质检员根据物料规划说明书和检验标准，对供应商供货进行检验，并给出检验结果。

二、采购管理系统

（一）采购管理系统与其他系统的关系

采购管理系统与其他系统的关系及数据流图参见图7-2。

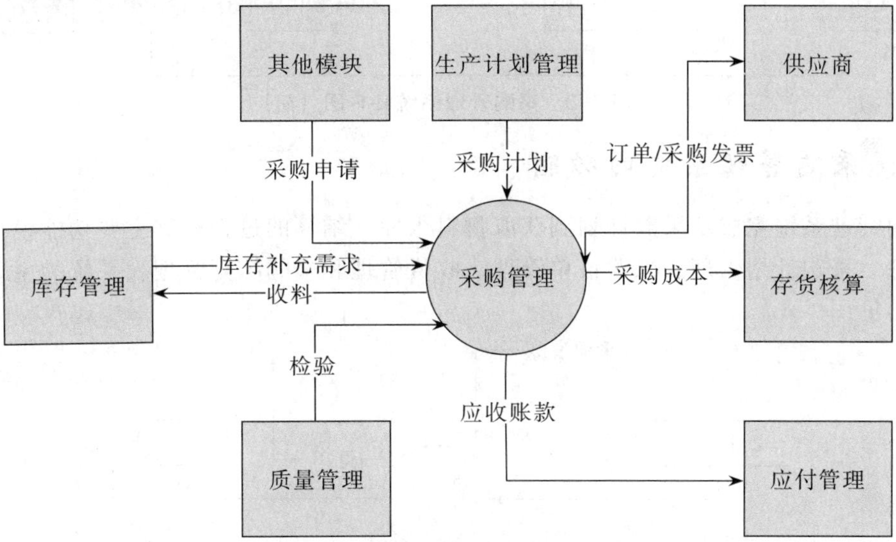

图7-2　采购管理系统顶层数据流图

（1）与销售管理系统的关系。采购系统的采购订单可以根据销售订单生成从而处理以销定购的业务，采购发票可以根据销售发票生成从而处理直运销售（采购）的业务。

（2）与仓存管理系统的关系。采购系统的外购入库单是仓存系统中的一种重要库存交易单据，它会更新相应物料的即时库存。

（3）与存货核算系统的关系。采购系统中的外购入库单是进行入库核算的原始依据之一，入库核算之后的入库成本将反填到外购入库单的单价中，核算完成的外购入库单将根据凭证模板生成相应的凭证。

（4）与生产计划管理系统的关系。采购订单是MPS和MRP计算预计入库量的重要单据之一，并且主生产计划系统和物料需求计划系统的计划订单可以投放生成采购申请。

（5）与应付系统的关系。采购系统中的采购发票可以直接传递到应付系统作为确认应付的依据，费用发票在保存时会传递到应付系统形成其他应付单。

（6）与质量系统的关系。采购检验申请单是采购系统与质量系统的纽带，同时，质量系统的检验结果，是采购系统收货或退货的依据。

（二）采购管理系统 E-R 图

采购管理系统的实体及关系，如图 7-3 所示。

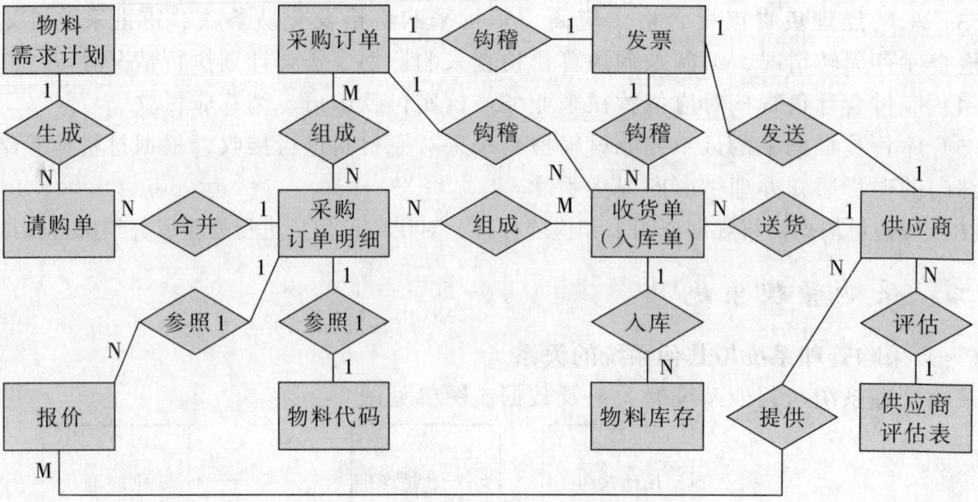

图 7-3 采购管理系统 E-R 图（简）

三、采购管理系统的功能

采购管理系统完成从采购计划到获取物料入库、结算的过程。其主要功能模块包括供应商管理、采购计划管理、采购订单管理、收货管理和采购结算管理。系统的主要实体与关系，参见图 7-4。

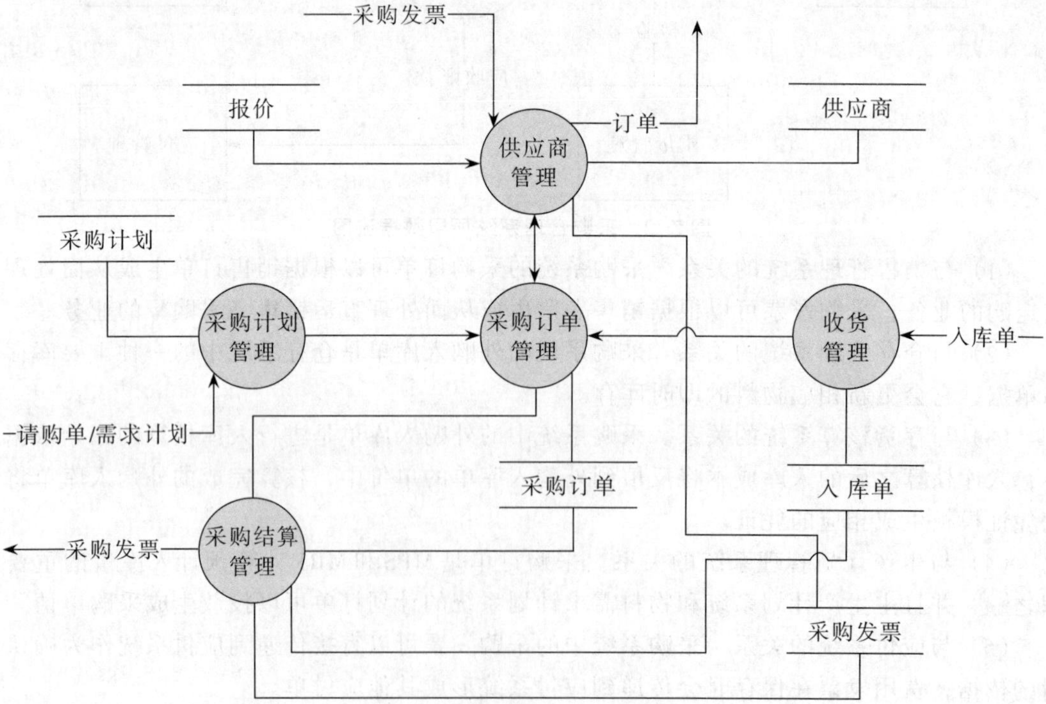

图 7-4 采购管理系统 0 层数据流图

其主要功能包括：

1.供应商管理

系统不仅提供了供应商档案管理、供应商供货资料管理等基础资料管理功能，还提供了供应商评估以及供应商供货质量、交期、价格分析功能，帮助企业在选择供应商、制订供应商改善方案时更快速、准确决策。

2.请购处理

系统提供MRP计算生成、配套查询产生、库存缺料分析产生、销售订单下推、手工录入等多种采购需求生成方式，并可按照物料、供应商等信息进行采购需求的灵活合并，满足不同企业对不同业务的采购需求管理要求，同时还可根据设置的供应商供货配额自动生成采购订单，帮助企业有效地规范采购业务。

3.采购订单处理

系统提供完整的订单管理功能，支持订单手工和自动关闭方式及采购订单变更管理，帮助企业有效规范采购订单作业流程，提高采购业务处理效率。同时提供严格的价格管理、订单按比例允收控制等多种控制方式，帮助企业管理人员有效管理采购业务。

4.采购结算处理

系统通过采购发票的钩稽进行发票与入库的匹配来确认入库成本。采购发票可通过采购合同、采购订单、外购入库单关联等多种途径生成，支持采购发票通过三方关联方式严格取采购订单的价格，实现企业灵活的开票处理及有效的发票管理；同时在采购结算业务中，支持采购发票与入库单据、费用发票之间多种、灵活的钩稽方式，帮助企业准确核算外购入库成本。

5.采购价格管理

系统可按不同的供应商、不同的有效期间、不同的采购数量、不同的计量单位、不同的币种进行价格管理，同时，系统还提供最高采购价格控制和采购订单价格反写价格资料等功能，为企业提供有效内部控制工具，帮助企业有效地规范内部管理和控制采购成本。

6.委外加工处理

系统提供全面的委外加工作业流程。同时提供委外加工材料核销功能，支持以加工单位或委外生产任务单为核销方式，手工核销，按BOM核销等核销依据，灵活快速地对委外加工材料进行核销处理，帮助企业随时掌握委外加工商处的材料结余情况，及时地对委外加工入库成本进行核算，全面管理企业委外加工物资。

第二节 应付款管理系统

一、应付款管理系统

应付款管理系统，通过发票、其他应付单、付款单等单据的录入，对企业的往来账款进行综合管理，及时、准确地提供供应商的往来账款余额资料，提供各种分析报表，如账龄分析表、付款分析、合同付款情况等，通过各种分析报表，帮助企业合理地进行资金的调配，提高资金的利用效率。同时，系统还提供了各种预警、控制功能，如到期债务列表的列示以及合同到期款项列表，帮助企业及时支付到期账款，以保证良好的信誉。

应付管理系统既可独立运行，又可与采购管理系统、总账系统、现金管理系统等其他系统结合运用，提供完整的业务处理和财务管理信息。

二、与其他系统的关系

1. 与采购管理系统的关系

采购管理系统录入的采购发票传入应付款管理系统进行应付账款的核算。采购管理系统录入的费用发票传入应付款管理系统作为其他应付单进行核算。

2. 与销售管理系统的关系

销售管理系统录入的销售发票与应付款管理系统进行应付款冲应收款的核算。销售管理系统录入的应付类型费用发票传入应付款管理系统作为其他应付单进行核算。

3. 与应收款管理系统的关系

应收款管理系统录入的销售发票与其他应收单及应付款管理系统进行应付款冲应收款的核算。应收款管理系统录入的预收单、收款单与应付款管理系统进行预付冲预收、付款冲收款的核算。

4. 与总账系统的关系

应付款管理系统生成的往来款凭证传递到总账系统。

5. 与现金管理系统的关系

现金管理系统与应付款管理系统的应付票据进行互相传递，应付款管理系统的“付款申请单”可以传递到现金管理系统，现金管理系统的付款单可以传递到应付款管理系统进行核算。

6. 与存货核算系统的关系

对各类发票生成凭证后核算系统自动将凭证字等相关信息传递到应付款系统对应的往来单据上，实现财务处理的一致性。

三、应付款管理系统业务流程

（一）发票付款

1. 业务流程

根据企业的不同要求，划分为不同的业务模式，如发票付款、其他应付单付款、未付款退货、已付款未核销退款退货、已付款已核销退款退货。发票付款如图 7-5 所示。

2. 业务流程说明

业务背景：①企业存在采购入库业务时，需要根据发票确认应付账款，申请付款，最终付款记账；②本流程对发票维护、付款申请、付款记账提供了操作工具。

适用范围：适用企业采购入库，发票付款业务（见表 7-1）。

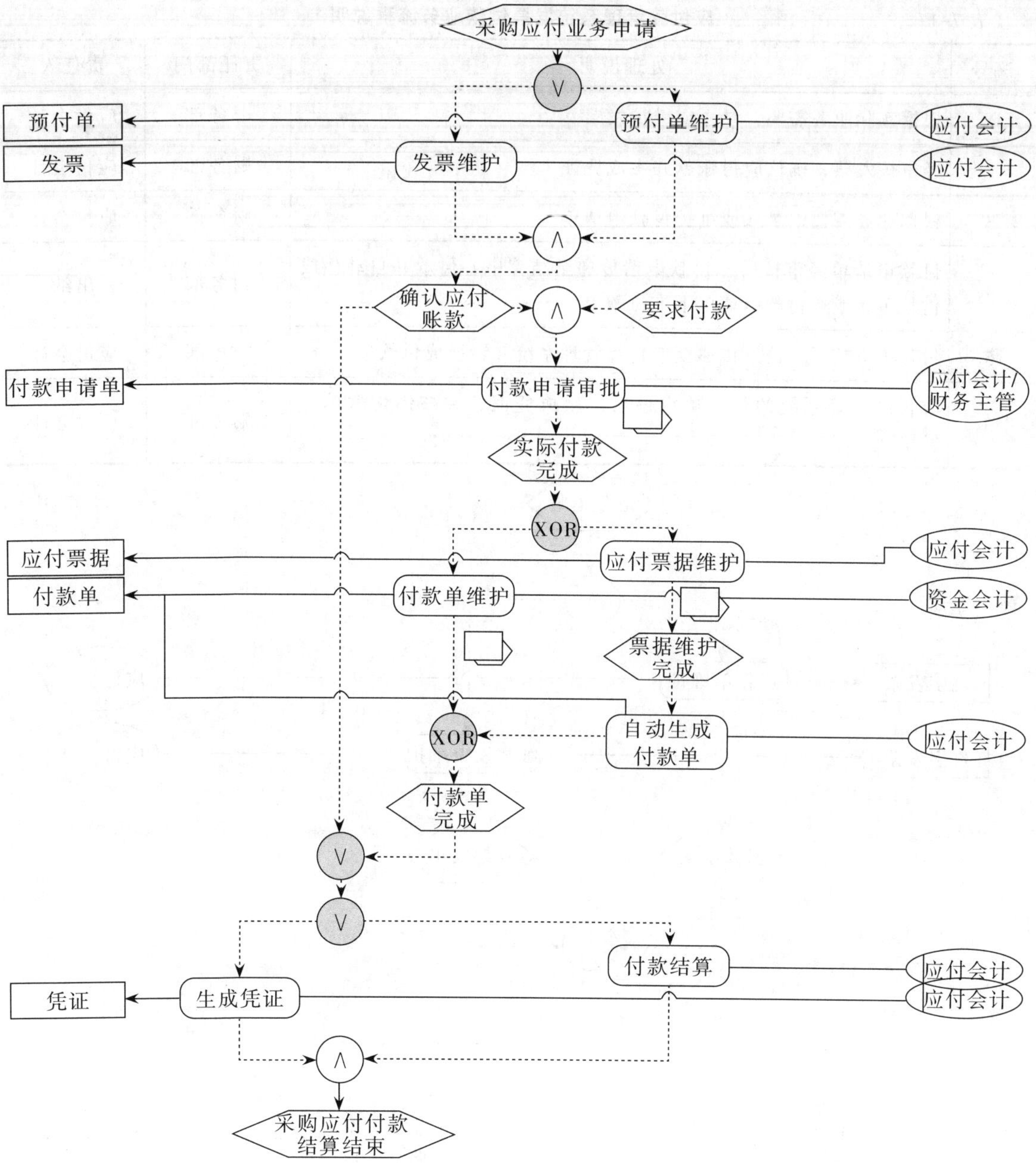

图7-5　应付款管理系统发票付款业务流程（EPC）

（二）已付款已核销退款退货业务

1.已付款已核销退款退货业务流程

已付款已核销退款退货EPC如图7-6所示。

2.业务流程说明（见表7-2）

业务背景：①企业的采购入库、发票付款出现已付款已核销的退货业务，一方面需要根据红字发票冲回应付账款，另一方面需要退回已付款；②本流程为红字发票冲回应付账款，退回已付款及其红字发票与退款单的核销提供了操作工具。

适用范围：适用企业采购入库、发票付款出现已付款已核销情况的退货业务。

表 7-1 应付款管理系统发票付款业务流程说明

序号	处理说明	责任部门	责任人
1	根据实际业务需要，录入或维护发票	财务部	应付会计
2	经审核发票，确认应付账款并生成凭证	财务部	应付会计
3	根据业务需要，录入或维护付款申请单	财务部	应付会计
4	付款申请单经审核后，付款申请传递至结算中心付款并自动生成付款单，或用付款申请单下推付款单	财务部	出纳
5	付款单审核后，信息传递至应付款管理系统并转换成付款单	财务部	应付会计
6	应付款管理系统的付款单审核后，生成凭证，并核销付款单与发票	财务部	应付会计

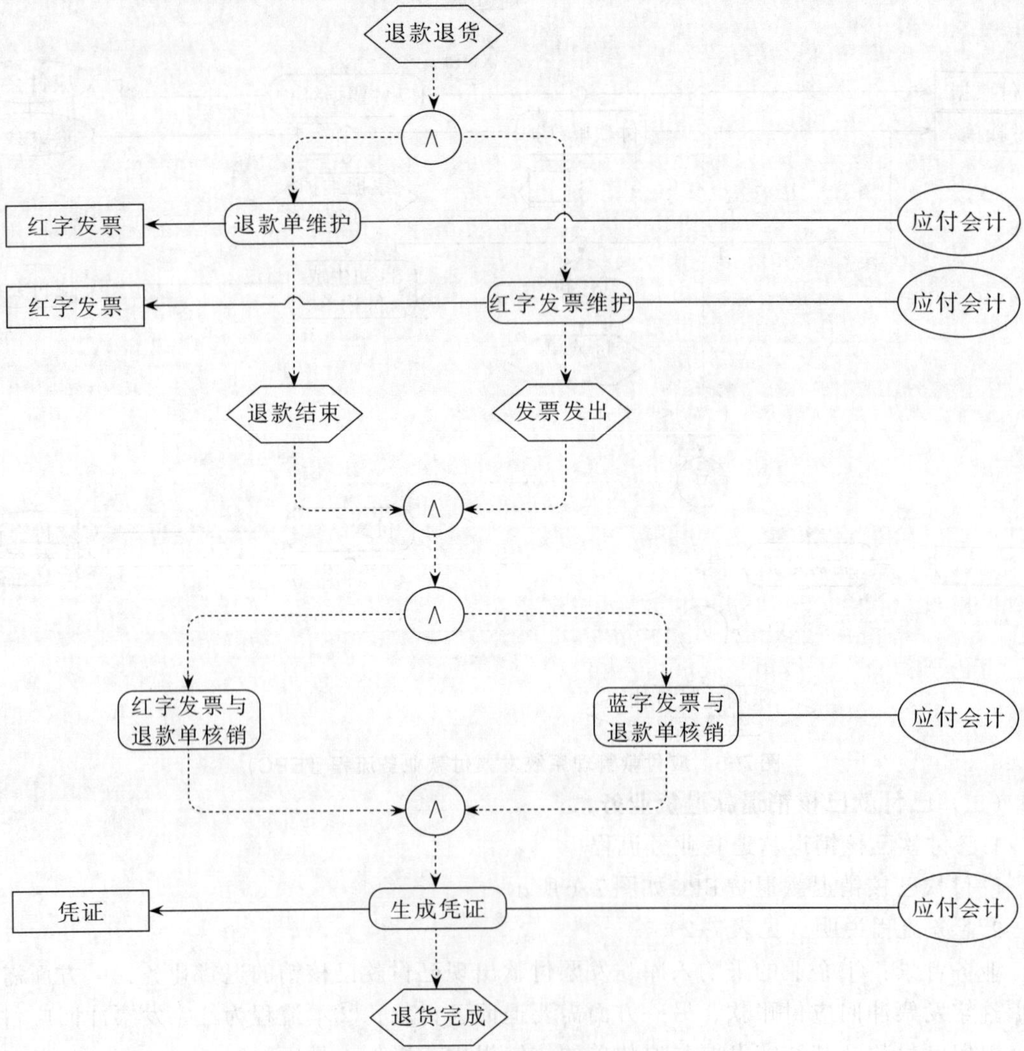

图 7-6 已付款已核销退款退货 EPC

表 7-2　业务流程说明

序号	处理说明	责任部门	责任人
1	业务需要，录入或维护退款单	财务部	应付会计
2	业务需要，录入或维护红字发票	财务部	应付会计
3	经审核退款单、红字发票录入无误后，冲回付款和应付账款并生成凭证	财务部	应付会计
4	将红字发票与退款单核销，同时将蓝字发票与付款单核销	财务部	应付会计

第三节　仓存管理系统

一、库存管理

库存是一个企业或者机构保留的或者用于销售，或者供给生产流程的物料用品。仓存管理目标之一是控制合理的库存，降低库存成本。库存对一个企业有双重的影响：一是影响企业的成本，也就是影响物流的效率；二是影响企业生产和销售的水平。在库存控制中，库存水平太高，势必占用资金，并且造成库存持有成本增加以及呆滞料增加；库存水平低了，可能满足不了生产或者客户需求，导致销售交货延期、客户流失。因此，物料的库存控制非常重要。

不同类型的物料用不同的方法确定其需求量。针对独立需求件的计划称为主生产计划（MPS），计划对象的种类较少；针对相关需求件的计划称为物料需求计划（MRP），物料种类和数量繁多。企业物料供应计划是通过展开物料清单由MRP一揽子形成的，得到各种物料的需求量和需求时间点（如图7-7所示）。

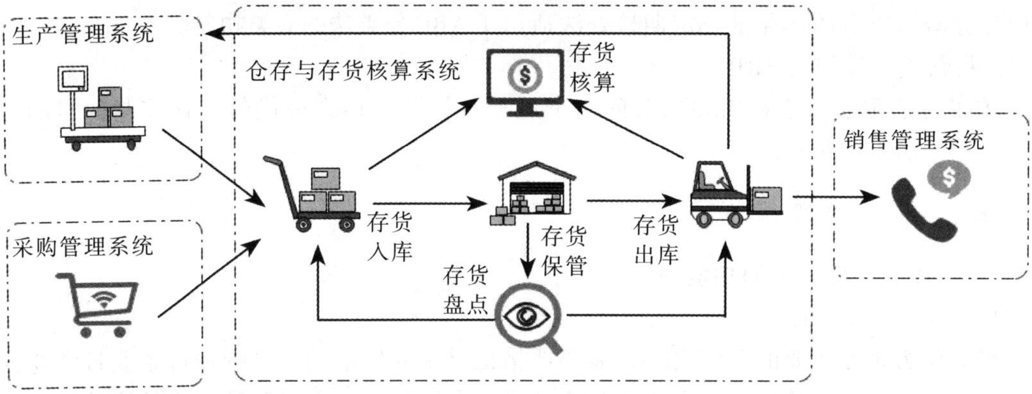

图7-7　库存管理系统

二、库存管理的期量

（一）库存订购量方法

1.批对批订购法（lot for lot）

批对批订购法是指，MRP计算得到物料需求量后，根据批量原则，或者包装要求等确定订购量。订购量可能为批量化或者最小包装数量。对于价值较高或者共用性小的物料，则不采取批量原则，每次完全根据需求量确定订货量。此方式特点为：需求量就是订货量；没有多余的批量库存。

2.固定批量法（fixed-order quantity）

固定批量法是指每次订购量为一固定的数量，数量不随需求量而改变。其特点是数量是固定的，这种方式的优点是快速而简单，容易让人理解，缺点是没有最大限度地降低订购成本。此种方法一般适用于独立需求物料，但是这种物料在制造业企业中一般为非生产性物料，如生产辅料、劳保用品、办公用品等。

3.经济批量订货法（economic order quantity，EOQ）

经济批量订货法是指，通过平衡采购进货成本和保管仓储成本，确定实现总库存成本最低的最佳订货量。经济订货批量是固定订货批量模型的一种，可以用来确定企业一次订货（外购或自制）的数量。当企业按照经济订货批量来订货时，可实现订货成本和储存成本之和最小化。其并不是针对像MRP这样的系统设计的，适合需求稳定的环境。

（二）库存补充时间方法

1.订货点法（order point）

在物料不断消耗的过程中，一旦库存量降低到剩余库存减去安全库存后可供消耗的时间刚好等于订货需要的时间时，发出采购订单。这个发出订单的时点，库存的量就是订货点库存。即由订货点来触发补货的时间。

订货点法依据对库存补充周期内的需求量预测，并保留一定的安全库存储备，来确定订货点。订货点计算的基本公式是：

订货点=单位时区的需求量×订货提前期+安全库存量

订货点法的有效性取决于大规模生产环境下物料需求的连续稳定性。

2.定期检查法（periodic review system）

定期检查法是指，在固定的时间间隔内进行检查，每次订购量可能不同，订购量等于目标库存减检查点的库存量。定期检查法适用于ABC分类法的C类物料。

3.物料需求计划（MRP）

MRP方法重点在于在需要的时间内下达补货订单，达到最优的库存控制的目的。主要适合相关需求的物料。

三、库存管理系统

（一）库存管理系统的功能

1.存货出入库管理

存货作为企业主要的资产之一，需要严格记录出入库活动，系统通过企业日常仓存的存货入库、出库业务管理，为企业物料流动提供书面记录，准确反映存货的流转情况，为企业销售、生产、计划、采购环节提供最新的库存记录。

入库业务包括：外购入库、产品入库、委外加工入库、其他入库、赠品入库。出库业务包括：销售出库、生产领料、委外加工出库、其他出库、受托加工领料、赠品出库。

2.存货调拨管理

调拨，即存货储存地点的改变，调拨业务一般不涉及存货所有权的转移。存货一般存在三种调拨业务：①生产材料的调拨，一般应用是材料调拨到车间；②销售的调拨，从工厂调拨到销售渠道；③仓库有效利用库存储备、仓库负荷正常化的需要，进行仓库间的调拨业务。

3.盘点管理

企业中准确的存货库存记录非常重要。特别是对于价值高的存货。为减少由于存货库存记录不准确带来的损失，掌握库存的实际价值，对存货进行盘点非常重要。

4.存货追踪管理

不同的物料由于材质、外观、物理特性等原因，存在不同的特性，需要对不同的特性进行关注。在物料管理方面，需要结合这些特性进行管理。如物料的序列号管理、批号管理、保质期管理、条码管理等。

5.库存控制

库存控制包括最高/最低库存控制、经济批量订购模型、批对批等订购模型、固定批量法等库存控制策略等。企业快速、准确地控制库存，获取存货状况，便于采取正确的决策。

（二）库存管理系统 E-R 图

根据企业物料管理各层业务数据流和加工流程，给出简化的库存管理E-R图，如图7-8所示。

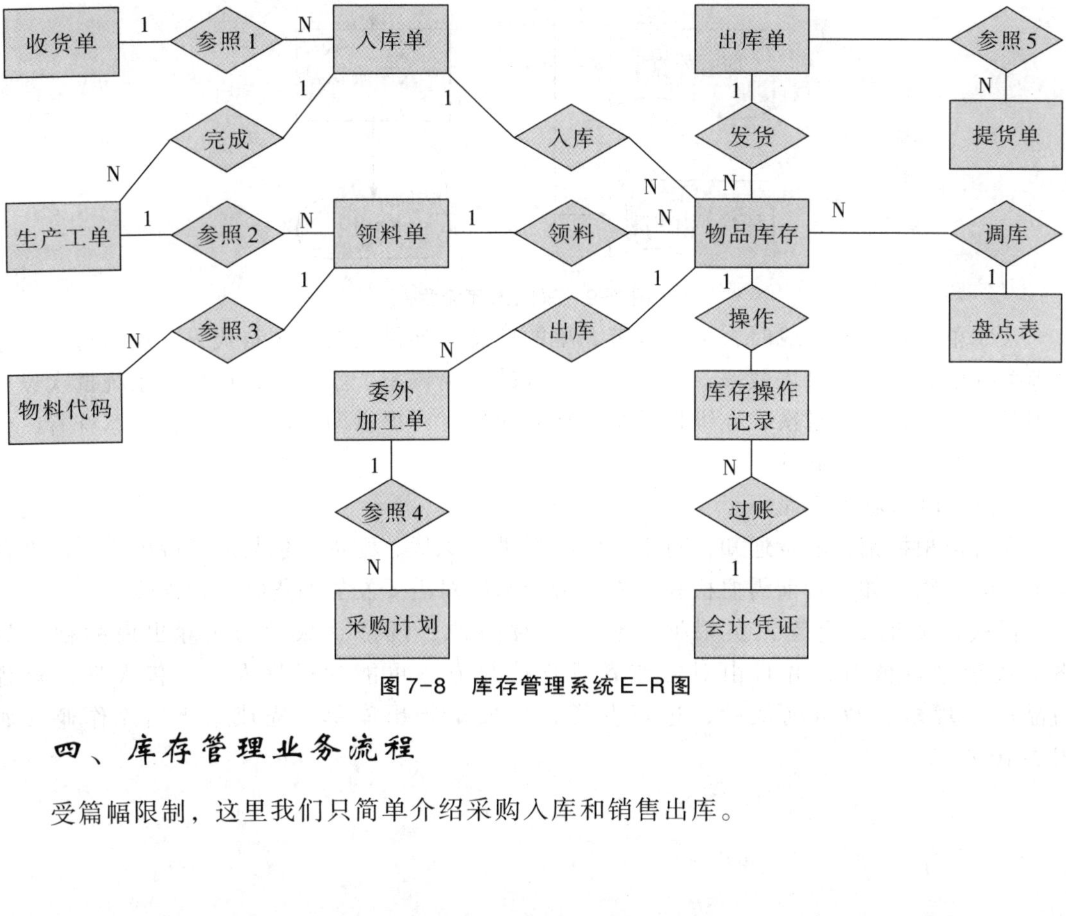

图7-8　库存管理系统E-R图

四、库存管理业务流程

受篇幅限制，这里我们只简单介绍采购入库和销售出库。

1.采购入库业务流程

当采购原料到货，车间生产完工的半成品/产成品验收，委外加工产品到货入库时，都要进行验收入库业务。入库作业的一般原则是仓管员根据入库的相关单据，对入库产品的品种、规格、数量进行验收和确认，准确快速地完成入库作业（如图 7-9 所示）。

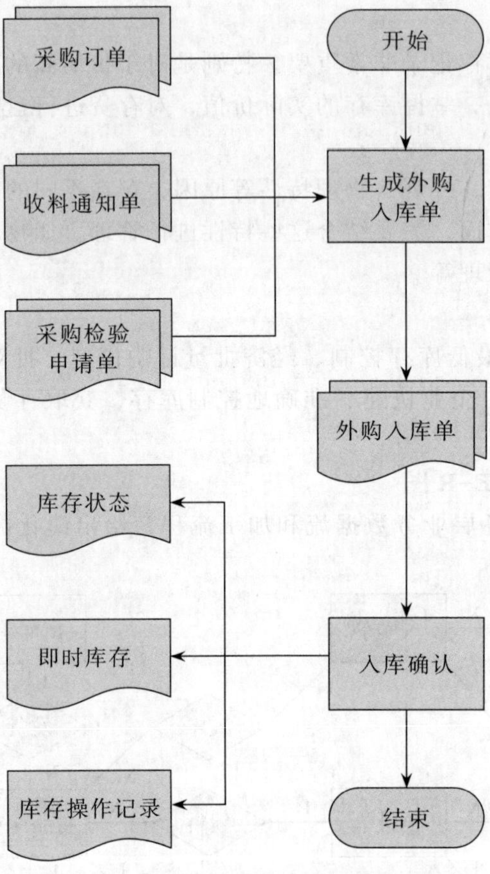

图 7-9 采购入库流程

入库单关联单据生成时，可以携带源单的信息，如供应商、物料代码、规格型号、数量等关键信息，提高录入效率，减少手工录入的出错概率。收料时，可根据系统批次设置规则赋予入库物料以批次，在维护系统外购入库单时，提供即时库存、库存状态查看，保证系统数据维护的准确性。

2.销售出库业务流程

仓管员根据销售发货通知，对出库的物料进行拣货、配货、包装后等待出库，即准备要出货的货物。如发货前需要检验，先由检验部门对需要发货的货物进行检验。

正式出货时，仓管人员根据发货计划对品种、规格、数量与实际出库品种、规格、数量进行核对，并且由对方或者货物接收方（可能为提货人、销售人员）对货物品种、规格、数量确认后，进行发货，生成销售出库单，完成销售出库作业（如图 7-10 所示）。

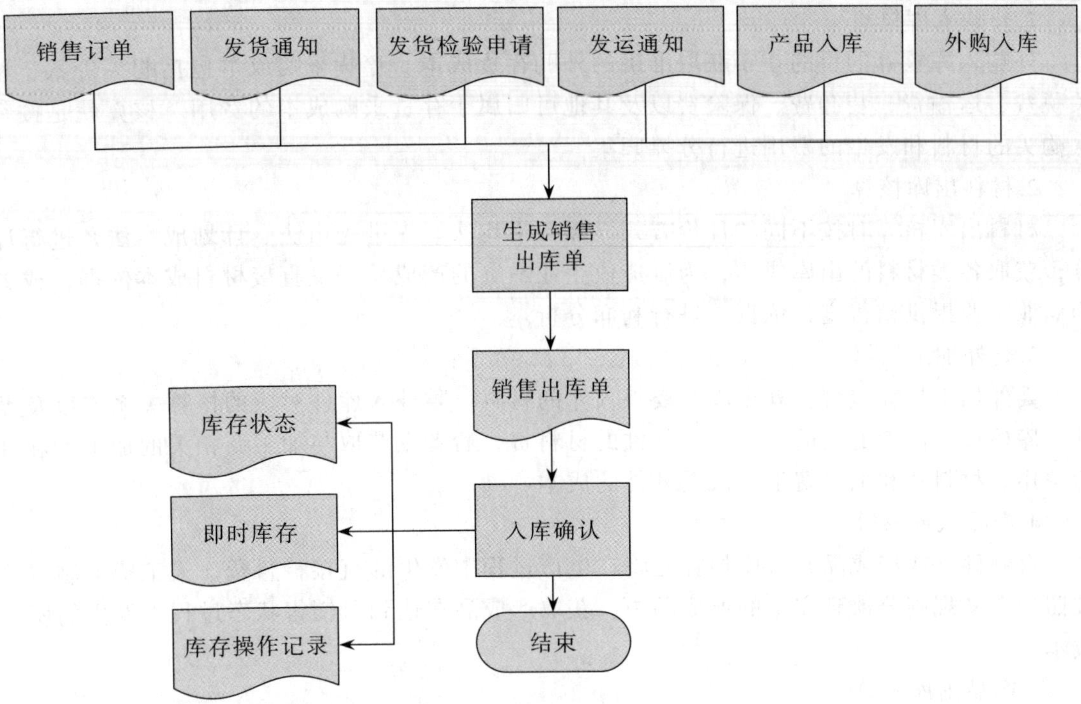

图7-10　销售出库业务流程

在维护系统“销售出库单”时，即时更新库存状态，有助于仓管员监控系统库存状态，合理安排出库，保证系统数据维护的准确性。

第四节　存货核算系统

一、存货核算概述

存货的核算是企业会计核算的一项重要内容，是对企业原材料、产成品、半成品、在产品的外购业务、销售业务、企业内部的制造过程、调拨业务等进行记录、核算和分析企业经济活动中的资金变动的过程，是对企业存货及存货相关的现金进行事前预计、事中监控、事后分析的过程。存货核算有助于最大化企业现金的利用、提高客户服务水平，提高企业的投资收益，促使企业持续良性经营。

二、存货核算业务

在同一个会计期间，必须按一定先后次序进行各种类别核算，才能确保核算结果的真实性和可靠性。一般核算秩序为：“外购入库核算—材料出库核算—委外加工核算—产品入库核算—产品出库核算”。只有按此核算流程，才能保障生产经营活动中的库存资金按“材料成本—生产成本—销售成本”的方式进行流动，正确核算最终的产品成本。错误的核算逻辑将导致得出不准确的产品成本。

1.外购入库核算

外购入库核算的目的在于获取准确的外购存货成本。存货采购成本包括购买价款、相关税费、运输费、装卸费、保险费以及其他可归属于存货采购成本的费用。核算就是按每次购买的材料和发生的费用进行分摊归集。

2.材料出库核算

材料出库核算时按不同的计价方式（加权平均法、先进先出法、计划成本法）进行计算，获取各类材料的出库成本，为制造业企业最终的产成品提供直接材料成本依据，或者为商业企业提供销售定价依据，进行利润分析。

3.委外加工核算

委外加工核算包含委外出库与委外入库的材料、委外入库件对应的核算关系，以及委外入库核算。前者的目的是获取委外件的材料费，后者则获取与加工商相关的加工费和其他费用。材料费和加工费汇集成委外件的成本。

4.产品入库核算

自制件（或产成品）入库核算是将在生产过程中发生的直接材料费、人工费、制造费按照预定义规则分摊到完工的产成品中，获取产成品在达到可销售状态过程中发生的所有成本。

5.产品出库核算

产品出库核算逻辑与材料出库核算的逻辑一致，即按预先定义计价方式进行计算，获取产成品外销的成本，为产成品销售定价提供依据，进行利润分析。

三、与其他子系统的关系

1.与采购管理系统的关系

在外购和委外加工业务活动中产生的出入库业务单据、购货发票等单证为存货的外购入库、委外加工入库核算提供凭据，存货核算依据这些业务单证对采购材料或加工件的成本进行分摊或账务处理。

2.与仓存管理系统的关系

仓存管理的收发业务涉及范围较广，核算系统接收仓存管理系统收发业务单据，对其进行出入库核算和账务处理。

3.与销售管理系统的关系

在材料、产成品等销售过程中产生的销售发票、销售出库单、费用发票等单据为存货的销售核算提供凭据，存货核算依据销售系统提供的业务单据进行存货出库核算，并对销售过程中发生的费用和收入进行账务处理。

4.与成本管理系统的关系

核算系统将材料出库核算中分摊的材料成本作为生产车间的材料领用成本，同时作为车间半成品、产成品材料耗用的最终材料成本。成本管理系统将半成品、产成品在制造过程中发生的材料费（来自核算系统）、制造费、人工费按一定的规则进行分摊处理，把成本确认后的半成品、产成品传递到核算系统，作为进行半成品出库（生产领用或销售）、产成品销售的成本基准值，作为产成品定价的依据。

5.与总账管理系统的关系

存货核算后产生的账务凭证自动传输到总账系统，将日常业务发生费用实时转入总账，便于进行及时的分析和物流财务对账。

四、存货核算系统主要功能

1.期初调整

对库存余额进行查询、对账和调整。

2.入库核算

核算各种类型存货入库的实际成本。不同类型入库设置了不同的核算流程和核算的基础，通过特定的核算流程核算出不同材料、半成品、产成品的实际入库成本。

3.出库核算

核算存货的出库成本，分为材料出库核算和产品出库核算。可依据不同核算方式（总仓、分仓或分仓库组核算）和计价方法核算出材料出库、产成品销售出库的实际成本。

4.计划价维护

对计划价进行统一管理和调价。

5.存货跌价准备管理

提供的存货跌价准备管理功能可为用户详细、准确地完成存货跌价准备计提和管理工作。

6.凭证管理

对生成的凭证进行查询和修改，本功能模块实现了物流和资金流的同步。

7.期末结账

检查当期账务处理是否正确和完整，将日常账务处理的相关信息在期末结账时进行分类、汇总，计算本期的存货余额并结转到下一期的期初。

8.报表分析

提供相关的管理报表和日常业务报表，供日常管理分析，并对后续业务提供监控和指导。

第五节　成本管理系统

一、成本管理概述

1.成本管理

成本管理是指企业生产经营过程中各项成本核算、成本分析、成本决策和成本控制等一系列科学管理行为的总称。企业经营管理中各方面工作的业绩都可以直接或间接地在成本中反映。

成本管理子系统与财务、生产、库存和销售等系统密切相关。它可以更准确、快速地进行成本费用的归集和分配，提高成本计算的及时性和正确性。同时，通过定额成本的管理、成本模拟与成本计划，能够更为有效地进行成本预测、计划、分析与考核，提高企业成本的管理水平。工业企业成本管理工作的内容大致包括成本计算、成本计划、成本日常控制、管理与成本分析等几个环节，如图7-11所示。

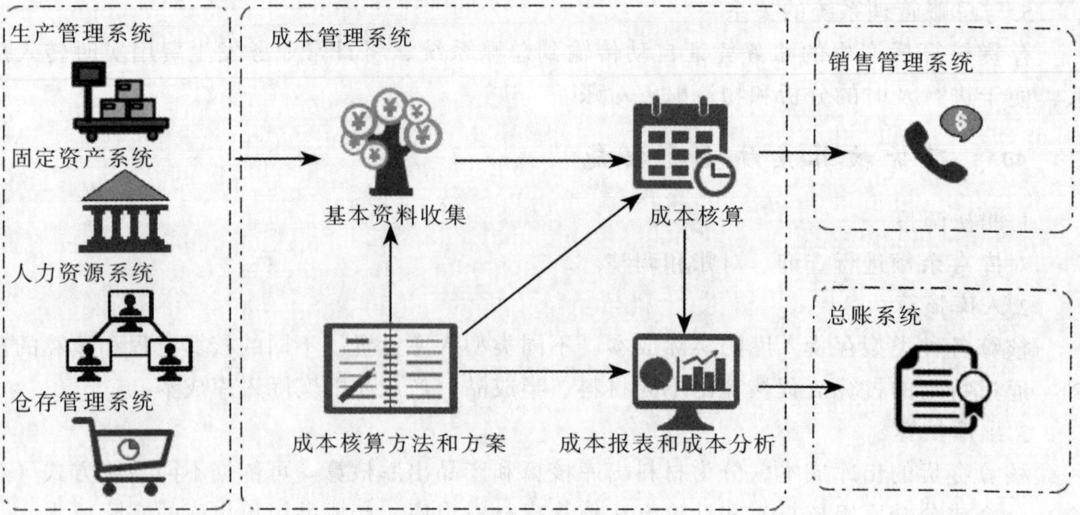

图 7-11 成本管理系统

2. 成本构成

在制品的直接生产过程中，从原材料的投入生产到产成品制成的整个制造过程，会发生各种各样的生产耗费。具体地说，在制品的制造过程中发生的各种生产耗费主要包括原料及主要材料、辅助材料、燃料等的支出，生产单位（如分厂、车间）的固定资产的折旧，直接生产人员及生产单位管理人员的工资以及其他一些货币的支出等。

所有这些支出构成了企业在制品制造过程的全部生产费用，为生产一定品种、一定数量的产品而发生的各种生产费用支出的总和就构成了产品的生产成本。成本分类与构成，参见图 7-12。

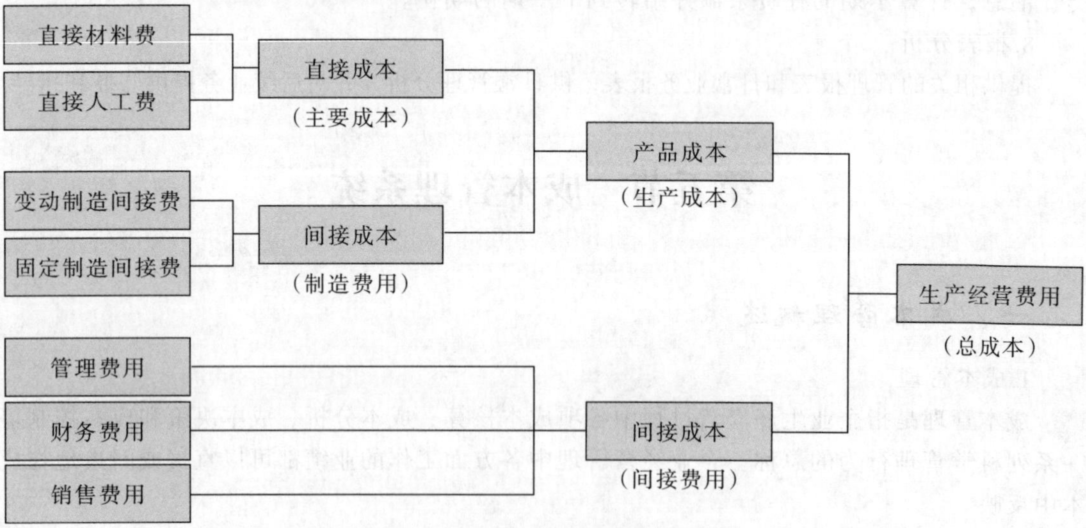

图 7-12 企业各类成本分类与构成

二、ERP 的成本计算

ERP 的成本计算支持品种法、分批法与分步法。用分步法按产品生产的步骤归集生产成本，其实就是归集到工作中心。

产品成本的计算可大致划分为以下工作：

1.确定成本计算对象

成本计算对象是为计算产品成本而确定的归集生产费用的各个对象，即成本的承担者。确定成本计算对象是设置产品成本明细账、分配生产费用和计算产品成本的前提。

2.确定成本计算期

成本计算期是指计算产品成本时，生产费用计入产品成本所规定的起止日期，即每次计算产品成本的期间。

3.产成品与在制品之间分配产品成本

各产品的基本资料库中都设立了在制品成本的计算方法，如最常用的为约当产量比例法：即将月末在制品实际数按其完工程度折算为完工产品的数量，将本月所汇集的全部生产费用按其完工产品的数量和月末在制品的约当产量的比例进行分配。

4.成本计算

（1）直接材料费的计算。

直接材料费计算的基础是产品结构，即制造物料清单MBOM，计算从最底层原材料开始。企业的原材料是外购件，这层的费用包括材料采购价格和采购间接费用。各层物料的直接费用计算是个卷积的过程，如图7-13所示。

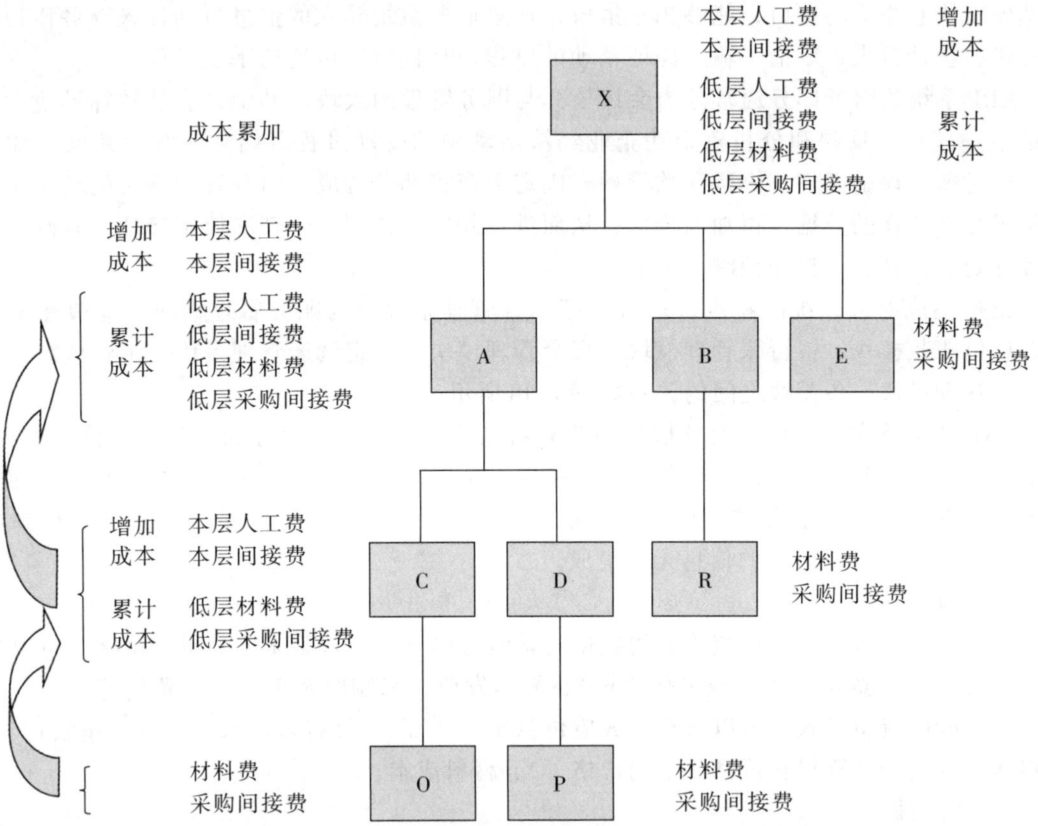

图7-13　ERP系统中产品成本的形成（陈启申，2012）

（2）直接人工费的计算

在制品结构中的各层制造件的加工与组装会产生加工成本，加工成本主要是直接人工费。卷积的计算过程是利用产品的工艺路线文件及产品结构文件（BOM）从底层向高层累加，一直到产品的顶层直接人工费，如图7-13所示。

5.间接费用的分配

间接费用不同于直接费用，不能由物料清单、工艺文件和工作中心文件直接准确地计算。但可以随着工票或凭证按物料分别实时记录。采用制造成本法，间接费用只能核算到车间一级。由于在ERP系统中，加工成本是在工作中心发生的，间接费用也要分配到工作中心。根据企业生产的历史资料，预计会计期间生产部门的产能，结合产品、车间、工作中心和费用类型，确定分配依据，制定计算工作中心的间接费率，分配产品的间接费用。

第六节　总账系统

一、ERP系统中的财务模块

ERP系统中的财务模块与一般的财务软件不同，作为ERP系统的一部分，它和系统的其他模块有相应的接口，能够相互集成，通过业务系统输入的信息自动计入财务模块生成总账、会计报表，取消了输入凭证繁琐的过程，替代以往传统的手工操作。

ERP系统的财务部分通常分为会计核算与财务管理两大块。其中，会计核算模块主要是记录、核算、反映和分析资金在企业经济活动中的变动过程及结果，它由总账、应收账、应付账、现金管理、银行存款管理、固定资产等部分构成。财务管理模块的功能主要是基于会计核算的数据，再加以分析，从而进行相应的预测、管理和控制活动。它侧重于财务计划、控制、分析和预测。

根据集成财务系统的特点，通常又把财务管理系统分为账务管理模块、应收账款模块、应付账款模块、银行账管理模块、现金管理模块、固定资产管理模块、工资核算模块和成本管理模块。各模块之间的关系如图7-14所示。

ERP系统最大的特点是财务信息和业务信息的集成，实行财务和业务的一体化管理。ERP系统中的财务模块是企业经营管理系统的一个子系统，其工作流程与企业其他管理工作始终融为一体，不可分割，得到的是较为全面、完整的信息，集成性实现了ERP财务模块与ERP其他模块之间的信息无缝集成。

1.采购数据

采购子系统可向财务系统传递的数据有采购订单（其中包括采购数量、价格，可以形成用款计划，注意核对、监控采购价格）、采购发票、采购收货单、采购费用等，在采购发票、采购收货单录入后可以自动形成应付款账（凭证）、材料采购账（材料在途账）、原材料账，并自动计算材料价格（平均价格等）、材料成本。

2.销售数据

销售子系统可向财务系统传递的数据有销售合同（数量、价格）、销售发票、合同出货、销售费用等。这些可以形成应收款（凭证）账、销售收入账和销售成本等。

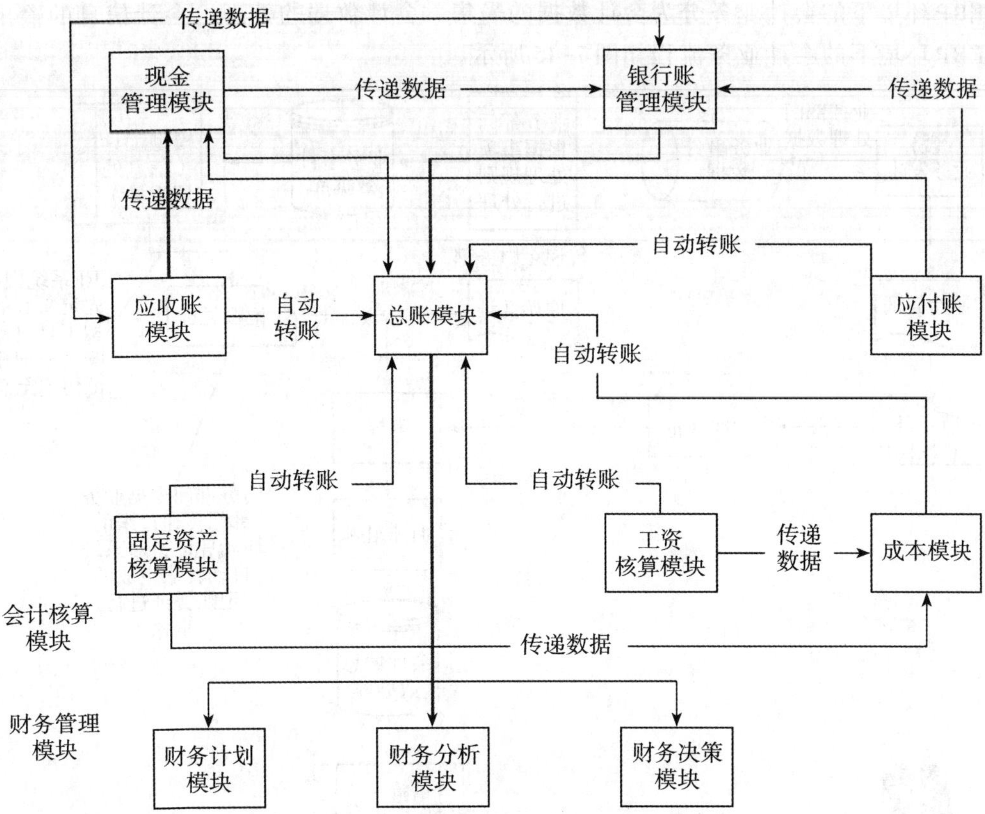

图7-14　ERP系统财务模块图

3.库存数据

库存子系统可向财务系统传递的数据有出入库单据、盘点数据，主要形成材料、半成品、成品的数量账、金额账。

4.生产数据

生产子系统可向财务系统传递的数据有在制品、加工工时、台时与产量记录，主要用于成本核算和分析，同时可用于人工工资计算。

5.设备数据

设备子系统可向财务系统传递的数据有设备维修、保养（计划、备件工时、台时）数据，形成相关费用（有的计入生产成本）。

6.人力资源数据

人力资源子系统可向财务系统传递的数据有工资级别、工资计算方法奖励等，主要用于计算员工工资。

二、ERP的会计业务

ERP环境下的会计业务流程是运用了信息化技术，通过定义事务处理（transaction）相关的会计核算科目与核算方式，在事务处理发生的同时自动生成会计核算分录，保证了资金流与物流的同步记录和数据的一致性，对进行中的经济活动和企业其他业务流程进行集成管理，是整个企业管理的有机组成部分。

ERP环境下的会计业务分为会计数据的采集、会计数据的处理、会计信息的输出三部分。ERP环境下的会计业务流程如图7-15所示。

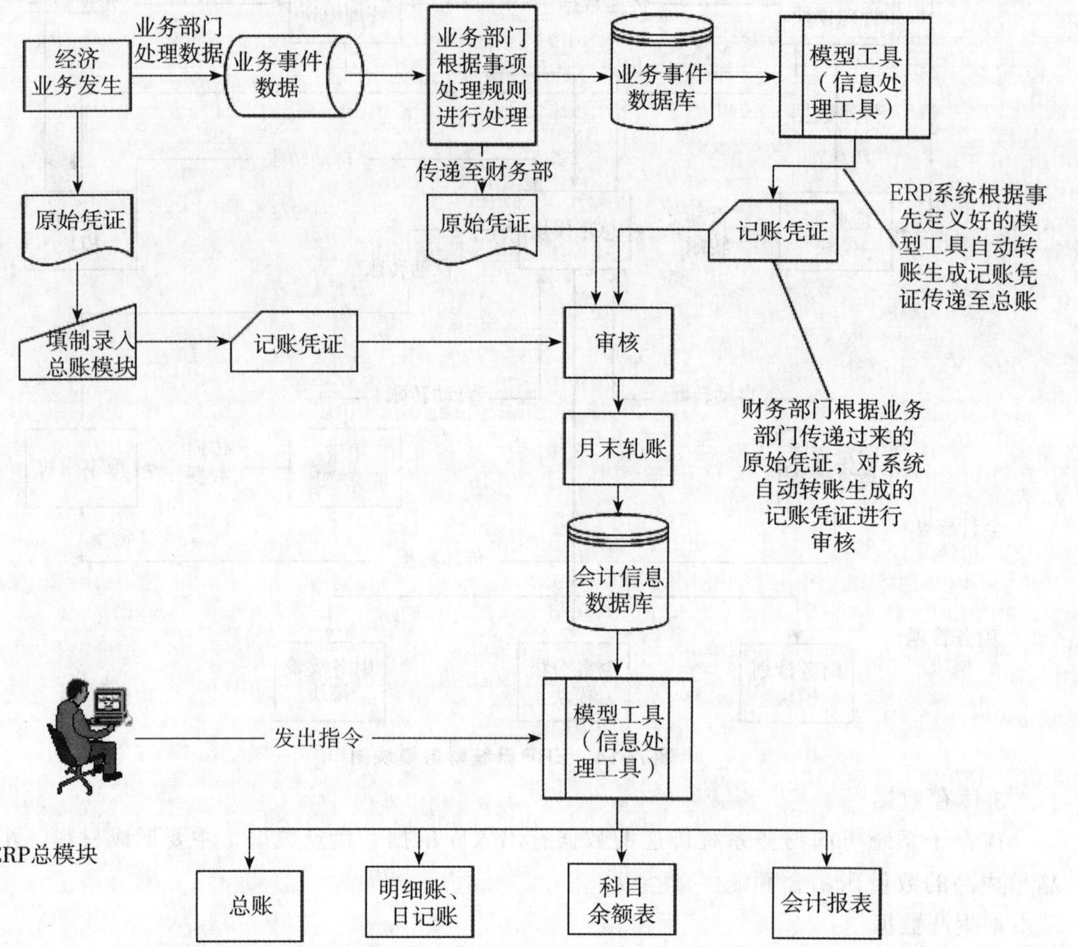

图7-15 ERP系统会计业务流程

1.会计数据的采集

在ERP环境下，业务事项一经发生，其业务事件数据便由各业务部门的管理信息子系统加以收集，并按一定编码将业务事件数据通过企业的网络传递到ERP系统后台业务事件数据库中保存，ERP系统采集企业中的全部业务活动的全部数据，包括财务信息和非财务信息。会计部门需要对数据进行加工时，直接从后台业务事件数据库中调用数据进行加工。

2.会计数据的处理

与传统会计业务流程对于会计数据的处理方式不同，ERP环境中会计凭证不是都由会计人员填制的，大部分会计凭证是由ERP系统自动生成的。当一项经济业务发生时，由相关部门人员在ERP系统各业务模块录入业务信息，该信息将自动存储在业务事件数据库中，企业执行业务事件的同时，实时触发多个事件驱动程序，将业务事件信息传递到财务模块中，通过执行业务规则和信息处理规则，实时生成集成信息，在总账模块自动生成会计凭证，使物流、资金流、信息流同步生成。

至于款项的收、付等其他业务的会计凭证则仍由会计人员填制。这种业务部门发生的经济业务由非会计人员和总账模块自动完成会计凭证填制的做法，可以保证账务处理的及时性和会计数据的一致性。

会计期末，ERP系统将进销存模块、固定资产核算模块、工资核算模块中与成本核算相关的数据通过总账模块自动转入成本核算模块，进行瞬时的成本核算后将结果转回总账模块，最终由总账模块自动生成会计报表，并完成一轮会计核算循环。

3.会计信息的输出

由于ERP系统是事件驱动的，事件驱动会计业务流程包括加工模型库和报告生成器，当信息使用者想从系统中获取信息时，由信息使用者提出要求（发出指令），ERP系统的报告生成器根据用户的选择，启动相应的信息处理程序（模块），调用模型库中适合的会计处理程序，对业务数据库中的信息进行加工处理，生成用户需要的信息，并将处理结果实时反馈给信息使用者。

ERP环境下会计业务流程最重要的特点是集成性，企业通过网络将各信息系统集成，使得原始数据收集分散化，而数据处理和存储集中化，从而实现了财务和业务的协同。其次是互动性，实现用户对信息的定制。

□ 本章小结

企业内部的所有相关活动可以分为两大类：基本活动（价值创造活动）与辅助活动（支持价值创造活动）。辅助活动是辅助基本活动并通过提供外购投入、技术、人力资源以及各种公司范围的职能以相互支持。支持价值创造活动是指用以支持主体活动而且内部之间又相互支持的活动，包括企业进行的采购管理、技术开发、人力资源管理和企业基础结构。

本章试图用较小的篇幅，基于业务活动和系统描述两个方面，把价值链较为重要的支持活动系统简述清楚。当然，我们也忽略了一些系统，如人力资源系统、固定资产管理系统、资金管理系统等。供应链管理的重要作用，是提高企业服务水平、降低企业经营成本，与这些系统都息息相关。我们这里只是较为简洁地介绍，具体应用还要在实践中逐步深入。

□ 基本训练

一、选择题（选项有一个或几个正确，请把正确的填在括号内）

1.采购管理活动是由企业内部多个部门协同完成的，主要涉及计划员、采购员、采购经理、应付会计、库管员、质检员等。关于他们的责任和义务，下列叙述正确的有（　　）。

A.计划员根据MRP生成的计划订单，提出采购需求

B.采购经理负责审批合格供应商、审批采购价格、审批采购计划和订单等

C.库管员根据采购订单或原材料检验结果对原材料进行接收

D.采购人员负责核对应付款往来业务、核实付款申请、结算应付款

2.在ERP系统中，（　　）与采购管理系统无直接数据关系。

A.仓存管理系统　　　　　　B.存货核算系统

C.生产计划管理系统 D.客户关系管理系统

3.下面不应该是采购管理系统实体的是（ ）。

A.供应商 B.报价 C.订购单 D.物料清单

4.应付管理系统中，下列说法错误的是（ ）。

A.不支持录入或维护红字的普通或增值税发票

B.企业的采购入库、发票付款出现未付款时的退货，需根据红字发票冲回应付账款

C.在退货业务中，根据需要可以将红、蓝字发票核销

D.系统为红字发票维护、应付账款冲回提供了操作工具

5.一项物料提前期为6周，平均需求量为每周150件，安全库存量为300件，订货批量为2 000件，订货点是（ ）。

A.300件 B.900件 C.1 200件 D.2 000件

6.库存管理E-R图，最不可能出现的实体是（ ）。

A.领料单 B.出库单 C.盘点表 D.生产任务单

7.存货核算，一般核算顺序为（ ）。

A.生产成本→材料成本→销售成本 B.销售成本→材料成本→生产成本

C.材料成本→生产成本→销售成本 D.材料成本→销售成本→生产成本

8.对于发票账单与材料同时到达的采购业务，企业支付货款或开出商业承兑汇票，材料验收入库。这种入库应该进行（ ）。

A.半成品核算 B.存货估价核算 C.正常入库核算 D.产成品核算

9.下列关于成本管理系统与存货核算系统关系描述，不正确的是（ ）。

A.存货核算系统将材料出库核算中分摊的材料成本作为生产车间的材料领用成本

B.成本系统将半成品、产成品在制造过程中发生的材料费、制造费、人工费分摊

C.成本系统将成本确认后的半成品、产成品传递到核算系统

D.存货核算系统将材料成本作为产成品定价的依据，进行销售利润的售前分析

10.产品的成本（ ）项目构成。

A.只有直接材料费和销售费 B.只有直接材料费、直接人工费和制造费

C.只有直接人工费和销售费 D.只有直接材料费、制造费和销售费

二、思考简答题

1.简述采购管理中的结算业务处理过程。

2.简述应付管理系统与总账系统、现金管理系统、存货核算系统的关系。

3.简要回答订货点法（order point）与物料需求计划（MRP）的区别。

4.会计存货结算划分有哪些类别？它们之间有何关系？

三、开放论述题

采购管理分为四种业务类型，包括现购、赊购、直运采购、受托入库采购等。不同业务类型其业务的处理过程以及财务收支核算的过程有差异，所以对应在系统中也会有不同的业务处理流程。讨论不同业务类型的业务处理的异同。

四、实践与提高

1.简述销售出库业务流程，并给出流程图。

2.业务背景：①企业的采购入库、发票付款出现未付款时的退货业务，需要根据红字

发票冲回应付账款；②流程对红字发票维护、应付账款冲回提供操作工具（见表7-3）。

表 7-3 **未付款退货业务流程说明**

序号	处理说明	责任部门	责任人
1	业务需要，录入或维护红字的发票	财务部	应付会计
2	审核发票后，冲回应付账款并生成凭证，并可查询系统生成并审核的凭证	财务部	应付会计
3	根据业务需要，将红、蓝字发票核销	财务部	应付会计

要求：画出未付款退货业务流程EPC图

3.凭证处理业务流程——实现凭证的生成、审核、过账和修改的所有操作。

业务背景：用户在实现初始化之后，系统已成功启用。财务人员需要以凭证的方式记录公司发生的实际经济业务。同时，按照实际的工作要求，对凭证进行审核、过账，发现错误进行修改（见表7-4）。

表 7-4 **凭证处理业务流程说明**

序号	业务说明	责任部门	责任人
1	新增凭证——手工录入、引入或者系统产生的凭证	财务部	财务人员
2	凭证查询——查询符合条件的凭证	财务部	总账会计
3	凭证审核——会计主管审核系统内的凭证	财务部	主管会计
4	凭证反审核——发现已审核的凭证错误，将其反审核，进入可修改状态	财务部	主管会计
5	凭证过账——将符合条件的凭证登记到账簿	财务部	主管会计
6	凭证反过账——发现已过账的凭证错误，将其反过账，进入可修改状态	财务部	主管会计

要求：画出凭证处理业务流程EPC图。

五、难点与延伸阅读

1.供应商关系管理（SRM）。

2.供应链（supply chain）。

思考与练习

思考与练习答案

第八章

系统实施与业务流程管理

学习目标

通过本章学习，应该达到以下目标：

了解ERP系统实施的动因、内容、过程、方法和步骤，以及会计人员在其中的主要工作和作用。掌握业务流程、管理流程、会计流程的概念，并认知它们之间的关系。了解企业整体流程架构，掌握企业基本业务流程与支持业务流程的关系。熟悉业务流程管理和业务流程重组的内容，重点掌握ERP实施后会计业务流程和会计业务流程的重组。了解信息化环境下企业组织的变革，尤其是企业会计和财务组织部门的变化，了解信息化条件下会计档案管理的最新内容。

引例　　**正确地去做正确的事？**

背景与情境：管理学的命题，“做正确的事”是指首先要决策正确，找对方向与目标，“正确地去做事”是指方法选择正确，要有效率。如何理解二者的关系是本命题的关键，应该是“做正确的事”是基础和前提，也就是说，只有先找到了正确的事去做，然后才是选择正确的方法去做。

在第三章我们系统地介绍了ERP系统，从一个侧面阐述了建立企业ERP系统是“正确的事”。接下来的工作就是如何做正确的事，也就是用正确的方式去做。本章将以制造业企业为例，结合企业的业务实际，概括描述其业务流程管理及ERP系统的实施。探讨业务流程重组与ERP实施的管理工作。这些内容是更好把握企业信息化与会计信息化的必备知识。

但是，正确的做事方式正确吗？对于企业管理来说，“正确”本身就是一个相对的概念。随着企业经营环境的不断变化，战略目标和管理要求也会相应发生变化。“持续优化”就是通过监控和分析体系的建立，帮助企业实现流程体系的持续性优化，实现流程的精益化运营，以适应企业内外部环境的变化。

第一节 ERP系统的体系

一、ERP系统的体系结构

ERP系统是融合了科学管理理念和先进技术的供应链管理，具有高度集成复杂性。ERP系统应用范围几乎覆盖了企业所有的业务活动，具有战略、战术、作业的多层次目标结构，是一个由不同业务职能的多维度目标结构组成的有机集合。ERP系统分为3个层次，即战略层、战术层和作业层（如图8-1所示）。

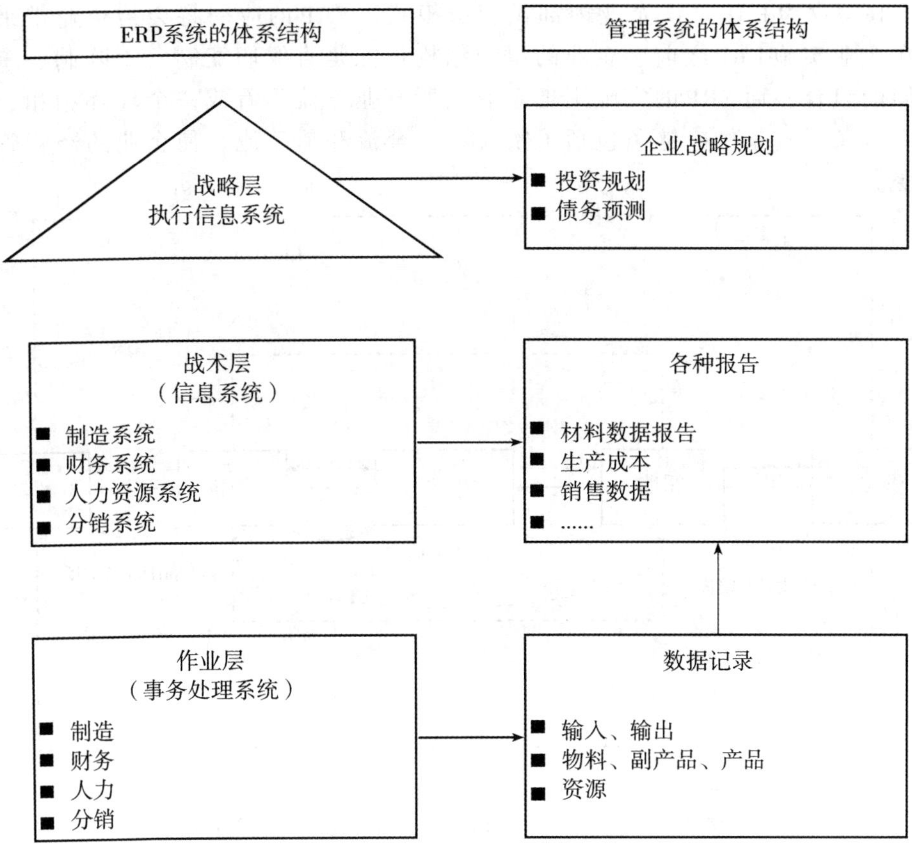

图8-1 ERP系统的体系结构（姚征，2004）

1.战略层

基于信息进行企业长远规划并为企业的高层管理决策提供综合信息，如企业规划、拟订企业投资计划或预测债务等，以引导企业发展。

2.战术层

对这些数据进行分析、解释和评价，并汇总形成各种报告，提交给相应的部门或决策者。

3.作业层

记录与日常运作有关的各种输入输出数据，具体由事务处理系统来完成。

二、ERP系统的组织结构

企业组织结构在企业管理中起着非常重要的作用，有竞争力的企业必须有好的管理——合理的组织结构、先进的管理体制等。实现了信息技术和经营管理较好结合的企业中，一个重要的特征是组织结构合理与完善。它包括在企业内如何配置职能以及如何界定职能与企业组织的关系。好的组织设计能够降低组织的协调成本，增强合作与沟通。组织结构在ERP软件中也起着非常重要的作用。如果一个ERP软件对组织结构没有准确的描述，该ERP软件对同类不同结构的企业不可能有较好的适应能力。

任何ERP软件都有自己的组织结构，其内部构建的企业结构、各个功能的流程是根据管理理论和优秀企业的成功运行经验，加以重新优化组合，得到的优化的企业整体构架。图8-2为ERP系统企业内部供应链模式。ERP的应用将会给企业带来深刻的影响。在企业实施ERP之前，企业的组织结构可能是直线职能制、矩阵制、事业部制或者它们的组合，而ERP的实施则把企业的所有业务流程看成一个环环相扣、紧密联结的供应链条。这条供应链条包括了物流、资金流和信息流，使企业的经营管理彻底发生改变。

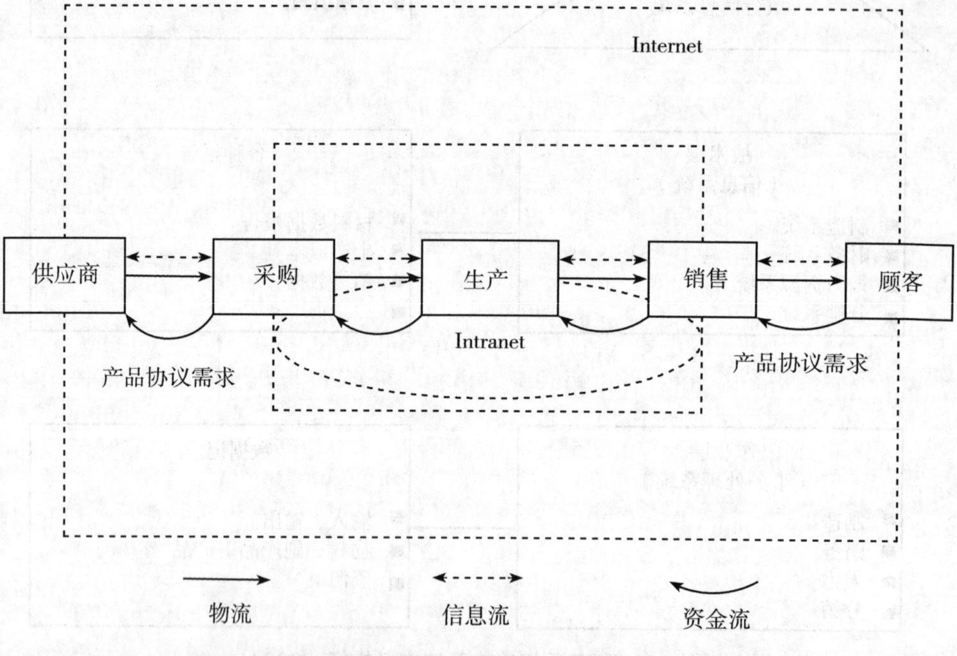

图8-2 ERP环境下的企业供应链结构（罗鸿，2003）

企业在实施ERP之前，其条块分割的业务体系一般都是围绕某一业务功能或者是职能部门来运行的，如财务系统、采购系统或销售系统等。ERP的实施则改变了这一状况，使企业的运行变成围绕某一流程，按照业务模块来进行。ERP环境下，企业的业务处理是跨职能部门的，企业的资源和信息可以得到统一的管理和共享。也就是说，ERP给企业管理带来的是实质的、彻底的改变。因此，一个ERP软件应该有自己的组织结构——一个柔性较大的组织结构，同时，ERP系统实施可以方便地利用BPR的工具将实体企业嵌入到ERP系统中。ERP实施的结果必然导致企业组织结构发生变化。

三、ERP 系统的数据基础

1.基础数据

准确的基础数据对ERP成功实施是至关重要的。基础数据不准确会使ERP屡屡失败。ERP实施是“3分设计、7分管理、12分数据”。由此可见，数据在ERP系统实施过程中的重要性。所以，企业运行ERP时，要做数据的收集、数据输入、数据处理等工作，保证数据的准确性、及时性和完整性。图8-3为ERP系统中的主要基础数据。

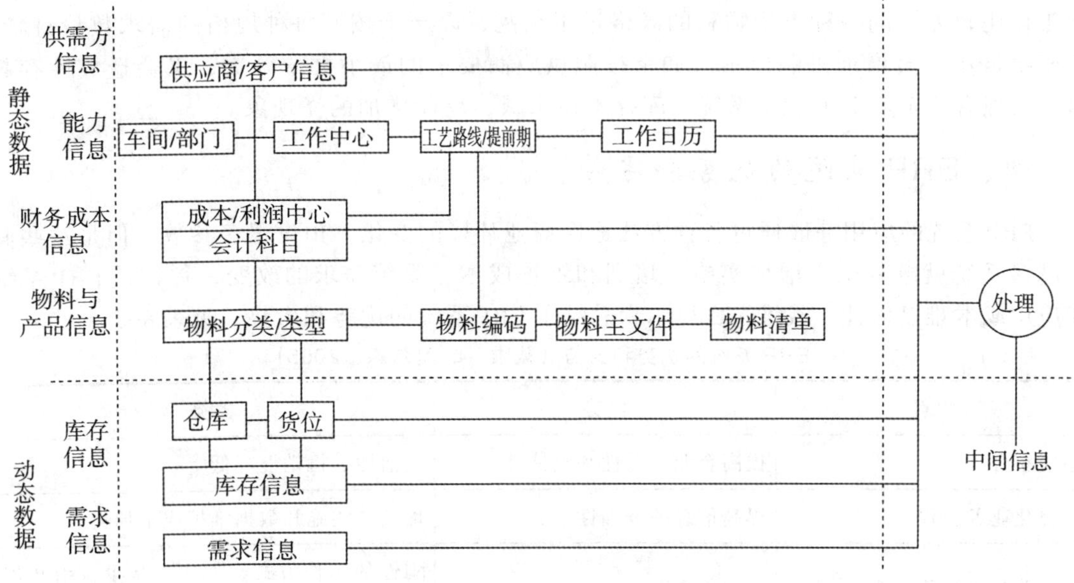

图8-3　基础数据相互关系及建立顺序（陈启申，2005）

（1）静态数据

ERP的静态数据是企业生产和经营活动中相对固定的信息，如物料清单、工作中心的能力和成本费率、工艺路线、仓库和货位代码、会计科目的设定、供应商档案和客户文档等。静态数据相对固定，当企业的内外环境和管理方式、方法改变时，数据也要变化。因此，静态数据也要定期维护。

（2）动态数据

ERP的动态数据是企业生产经营活动中产生的数据。如客户订单、库存记录等。实时是指业务发生的动态数据即时传输。

2.ERP系统的基础数据建设

基础数据往往决定了ERP系统的运行效果，企业必须规范数据标准，建立科学的数据收集处理方式，确保输入数据准确，才能获得有价值的决策信息。企业应严格按照实施顾问的要求，进行基础数据的整理和收集工作。软件厂商提供全面规范的基础资料收集范围，保证收集进度，提供深入的基础资料准备建议，如BOM、物料编码、仓库设置等指导，提供标准的数据收集表格和流程，确保数据质量，提供数据转档的技术支持和相应工具。

数据的准确性是保证ERP项目实施成功的必要条件，数据的规范性又是准确性的前提。例如，企业各种物料就有成千上万种，企业的物料编码位数太长，给实际业务操作带来了很多不便。保证数据收集与输入的准确性十分重要。数据正确性包括两方面的含义。首先，收集到的数据本身必须是正确的（即数据来源是正确的），否则会造成“垃圾进、垃圾出”的数据处理有效率无效果现象；数据本身的正确性更多地依赖于企业各部门数据收集人员，他们应当保证上交数据是正确的，没有遗漏、重复，也没有过时、失实的数据。其次，在把收集到的数据输入系统的过程中，不能引入任何附加的错误。

在数据准确性的基础上，进一步保证数据的合理性。数据准确不等于这个数据就是合理的。例如，“订货批量”这个参数，对于采购，由于产品设计上的问题，标准化和通用化工作比较差，同一种类型物料的规格过于杂乱，以至于按照每种规格的需求数量订货，由于批量小，会增加采购成本。如果按照供应商要求的最小批量订货，又会造成库存超量，出现有些企业上了ERP系统，库存不但未减，反而增加的怪现象。

四、ERP系统的优势和劣势

ERP系统的应用一般通过各种方法适应商业环境的变化，预设很多参数，但是这些假设越多系统就越复杂，增加实施、培训和维护成本。系统需求的改变，往往使ERP系统和应用成本难以估计。戴维·L.奥尔森总结了ERP系统的优势和劣势，见表8-1。

表8-1 ERP系统的优势和劣势（戴维·L.奥尔森，2005）

因素	优势	劣势
系统整合	提高企业一致性和整体性	灵活性、机动性降低
一体化业务流程	提高信息的准确性	培训、实施和数据维护成本加大
规范化和“最佳”流程	效率提高	刚性的工作方式、方法，减少自由和创造性
适应性	改善客户服务	若需求改变，存在潜在的沉没成本

信息系统项目的收益通常难以用货币收入衡量。对于任何信息系统项目，大部分收益都可能在未来才能实现，例如，未来的市场份额、客户服务的改善以及公司的形象提升等。同时，ERP系统也影响员工的满意度、供应链集成等。但是，经常用于评估项目的财务方法是投资回报率、现金流以及成本-收益分析等。一个信息化项目可能给企业带来关键的竞争优势，但是会计人员却无法衡量这一优势能带来的期望收益。信息技术项目的价值在于增强企业的竞争力，提高客户的满意度，以及更有效地组织运作。这种无形的收益不但难以把握，更难以衡量。

第二节 ERP系统实施

一、ERP系统实施的动因

在引入ERP系统的过程中，实施是一个极其关键也是最容易被忽视的环节。企业的

ERP项目只有在一定科学方法的指导下，才能够成功实现企业的应用目标。

著名学者Davenport（1998）指出在20世纪末企业IT应用的最重要领域就是ERP系统的广泛发展。在ERP之前，企业往往拥有“孤岛”信息系统。Davenport认为，如果信息系统是分裂的，企业业务也是分裂的。Markus（2000）认为，ERP是企业IT（软件、硬件、数据库和通信系统）的全面改造，几乎彻底重构了业务处理系统，实现了业务流程和信息的全面集成。企业实施ERP既有技术上的原因，更有业务上的原因，见表8-2。

表8-2　企业实施ERP系统的原因（Markus，2000）

技术原因	解决系统的缺陷 跨功能集成 通过外包减少企业的负担 减少重复操作和输入错误 改善IT基础结构 提高企业的IT能力 降低IT系统运行成本 将多数系统合并成为同一个类型的系统
业务原因	适应业务发展 改进非正式的、低效率的业务流程 使数据和记录标准化，并从中获益 降低业务运行和管理成本 降低库存成本 降低对客户订货的延迟和错误 系统集成化的IT支持 使不同的编号/命令/编码系统标准化 以“一个面孔”面对客户 获得全球化的“承诺实现”能力 实现流畅的财务合并 改进整个企业范围的决策支持

二、信息系统实施过程

（一）信息系统实施模型

过程研究一般以组织变革为理论基础，解释信息系统实施所引发的一系列社会性变革。ERP实施与一般的信息系统生命周期理论不同，ERP实施过程更关注社会性的变化，而非技术性活动。一般认为，信息系统的成功需要组织内部对信息系统实施活动及相应变革达成广泛的承诺，并且信息系统实施要有有效可行的计划。Kwon和Zmud从技术扩散角度提出6个信息系统实施模型，得到西方学术界广泛认可（如图8-4所示）。

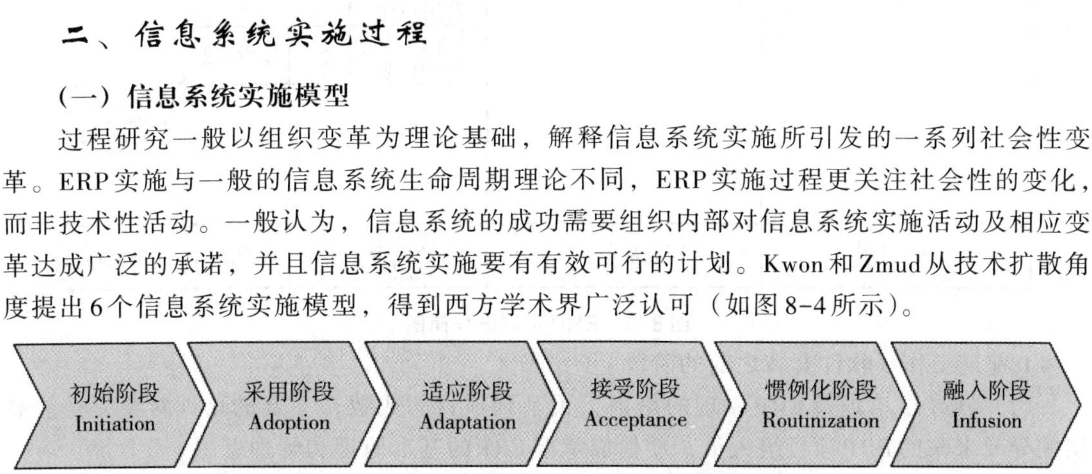

图8-4　实施阶段模型（Kwon和Zmud，1987）

（1）初始阶段：由组织需求拉动或技术创新推动，带来组织变革压力。组织主动（或被动）识别组织内部存在的机会（或问题）及相应的IT解决办法。结果是信息技术与组织应用之间的匹配。

（2）采用阶段：技术性和政治沟通及谈判，以保证组织支持信息系统的实施。组织为系统实施提供充分合理的资源。

（3）适应阶段：信息系统的设置、安装和维护，组织流程被重新设计和调整；培训组织成员以使其适应信息系统和组织新的流程安排。在这一阶段，信息系统可以在组织内使用。

（4）接受阶段：引导组织成员积极主动地应用新系统。在这一阶段，信息系统开始在组织内使用。

（5）惯例化阶段：调整组织管理系统（激励系统等），鼓励将使用系统作为惯常行为。这样系统就成为了组织日常活动的一个部分，没有了特殊性。

（6）融入阶段：以更有效率、更加集成化的方式应用系统，使系统支持更改层次的组织活动，并以此提高组织的效率。这样信息系统的潜力得以发挥。

（二）ERP系统实施

ERP系统实施（implementation）是指从最初的想法到分析、设计、安装和运行的全过程。实施过程并不是以ERP系统安装调试完成、投入使用为终点，而是将整个ERP生命周期看成ERP实施过程。

一个典型的ERP实施进程主要包括以下几个阶段，如图8-5所示。

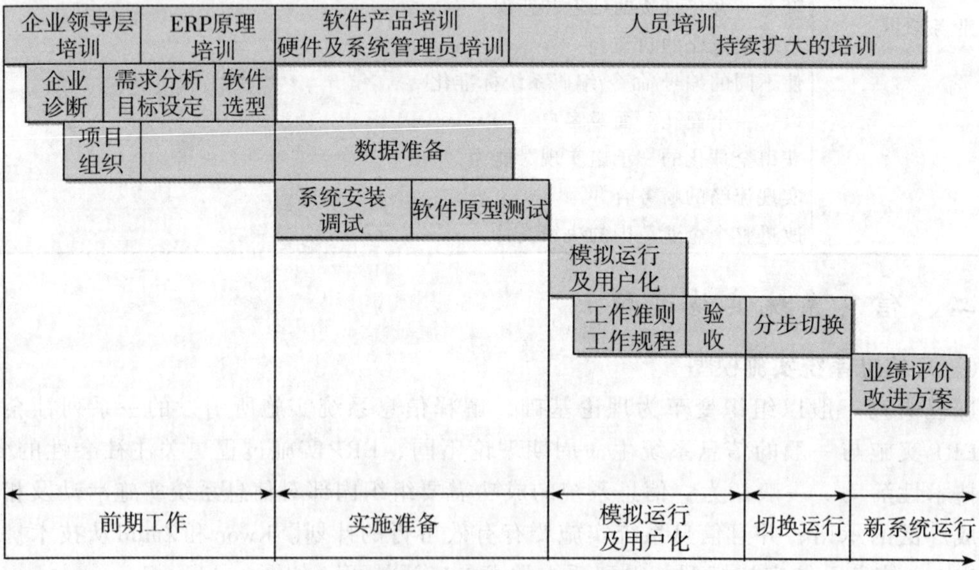

图8-5 ERP实施进程简图

1.前期工作（软件安装之前的阶段）

（1）领导层培训及ERP原理的培训，关系到项目的成败，主要的培训对象是企业高层领导及未来的ERP项目组人员，使他们掌握ERP的基本原理和管理思想。

（2）项目组织。ERP的实施是一个大型的系统工程，需要组织上的保证，项目组成员的人选不当、协调配合不好，将会直接影响项目的实施周期和成败。项目组织应该由三层组成：领导小组，项目实施小组和业务组。

（3）企业诊断。由企业的高层领导和未来各项目组人员用ERP的思想对企业现行管理的业务流程和存在的问题进行评议和诊断，找出问题，寻求解决方案，用书面形式明确预期目标，并规定评价实现目标的标准。其主要工作内容是业务流程重组。

（4）需求分析，目标设定。企业在准备应用ERP系统之前，需要回答以下问题，然后将分析的结果写成需求分析和投资效益分析正式书面报告，从而做出是否上ERP项目的正确决策。

——企业是不是到了该应用ERP系统的阶段？

——企业当前最迫切需要解决的问题是什么？ERP系统是否能够解决？

——ERP系统的投资回报率或投资效益的分析如何？

——在财力上企业能不能支持ERP的实施？

——上ERP系统的目的何在？到底为什么？系统到底能够解决哪些问题和达到哪些目标？

——基础管理工作、人员的素质是否达到ERP系统的要求？

（5）软件选型。要弄清楚企业的需求，即先对企业本身的需求进行细致的分析和充分的调研，要弄清软件的管理思想和功能是否满足企业的需求。特定的软件可能由于自身的原因，不能够满足企业一些特殊需求，需要一定的补充开发。

2.实施准备（包括数据和各种参数的准备和设置）

这一阶段要建立项目组织，系统的静态数据可以在选定软件之前就着手准备和设置，图8-5中用向左延伸到前期工作阶段来表示。在这个准备阶段中，要完成以下几项工作：

（1）数据准备。在运行ERP系统之前，要准备和录入一系列基础数据，这些数据是在运用系统之前没有或未明确规定的，故需要做大量分析研究的工作，包括一些产品、工艺、库存等信息，还包括一些参数的设置，如系统安装调试所需信息、财务信息、需求信息等。

（2）系统安装调试。在人员、基础数据已经准备好的基础上，就可以安装系统，并进行调试。

（3）软件原型测试。这是对软件功能的原型测试（prototyping），也称计算机模拟（computer pilot）。由于ERP系统是信息集成系统，所以在测试时，应当是全系统的测试，各个部门的人员都应该同时参与，这样才能理解各个数据、功能和流程之间相互的集成关系。找出不足，提出解决企业管理问题的方案，以便接下来进行用户化或二次开发。

3.模拟运行及用户化

这一阶段的目标和相关的任务如下：

（1）模拟运行及用户化。在基本掌握软件功能的基础上，选择代表产品，将各种必要的数据录入系统，带着企业日常工作中经常遇到的问题，组织项目小组进行实战性模拟，提出解决方案。

（2）制定工作准则与工作规程。进行了一段时间的测试和模拟运行之后，针对实施中出现的问题，项目小组会提出一些相应的解决方案，在这个阶段就要将与之对应的工作准则与工作规程初步制定出来，并在以后的实践中不断完善。

（3）验收。在完成必要的用户化的工作、进入现场运行之前还要审批和验收通过，以确保ERP的实施质量。

4.切换运行

在这个阶段，根据企业的条件来决定应采取的步骤，可以各模块平行一次性实施，也可以先实施一两个模块。所有最终用户必须在自己的工作岗位上使用终端或客户机操作，处于真正应用状态。

5.新系统运行

一个新系统被应用到企业后，实施的工作其实并没有完全结束，而是将转入到业绩评价和下一步的后期支持阶段。

以上就是对ERP的实施过程的简要介绍。通过介绍可以看到，对于ERP系统实施，会计人员参与最核心的部分是企业业务流程重组。

第三节　企业业务流程

一、流程

从系统角度来看，企业是一个“投入-产出”的转换系统，它将多种输入换为多种输出，如将原材料、半成品等物品经过生产转换为对顾客有价值的产品或服务，将投资者或贷款人的资金转换为投资者红利、贷款人利息与国家的税金等，将普通信息转变为有一定用途的信息。

企业的有效运行实际上就是其物流、资金流、人流与信息流合理流动的过程。这种过程有一个显著的特征，就是按照一定的逻辑顺序，由一个阶段向另一个阶段变换，这种变换过程实际上就是一种流程。企业就是依赖各式各样的流程而运作的。企业中的生产流程、会计业务流程、企业发展战略流程、新产品研发流程、采购流程及售后服务流程都是企业流程的一种表现。流程（flow process）定义为一组将输入转化为输出的相互关联或相互作用的活动（ISO 9000）。流程由6个要素构成，流程的输入资源、流程中的若干活动、活动的相互作用、输出结果、用户、最终流程创造的价值（如图8-6所示）。

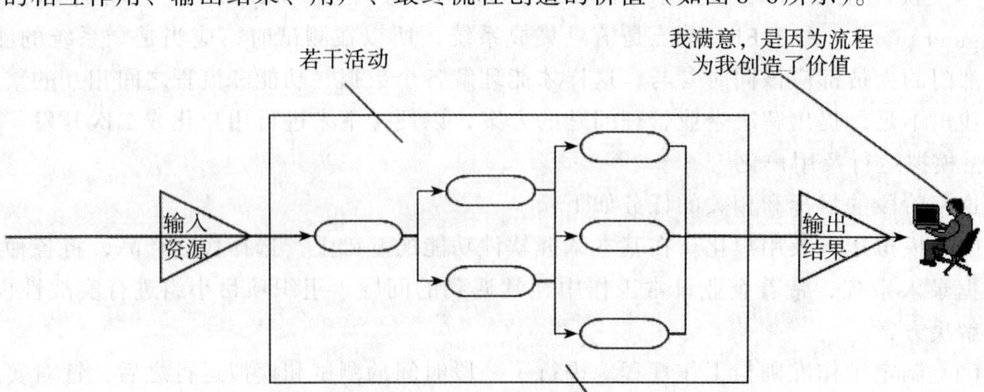

图8-6　流程的6个要素

流程具有以下特点：

(1) 目标性——有明确的输出目标（或任务），这个目标可以是一次满意的客户服务，也可以是一次及时的产品送达等。

(2) 内在性——流程包含于任何事物或行为中。对于所有事物与行为，我们都可以用这样的句式来描述，“输入的是什么资源，输出了什么结果，中间的一系列活动是怎样的，输出为谁创造了怎样的价值”。

(3) 整体性——流程至少由两个活动组成。流程，顾名思义，有“流转”的意思隐含在里面。至少有两个活动，才能建立结构或者关系，才能进行流转。

(4) 动态性——流程是由一个活动到另一个活动。流程不是一个静态的概念，而是按照一定时序关系徐徐展开。

(5) 层次性——组成流程的活动本身也可以是一个流程。流程是一个嵌套的概念，流程中的若干活动也可以看作“子流程”，可以继续分解成若干活动。

(6) 结构性——流程的结构可以有多种表现形式，如串联、并联、反馈等，往往这些不同的表现形式，会给流程的输出效果带来很大影响。

不同组织因为其性质和目标不同、业务不同、管理不同，使得其流程有很大差异。但是，可以把企业实际流程进行有效的抽象，我们这里重点讨论三类主要流程：业务流程、会计业务流程（信息流程）和管理流程。

二、业务流程

业务流程（business process，BP）是指企业为实现其经营目标或战略目标而进行的一系列活动，包括数据、组织单元和逻辑时间顺序等在内的一系列相关作业。企业内所有与财务相关的活动都可以看作其所在的整体业务流程的一部分。业务流程通常是由一些经济事件引发的，并且被清楚地定义了开始点和结束点。例如，“客户订单管理”流程是由收到客户的采买订单引发的，整个流程以销售订单的生成为起点，中间经历一系列有序的业务活动，然后以收到客户的货款为终点。

大多数生产企业都有着类似的经济事件和业务活动，一般企业都具有9组通用的业务流程（如图8-7所示）。

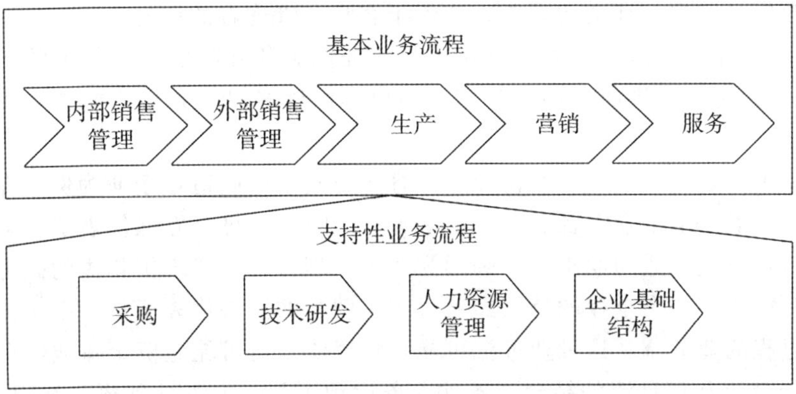

图8-7 基本业务流程和支持性业务流程

基本业务流程和支持性业务流程都可被细分为许多子流程。例如，外部销售管理可以细分为订单登记、信用核查等子流程。

1.基本业务流程

基本业务流程包括那些直接增加企业产品价值的业务活动:

(1) 内部销售管理，存货、控制、退货等业务。

(2) 外部销售管理，订单处理、收账、发货、交付等业务。

(3) 生产，加工、装配、包装等业务。

(4) 营销，广告、宣传、竞标等业务。

(5) 服务，安装、维修、售后服务等业务。

2.支持性业务流程

支持性业务流程包括间接增加企业产品价值和支持主要业务流程的活动:

(1) 采购，询价、选择供应商、订货等业务。

(2) 技术研发，资源开发、新产品研发等业务。

(3) 人力资源管理，招聘、培训、考核等业务。

(4) 企业基础结构，会计、计划与控制、资产管理等业务。

基本业务流程和支持性业务流程共同构成了企业业务活动的整个价值链。价值链是通过分析竞争优势的方式衡量企业业务活动的一种方法。它将业务活动分解为能够根据企业的目标和战略单独进行优化的组成部分。

三、企业业务流程概览

(一) 企业整体业务流程概览

在高度集成的企业管理信息系统（如ERP）中，业务与财务高度协同与融合，为了更好地理解会计信息系统，首先必须了解企业的业务流程。

获取/支付流程，包括获取、支付和维持组织所需要的资源。这些活动的目标是获取组织所需要的且能够支付得起的资源（商品或服务），支付获得资源的款项，适当维护所获得的资源。

转换流程，目标是将获得的资源通过转换变成客户需要的商品和服务。该流程贯穿于整个组织，形式多样，依赖于所提供商品和服务的类型，依赖于使用的技术和资源，依赖于管理者、政府、客户、社会的限制，依赖于客户和管理者的偏好。

销售/收款流程，包括一系列与支付商品、提供服务和收取款项相关的活动，其目的是通过销售/收款流程，将商品和服务作为输出提供给客户，并尽可能及早收回款项，保证资金回笼。

这里以从事一定产品生产、经济业务内容比较复杂的制造业企业为例，介绍企业业务的一般流程。这类企业的业务流程如图8-8所示。图中的每个方框代表了一个实体——供应商、顾客、银行或企业的职工等。圆形为业务处理符号，代表了相关的处理行为，这些处理行为通常构成了一个企业的持续经营过程。图中的箭头代表了从一个实体或过程到另一个实体或过程的业务流。这种业务流可能是物资流，也可能是资金流或信息流，还可能是物资流、资金流和信息流的结合。各项业务活动不管是人工处理还是利用计算机处理，都会发生。只不过由于企业产品或生产方式的不同，这些业务活动发生的时间顺序有所不同而已。该图是根据由客户需求组织产品生产的方式而设计的，在阅读中应注意这一点。

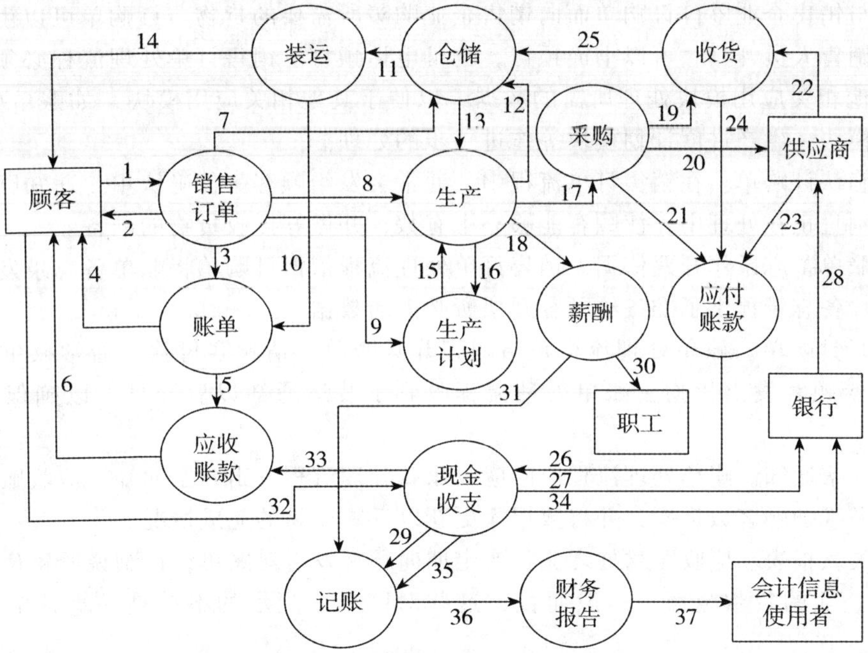

图 8-8　制造业企业的业务流程

图8-8显示了一个有代表性的企业的业务内容及其流程：订购单输入；确认订购单；账单备忘录作开票依据；开具账单；开票通知；欠款报表；装运单输入；生产计划单；生产通知单（若需要）；装运确认；供货；产成品入库；缺货订单；发送货物；生产进度表；生产状况表；采买需求；劳动报告；收货通知；购买订单；购买通知；采买的商品；采购发票；收货凭证；货物入库；采购付款通知；通知银行付款；支付货款；付款记录；支付薪酬；薪酬记录；销售回款；收入回款通知；回款送存银行；存款记录；编制财务报告；财务报告信息。

图8-8概括地描述了企业经营活动的销售与应收循环、购货与应付循环、生产管理业务循环、财务循环和财务报告循环5个方面的基本内容。其中1~25大体概括了销售与应收循环、购货与应付循环、生产管理业务循环的内容。这部分内容所形成的流程是企业的交易活动引起的，因而也称为交易流，是企业的主要业务流程。26~37大体概括了财务循环和财务报告循环的内容，是根据以上3个循环的信息加以记录、处理所形成的，主要反映企业的财务信息，并将这些信息报告给信息的使用者。

需要注意的是：图中所描述的业务处理符号所代表的处理行为，其执行者可能是一个部门、一个岗位或执行操作的某个人。可以是人工处理，也可以是利用计算机系统模块处理。

（二）企业的具体业务处理与基本业务循环

以上业务流程中所发生的各种业务，都需要企业相关的经办人员进行处理，由此构成了一个相互联结的密不可分的完整流程。整个处理过程形成了企业的业务流，也形成了企业的物流，最终形成了企业的信息流。

1.各个具体业务处理的基本内容

（1）订购单输入。企业与顾客之间的交易活动是通过签订订购单而达成交易意向的。

顾客通过与销售企业签订订购单而向销售企业购买所需要的货物。订购单可以由顾客本人或企业的销售人员开具，可以书面预订，也可电话预订。销售订单处理流程必须将订购单转换成其他相关应用模块处理所需的数据，以便于其他相关应用模块，如账单处理模块、库存管理模块、生产进度计划模块等作进一步的处理。

（2）确认订购单。在销售订单流程中，通常会发给顾客一份确认单，通知顾客其订购单已经收到且正在处理中，使顾客能够心中有数，并做好接收货物的准备。

（3）账单备忘录作开票依据。销售订单处理流程依据订购单将账单备忘录发送给账单处理流程。备忘录提供了准备给顾客开票所必需的数据。

（4）开具账单。账单处理流程是给顾客开具账单，请顾客付款。通常账单是在装运处理流程给顾客发出货物、账单处理流程收到了装运通知以后开具，以确保账单的准确性。

（5）开票通知。账单处理流程应向应收账款处理流程发出开票通知。应收账款处理流程的职责是维护顾客数据库，并将数据库更新以反映交易的完成情况。

（6）欠款报表。应收账款处理流程要定期向顾客发送对账单，详细说明每位顾客截至目前所欠企业的货款金额。一般而言，这些对账单所列示的不单是一笔订单或交易的结果。

（7）装运单输入。销售订单处理流程发出装运订购单给仓储处理流程。这份文件详细说明了顾客所订购货物的名称、数量、规格以及交货的时间和地点等。

（8）生产通知单。如果顾客所订购的货物是在销售企业专门定做的非库存商品或者临时缺货，销售订单处理流程通常需要根据顾客的订购单给生产处理流程发出生产通知单。

（9）生产计划单（若需要）。遇有上述情况的另一种做法是销售订单处理流程把定下的生产通知单发送到生产计划处理流程，这要取决于产品生产过程的组织方式。

（10）装运确认。在发出货物给顾客以后，装运处理流程应给账单处理流程发出一份装运单的复印件，证明货物已经发出，并确认装运处理已经完成。

（11）供货。仓储流程把要运送给顾客的货物发到装运处理流程。

（12）产成品入库。生产处理流程把生产出来的产成品运送到仓储部门进行储存。

（13）缺货订单。仓储处理流程记录缺货的情况，这要取决于交易过程如何组织。在这种情况下，生产通知单要发给生产处理流程（或者也可能发到生产计划处理流程）来替换库存。

（14）发送货物。由装运处理流程把货物发送或递送给顾客，或由顾客自行提取。

（15）生产进度表。生产计划处理流程给生产处理系统发出产品生产进度表，通过该表批准产品的生产，并按照计划控制产品的生产过程。

（16）生产状况表。生产处理流程负责产品生产过程的管理，并按要求把产品的生产情况报告发给生产计划处理流程，以便审阅和调整生产进度。

（17）采买需求。生产处理流程发出采购单给采购处理流程，订购生产产品所需要的原材料。采购处理流程负责向供应商发出货物订购单。

（18）劳动报告。生产处理流程对职工的劳动情况进行记录和整理，编制职工劳动情况表，并将该表报告给薪酬处理流程。依据劳动情况表的统计支付职工薪酬并积累生产成本资料。

（19）收货通知。采购处理系统发出接收报告给收货处理流程，批准收货处理流程接收供应商的货物。

（20）购买订单。采购处理系统通过向供应商发出订购单订购货物。

（21）购买通知。采购处理系统将订购单发到应付账款处理系统，启动付款流程。

（22）采买的商品。收货部门接收供应商所提供的货物。

（23）采购发票。供应商开来发票要求企业付款。应付账款处理流程必须将这些发票与采购处理系统发来的订购单进行核对，确保二者相符。

（24）收货凭证。收货处理系统应填制收货凭证，详细载明所收到货物的品名、数量等情况，并将收货凭证发给应付账款处理流程，通知订购的货物已经收到。以便与应付账款处理流程进行核对。

（25）货物入库。采购的货物从收货部门运送到仓储部门的仓库中。

（26）采购付款通知。应付账款处理流程审验后，应向现金收支处理流程发出向供应商付款的通知。

（27）通知银行付款。现金收支处理流程经过审验后，应通知开户银行向供应商付款。

（28）支付货款。企业的开户银行将货款支付给供应商。

（29）付款记录。现金收支处理流程应根据银行的付款通知，将已经付款给供应商的记录转到记账处理流程处理。

（30）支付薪酬。薪酬处理流程应编制职工工资记录表，计算出职工应得的劳动薪酬，并将薪酬和代扣的税金及保险等有关文件发送给职工。职工薪酬可采用支票或现金形式。

（31）薪酬记录。薪酬处理流程应将职工工资记录表转到记账处理流程进行处理。

（32）销售回款。现金收支处理流程收到顾客所欠本企业账款的汇款单据。

（33）收入回款通知。现金收支处理流程经处理后转送应收账款处理流程。

（34）回款送存银行。现金收支处理流程应按要求将顾客的汇款单据送存开户银行。

（35）存款记录。现金收支处理流程应根据银行的收款通知，将已经收到的记录转到记账处理流程处理。

（36）编制财务报告。记账处理流程经过加工整理，将会计数据发送给财务报告处理流程，以便于其进行财务分析和对外报告。或由财务报告处理流程从其他流程的数据库中查询所需要的数据，进行财务分析和财务报告的编制。

（37）财务报告信息。财务报告处理流程将编制出来的财务分析和报告文件传送给企业外部和内部的信息使用者。

前面所介绍的是一个比较典型的企业业务处理流程，从中可以看出企业业务处理流程的复杂性。在现实中，尽管没有两个企业的业务是完全相同的，但是大多数企业都经历和处理相似的业务流程。

2.基本业务循环

企业业务流程为我们提供了一个业务处理系统的分析框架。上面讨论的37个业务流可以作表8-3这样的分类。

表 8-3 对制造业企业主要业务流程的分类

销售	采购	生产	财务
1	17	8	26
2	19	9	27
3	20	12	29
4	21	13	31
5	22	15	32
6	23	16	33
7	24	18	34
10	25		35
11	28		36
14	30		37

在分类中，将企业的业务处理流程按其基本业务循环内容划分为销售与收现循环、购货与付现循环、生产管理业务循环与财务循环四类。其中，销售与收现循环包括了与企业的产品销售活动有关的业务流程；生产管理业务循环包括了与企业的生产营运活动有关的业务流程，对于制造业企业而言，主要是指其产品生产的组织过程。以上两大循环所包含的业务处理流程属于企业的基本业务处理流程。购货与付现循环包括了与企业的物资采购活动有关的业务流程；财务循环包括了企业的现金收支处理流程、记账处理流程和财务报告处理流程。购货与付现循环和财务循环所包含的业务处理流程属于企业的支持性业务处理流程。

以上这种分类方法仅仅是一个一般的例证。每个企业的经营活动内容及经营管理方式都有自己的独到之处，因而对属于每个过程的业务流程包括哪些内容都有自己的定义和理解。尽管如此，图 8-2 中所列示的支持过程也是大多数企业所共有的。在一般的企业中大都有销售订单处理流程、账单处理流程、应收账款处理流程、应付账款处理流程、现金收支处理流程、记账处理流程和在图 8-3 中所显示的其他一些业务处理流程。

3.流程设定时需考虑的因素

企业在设定流程时，通常结合职位、岗位和部门的设置。企业在设定业务流程时要考虑的因素包括：

第一，业务处理的专门化。每个业务处理流程都在企业的业务处理过程中有着特殊的功能，发挥着独特的作用。例如，随着企业的不断发展及在销售市场上所占的份额的扩大，向企业提交订单的客户也会越来越多，这样就需要企业有一个专门准备销售订单的功能——销售订单处理流程；再比如，企业无论是购买货物、计算职工的薪酬，还是对客户销售产品和提供劳务，都会使企业产生为数不少的账单，这就需要设立一个专门处理账单的功能——账单处理流程。这对购货订单和其他一些在日常经营活动中产生的各种账单的处理都是必要的。

第二，企业内部控制的需要。一个通用的控制原则就是要保持操作行为与相关的记录行为相分离。例如，账单的处理流程是属于操作行为，它本身并不负责相关业务的记录工作；而应收账款处理和应付账款处理都具有记录的职能。这样，按照企业内部控制的要求分别设计相应的处理流程，就可以做到操作行为与记录职能的分离，达到加强企业内部控制的目的。

四、会计业务流程

会计业务流程，即会计循环，是指财务会计部门为实现财务会计目标而进行的一系列活动所经过的全部过程。会计是通过对各会计主体的经济业务，主要运用货币形式的信息计量，借助于专门的方法和程序进行核算、控制，产生一系列财务信息和其他经济信息，为企业内部和外部的信息使用者提供服务来创造价值的。而服务是通过会计业务流程来完成的，不论提供的服务种类如何，会计业务流程都可以抽象为3类主要活动或子流程：

（1）数据采集流程，主要是从经济业务流程中采集数据，为加工流程服务。这些数据包括上述各业务流程中的数据，其载体主要为原始凭证。

（2）数据加工与存储流程，是将反映经济活动的原始凭证进行加工，如编制、审核记账凭证，然后对其进行分类、计算、传递，并将加工、分类、求和、传递结果保存在各类账簿中。

（3）报告信息流程，是以账簿、记账凭证为依据，编制内部报表和外部报表并提交给投资人、债权人、管理者、政府部门等的流程。

从数据处理的角度看，会计业务流程中的各项活动都体现为对信息的某种作用，并构成一个有序的数据处理和信息生成过程，这一过程可以分为若干部分，每一部分都有各自的处理任务，所有部分相互联系，互相配合，服从于一个统一的目标，形成一个会计活动的有机整体——会计信息系统。

五、会计业务流程与业务流程、管理流程的关系

管理流程并非独立存在的，它以会计信息系统产生的信息为依据，对业务流程进行计划、控制、评价等一系列活动，从而创造价值。其主要包括：

（1）计划。管理者定义业务目标，制定预算并且提供实际目标所需要的蓝图。

（2）控制。不同层面、不同部门的管理者通过优化业务流程，制定规章制度，采取相应的控制方法对某项业务流程、会计业务流程乃至企业经营活动整个流程进行比较、分析和评价，以使实际的执行结果与期望值保持一致，有效地利用企业资源，保证企业目标的实现。

（3）评价。管理者定期评价营运成果来考察业务过程是否正在实现组织的目标，并根据评价结果修正计划、目标或期望值。

业务流程、会计业务流程以及管理流程的关系如图8-9所示。

从图中可以看出，会计业务流程是企业流程的重要组成部分，它负责从业务流程中采集数据，经过加工后生成企业管理活动所需的信息。它也是连接业务流程和管理流程的桥梁。因此，会计业务流程的设计思想、数据采集的效率、加工的正确性和有效性，直接影响到企业管理活动的质量和效率。

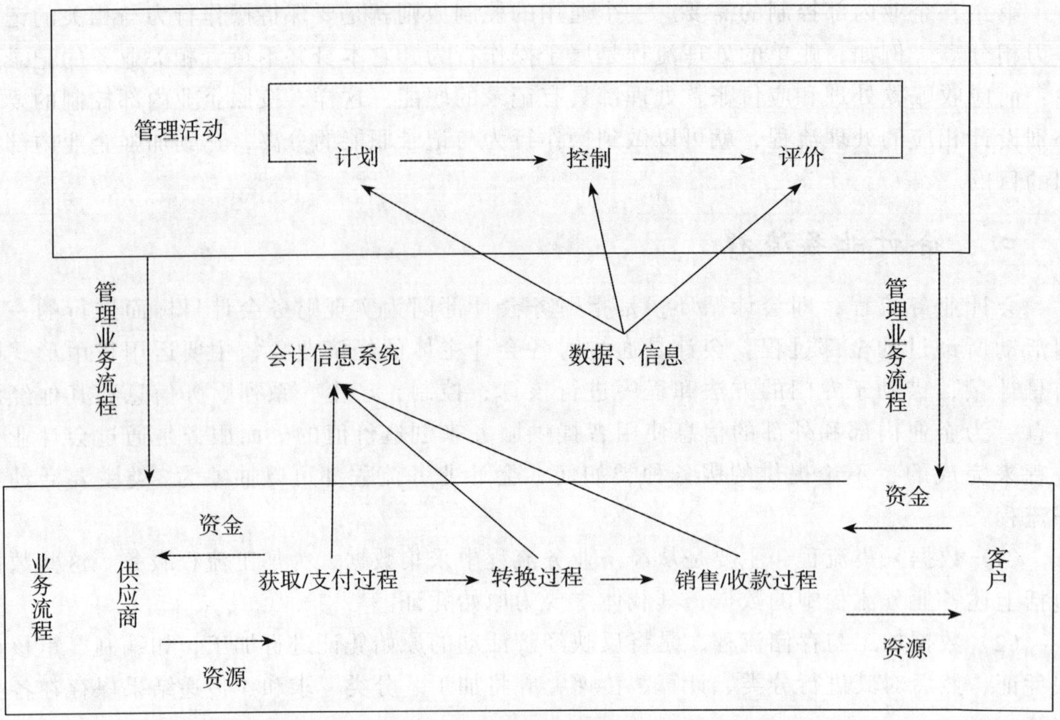

图 8-9 会计业务流程与业务流程、管理流程的关系图

第四节 业务流程管理

一、业务流程管理概述

20 世纪 90 年代，Michael Hammer 和 James Champy 的成名之作《公司再造》（Reengineering the Corporation）一书在全美公司领域引发了一股有关业务流程改进的浪潮。其核心观点是重新设计公司的流程、结构和文化能够带来绩效上的显著提高。如今，业务流程改造有了新名字——业务流程管理（BPM）。公司把业务流程管理——这种通过分析、建模和监控持续优化业务流程的实践，当作一种解决业务难题和帮助公司实现自己财务目标的系统方法（如图 8-10所示）。

业务流程管理（business process management，BPM），是一种以规范化的构造端到端的卓越业务流程为中心，以持续提高组织业务绩效为目的的系统化方法，包括业务流程的确立、业务流程优化和业务流程重组等内容。业务流程管理是实现企业各业务环节整合的全面管理，其涵盖了人员、设备、业务处理信息系统、企业级后台办公（back office）应用等内容的优化组合，从而实现跨应用、跨部门、跨合作伙伴与客户的企业运作。流程管理的作用如下：

（1）承上启下，保障和加速公司战略的有效落实。

（2）构建虚拟企业，加强工作一体化设计，打破职能分工，提高效率，加速成果固化和经验移植，降低变革风险。

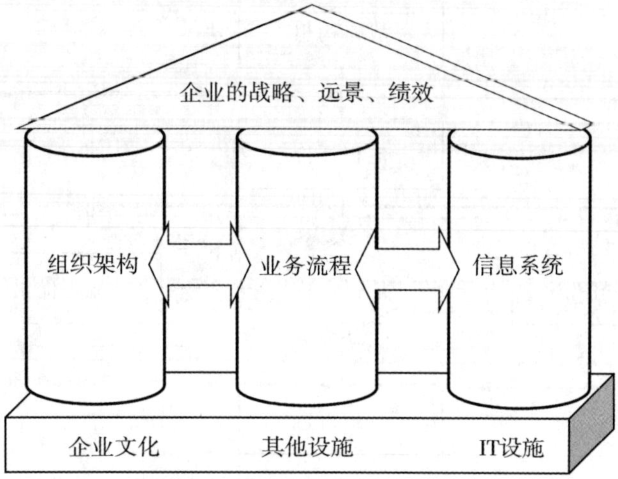

图8-10　流程在管理中的应用

（3）提升经营绩效和企业竞争力。

（4）规范业务操作，保障企业正常运营，提升执行力，支撑其他管理职能履行。

二、业务流程建设

1.业务流程的建立和规范

在一个企业，尤其是中小企业建立的初期，由于企业生存的压力，管理者普遍关注市场和销售，对流程和制度并不重视，运作基本靠员工的经验和一些简单的制度，企业的成功往往取决于企业主的个人能力和一些偶然的机会，例如，拥有该行业成功所需的特定资源。处于这个层次的企业，在解决了生存问题、开始走向规模化的时候，面临的最大问题是无序，通常表现为组织结构不健全、机构因人设岗、权责不清或没有制度流程，企业运作基本上依赖于人的经验和惯性，经常会发生越级指挥的情形，往往表现出高度集权的特征。从流程管理的角度，这个时期的企业急需建立起基本的流程和规范，如业务运作流程、作业指引、岗位职责说明书、人力资源管理体系等。这个时期的企业不能强求业务流程的精细，关键是明确权责，识别和描述流程，使业务流程规范化（如图8-11所示）。

2.业务流程优化

随着企业规模的扩大，组织机构逐渐庞大，分工越来越细，官僚化程度也随之增加，从而直接导致效率的低下，这类企业通常会有如下表现：组织机构完整，有书面的职责说明、制度流程，但会出现部门间合作不畅、跨部门流程工作效率低、决策时间长、制度流程虽然有但不够精细、流程执行不到位等问题。

在这个阶段的企业需要解决的问题是如何提高企业的效率和反应速度。通常采用的方法是先对现有流程的绩效进行评估，识别缺失的关键环节和需要改善的环节。可从以下四方面进行分析：一是活动是否过于复杂，有没有精简的可能性？二是活动能否使用更有效的工具（如IT）来实现？三是活动的先后次序可否调整以达到更高的目标？四是活动承担者的更换能否使流程更有效率？然后通过对现有流程的简化、整合、增加、调整等来提升流程效率，还可以通过明确流程负责人的形式来监督流程的整体表现，从而避免部门间推诿情况的发生。

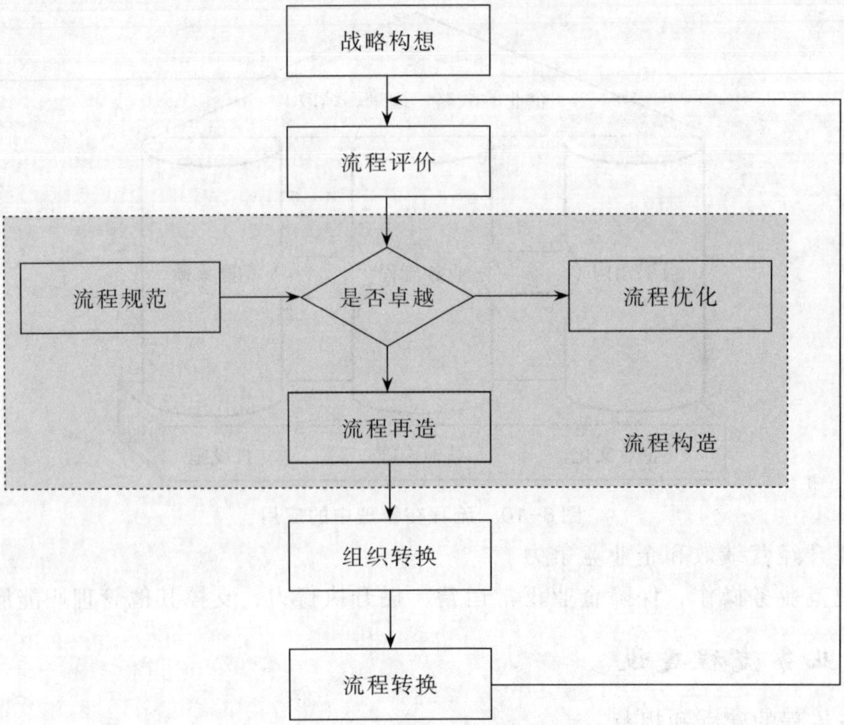

图 8-11 业务流程构造系统

对业务流程进行优化、提升管理水平要采取循序渐进的实施策略。以应收账款管理流程为例，企业会计准则规定："应收及预付款项应按实际发生额记账。"一般情况下，企业销售商品、产品或提供劳务等应按买卖双方在成交时的实际金额记账，也就是说，在商品、产品已经交付，劳务已经提供，合同已经履行，销售手续已经完备时须确认应收账款的入账金额。而企业在实际运作过程中，由于市场竞争的压力，不得不允许赊销业务的大量存在。按管理制度的规定，所有的销售业务（含赊销业务）完成后，除在业务账上登记外，还必须在财务账上登记，但部分赊销业务只在业务账上进行了登记，没有及时地将销售票据等信息反馈到财务部门，使财务部门无法在财务账上记录这些赊销业务。这样的应收账款通称为业务应收账款，所对应的赊销业务被称为账外销售。业务应收账款的存在，不仅使应收账款的管理变得复杂，而且使财务账上的应收账款无法准确反映实际的应收账款情况（一般情况下，业务应收账款大于财务的应收账款），同时也造成整个财务报表无法准确反映实际的经营状况。在应收账款管理业务流程优化过程中，为保证企业销售业务的正常运作，可以暂时保留业务应收账款这一不完全规范的内容，但应加强对所有应收账款（含财务应收账款及业务应收账款）的管理，增加控制环节，例如到月底时，将业务应收账款尽可能转为财务的应收账款，使管理者随时掌握应收账款，特别是业务应收账款的变化，为企业的决策提供准确、可靠的信息。当然这只是临时性的措施，最理想的处理方式是取消业务应收账款，使应收账款在财务账上得到完整的反映。

三、业务流程重组

（一）业务流程重组概述

业务流程重组（business process reengineering，BPR）或业务流程再造，是20世纪80年代末以来国际上流行的一种新的管理观念和方法，Michael Hammer曾对BPR做出了定义："BPR，是利用信息技术对企业业务流程作根本性的再思考和彻底的重设计，以达到成本、质量、服务和速度等现代关键业绩指标的巨大提高。"

BPR是指基于信息技术的、为更好地满足顾客需要服务的、系统化的企业组织工作流程及相关活动，它突破了传统劳动分工理论的思想体系，强调企业组织形式以"流程导向"替代原有的"职能导向"，为企业经营管理提出了全新的思路。业务流程重组的核心是彻底重新设计企业流程，使得成本或时间方面获得显著的改善。

业务流程重组理论突破了传统劳动分工理论和"职能导向"的组织结构设计理论的思想体系，强调三种观念：

（1）变职能观念为流程观念，为企业经营管理提出了全新的思路，即摆脱传统的组织分工理论的束缚，提倡顾客导向、组织变通、员工授权及正确地运用信息技术，达到适应快速变动的环境的目的。

（2）重新设计的观念，即对企业中陈旧的观念和与之适应的行为规范，要及时进行重新设计。

（3）绩效第一的观念，业务流程重组的最终目的是通过业务流程、工作方式以及组织结构的改造和创新，带来组织绩效的大幅度提高。

企业通过对企业原有业务流程的重新塑造，包括进行相应的资源结构调整和人力资源结构调整，将由以职能为中心的传统形态转变为以流程为中心的新型流程向导型企业，实现企业经营方式和管理方式的根本转变，提高企业整体竞争力。

（二）业务流程重组的实施

业务流程重组的实施结构可以设想成一种多层次的立体形式（如图8-12所示），由观念更新、流程重建和组织重建三个层次构成，其中以流程重建为主导，而每个层次内部又有各自相应的步骤，各层次也交织着彼此作用的关联关系。

1.业务流程重组的观念更新

观念更新是围绕流程对企业的价值观念进行改造，用新的观念来为业务流程的重组做好准备，以及为重组后的业务顺利进行提供保障。

2.业务流程重组的流程重建

流程重建是指对企业现有流程进行调研分析、诊断，再设计，然后重新构建新的流程的过程。其主要包括三个环节：

（1）业务流程分析与诊断

它是对企业现有的业务流程进行描述，分析其中存在的问题并给予诊断。

（2）业务流程的再设计

针对前面的分析与诊断，重新设计现有流程，使其趋于合理化，并设计出新业务流程的方案。流程再设计可以表现为：许多道工序合并，归于一人完成；将完成多道工序的人员组合成小组或团队共同工作；将串行式流程改为同步工程等。

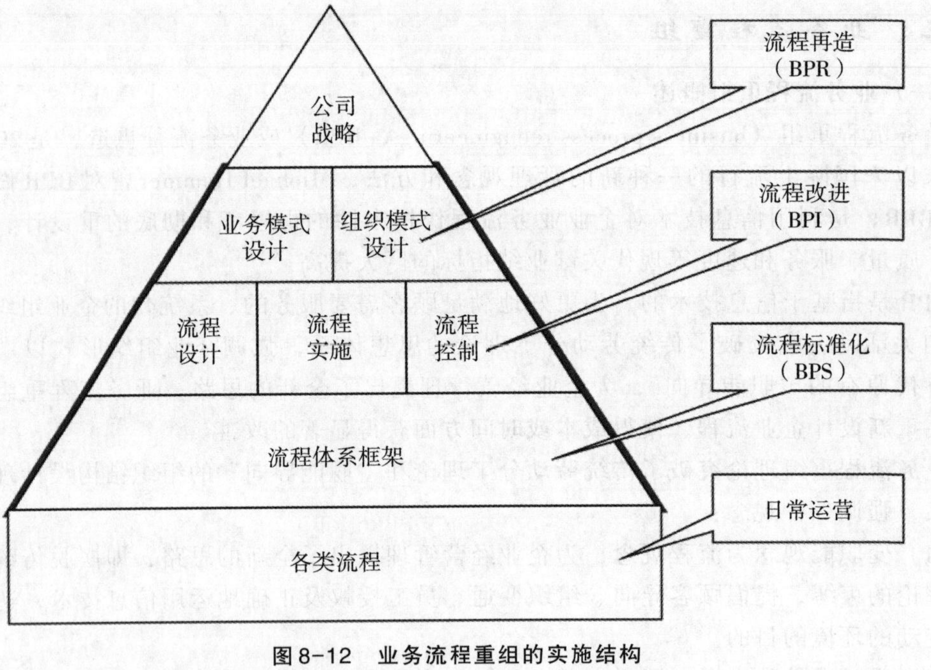

图 8-12 业务流程重组的实施结构

(3) 业务流程重组的实施

将重新设计的流程真正落实到企业的经营管理中去，在展开新流程时，应随时根据实际情况修订调整，因为重组要成功，适应现实需要是相当重要的。

3. 业务流程重组的组织重建

任何流程都是基于特定的组织结构的，组织结构是流程的载体，业务流程重组要求企业的组织结构进行相应的调整，建立面向流程的组织结构。

(三) ERP 环境下的会计业务流程重组

1. 传统会计业务流程缺陷

(1) 传统会计业务流程容易形成信息孤岛

传统会计业务流程下，职能部门间的业务数据缺乏传递共享，容易形成信息孤岛。传统会计业务流程下由于财务和业务的分离，会计人员很少涉及业务层面的流程，会计人员只负责业务发生的单据流转和记录，并未涉及业务本身。其结果是：会计部门独立于其他业务部门，形成的是以模块为单位的一个个信息孤岛，缺乏会计数据传输的实时性、一致性和系统性，就可能在客观上导致会计信息与业务信息不一致的问题，降到了会计信息的质量。

(2) 传统会计业务流程难以满足管理需要

传统会计业务流程下，财务部门只是记录经济业务的资金流信息，并不采集业务活动的全部数据，同一经济业务的相关数据被分别保存在财会人员和非财会人员手中，这样忽略了大量管理信息，导致会计信息系统与其他系统数据有可能不一致或信息隔阂、信息重复。会计信息系统提供的账表已经无法满足信息使用者的需要。截至目前，会计信息系统仍然按照会计科目来生成借贷余三栏式账簿，并编制会计报表。而这些账簿和报表不能从多层次、多视角探究和分析企业的财务状况和经营成果。

（3）传统会计业务流程无法实现企业实时监控的需要

传统会计业务流程中的会计数据通常是在业务发生后采集，会计数据加工是将滞后采集的数据进行排序、过账、汇总、对账等。导致会计信息系统所反映的资金流信息往往滞后于物流信息，以至于企业无法从效益角度上对经营生产活动进行实时控制。会计信息的滞后性不能使管理者从会计信息系统中得到所需的信息，降低了会计信息的相关性，失去了其应有的价值。不管是手工的会计业务流程还是会计电算化方式的会计信息系统，其实质仍然是事后算账，无法支持事前支持、事中控制、事后分析。

2.ERP环境下的会计业务流程重组

传统会计业务流程是功能驱动的，即对各种功能规定了数据的处理和输出方法。功能驱动的会计业务流程只对经济活动的结果进行反映，从中看不到每项经济活动发生、执行与完成的全过程，定期将全部会计信息存放于几张固定的报表中提供给特定的使用者，这显然不能满足决策有用的会计目标。

ERP环境下会计业务流程重组是指以企业会计业务流程为优化对象，重新建立起一种财务与业务协同的、交互式的、以“事件”驱动的能够呈报实时、多元化数据信息的会计业务流程。首先，其与ERP系统相互融合的标准流程，提高了会计信息的相关性、及时性，加快了供应链上的信息流动；其次，借鉴业务流程重组的思想，利用共享数据库技术，“事件”驱动模型和决策模型，整合供应链，改变信息的收集、处理和输出方式，满足ERP系统的应用要求，并通过ERP系统的实施进行优化。

新的会计业务流程应用流程重组的思想是：将实时信息处理嵌入业务处理过程中，企业在执行业务活动的同时，将业务数据输入ERP系统中，通过业务规则和信息处理规则，生成集成信息，基于这种模式构建的会计信息系统称为“事件驱动”的会计信息系统。

ERP环境下的会计业务流程重组实施成功后，将由传统的功能驱动的会计业务流程，转变为ERP环境下“事件驱动”的会计业务流程。当业务事件发生时，根据数据处理规则将业务事件数据存入业务事件数据库，业务事件数据库中存放着由数据收集系统自动收集、只经过初步加工的源数据，当信息使用者想从系统中获取信息时，由信息使用者提出要求，系统启动相应的信息处理程序（模块），对业务数据库中的信息进行加工处理，并将处理结果实时反馈给信息使用者。

重组后，ERP共享数据库应当有多个数据入口，不同的会计数据从不同的数据入口进入ERP共享数据库，但是对于每一类会计数据只能有一个数据入口，即同类的会计数据只能从同一个入口进入ERP共享数据库，从而保证数据来源的唯一性，不能重复输入。

第五节　业务与财务一体化系统

一、业务流程与财务流程的关联关系

在业务与财务高度集成的系统中，借助于网络技术，可以实现业务与财务部门的信息

实时传递与共享。理解业务与财务之间的关系，对于正确认识会计信息系统，理解业务与信息流程等，都具有重要的意义。

尽管各个企业的业务处理流程所处理的业务内容有繁有简，人员的设置有多有少，担负的职责有大有小，但每个业务处理流程的处理程序大体上是相同的。当经济业务发生时，业务部门将经过确认的单据保存在业务单据数据库文件中。此时，通过业务与财务一体化流程将业务信息自动转换为记账凭证，并保存在记账凭证数据文件中；当企业需要从财务和业务视角生成相应的报表时，通过生成报表系统从共享数据文件中实时获取数据，自动生成相应的报表（如图8-13所示）。

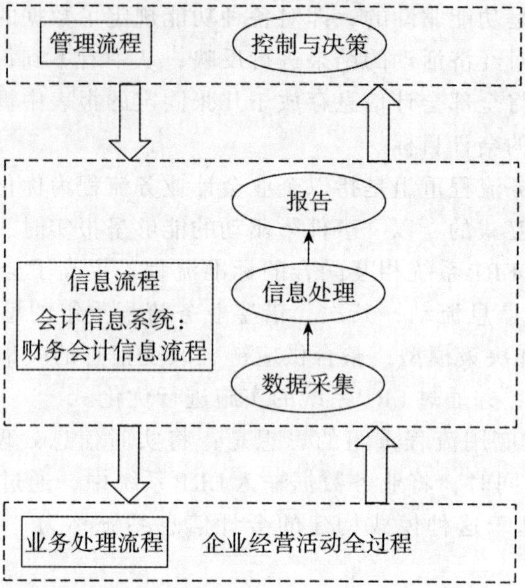

图8-13 业务流程与财务流程的链接

二、业务与财务一体化机制

业务与财务一体化流程的关键是一种基于信息技术设计的动态会计平台。动态会计平台是业务与财务协同与融合的关键，主要由事件接收器、凭证模板、生成器和实时凭证构成，其基本功能如图8-14所示。

事件接收器是业务处理系统的起始点。其功能是当经济业务发生时，通过相应的业务模块驱动事件接收器接收事件信息。事件信息包括以下5个基本特征：（1）发生了什么事，涉及哪些资源；（2）什么时候发生的；（3）涉及哪些人，分别充当何种角色；（4）事件发生的地点；（5）事件发生时风险是什么。这5个方面的基本特征概括了企业发生的经济业务的全貌。所采集的信息不仅能满足企业对外报告的需要，而且还能满足企业各个部门不同用途的需要。

凭证模板是实现自动生成凭证的规则集合。凭证模板的来源有两个：第一，可以在系统开发时内嵌于处理程序中；第二，财务会计人员根据企业经济业务，按照现行会计制度、准则和法规的要求设计的，反映经济业务转换成财务会计信息的规则。凭证模板被保存在数据库中。凭证模板的作用是将经济业务信息转换成记账凭证。

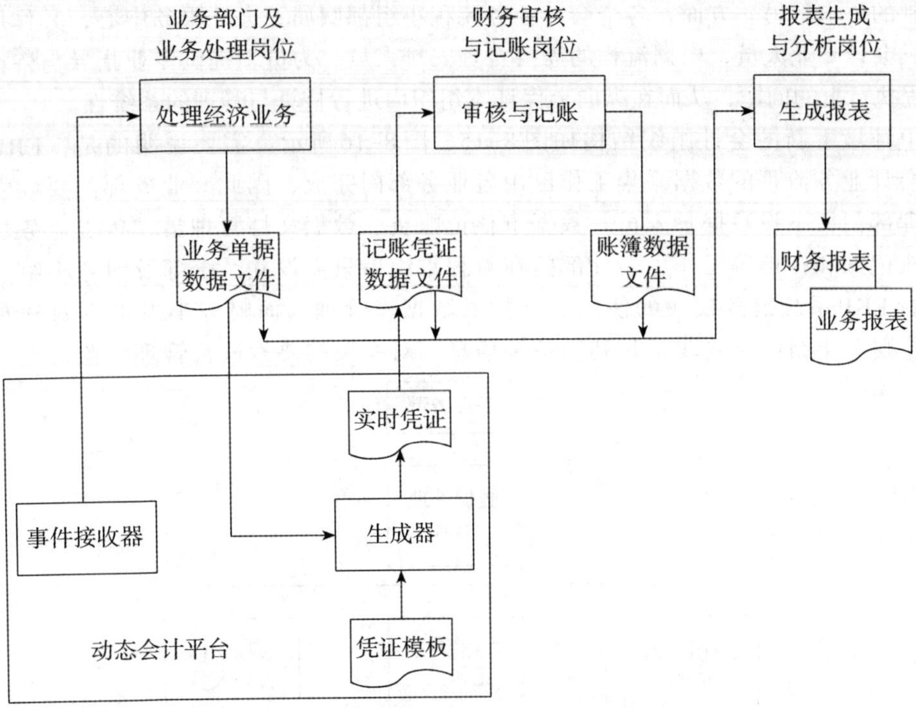

图8-14　业务与财务一体化流程与动态会计平台

生成器的功能是实时将业务信息转换为财务信息，即根据经济业务信息和凭证模板，自动生成实时凭证并传递到总账系统中。

动态会计平台是会计信息系统中将业务信息转化为财务信息的功能模块。当经济业务发生时，动态会计平台能够实时、高效地生成会计信息。

三、ERP环境下会计组织的重建

1.传统会计组织模式的缺陷

传统的会计组织模式是以垂直沟通为主，强调组织结构中的等级。实际上是金字塔式的会计组织，从上到下主要分为三层：决策层、管理层和执行层。自上而下的是财务决策的下达，自下而上的是会计信息的传送。执行层只负责日常会计处理及会计信息的收集，并具体执行决策层下达的财务指示。管理层一方面加强对执行层工作的管理和指导，以保证财务决策的贯彻执行，另一方面向上呈报汇总的会计信息及重要的会计事项。这种等级制度过分强调企业的财务制度和秩序，制约了组织的创新精神，逐级呈报、层层管理使得企业无法适时响应外部环境的变化或及时处理内部存在的问题。

2.ERP环境下会计组织的重建

ERP环境下会计组织的重建，要在明确会计组织任务的基础上，围绕ERP环境下新的会计业务流程重建其组织结构。

ERP环境下，在实行业务流程重组后的组织模式中，组织是围绕业务流程运行的，职能单元则是为业务流程的运行提供服务性的支持。因此，ERP环境下基于会计业务流程重组的会计组织实际上是一种二维的组织结构，即流程维与职能维。一方面，会计组织以业务流程为主干，建立与业务流程相对应的会计业务流程小组，满足与业务流程横向经济关系处理的全面控制的要求；另一方面，各个会计业务流程小组都归属于会计服务中心，其作用在于培养并提供会计专业人员，根据流程的需要合理安排人员，为员工提供专业指导与咨询，参与解决流程执行上的问题，从而在纵向上保证本组织内进行核算与管理的系统性。

ERP环境下新的会计组织结构如图8-15、图8-16所示，需要说明的是，ERP环境下重组后会计业务流程的数据采集工作已由各业务部门完成，因此，业务部门要设立专门的数据处理部门，下设数据录入员、数据审核记账员、数据文档管理员，负责业务数据的录入、审核记账和存档等工作。会计部门在流程重组后只需设立系统部及财务小组。系统部主要负责ERP系统财务模块的使用、维护及数据库管理。而财务小组也不划分专门的职能岗位，财务小组的主要职责是利用各种信息，对有关的要素进行管理、监督等。

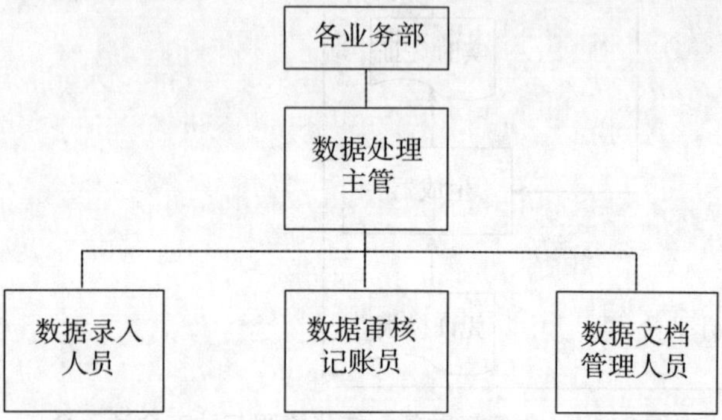

图8-15 新的会计组织结构（延伸到各业务部门）

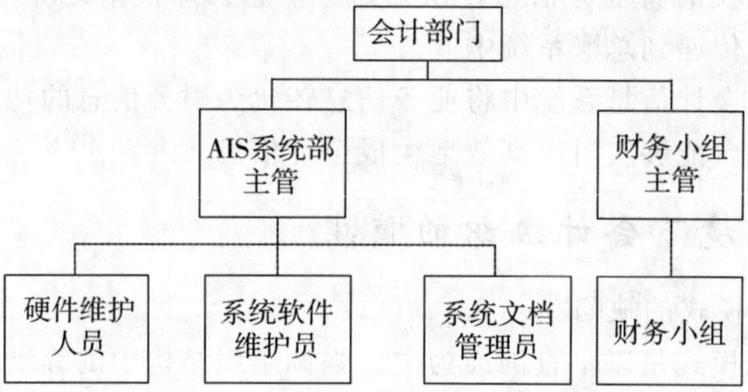

图8-16 新的会计组织结构（会计部门）

□ 本章小结

本章从ERP系统实施的动因开始引入，ERP实施成功会给企业带来诸多成效。一般而言企业实施ERP是做了“正确的事”。本章重点讲的内容是ERP实施的正确方法和途径。

首先，我们要弄清什么是ERP实施，从内容、过程、方法和步骤几个方面了解ERP实施，以及实施方法论有关知识。引出ERP实施核心是企业业务流程系统与信息系统（ERP）的匹配性、一致性、协同性。因此，业务流程管理和业务流程重组关系到ERP实施的成败。作为会计人员，无论是从专业的角度、系统的角度、企业管理的角度，都应该掌握流程管理的理论和实务知识。

ERP的实施和企业业务流程给企业带来系统结构、组织方法和协同控制等方面的重大变革。业务与财务一体化系统，ERP系统中的财务模块，ERP环境下的会计业务流程，ERP环境下会计组织的重建等内容，是实施基于ERP系统的会计信息系统必须了解的知识。

□ 基本训练

一、选择题（选项有一个或几个正确，请把正确的填在括号内）

1.在引入ERP系统的过程中，实施是一个极其关键的环节。好的ERP系统的实施可能给企业带来的结果有（ ）。

A.采用统一的数据库，数据充分共享　　B.企业拥有“孤岛”信息系统

C.构建嵌入式流程系统　　D.使数据和记录标准化

2.下面有关ERP系统实施的说法错误的是（ ）。

A.ERP系统实施包括从最初的想法到分析、设计、安装的全过程

B.将整个ERP生命周期看成ERP实施过程

C.ERP系统实施会引发一系列的社会性变革

D.典型的ERP实施进程是划分阶段的

3.Kwon和Zmud从技术扩散角度提出6个信息系统实施模型，得到西方学术界广泛认可。它们的合理顺序应该是（ ）。

A.初始阶段—采用阶段—适应阶段—接受阶段—惯例化阶段—融入阶段

B.初始阶段—适应阶段—采用阶段—接受阶段—融入阶段—惯例化阶段

C.初始阶段—采用阶段—适应阶段—接受阶段—惯例化阶段—融入阶段

D.初始阶段—采用阶段—接受阶段—适应阶段—惯例化阶段—融入阶段

4.ERP的动态数据是企业生产经营活动中产生的数据，一般不包括（ ）。

A.成本费率　　B.会计科目　　C.供应商档案　　D.库存记录

5.保证数据收集与输入的准确性十分重要，下列有关说法不正确的是（ ）。

A.收集到的数据本身必须是正确的　　B.数据没有遗漏、重复

C.没有过时、失实的数据　　D.数据在电子化载体中存储

6.（ ）是ERP系统的劣势。

A.改善客户服务　　B.效率提高

C.提高信息的准确性　　D.实施和数据维护成本加大

7.企业的管理流程并非独立存在的，它以会计信息系统产生的信息为依据，对业务流程进行（ ）等一系列活动，从而创造价值。

A.记录　　B.评价　　C.计划　　D.控制

8.业务流程管理是现代企业实现经营管理的有效手段，流程管理的作用体现在（ ）。

A.提升经营绩效和企业竞争力　　B.规范业务操作

C.公司战略的有效落实　　D.打破职能分工，提高效率

9.BPR是利用信息技术对企业业务流程作根本性的再思考和彻底的重新设计。其主要内容包括（ ）。

A.强调企业组织形式为“流程导向”

B.彻底重新设计企业流程

C.业务流程重组的最终目的是组织绩效提升

D.ERP系统实施

10.传统会计业务流程重组的必要性在于（　　）。

A.传统会计业务流程容易形成信息孤岛

B.传统会计业务流程的目标不够明确

C.传统会计业务流程难以满足管理需要

D.传统会计业务流程无法实现企业实时监控的需要

二、思考简答题

1.ERP实施的动因，相对ERP的目标可能更具体一些，请你尝试给出企业实施ERP的技术因素和业务管理因素。

2.流程定义为一组将输入转化为输出的相互关联或相互作用的活动。流程由六个要素构成，给出流程六要素都是什么。结合流程的特性阐述它们之间有什么关系。（可以用图示表示）

3.什么是业务流程？企业价值链中基本业务流程和支持性业务流程分别有哪些？

三、开放论述题

1.以组织变革为理论基础，解释ERP系统实施会引发一系列的变革，为什么尤其强调"社会性"变革？

2.如何理解构建"事件驱动"的会计信息系统？"事件驱动"的会计信息系统与传统会计信息系统有何不同？

3.业务与财务一体化流程的关键是一种基于信息技术设计的动态会计平台。请说明动态会计平台的构成，简单描述其工作原理。

4.企业ERP系统的获得，一般我们称为ERP系统的"实施"，而不是"购买"和"安装"，为什么？

四、实践与提高

1.ERP实施的内容：建立实施策略、业务流程分析、设计解决方案、建立应用系统、建立用户文档、系统切换和运行维护及改善。请根据我们以前学过的流程图的知识，画出ERP实施的流程图（包含处理和产生的文档）。

2.讨论书中的制造业企业的业务流程，其表述的是企业业务系统数据流图（简化）。由于是简化的，并没有遵从数据流图的规范。请问有哪些不规范之处？如果要按规范性做法，应该如何改进？

3.ERP系统的财务部分通常分为会计核算与财务管理两大块。根据你所学过的知识，画出总账系统的背景数据流图和0阶数据流图。

五、难点延伸阅读

1.ERP实施方法论。

2.波特价值链分析模型。

3.《会计档案管理办法》《中华人民共和国电子签名法》。

思考与练习　　思考与练习答案　　单元任务

第九章

信息系统审计与内部控制

学习目标

通过本章学习，应该达到以下目标：

学习和把握计算机审计的概念、内容、特点，了解审计软件的功能，计算机审计技术和方法，尤其是数据式审计。学习和掌握信息系统审计的概念、内容、特点，了解信息系统审计实施的原则、内容、计划和技术。

引例 **信息化时代的审计**

背景与情境：在信息技术环境下，从业务数据的具体处理过程到报表的输出都由计算机按照程序指令完成，从而会影响到审计线索。仍以手工方式进行审计，显然已经难以满足工作的需要，难以达到审计的目的。

现代审计的一个重要内容就是处理数据，在大量数据中分析和寻找与审计目标相关的有价值的信息，即审计线索。然后根据有价值的线索，进一步揭示与查处重大问题。因此，审计人员应不断研究审计方法，注意发现审计线索。在信息技术环境下，采集审计对象信息，可从电子介质导入或者手工录入到审计软件，审计软件必须能从会计软件提取会计电子数据。

先进的审计技术与计算机审计手段进行优化组合，就可以减少审计人员翻阅账册、原始凭证的工作量，避免因手工摘抄、人工汇总计算产生的差错，使这一过程更具科学性，更为理性化。同时在现有审计手段的基础上，加强审计手段的创新。审计手段的创新是审计环境和审计内容创新的必然产物。审计手段创新的基本方向是：手工审计将逐步转向计算机审计；就地审计转向媒体网络审计；事后审计将转向事前、事中、事后审计相结合，并向适时审计方向发展；审计模式将由账目基础审计发展到制度基础审计，直至未来的风险导向审计等。

随着会计信息化的不断深入，审计信息化也逐步发展起来。审计信息化包含两方面内容：一是指审计人员利用计算机对被审计单位的经济活动进行审计，一般称为计算机审计；二是指审计人员对被审计单位的计算机信息系统进行审查并发表意见，一般称为信息系统审计。这两方面既有区别又有联系，本章我们将对这两方面进行深入讨论。

第一节 信息系统的风险管理与控制

一、信息技术应用给企业带来的风险

1.信息安全风险

原来手工业务处理系统中使用的一套能作为处理凭证的单证等，在计算机系统中逐渐减少或根本不用了，纸质凭证所具有的较强的控制功能被弱化，大部分交易活动几乎没有任何纸质“痕迹”。特别是在联机系统中，终端操作者经常把业务直接输入计算机而不留任何凭证。例如，订货者可能通过电话通知销售人员在其终端把该笔业务直接输入系统。信息系统中的信息均以电磁信号的形式存储在磁性介质中，肉眼不可见，删除或篡改基本不留痕迹，这一点加大了作案者的侥幸心理，从而增加了组织的风险。

2.计算机交易授权风险

在手工业务处理系统中，对于每一项经济业务的每一个处理环节都要经过上一级管理层的授权，具体方式为签字或盖章，而在计算机系统中这种授权方式已改为授权文件、授权指令或授权密码。这些授权文件或授权密码保管不善，被人盗用或破解就会使其非法获得某种权限或运行特定程序进行非法业务处理。例如，业务人员可能被收买，非法获得授权口令，然后绕过批准程序擅自开出发货提单；非法核销客户应收货款；冒充公司开出假订货单骗走货物等。

3.传统职责分离失效引致的风险

传统做法是企业将授权、处理、记录和保管等职责分开，防止正常工作过程中发生人为的错误或舞弊，但在信息化之后，很多原来由不同的员工完成的业务处理环节集中由计算机统一处理，这样就不能像传统方式那样相互牵制、相互制约，操作人员只要获得授权文件或注册系统的密码就可获得某种权力或运行特定程序进行业务处理，从而造成失控而发生损失。比如，在零售业使用POS系统后，原来需要多人完成的工作现在只需一个人就能完成。当顾客购买商品时，收款人员用扫描仪扫描商品的条形码，由计算机系统自动读取商品价格、累加总额。每笔交易后，电脑系统自动更新商场的销售收入总额和存货量。如果发现存货量低于最低存货量，电脑系统还可以自动向配货商发出订货单。这样，一个销售人员就可以完成授权、处理、记录和保管等工作，而有关的控制都由计算机系统实现。此时，传统的职责分离不见了，原来由职责分离所实现的内部控制完全交给计算机系统来完成。

4.信息系统潜在错误导致差错重复发生的风险

在信息系统环境下，系统的内部控制采取了人工控制与计算机控制相结合的方式。在实践中，人们往往依赖于计算机控制，计算机控制的主要方式是程序控制，即用程序实现内部控制功能，而这些程序化的内部控制功能的有效性取决于业务处理时是否真正执行了这段程序。如果程序发生差错，或业务的变化使控制功能程序段不起作用，人们又没能及时发现，人们的依赖性和程序运行的重复性，会大大增加发生错误或违规的可能性，最终导致反复发生既而扩大损失的风险。例如，商业银行信息系统中，对大额款项的支付需要进行授权控制，如果系统中由计算机程序实现的授权控制失效，则越权大额支付的案件就会反复发生，造成重大损失。

5.信息系统脆弱性引发的风险

企业信息系统的运行依赖于计算机软硬件、通信技术、网络技术等信息技术，信息技术难免会有缺陷而可能被非法入侵或利用，从而引发风险。首先，企业的数据集中存储和管理，一旦出现硬件故障，比如主机系统损坏，可能导致数据丢失甚至造成毁灭性的灾难。其次，业务数据和财务数据集成以后，内部管理上权限控制是重新分配的，新的控制措施跟不上，就有可能造成控制的漏洞。也就是说，信息化后，企业的许多管理规则变了，权限配置也变了，原来有效的控制规则在新的业务系统里可能得不到充分的实现。再次，在信息技术环境下，对技术人员尤其是系统管理人员的控制问题变得异常突出。这些人员在极端情况下，可能会造成机器毁坏或整个系统瘫痪。最后，信息在互联网上传输，产生了易泄露的风险，还有各级权限密码保存、改动不当或者丢失都可能造成重大损失。

信息技术是双刃剑，有正面的价值，也有负面的影响。我们的任务就是千方百计发挥和利用信息技术的正面效用而减少或避免其负面影响，这就对内部控制提出了新的挑战，我们必须认识这一点。好在信息技术在内部控制工作中也可以大有作为，甚至可以帮助完成人工不可能实现的控制任务，这完全取决于我们的研究与探索。企业信息化完全改变了原来业务处理的模式、秩序、稳定性和安全性，需要我们建立一个全新的信息技术环境下的以信息技术为工具的内部控制体系，也就是要建立一个基于信息技术的具有稳定性、安全性的新的业务处理模式。

二、信息技术过程控制体系（COBIT）概述

国际信息系统审计协会（Information Systems Audit and Control Association，ISACA）提出了《信息和相关技术的控制目标》（Control Objectives for Information and Related Technology，COBIT）。COBIT是一个基于IT治理概念的、面向IT建设过程的IT治理实现指南和审计标准，被认为是COSO框架的补充框架。COBIT的目标是为信息系统设计提供具有高度可靠性和可操作性的、公认的信息安全和控制评价标准。COBIT 5.0框架如图9-1所示。

COBIT 5.0控制架构把IT业务的主动权与商业需要联结起来，把IT业内的活动组织起来，成为普遍接受的流程模式，还可以确定主要的受影响的IT资源，对需考虑的管理控制目标进行详细说明。COBIT鼓励以业务流程为中心，实行业务流程负责制。

COBIT 5.0定义了7类促成因素来支持企业IT综合的治理和管理系统的实施，它们分别为：（1）原则、政策和框架；（2）流程；（3）组织结构；（4）文化、伦理道德和行为；（5）信息；（6）服务、基础设施和应用程序；（7）人才、技能和竞争力。

COBIT区分管理和治理，将企业IT治理和管理流程分为2个主要流程领域：治理方面，包括5个治理流程，在每个流程内，定义了评估、指导和监控（EDM）实践；管理方面，包含4个领域，根据责任区域进行规划、构建、运行和监控（PBRM），并提供IT端到端的覆盖。

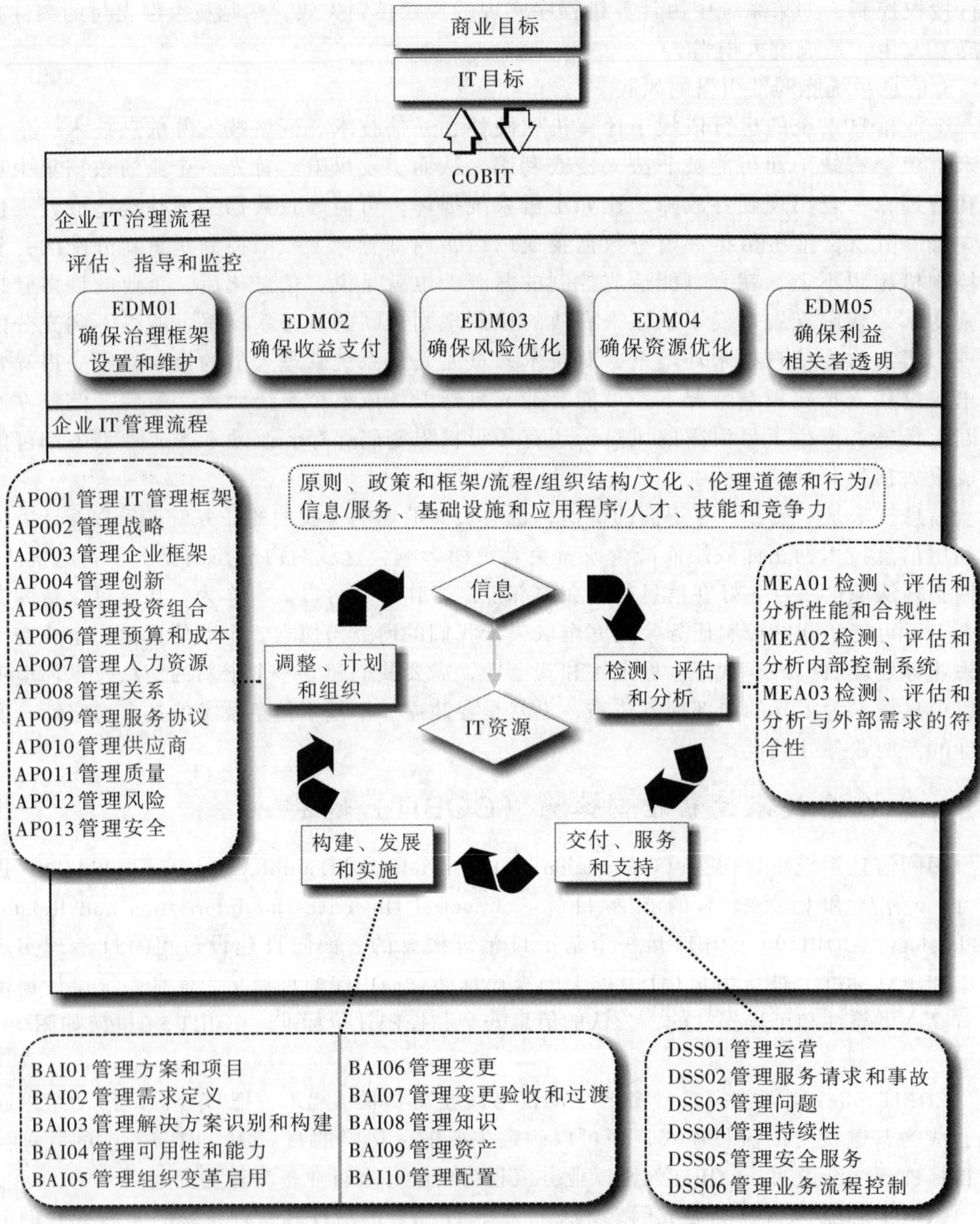

图9-1 COBIT 5.0框架

建立信息系统的内部控制程序和政策应以COBIT框架的37项作业步骤作为控制流程主线，针对各步骤的作业内容、控制目标和固有风险，选择COSO报告中的相应控制要素及控制要点，共同构成本环节的相应控制政策。COBIT将IT过程、IT资源及信息与企业的决策与目标联系起来，形成一个三维的体系结构。

COBIT最初被管理者看作IT控制的最佳实践组成的一个基准工具，因为用它可以弥合控制要求、技术问题和企业风险三者间的缺口。由于COBIT对控制的强有力关注，内外部审计师均将其应用于财务报告审计、经营和合规审计之中。

第二节 信息系统的内部控制

一、信息系统内部控制类型

COBIT控制体系是对信息技术过程设定控制目标的，我们也可以按照信息系统的IPO结构来分析设定控制目标。信息系统内部控制按照“如何执行控制”的观点，可以分为人工控制（或使用者控制）和程序控制（或自动控制）；而按照“控制执行范围”的要求，可分为一般控制和应用控制。一般控制（general control）泛指各个应用系统均适用的控制，也叫基础控制或环境控制，它影响全部的交易处理；应用控制专指那些专门为某个应用系统设计且执行的控制。

二、一般控制

一般控制即整体控制。实施一般控制的目的是确保信息系统的开发、实施、运行能在有序的、被控制的状态下进行。一般控制作用于所有的应用系统，成为围绕应用系统的保护层。最里层的是一个具体的应用系统（模块）的应用控制，如图9-2所示。

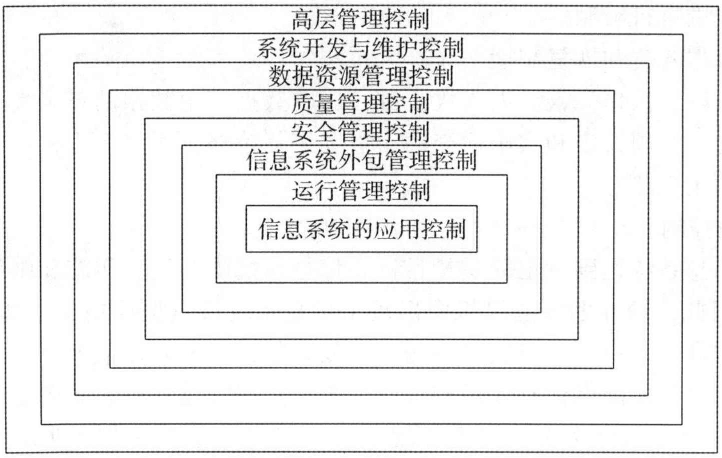

图9-2 信息系统控制框架

1.高层管理控制

随着企业信息化不断深入，信息系统已经成为企业提供有竞争力的产品和服务的一项基础设施。因此，为保证信息系统的有效运行，必须全力做好信息系统的管理控制工作。首席信息官（又称信息主管，chief information officer，CIO）应通过下列手段对信息系统进行管理控制：

（1）规划。规划建立一个组织的信息系统的目标。

（2）组织。筹集、分配实现目标所需的人、财、物资源。

（3）控制。对信息系统实施总体控制，如确定系统所需费用；分析系统可创造价值；

控制系统人员的业务活动。

2.系统开发与维护控制

系统开发与维护控制是对新系统的分析、设计、实施以及对现有系统的改进与维护实施的控制。具体包括三个方面：

（1）系统开发控制

如有可能，内部审计人员应参与系统开发，除对开发过程进行监督，更重要的是促使技术人员完善系统中应当嵌入的内部控制措施和审计功能。

（2）系统维护控制

系统维护往往会"牵一发而动全身"，程序、文件、代码的任何修改都是非同小可的事情。所以必须严格控制，一切维护活动，都必须得到授权与批准。

（3）系统档案控制

系统档案是系统开发留下的痕迹，是系统维护的指南，是开发人员与用户交流的工具。必须妥善保管，并采取措施确保文档的一致性和文档分版本存档。

3.数据资源管理控制

数据库中的数据是企业的重要资源，数据库的正确使用及数据的完整性、安全性是整个信息系统运行和为企业提供决策的重要环节。因此，对其应实施下列控制：

（1）访问控制

首先，通过密码和身份鉴别对访问数据库的人进行限制；其次，通过权限设置对数据库数据的访问范围进行限制。

（2）建立数据备份和恢复制度

软、硬件故障、操作失误、人为攻击都会影响数据库中数据的正确性，甚至导致数据全部丢失，因此，必须设定和实施适当的后援和恢复策略，一旦发生故障，可在最短时间内恢复数据库的正常状态。

4.质量管理控制

为了确保信息系统达到特定的质量目标，信息系统的开发、实施和维护应遵守一系列的质量标准。因此，国外的一些组织中出现了信息系统质量保证措施，如信息系统审计。所谓信息系统审计是指审计人员接受委托或授权，收集证据并评估证据以判断一个计算机系统（信息系统）是否能做到有效保护资产、维护数据完整并最有效率地完成组织目标的活动过程。它既包括信息系统外部审计的目标，即对信息系统安全性及数据完整性的鉴证，又包含内部审计的管理目标，即对信息系统有效性的鉴证。信息系统质量保证机构的职能包括：制定信息系统的质量目标；制定、发布和维护信息系统标准；监控质量标准的执行情况；识别应当改进的方面；向管理者定期报告各项标准的执行情况等。

5.安全管理控制

安全管理控制的目的是确保信息系统的硬件、软件和数据资源受到妥善保护，不因自然和人为因素而遭到破坏，使信息系统能够持续正常地运行。安全管理控制包括：

（1）设备安全控制

设备安全控制是指保护信息系统硬件（附属设备以及存储数据的载体）不受人或自然因素的侵害而实施的控制。比如，合理选择机房场地，制定磁介质存储载体的保管办法，制定突发事件应急预案和购买保险等。

（2）软件安全控制

选择并安装安全可靠的操作系统和数据库管理系统等正版软件，严格按操作规程运行软件，对整个系统所用到的所有软件都要登记造册，进行妥善、安全地保管，并建立可靠的备份机制。

（3）数据安全控制

数据安全是指系统中的数据不能丢失，不能被破坏、篡改和盗用。数据安全涉及信息系统中的硬件、软件、运行环境、计算机犯罪、计算机病毒、计算机系统管理等诸多问题。数据安全控制可采用多种技术和措施。

（4）系统入侵防范控制

为了防止外来非法用户入侵本组织的网络应用系统，可采用以下两种措施：

第一，建立防火墙。为了有效防范外来非法用户入侵本组织的网络应用系统，可设置防火墙。防火墙能够过滤每个进入内部网的信息包，以保证其来源是经过授权的。具体方法是通过IP地址过滤，经授权的访问者的IP地址存放在由网络管理员保管的访问控制列表中，对于每次来访的信息包，都要先查其IP地址是否在控制列表里，如果不在则拒绝访问，从而可以抵挡非法入侵。

第二，设置代理服务器。企业内部网使用的另一种安全设备是代理服务器。代理服务器作为所有流出请求信息的过滤器，所有访问公司外部地址的请求都被发送到代理服务器，然后代理服务器分析每一个请求，以判断它是否由有权限的人发往互联网上的经授权的站点，因为被授权的个人或站点名单已登录在控制列表中。如果请求合法，它会被代理服务器通过，否则请求会被拒绝。代理服务器可用于相反的方向，过滤流入的请求，从而阻止对企业内部一些特定区域的访问。

6.信息系统外包管理控制

由于信息系统更新换代的周期短，信息系统工作人员的流动性高，人工费用与设备维修费用十分昂贵，因此，近年来在先进的发达国家出现了利用外包信息系统资源的方法，简称“外包”。外包指组织只专注于自己的特定业务，而将相关的信息系统业务承包给外部的信息服务机构。通过外包，企业可以提高对信息技术、信息人才的利用效率，显著降低信息系统的运营成本，使企业可以将自己的力量集中于其核心竞争优势方面，更加集中于实现企业的战略目标。

外包必须有特定的人员来负责监督控制，其职责主要有：不断评价外包商的财务能力；监督外包合同条款的执行；通过要求外包供应商定期提供一个第三方的审计报告或由客户的内部审计人员和外部审计人员定期审计其控制，对外包商控制的可靠性进行监督，确保外包商提供安全可靠的信息系统资源；建立外包灾难恢复控制，并定期评价这些控制，如果外包商发生灾难事项，客户也应设计自己的灾难恢复程序。

7.运行管理控制

运行管理控制是针对信息系统中硬件和软件设施的日常运行而实施的控制。其主要包括：

（1）计算中心进入控制

设立安全入口、使用身份胸牌、实施进入签名制度和使用监视器对进出人员录像等。

（2）计算机操作控制

许多信息系统都是人机系统，系统运行分为人工操作和程序自动操作两部分，对于人工操作的活动，则通过一系列操作规程和严格的操作说明书加以控制。

（3）文件服务器控制

文件服务器必须放在安全地带；选择觉悟高、诚实可靠并有丰富经验的高级管理员实施操作管理；对文件服务器的访问严格限制为经过授权的客户。

（4）硬件设备维护控制

管理层必须对维护人员的背景进行审查，有劣迹者禁止聘用；有条件时对维护人员应该实行岗位轮换；实施维护时，最好将敏感数据和程序从机器中移走；维护人员必须签署不泄密的承诺协议书。

（5）文档资料保管控制

文档要安全存储，充分备份；只有经授权的人员才可访问文档；文档借阅必须登记；文档载体要及时更新；存储媒体如磁带、磁盘、光盘等应存放在一个安全、无尘、防火、防潮、防磁、可上锁的房间里。

（6）软、硬件性能监控

系统管理员应制订系统软、硬件性能监控计划，并按计划定期检查、测试软、硬件平台的性能。

三、应用控制

应用控制包括具体控制或微观控制，它与具体的应用系统有关，是为了确保数据处理完整正确而实施的控制。应用控制可以由人工实施控制，也可以由计算机程序实施自动化控制。按照处理信息的步骤，我们可以将应用控制分为输入控制、处理控制和输出控制，三者之间的关系如图9-3所示。

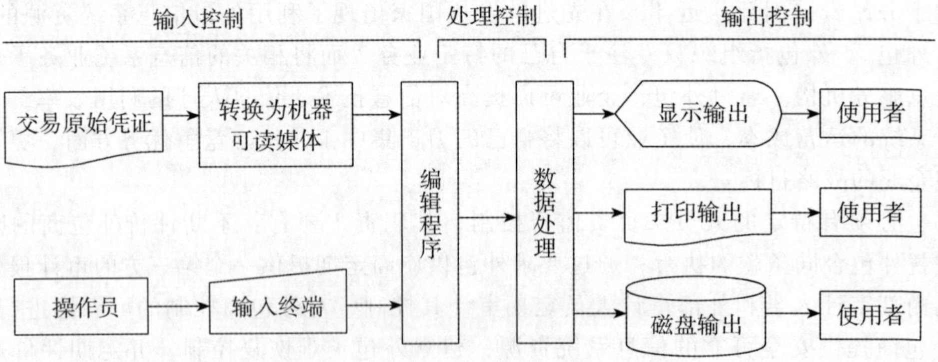

图9-3 输入、处理和输出控制示意图

（一）输入控制

输入正确的数据是系统正确处理的关键，计算机领域有句名言“输入的是垃圾，输出的仍然是垃圾”，可见在计算机环境下，输入控制何等重要。输入控制是为保证输入系统的数据正确、完整和可靠而实施的控制。其具体包括：

（1）原始单据审核控制

通常最终用户是根据原始单证向应用系统输入数据的，为确保输入数据的可靠性，必须对原始单证进行审核，这是对输入数据合法性与正确性的确认。最终用户应根据审核无误的单证输入有关业务数据，既不能重复，也不能遗漏，更不能擅自修改。

（2）数据输入正确性控制

数据输入正确性控制分为人机结合控制和计算机程序控制两种方法。人机结合控制方法有：两次输入校验法，将一批数据同时输入两次，由程序将两次输入进行一一核对，凡不一致的则拒绝接受并强制修改；屏幕显示目检法，每输入一个数据、一笔分录或一张凭证都即时显示出来，操作员进行目测检查并修改；打印输入数据清单逐笔核对法。计算机程序控制方法有：接收数据的程序对进入的数据类型、位数等进行校验控制；程序对进入的数据取值范围、凭证顺序号等进行校验控制；对科目的合法性、对应关系进行校验控制等。

（3）数据输入完整性控制

数据输入时，对于一批业务的单证总有某种特征，如凭证张数、总金额等。输入该批业务时，由程序当即给出该批业务凭证的数量或金额，可以核对和判断该批业务数据是否全部输入系统。

（4）数据逻辑控制

输入的一批数据往往有其内在逻辑，如加班时间不能超过24小时，职工年龄一般不能超过65岁等。类似这样的逻辑关系是判断输入数据正误的又一有效手段，可编入程序实施自动校验控制。

（5）错误纠正控制

对于输入系统中的错误数据，系统应提供改正和重新输入的机会。但对进入系统的数据进行修改要严格加以控制，以防借机舞弊。比如，制定错误更正程序，保留更改痕迹，填写更改错误操作报告等。

（二）处理控制

处理控制是为了保证数据处理的正确性和完整性而实施的控制。数据输入计算机以后，则按照程序对数据进行加工处理，在处理过程中很少有人工干预，数据处理的正确与否，其结果是否可靠，在很大程度上依赖于数据的正确性和可靠性，以及应用程序的正确性和可靠性。如果程序逻辑有误、用错文件或记录、处理非法数据等同样会导致处理结果的不正确，因此，必须设置处理控制措施。处理控制有些是人工实施，有些被写入计算机程序实施自动控制，具体包括如下措施：

1.处理权限控制

控制只有经过授权的人员才能执行处理操作。重要的处理环节，如登账、对账、结账等工作可由会计主管指定专人处理，甚至由会计主管直接兼任，并做好操作记录。

2.数据有效性检验

正确的处理首先要求被处理的数据是正确的，即要求所处理的数据来自正确的文件、正确的记录。这可以通过文件标签检验、业务编码校验和顺序校验方法来实施控制。

第一，文件标签校验。计算机在对数据文件处理之前，要检查数据文件的内部标签，如使用的数据文件正是所需文件或所需版本，才可进行下一步处理。

第二，业务编码校验。业务数据处理文件通常包括不同类型的业务数据，每类业务数据需要得到不同的处理，业务类型可以由业务代码来识别。每类业务的业务代码均被应用程序读人，以便决定由哪一段程序来进行处理。例如，存货更新程序处理使用存入和发出业务的文件，程序应检查被处理业务的代码，以便调用存入程序和发出程序来分别处理它们。

第三，顺序校验。在对顺序组织的文件进行处理的过程中，由于排序操作或合并操作的错误，很容易导致业务记录的丢失。因此，应用程序中要设置顺序检验功能，通过将每一项业务记录的关键字与前一业务记录的关键字进行比较，检验文件组织顺序是否出现错误。即便数据文件先前已经进行过顺序校验，处理过程中的顺序校验也是十分必要的。

第四，配平测试。通过测试两个等价的交易或一批交易之和与一个控制总额是否相等来校验数据的正确性，任何差异都说明有错误发生。

3.审计踪迹控制

在数据处理过程中，应当产生必要的审计线索，以便对各项交易进行追踪审查。对于系统成功处理的交易应记录在交易日志中，交给适当的用户核对其与系统的输入是否一致；未能成功处理的交易应记录在错误文件中，交给适当的用户纠错并重新提交。

4.备份与恢复控制

在信息系统运行过程中，偶尔也会出现因意外事件而中断处理的情况，如果此时正在对文件进行读写处理，数据的完整性可能会受到破坏。因此，应当做一些必要的备份，一旦处理过程中发生意外中断，数据文件则可恢复到处理前的状态，并再次进行处理，从而保证数据处理的正确性。

（三）输出控制

输出控制的主要目的是保证输出信息的正确性，并且要确保输出的信息只能提供给经过授权的使用者。输出控制主要包括以下内容：

1.输出数据的正确性控制

对输出数据正确性的控制有多种方法，如合计数控制，即将输入控制总数与输出控制总数相比较；抽样统计控制，即通过对某些特定的项目进行抽样统计来判断输出的正确性；数据稽核控制，根据单、证、账、表之间的钩稽关系，设置控制程序对输出数据进行核对，以保证数据的正确性；对照检查控制，将输出文件中的有关数据与其他相关文件进行对照检查等。

2.输出数据审核控制

审核输出结果，检查其正确性、完整性。对于与实物有关的数据应该核对实物，对于发现的输出数据差错必须予以调查和更正。内部审计人员也要定期对输出数据或报告进行审核。

3.输出权限控制

信息系统的输出无外乎三种方式：写入存储器输出、屏幕显示输出和打印输出。每一种输出方式都要设立相应的权限控制，只有经过授权的人员才可执行输出操作。

4.输出信息的分发控制

信息系统产生的输出信息只能分发给有权接收信息的使用者，对此可采用系统发送留迹与使用登记制度加以控制。

5.差错更正控制

无论是输出正确性检查，还是输出信息分发控制，都可能发现某些差错。为此需要设计专门的更正程序或设置相应的控制日志，以保证错误更正得以顺利进行。对于发现的输出差错必须查明原因并及时更正。

输入、处理、输出控制是信息系统运行过程中有着内在联系的三个环节。从控制的角度看，一个环节上的控制会涉及另外两个环节。控制的有效性必须从整体着眼，从具体控制手段入手，不论内部控制的设计还是评价都是如此。从审计的角度看，应用控制中的一个重要问题是建立审计线索，没有足够的审计线索，应用控制本身的质量就会大打折扣。

四、预防性、检查性和矫正性控制

按照内部控制程序执行的时间点，信息系统内部控制也可以分为预防性、检查性和矫正性三种控制。

预防性控制可以在错误和欺诈发生之前加以预防，是一种事前的控制。不过，基于成本效益原则的考虑以及实务上的限制，预防性控制很难完全防止所有问题的发生。企业在设计控制程序时，必须加入适当的检查性控制，以便在错误和欺诈发生时，能够迅速察觉，并立即通知相关的人员采取补救或改正的行动，检查性控制是一种事中的控制。矫正性控制可以对已有的错误进行补救或者更正，以确保组织顺利运作，达成既定的目标。矫正性控制包括三个程序：第一，找出造成问题的成因，可能由检查性控制提供相关的信息；第二，改正已发生的错误或欺诈；第三，修改现有的控制制度或程序，以消除或降低未来发生类似问题的可能性。

一般而言，错误或问题若能于事前予以预防，更能保障组织的顺利运作与目标的达成。因此，在合乎成本效益原则的前提下，企业应优先采取预防性控制。不过，预防性控制很难达到绝对的控制，所以有效的检查性控制可发挥补充作用，避免问题久未发现，而造成更大的损失。至于矫正性控制则应强调对症下药，并避免类似问题重复发生。

检查性控制往往用于交易处理的输入和处理阶段。例如，保险公司经常用批控制总额实施控制，具体做法是将每天支付的保险费按每50张支票一组分批，一个记账员记录并累加这50张支票的金额，然后把这批支票转给数据录入员，数据录入员把成批的支票数据输入计算机，录入程序自动累加这批支票的总额并打印出来。记账员则把自己累加的总额与计算机累加的总额作比较，如果有差异则可断定有错并追溯原因。错误可能来自记账员，也可能来自录入员，还可能两者皆有错。

图9-4是检查性控制的又一个例子。这一控制涉及输入和处理两个过程。负责总分类账的职员将图中A、B两点的总额进行对照以确定输入和处理的正确性。注意图9-4中体现了职责的分离。

信息技术将充分发挥内部控制的预防性职能。比如，在传统环境下，在途清算资金往往是舞弊者的通道，信息技术使实时清算成为可能，舞弊者的通道消失，发生风险的可能性大大降低。在传统环境下，内部控制职能更多侧重于在检查性职能和纠正性职能上发挥作用。

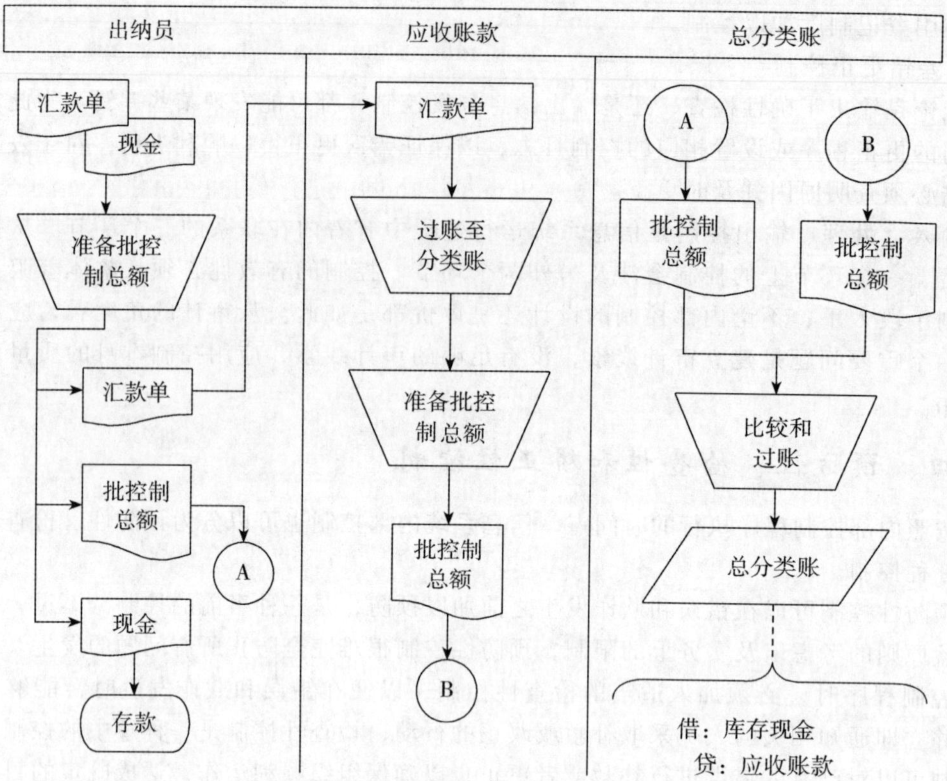

图9-4 检查性控制

第三节 信息技术环境下的内部控制

一、信息技术环境下的企业内部控制概述

企业在信息技术环境下建立内部控制系统时，应综合考虑内部控制要素在其中出现的新特点，要从组织控制、流程控制、信息系统控制三个方面来看内部控制内容呈现的特点。

1.组织控制

在信息技术环境下，流程决定企业的组织结构。因此，企业在组织结构设计、权责安排和制度设计时应结合企业流程特点、信息化程度、人员素质、风险类型与大小进行全盘考虑，形成适应流程管理与控制的企业组织结构。组织控制设计的一项重要任务是权责分派与不相容职务分离。企业组织的权责范围应遵循以流程为核心的原则。不相容职务分离设计应结合业务特点和人-机系统的控制功能，实现信息化环境下业务流程不相容职务分离的制度安排。组织控制的制度设计要充分考虑信息技术在公司治理中的作用，信息系统应与岗位职责、内部制约、责任中心控制、预算控制、企业财产管理控制、业绩评价等控制制度融合为一体，保证资产安全、会计信息真实以及企业效益提高。

2.流程控制

以往企业内部控制主要侧重于事后控制，即通过期末会计资料的检查或审计来识别业务错误或舞弊行为。由于信息技术使企业业务流程与信息流程融合，控制重心也从适时控制向事前控制、实时控制转移，控制的顺序先是以预防为主，然后是检查、纠正错误和舞弊行为。流程控制就是以信息技术实现传统的控制活动，它以计算机程序的形式嵌入企业的信息系统中，对业务的控制由计算机自动执行，如机上授权，机上审批等。

3.信息系统控制

信息系统控制包括信息系统建设和使用过程控制。信息系统控制是为了保证信息系统高效、安全性和完整一致性而采取的控制措施。

由于信息系统建设要进行大量的投资，而且信息的质量关系到企业经营活动的效益，为了规避信息系统开发质量、建设风险，应加强对IT项目的管理，建立严格的质量控制机制、验收程序及第三方监理和审计控制，以保障信息系统的质量。

信息系统使用过程控制包括操作权限控制、操作规程控制、信息安全与数据处理流程控制。操作权限控制是指作业岗位的人员只能按照所授予的权限进行计算机作业。操作规程控制是指系统操作必须遵循一定的标准操作规程进行，主要通过制定软硬件操作规程、作业运行规程来规范计算机用户的操作行为。信息安全控制包括数据和程序安全控制、网络安全控制，通过数据保密、访问控制、身份识别、数据备份等措施保障计算机信息系统的安全。数据处理流程控制包括数据输入、处理、输出的控制。

二、信息技术环境下的控制活动

在信息化程度较高的企业中，传统的手工业务控制活动完全被自动化业务控制活动所取代。信息技术环境下控制活动的结构如图9-5所示。

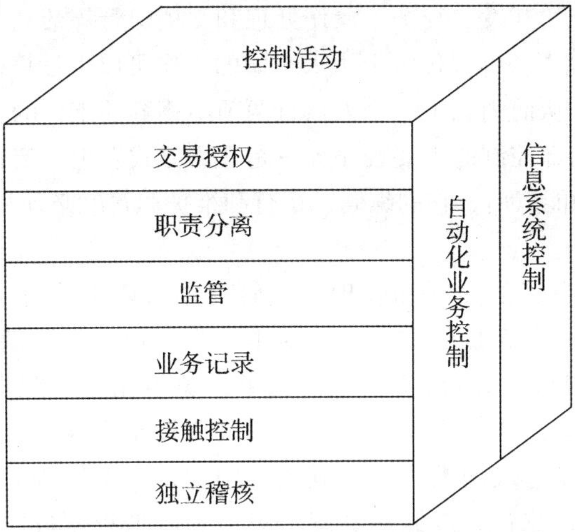

图9-5 信息技术环境下控制活动的结构①

自动化业务控制与信息系统控制的控制活动有许多不同于传统控制的特点，具体如下：

1.交易授权

交易授权是将交易的执行限定为经过选择的人。企业的各项业务处理都必须经过授权，目的是保证所有交易都有效而且符合管理者的目标。信息技术环境下的交易授权有以下几点变化：①交易授权自动化。交易授权可由计算机自动完成，例如，自动采购系统可

① 杨周南，赵纳晖，高宁. 信息技术在会计和审计事务中的应用［M］. 北京：清华大学出版社，2003.

以根据库存状况和采购记录通过计算来决定在何时向哪个供货商采购多少货物。②授权过程不明显。在手工环境下，对某项交易的授权通常被明确地记载于规章制度或授权记录中，可以对授权过程进行考察，因此，可以很容易地判断交易的授权是否符合管理者的目标。在信息技术环境下，对交易的授权通常在信息系统设计或系统初始化时就已完成，管理者难以适时评价授权是否符合当前目标，控制的失效只能在较大的失误发生后才能被察觉。例如，在ERP环境下，通常由仓储管理程序模块根据库存再订购点自动发起采购，如果该模块存在某种潜在的逻辑错误，只有在该模块运行一段时间出现存货不足或存货过量时才能发现这个错误，但此时企业可能已经蒙受了很大损失。所以，信息技术环境下交易授权是否符合管理者的目标取决于执行交易授权的计算机程序的正确性和完整性，管理者对交易授权的关注应该转移到对相关计算机程序的正确性和可靠性测试上来。

2.职责分离

职责分离是指对某项交易涉及的各项职责进行合理划分，使各员工的工作职责界限分明，并且能够相互检查。职责分离的主要目的是预防和及时发现员工在执行所分配的职责时发生差错或舞弊行为。进行职责分离的标准是职责的相容程度，如果某员工在其职责范围内很容易出错或舞弊，而内部控制又难以发现，则可以认为该员工所承担的那些职责是不相容的，应该予以分离。

传统上，控制程序将不同的责任分配给不同的人员以期达到互相制约的作用。在信息技术环境下，能用计算机进行自动处理的业务流程中的职责没有必要进行划分。因为计算机没有私心，也不会倦怠，在其运行过程中不会像人那样犯错误或故意作弊。原来手工环境下本不相容的职责，现在由一个程序模块来执行也不会出问题。但是，对于不能用计算机进行自动处理的业务流程，以及信息系统的开发、维护、操作处理和文档保管等活动，职责分离仍然是极为重要的控制手段。在IT环境下，许多传统上由人来做的工作可以由计算机来代替，自动控制处理代替了分离的人的角色，从而消除了一个人执行两项不相容的工作的风险。但在信息技术环境下，职责分离仍是形成内部控制的重要程序，只是适用方式发生了变化。例如，一旦某种软件被安装并用于执行某种功能以后，它的编码、运行和维护职责就必须相分离。

3.监管

监管是指管理者对员工的监视和管理。监管是针对职责分离不充分的一个补救措施。充分的职责分离需要企业有大量的员工，这对中小型企业和一些缺少人手的部门来说有一定困难，所以不充分的职责分离在所难免。为了避免不充分的职责分离可能带来的损失，企业采用监管作为补救的措施。实施监管的前提或假设是企业中大部分员工是合格而诚实的，少数不合格员工可能造成的损失微乎其微。因此，一个管理者能够对与他同在一个物理位置上的多名员工实施监管，以此达到降低风险和降低控制成本的目的。

在信息技术环境下，自动业务流程中的职责分离大部分被计算机程序所取代，不存在职责分离是否充分的问题，所以没必要针对自动业务流程进行监管。但是，信息系统的开发、维护和处理操作等活动仍然存在着职责分离，而且管理这些活动中的员工有一些新的难点，所以对信息系统的监管十分重要，传统的监管手段也发生了一定的变化。信息技术的应用使某些员工的破坏力增大。在信息技术环境下，企业需要一批具有特殊技能的员工来开发、维护和运行信息系统，这类员工对操作系统、应用程序和数据文档会有一些特权，他们的失误或故意破坏具有突发性、隐蔽性和毁灭性等特点，可以使企业的整个信息系统崩溃，业务发生中断，给企业带来的损失不可估量。此外，管理者对这类员工的监管能力有限，因为他们的活动往往脱离管理者的视野。例如，美国一家保险公司的一位程序员因渎职而遭解雇，2天以后，一枚逻辑炸弹被自动激活，洗去了公司电脑中16万条重要的数据记录，给公司造成重大损失。调查者发现，该职员早在被解雇的前2年就植入了这枚炸弹。

4.业务记录

业务记录是指企业为了反映和控制各项生产经营业务以文字形式对业务活动的发生、进展和结束等的全过程进行记载，主要包括业务活动的授权记录、接受记录和会计记录等。这些记录反映了经济业务的实质，并为内部控制和审计提供了交易轨迹。所谓交易轨迹是指通过编码、交叉印证和连接账户余额与原始交易数据的书面资料所提供的一连串的迹象，使审计人员能够从一项业务的开始追踪至财务报表，反之亦然。交易轨迹使得企业的业务始终处于可以理解和掌握的状况中，是内部控制的重要组成部分。

在信息技术环境下，业务记录的载体由纸质变成了磁质。同时，纸质的交易轨迹不复存在，取而代之的是数据库记录和操作日志等磁记录。例如，在手工环境下销售人员批准一项销售后通常要填制销售单据以表示该项销售已经被授权或批准。但在自动销售系统中，员工直接向系统输入销售数据即可完成该项销售。销售业务以记录的形式存于磁性介质上，该记录中操作员字段的信息记载了由哪位员工授权实施了这项销售，这些信息形成了交易轨迹上的一个环节。信息技术在改变交易轨迹形式的同时也对交易轨迹的法律效力产生了影响。员工在纸质凭证上的签字可以证明确实是他对交易进行了授权或确认，但在磁质交易记录上的操作员字段信息的法律效力却受信息系统的完整性、正确性和安全性的影响。例如，假设某位系统管理员拥有超级用户的特权，可以用任意其他用户的身份登录系统，而且内部控制对他没有行之有效的制约，那就可以认为交易轨迹的法律效力有缺陷。

5.接触控制

接触控制是保证只有经过授权的人才能接触企业资产的控制行为。对资产的接触可以分为直接接触和间接接触两种。对直接接触的控制主要通过物理隔离的措施来实现，例如，门锁、保安和电子报警系统等。间接接触是指对资产记录的接触。在手工环境下，对间接接触的控制主要通过职责分离和记录安全保护措施来实现。

在信息技术环境下，对直接接触的控制基本没有变化。而由于过去分散的交易数据被集中存储于企业的中央数据库中，间接接触控制的控制对象和手段发生了变化。对资产记录的保护体现为对中央数据库的保护。数据的集中存储使企业遭受计算机舞弊的风险增大了，一些具有特殊技能的别有用心的人可能会入侵中央数据库，操纵所有的交易数据达到其不可告人的目的，而不需设法进入企业多个不同的地点。计算机应用程序和硬件设施作为资产记录加工的工具，对其接触同样可能达到接触资产记录的目的。所以，在信息技术环境下的间接接触控制的对象为中央数据库、计算机程序和计算机设施。控制的手段分两类：一类是技术性的过程和设备，例如，设置操作员权限密码等；另一类是通过职责分离实现的实物防护措施。这两类控制手段都适用于中央数据库、计算机程序和计算机设施的保护。

6.独立稽核

独立稽核是指验证另一个人或另一个部门执行的工作。通过独立稽核，管理层可以评估员工的业绩、信息系统完整性和交易记录的正确性。独立稽核是一种事后措施，不同于监管。在手工环境下，独立稽核是非常必要的，因为员工处理业务时可能会失误，而失误可能没有被监管等措施所发现，此时独立稽核便成为最后的防范措施。在信息技术环境中，正常情况下计算机会始终如一地根据程序运行，如果程序精确而完整，那就没有必要对程序运行的结果进行日常性的检查，这也正是信息技术的应用会降低企业运行成本的一个重要方面。但是这并不意味着企业没有必要进行独立稽核。在信息系统维护或业务发生变化时，独立稽核仍然是确保计算机系统正确运行的重要控制措施。

由于上述种种变化，企业在制定内部控制制度，设计内部控制措施时，应该对5个要素，特别是控制活动要素充分考虑信息技术应用带来的影响。因为原来合理的、有效的控制措施，现在可能变得没有意义；原来不存在问题的业务环节，现在由于处理方式的改变可能风险陡增。这就需要认真研究和识别控制对象与控制活动的变化，设计相应的有针对性的控制措施。

三、基于信息系统的内部控制体系建设

（一）基于信息系统的内部控制体系整体架构

企业全面内控管理是一项十分重要的工作，关系到企业战略经营目标的实现，关系到企业持续、健康、稳定的发展。企业实施全面风险管理既有外部的压力又有内部的需要。为满足企业全面风险管控的需求，基于信息系统的内控管理体系包括风险评估、控制活动、信息与沟通和内控评价四个组成部分，提供全面的内控管理解决方案（如图9-6所示）。

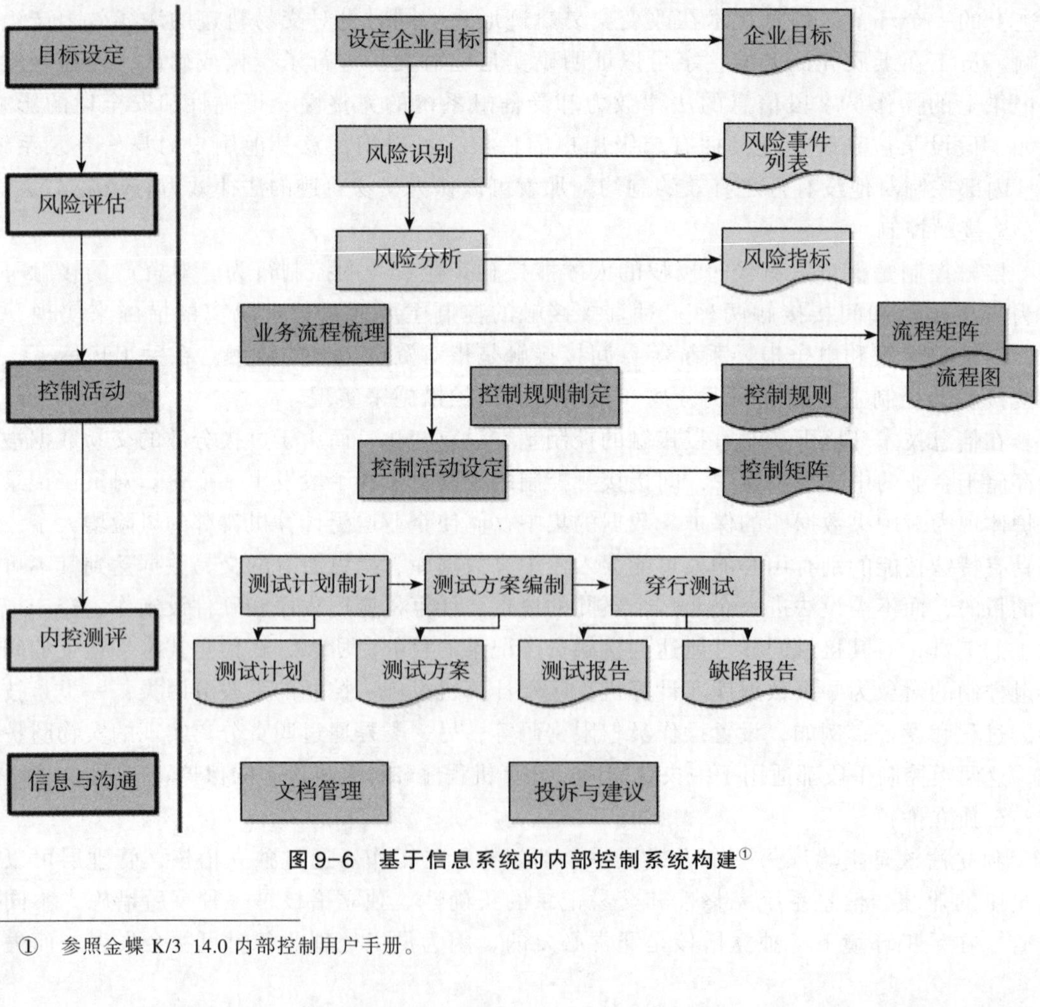

图9-6　基于信息系统的内部控制系统构建①

① 参照金蝶 K/3 14.0 内部控制用户手册。

(二)基于信息系统的内部控制体系建设

企业的风险管理如果是分散的,那实际上会增加企业的风险。比如采购部门负责供应商"黑名单",销售和服务部负责高信用风险客户,信息部负责数据泄露和安全,财务部负责复杂的、跨国的公司治理要求,董事会负责高管的薪资回报设计等,整个企业的风险管理支离破碎,存在着很大的风险隐患。

因此,企业需要的是一个一体化的集成系统。只有当这个系统是一体化的集成系统的时候,才能集中风险管理,提升企业风险管理能力。内控管理系统集成了风险评估、控制活动、内控评价以及信息与沟通,是真正的内部控制的一体化的集成系统。

控制活动的起点在于流程的梳理;流程矩阵将分散于各业务系统的单据根据它们之间的业务关系关联了起来,方便企业快速地梳理和管理业务流程。流程内容包括责任部门/责任人、对应风险、单据流、相关文档方面的内容。

1.流程梳理

BPI流程优化、BPR流程重组和流程梳理三个概念容易混淆。BPR(业务流程重组)是对企业流程大规模和彻底的变革,甚至有可能是推倒重来。由于BPR过于剧烈,阵痛太强,已经逐步被理性的企业抛弃。BPI(业务流程优化)更多的是强调局部、渐进性的针对现有流程进行小规模的改善,而不是彻底性的否定或颠覆,这种工作方法更适合于企业自我开展的内部流程优化工作。流程梳理的概念,更适合于作为一个阶段性活动。流程梳理是从企业整体业务流程明晰的目的出发,使当前流程充分显性化。流程梳理是建立企业内部控制体系的基础和前提。

2.业务流程及制度框架梳理方法

一般来说,企业的各种业务流程可以划分为三个层级。

一级流程:一般以管理职能划分,如人力资源管理等。

二级流程:在一级流程的基础上,按照业务管理条线划分,如人力资源管理可以划分为人力资源规划管理、人力资源配置管理、绩效管理等。

三级流程:在二级流程的基础上,进一步划分到具体的业务单元,如人力资源规划管理可以划分为机构调整及部门职能的制定流程、年度人力资源计划制定流程及员工岗位职责制定流程等。

业务流程与制度框架模板见表9-1。

表9-1 **业务流程与制度框架模板**

流程编号	一级流程	二级流程	三级流程	流程主责部门	相关制度或文件
XX-P03	人力资源				
XX-P03-01		人力资源规划			
XX-P03-01-01			机构调整及部门职能的制定流程	人力资源部	
XX-P03-01-02			年度人力资源计划制订流程	人力资源部	
XX-P03-01-02			员工岗位职责制定流程	人力资源部	

3.流程图绘制(带控制点)

流程图是以可视的方式,运用特定符号展示某一运营/流程的过程的一种符号,其意义在于帮助人们认识重要交易是如何生成、记录，获得授权并被处理和汇报的。流程图对业务流程中可能出现的环节及所存在的控制环节进行描述，有助于识别步骤和控制，有助于与其他流程图相联系来解释相关的控制活动，有助于收集和处理数据，有助于分离可能出现问题的区域，有助于向不熟悉的人解释流程，便于指导工作的开展以及业务操作的规范化。流程图控制符号见表 9-2。

表 9-2 流程图控制符号

符号	操作名称	简介说明
△	控制点提示	表示该步骤为控制点，框中数字为控制点编号
⬡	缺陷提示	若存在流程控制点缺陷，在关键控制点旁加上缺陷提示语

流程中的控制点识别方法为：假设去掉这个流程步骤，若该流程仍能完整地进行下去，则该步骤为控制点；若该流程到此卡住无法再进行下去，则该步骤不是控制点，仅为一般步骤。例如，某个流程中存在几个审核、审批步骤，去掉某一个或某几个审核、审批步骤，该流程都能继续进行下去，但会存在风险隐患，则这类审核、审批步骤就是控制点。

4. 流程文档编制

流程文档是内部控制体系中的基础文档，包含以下内容：

•流程名称，即该流程的全称。

•流程责任部门与责任岗位，即该流程的主责部门及该流程的主责岗位，这里可由客户填写。

•流程目标，指本流程应达到的经营、管理或风险控制目标，用一两句话进行概括性描述。

•流程适用范围，指本流程适用的集团、公司、部门或管理条线等。

•流程相关制度，指本流程对应的集团或子分公司已制定的能够对本流程起到规范或指导性作用的内控制度。除了要列示制度名称和编号外，还应对该制度对于本流程的指导性内容进行简述。

•流程图和流程描述。

5. 流程风险点及对应控制点

其包括风险点描述、风险分类、风险等级、造成影响描述和对应控制点。

（1）风险点描述

流程中的风险点识别方法为：以流程目标为出发点，从流程步骤走向进行风险思考，结合控制点识别出风险点。对流程中的风险点识别，需要有一定的风险管理基础知识、足够敏锐的风险意识和一定的做流程文档的经验。

在绘制流程图和编制流程文档的过程中，应先识别风险点，后识别控制点，这是为了能够不遗漏地识别出流程中的控制缺陷。若某一风险点没有任何控制点与之对应，即该风险点没有得到控制，则该流程中存在控制缺陷，需要对流程进行优化甚至重组，确保每个风险点都有相应的控制点与之对应；或者改进控制点的控制措施，确保每个控制点都能有效地控制对应的风险点。流程控制缺陷的原因往往不在于流程本身，而是员工们的执行不到位或执行不力。

（2）风险分类

风险可划分为战略风险、财务风险、市场风险、运营风险、法律风险。结合实际情况对风险进行分类。

（3）对应控制点

列出本流程中对应该风险点的控制点，并区分该控制点是事前控制、事中控制还是事后控制。

6.流程缺陷及建议

若流程中的某个风险点没有对应的控制点或控制措施达不到控制效果，则存在流程控制缺陷。若流程存在缺陷，可能需要进行流程优化或流程重组。标记符号，描述本流程中存在的缺陷并提出改进建议。

（三）应用举例

1.供应商的评选流程与风险控制图（见表 9-3）

表 9-3　　**供应商的评选流程与风险控制**

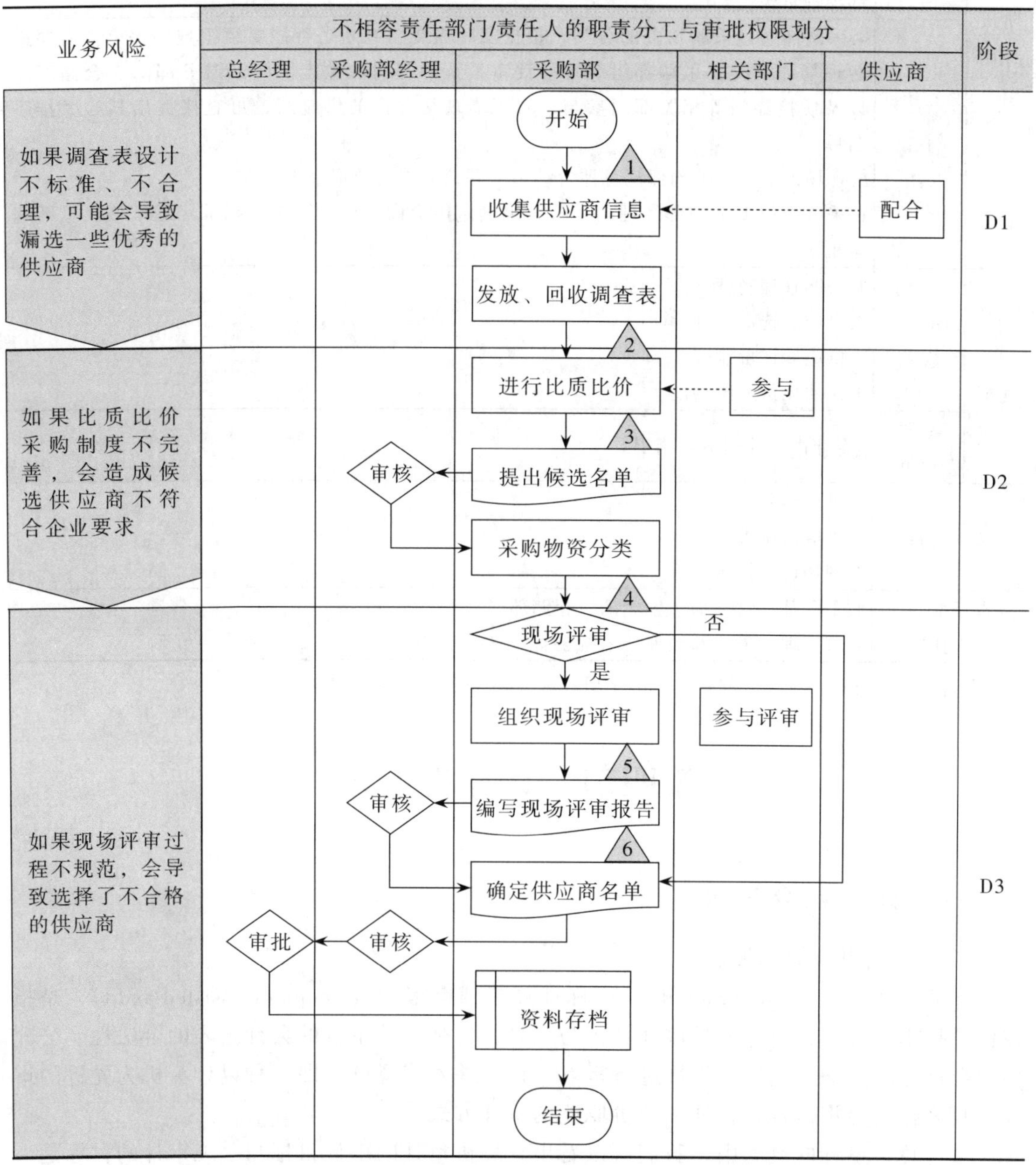

2. 供应商的评选流程控制（见表 9-4）

表 9-4 **供应商的评选流程控制表**

供应商的评选流程控制		
控制事项		详细描述及说明
阶段控制	D1	1. 采购部通过不同途径，如面谈、调查问卷等收集供应商信息，主要包括供应商信誉、供货能力等方面的信息
	D2	2. 采购部和使用部门依据收集到的供应商信息，参照企业比质比价采购制度等相关文件，对供应商进行比质与比价 3. 采购部根据比质与比价结果，参照供应商选定标准，提出候选供应商名单，报采购部经理审核
	D3	4. 采购部通过采购物资的分类，根据实际需要，判断是否需要组织现场评审。需要进行现场评审的，采购部组织现场评审，请购部门、生产部门、财务部门、仓储部门以及质检部门等相关部门参与；对无需现场评审的供应商，可直接提出其等级排序名单 5. 现场评审后，采购部汇总评价结果，并编写现场评审报告 6. 采购部根据采购部经理的审核结果确定供应商名单，并报采购部经理审核、总经理审批
相关规范	应建规范	1. 采购管理制度 2. 供应商选定标准 3. 供应商评价制度 4. 比质比价采购制度
	参照规范	《企业内部控制应用指引》
文件资料		1. 供应商名单 2. 供应商调查表 3. 现场评审报告
责任部门及责任人		1. 采购部、财务部、生产部、仓储部 2. 总经理、采购部经理、采购主管、采购专员

资料来源：姜涛. 企业内部控制规范手册［M］. 北京：人民邮电出版社，2010.

第四节 计算机审计

一、计算机审计概述

（一）计算机审计的概念

计算机审计（computer audit），也称计算机辅助审计（computer-assisted audit），是指在信息技术环境下，审计人员以计算机为工具，对被审计单位的会计报表的合法性、公允性及会计处理方法运用的一贯性进行审查、评价并发表意见，即一种以计算机为先进的审计工具来执行经济监督、鉴证和评价职能的审计方式。

从计算机审计的概念中，我们可以看出计算机审计的审计目标与手工审计的目标是一致的。以独立审计为例，其审计目标仍然是对被审计单位会计报表的合法性、公允性及会计处理方法运用的一贯性发表意见，但如果被审计单位已经实现信息化，那么还要考虑信息技术环境对审计结果的影响。因此，对审计师来说，计算机审计的任务除了完成会计报表审计之外，还应该：①审查计算机信息系统的内部控制，评价现行信息系统内部控制的设计是否科学、合理和适当；②考虑利用计算机辅助审计技术作为常用的审计手段来取得审计证据；③在审计的各个阶段都要考虑信息技术环境的影响因素，以确保审计范围和审计结果不会因此受到限制。

对被审计单位计算机信息系统的安全性、可靠性、数据的完整性以及系统的有效性和效率进行审查、评价并发表意见，本书称为信息系统审计。

计算机辅助审计分两个层次：

首先，计算机辅助审计是指在审计业务中利用Excel等电子表格软件中的一些功能，或VBA程序，帮助审计人员计算、复算、复核、分析审计数据，主要目的是提升审计效率、提高准确性。在项目审计中利用Excel、Word、WPS等字表处理软件，将全部的审计工作底稿制作成模板，存储于计算机中，在编写审计报告时仅需调用底稿文件、稍加修改即可完成；利用VBA程序可以进行计算、复核、比对和校验，有时也利用工程预决算等专业软件。

其次，计算机辅助审计是指利用专门的辅助审计软件进行项目审计。这个层次也有两种类型，通用审计软件和专用审计软件。

（1）通用审计软件，是指适用于对各类信息系统或多数电算化信息系统进行审计的通用计算机程序。

（2）专用审计软件，是指为特定被审计的电算化信息系统或为执行某种特定审计任务而专门设计的软件。这种软件可用于执行若干通用审计软件无法或不便执行的工作。比如海关审计软件、基建工程预决算审计软件、财政预算执行审计软件、银行审计软件、外资企业审计软件等。

计算机审计解决审计的工具问题，审计的对象与传统审计没有区别；信息系统审计与传统审计的对象不同，二者虽同属审计范畴，但都有各自的技术和方法。

（二）计算机审计的对象和范围

计算机审计的对象是被审计单位的全部或部分经济活动。审计范围是审计对象涉及的领域和内容，除此之外，如果被审计单位的信息化程度比较高，还必须考察其信息技术环境，以确保：①信息系统中的基础性会计记录和有关资料所包含的信息是可靠的；②信息系统能够保证有关的信息、资料在会计报表中得到恰当的反映；③信息系统的内部控制是恰当的、有效的。

因此，计算机审计的主要内容应该是：①被审计单位的财务收支及有关的经营管理活动；②被审计单位的各种作为提供财务收支及有关经营管理活动信息载体的会计资料及相关资料；③被审计单位的信息技术环境。

审计工作几乎无一例外地分为两个基本组成部分（如图9-7所示）。第一部分称为过渡审计，其目标是确认企业的内部控制系统在多大程度上是可以信赖的，这通常要进行某种类型的符合性测试，其目的在于确认存在性，评估有效性以及检验内部控制措施操作的持续性。第二部分称为财务报表审计，即实质性测试。实质性测试是在有过渡审计的保证，在对内部控制给予一定程度的信赖的基础上，对财务报表数据进行直接证实和核查。举例来说，对库存现金余额的实质性测试包括对银行账户余额的直接函证，对应收账款余额的实质性测试包括对客户的直接函证。

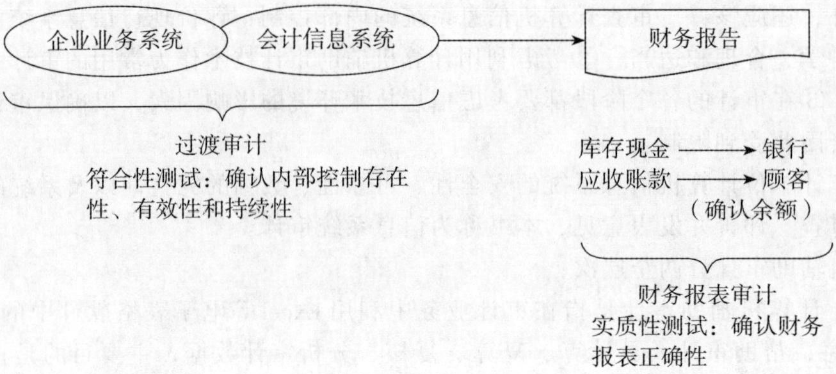

图9-7 审计的内容举例

符合性测试是对内部控制的完整性、有效性和实施情况进行的测试。符合性测试实质上是测试人机信息系统。实质性测试是针对具体的审计线索，而这些在现代信息技术的条件下，往往是电子化载体和延伸的信息系统数据。

二、计算机审计技术

（一）审计电算化技术

（1）审计管理计算机化技术。审计是一项复杂的工作，应建立必要的审计管理数据和管理软件，为审计管理决策提供各项管理决策信息。

（2）内部控制制度的评价测试技术。计算机辅助内部控制的审查和评价主要内容。

①系统内的部门和人员是否实施职责分离和监督情况；

②系统业务流程，针对企业的实际情况按照采购、销售、费用等主要的业务流程进行调研，包括所涉及流程操作的关键节点、流程图、风险控制矩阵；

③信息系统、应用系统、系统文档、数据文件和软件拷贝、维护必要的控制制度。

（3）数据库或数据文件的审计技术。计算机审计人员可利用这些技术获取所需的审计证据，并对这些证据进行评价，从而判断数据是否真实、可靠、完备、合法、合规。

（4）应用软件的审计技术对用户的应用软件的审计，软件质量的好坏直接影响数据的安全性和完整性。这项审计也是计算机审计中最难的，需要有较熟练的计算机软件开发维护以及编程技术。

（二）审计软件

1.审计软件的概念

审计软件是指用于审查电算化系统或利用计算机辅助审计而编写的各种计算机程序。广义上讲，审计软件是指用于帮助完成审计工作的各种软件工具。

审计软件可分为4种类型：现场作业软件、法规软件、专用审计软件、审计管理软件。

（1）现场作业软件是指审计人员在审计一线进行审计作业时应用的软件，其主要功能为：处理会计电子数据；运用审计工具对会计电子数据进行审计分析，包括审计的查账、查询、图表分析等；在工作底稿制作平台制作生成审计工作底稿，平台内应有各种取数公式。

（2）法规软件，主要是为审计人员提供一种咨询服务，在各种财经法规中找出审计人员需要的法规条目及内容。

（3）专用审计软件，是指为完成特殊的审计目的而专门设计的审计软件，如基建审计软件。

（4）审计管理软件，包含审计统计、审计计划、审计管理等方面的功能。

实际上审计管理软件可以认为是审计作业软件的延伸，审计作业软件完全可以把这些管理功能承担起来，容纳到审计作业软件中。一般我们说的审计软件是审计作业软件。

2.审计软件的功能

审计软件的主要代表是审计作业软件。审计作业软件的主要功能为：会计数据的处理，审计方法的运用，工作底稿的制作。

（1）会计数据的处理

采集审计对象信息，可从电子介质导入或者手工录入到审计软件。如审计前端能够从金蝶K/3等常见财务软件中取出数据。

审计软件必须能从会计软件提取会计数据，对会计数据的利用是审计工作的主要内容。被审计单位的计算机信息系统应当具备符合国家标准或者行业标准的数据接口[①]。现场审计必须利用计算机采集出会计电子数据，进而利用审计软件对会计电子数据进行各种处理，为审计现场服务。这种数据转换接口具有模板，并且是一种单向转换，对会计软件信息没有破坏作用。

（2）审计软件中的审计工具

①查询工具，从数据库（凭证库、科目库等）查询到自己所需的资料，通过单条件或多条件组合实现。

②查账工具，从某一科目的总账翻阅到明细账，然后又能从明细账翻阅到其相关的凭证，即“总账—明细账—凭证”查询。如未审会计报表中，未审数是由科目得到的，报表数是由企业提供的。如果账表之间存在差异，以红色字体显示。

③图形分析，用趋势图的方式反映科目的各月发生额趋势或各月期末余额趋势，尤其是处理多年度的会计数据。图形分析工具有助于判断出数据正常或异常，这是一个能快速把握审计重点的工具。

④审计方法库，能将一些审计方法及经验存储到审计方法库里，并且能随时调用或批量调用得到审计结果。审计方法库是审计人员经验的体现，所以又可以将审计方法库称为经验库或专家库。

（3）审计工作底稿

工作底稿是审计工作的记录，工作底稿设计的好坏直接影响审计工作的质量。计算机审计工作底稿模板主要有三大要素：①结构和外观，何种数据，数据定义和编排；②数据来源，指明数据取得的出处，如从分类账中取得等；③公式，分为计算公式，取数公式。

---

①　会计核算软件数据接口（GB/T 24589.2-2010）。

工作底稿模板化，即将在审计实践中运用成熟的工作底稿清空数据后供下次或他人审计之用。利用计算机的先进的技术能自动根据预先埋入的取数公式从会计数据库中将数据自动填入工作底稿，解决了审计人员每张工作底稿粘贴或录入数据的工作。

所有的实质性工作底稿都是自动生成的，实质性工作底稿包括：审计程序、审定表、明细表、检查表等。对于往来款中有核算项目的，也可自动在明细表中列示。

（三）数据式审计

1.数据式审计的概念

数据式审计是以被审计单位底层数据库原始数据为切入点，在对信息系统内部控制测评的基础上，通过对底层数据的采集、转换、整理、分析和验证，形成审计中间表，并且运用查询分析、多维分析、数据挖掘等多种技术方法构建模型进行数据分析，发现趋势、异常和错误，把握总体、突出重点、精确延伸，从而收集审计证据，实现审计目标的审计方式。

数据式审计的目标是对被审计单位计算机信息系统的安全性、可靠性、有效性和效率性发表意见。因此，数据式审计侧重于对软件系统本身的有效性和效率性以及内部控制的完整性、一致性与安全性进行审查。而财务报表审计的目标是对被审计单位会计报表的合法性、公允性及会计处理方法的一贯性发表意见。

数据式审计的特点如下：

（1）审计对象从账目系统变成了电子数据

在数据式审计方式下，审计人员面对的不再是纸质的会计账簿，也不是电算化的电子账套，而是将被审计单位的计算机信息系统及其处理的电子数据作为直接的审计对象。

（2）扩大了审计范围和审计内容

数据式审计丰富了审计人员的可用信息，使其不再局限于传统账套和传统财务信息，还会利用业务数据所反映的非财务信息，以及财务数据和业务数据组合、内部数据和外部数据组合所反映的综合信息。

（3）审计方法从查账变成了数据分析

审计人员开始使用建立在概率论和数理统计原理之上的审计抽样技术，通过对样本的审查测试来实现对总体的监督和评价。测试法逐步取代详查法，成为审计的核心方法。从"簿记审计"到"测试审计"的转变，使审计方法发生了实质性的变化，产生了真正意义上的现代审计。

（4）采用新型的审计技术

数据式审计模式是一种全新的审计模式，需要革新传统的技术方法，创建全新的技术方法。接下来我们重点讲述两项关键技术。

2.数据式审计的关键技术

（1）联机分析处理

联机分析处理技术（online analytical processing，OLAP），是针对决策问题的联机数据访问和分析。审计业务流程中，最主要的环节是对基础数据库中各种类型的数据进行分析，从中找出疑点，从而确定审计的重点，联机分析处理技术为数据分析提供了强有力的审计分析工具。联机分析处理技术最基本、最核心的特征就是从多个角度分析数据，也称为多维分析。它支持审计人员从不同的角度，灵活快捷地对被审计单位的电子数据进行挖掘分析，从而发现数据的内在规律。

（2）数据挖掘

数据挖掘（data mining）是指从大量的数据中通过算法搜索隐藏于其中的信息的过程，尤指从大量的、不完全的、有噪声的、模糊的、随机的数据中，提取隐含在其中的、事先不知道的，但又是潜在有用的信息和知识的过程。数据挖掘有助于审计人员在对数据集全面而深刻认识的基础上，对数据内在和本质的高度抽象与概括。

审计工作中的常用数据挖掘技术分析方法主要有：

①数据概化[①]。数据库中通常存放着大量的细节数据，通过数据概化可将大量与任务相关的数据集从较低的概念层抽象到较高的概念层。通过该方法，审计人员可从不同角度、不同层次上了解某类数据的概貌，从而为其判断提供依据。

②聚类分析。聚类分析是将数据分组成多个类或簇，同一个簇中的对象之间具有较高的相似度。在审计中，对于特定交易记录群的聚类分析可以不同特征划分为不同的特征群，从而描述各个群的特征，找出离群孤立点，对其重点分析。确定审计风险，发现审计线索。

③关联分析。通过利用关联规则可以从操作数据库的所有细节或事务中抽取频繁出现的模式，其目的是挖掘隐藏在数据间的相互关系。在对财务数据或经济数据的审计中，可运用关联分析技术方法，针对同类或不同类会计科目及数据项之间可能存在某种对应关系来查找、挖掘，从而发现一些隐藏的经济活动。

（四）大数据的审计应用

1.挖掘分析

挖掘分析是利用数据仓库和数据挖掘工具进行的审计分析，主要有分类分析、聚类分析、异常分析、演化分析等方法。

（1）分类分析就是通过分析数据库中的数据，为每个类别建立分类分析模型，然后用这个分类分析模型对数据库中的其他记录进行分类。

（2）聚类分析是将数据分成由类似的对象组成的多个类的过程，由聚类所生成的簇是一组数据对象的集合，这些对象与同一个簇中的对象彼此相似，与其他簇中的对象相异。

（3）一个数据集中往往包含一些特别的数据，其行为和模式与一般的数据不同，这些数据就被称为异常。异常就是我们所谓的疑点。

（4）演化分析是基于数据的类似性和规律性，对数据记录随时间变化的发展趋势进行推断。

2.统计方法

审计可以运用统计学的思想和方法，使用统计分析软件，解决审计数据分析问题。

（1）针对审计数据，运用回归分析等统计方法，分析数据关系，发现规律。

（2）运用关联分析，找出数据间的相互联系，分析关联规则，发现异常联系和异常数据，寻找审计疑点。

（3）分析数据中的离散点，发现偏差数据，作为审计重点进行分析。

---

①　数据概化（data generalization）是一个将任务相关的大数据集从较低的概念层抽象到较高概念层的过程，也称广义化。

3.云计算技术

从技术上看，大数据与云计算密不可分。局部审计机关构建自己的审计数据中心或分中心，分布相对比较分散。要利用云计算技术将这些分散的计算资源进行整合，互联互通，将会大大提高计算机系统的存储能力和计算能力，以便向外提供统一的数据查询服务和计算服务，不断提升审计数据分析的效率。

第五节　信息系统审计

一、信息系统审计概述

（一）信息系统审计的概念

信息系统审计是指审计人员接受委托或授权，收集证据并评估证据以判断一个计算机系统（信息系统）是否做到有效保护资产、维护数据完整并最有效率地完成组织目标的活动过程。它既包括信息系统外部审计的目标，即对信息系统安全性及数据完整性的鉴证，又包含内部审计的管理目标，即对信息系统有效性的鉴证。

由于技术水平等原因，信息的使用者不能自己验证信息的质量，因此，急需独立的第三方出面对信息的真实性、完整性、信息系统的安全有效性做出鉴证，以合理保护信息使用者的利益。同时，企业在信息化过程中也急需专业人士提供有效控制信息系统风险，提高信息化效益的服务。由此，真正意义上的信息系统审计应运而生。如今的信息系统审计业务已经超出了为财务报表审计提供服务的范围，在很多大型会计师事务所，信息系统审计部门已经成为一个独立的对外提供多种服务的部门。尤其是互联网和电子商务的兴起，更是为信息系统审计业务带来了无尽的商机。为财务报表审计提供服务只占信息系统审计部门业务内容很小的一部分。与信息安全相关的防火墙审计、安全诊断、信息技术认证以及ERP相关的新型咨询业务也不断涌现。“未来审计行业和审计技术的发展空间将主要来自信息系统审计的发展”，这一观点已经逐渐成为国外会计、审计界的一个共识。

（二）信息系统审计的目标

审计目标是指审计主体通过审计实践活动所期望达到的境地或最终结果，或者说是审计活动的目的和要求。信息系统审计的目的是通过实施信息系统审计工作，对组织是否实现信息技术管理目标进行审查和评价，并基于评价意见提出管理建议，协助组织信息技术管理人员有效地履行职责。组织的信息技术管理目标主要包括：保证组织的信息技术战略充分反映组织的战略目标；提高组织所依赖的信息系统的可靠性、稳定性、安全性及数据处理的完整性和准确性；提高信息系统运行的效果与效率，合理保证信息系统的运行符合法律法规以及相关监管要求。

下面集中讨论计算机信息系统的安全性、可靠性、有效性和效率。

1.系统的安全性

系统的安全性是指构成信息系统的硬件、软件和数据资源是否得到妥善保护，不因自然或人为的因素而遭到破坏。自然的破坏包括地震、火灾、水灾等，人为的破坏包括数据窃取、恶意攻击、程序变更、设备盗窃、计算机舞弊、病毒入侵等。

2.系统的可靠性

系统的可靠性是由其中的硬件系统、软件系统与数据的可靠性等因素共同决定的。硬件系统的可靠性是指在一个指定的时间内，在正常的条件下硬件设备的无故障率；软件系统的可靠性是指在正常的运行环境中，在规定的运行时间内或规定的运行次数下，程序运行不同的测试用例的无差错概率；数据的可靠性是指数据的真实、准确和及时，它取决于系统对数据的处理过程是否准确无误，以及确保数据可靠性的控制措施是否有效。系统的可靠性与系统的组织管理和有关的人工干预过程也有一定的关系。

3.系统的有效性

系统的有效性是指系统能否实现既定的目标，系统的各项处理过程是否符合国家法律和有关规章制度的要求。评价系统的有效性，必须了解用户的需求，系统的有效性审计一般在系统运行一段时间之后进行，通过事后审计可以确定信息系统是否能够实现确定的目标，根据审计的结果，管理者可以做出相应的决策：或者抛弃此系统，或者继续使用，或者对系统作一定的改进。在对系统的有效性进行审计时，还要以现行的法律和规章制度为依据，对系统的各项处理过程进行详细调查与分析，取得充分的证据，对其符合性做出评价，并提出改进意见。

4.系统的效率

系统的效率是指系统能否充分利用各种资源快速处理并及时输出用户所需的信息。系统的效率主要取决于系统的计算机硬件配置和软件的设计水平。硬件配置要科学、合理、协调，不是越昂贵的或越先进的就越好；软件设计主要指应用软件设计要在充分了解业务处理模式和机理的基础上构造新的高效的处理算法，一个拙劣的算法会大幅度降低系统的效率，这就严重地违背了信息化的初衷。

信息系统审计同其他审计一样，审计的结果要以审计报告的形式表达出来。信息系统审计需要对信息技术有充分了解并熟练运用，对审计人员的要求较高，所以一般审计人员难以胜任，通常由获得信息系统审计资格的信息系统审计师来执行这项审计业务。

二、信息系统审计实施

（一）信息系统审计的内容

信息系统审计主要是对组织层面信息技术控制、信息技术一般性控制及业务流程层面相关应用控制的审查和评价。

1.信息技术控制

信息技术内部控制的各个层面均包括人工控制、自动控制和人工、自动相结合的控制形式，内部审计人员应当根据不同的控制形式采取恰当的审计程序。

组织层面信息技术控制，是指董事会或者最高管理层对信息技术治理职能及内部控制重要性的态度、认识和采取的措施。内部审计人员应当考虑下列控制要素中与信息技术相关的内容：

（1）控制环境。内部审计人员应当关注组织的信息技术战略规划对业务战略规划的契合度、信息技术治理制度体系的建设、信息技术部门的组织结构和关系、信息技术治理相关职权与责任的分配、信息技术人力资源管理、对用户的信息技术教育和培训等方面。

（2）风险评估。内部审计人员应当关注组织的风险评估的总体架构中信息技术风险管理的框架、流程和执行情况，信息资产的分类以及信息资产所有者的职责等方面。

（3）信息与沟通。内部审计人员应当关注组织的信息系统架构及其对财务、业务流程的支持度、董事会或者最高管理层的信息沟通模式、信息技术政策/信息安全制度的传达与沟通等方面。

（4）内部监督。内部审计人员应当关注组织的监控管理报告系统、监控反馈、跟踪处理程序以及组织对信息技术内部控制的自我评估机制等方面。

2.信息技术一般性控制

信息技术一般性控制是指与网络、操作系统、数据库、应用系统及其相关人员有关的信息技术政策和措施，以确保信息系统持续稳定地运行，支持应用控制的有效性。对信息技术一般性控制的审计应当考虑下列控制活动：

（1）信息安全管理。内部审计人员应当关注组织的信息安全管理政策，物理访问及针对网络、操作系统、数据库、应用系统的身份认证和逻辑访问管理机制，系统设置的职责分离控制等。

（2）系统变更管理。内部审计人员应当关注组织的应用系统及相关系统基础架构的变更、参数设置变更的授权与审批，变更测试，变更移植到生产环境的流程控制等。

（3）系统开发和采购管理。内部审计人员应当关注组织的应用系统及相关系统基础架构的开发和采购的授权审批，系统开发的方法论，开发环境、测试环境、生产环境严格分离情况，系统的测试、审核、移植到生产环境等环节。

（4）系统运行管理。内部审计人员应当关注组织的信息技术资产管理、系统容量管理、系统物理环境控制、系统和数据备份及恢复管理、问题管理和系统的日常运行管理等。

3.业务流程层面应用控制

业务流程层面应用控制是指在业务流程层面为了合理保证应用系统准确、完整、及时完成业务数据的生成、记录、处理、报告等功能而设计、执行的信息技术控制。对业务流程层面应用控制的审计应当考虑下列与数据输入、数据处理以及数据输出环节相关的控制活动：

（1）授权与批准；

（2）系统配置控制；

（3）异常情况报告和差错报告；

（4）接口/转换控制；

（5）一致性核对；

（6）职责分离；

（7）系统访问权限；

（8）系统计算等；

（9）其他。

4.信息系统专项审计

除上述常规的审计内容外，内部审计人员还可以根据组织当前面临的特殊风险或者需求，设计信息系统专项审计以满足审计战略，具体包括（但不限于）下列领域：

（1）信息系统开发实施项目的专项审计；

（2）信息系统安全专项审计；

（3）信息技术投资专项审计；

（4）业务连续性计划的专项审计；

（5）外包条件下的专项审计；

（6）法律、法规、行业规范要求的内部控制合规性专项审计等；

（7）其他专项审计。

（二）信息系统审计方法

审计人员在进行信息系统审计时，可以单独或者综合运用下列审计方法获取相关、可靠和充分的审计证据，以评估信息系统内部控制的设计合理性和运行有效性：

（1）询问相关控制人员；

（2）观察特定控制的运用；

（3）审阅文件和报告及计算机文档或者日志；

（4）根据信息系统的特性进行穿行测试，追踪交易在信息系统中的处理过程；

（5）验证系统控制和计算逻辑；

（6）登录信息系统进行系统查询；

（7）利用计算机辅助审计工具和技术；

（8）利用其他专业机构的审计结果或者组织对信息技术内部控制的自我评估结果；

（9）信息系统审计人员可以根据实际需要利用计算机辅助审计工具和技术进行数据的验证、关键系统控制/计算的逻辑验证、审计样本选取等；

（10）可以利用可靠的信息安全侦测工具进行渗透性测试等。

三、信息化环境下的会计档案

（一）会计档案的定义和作用

会计档案是会计工作和企业业务处理的结果，并与每个会计人员、单位息息相关。特别是随着会计信息系统的普及、会计信息化的迅速发展以及互联网技术的突飞猛进，客观要求电子数据直接作为档案进行保存，以实现全面的信息化、提高工作效率。

会计档案是指单位在进行会计核算等过程中接收或形成的，记录和反映单位经济业务事项的，具有保存价值的文字、图表等各种形式的会计资料，是单位预算和财务收支计划的重要依据，也是经济建设中宝贵的信息资源。

会计档案的作用体现在三个方面：一是会计档案可以保护个人和单位的利益；二是会计档案是发挥会计管理职能的一个重要组成，审计、纪检部门查的就是会计档案；三是会计档案有利用价值，详细记录了企业的经济活动，方便工作交接、了解以往经济事项。

（二）《会计档案管理办法》适应信息化发展的修订内容

1.重新定义了会计档案的范围

会计档案重新定义为：单位在进行会计核算等过程中接收或形成的，记录和反映单位经济业务事项的，具有保存价值的文字、图表等各种形式的会计资料，包括通过计算机等电子设备形成、传输和存储的电子会计档案。

这一定义，适应了信息化的发展，主要体现为以下三点：

第一，会计档案是由会计资料有条件地转化而来的。这里的会计资料是指一切由文字、图表等形式形成的各种会计核算资料，来源包括从外部获得和单位在核算过程中产生的，形式包括纸质和电子两种。

第二，会计档案既可以是外部接收取得的会计资料，也可以是内部直接形成的各种形式的会计资料。其中：外部接收取得的会计资料是指所记载内容需要从单位外部取得的、能够证明经济事项实际发生的会计资料，主要是外部取得的各类原始凭证，如发票、银行回单、银行对账单、购销合同、收据、消费清单等。当前国家正在推进电子发票工作，符合相关要求的电子发票可以作为外部接收的会计资料予以归档。内部直接形成的会计资料是指单位在会计核算过程中产生的会计资料，主要有记账凭证、总账、明细账、日记账、固定资产卡片及其他辅助性账簿，月度、季度、半年度、年度财务会计报告等，以及单位内部相关管理系统生成的据以进行会计核算的凭据，如固定资产管理系统导出的计提折旧的资料、税务管理系统导出的计算所得税的资料等。

第三，电子会计档案属于会计档案。电子档案是指具有凭证、查考和保存价值并归档保存的电子文件。电子文件是指单位在履行其法定职责或处理事务过程中，通过计算机等电子设备形成、办理、传输和存储的数字格式的各种信息记录。因此，电子会计档案具有如下特征：（1）电子会计档案的来源是计算机等电子设备，即电子会计档案是以计算机等电子信息设备为载体形成和处理的电子会计信息；（2）电子会计档案的形成、办理、传输等环节是通过计算机等电子设备为载体进行的；（3）电子会计档案最终可以存储、保管在本地计算机等电子设备、设施中，也可以存储在第三方提供的云存储空间里。

2.规范了电子会计档案的管理

在一个企业内部形成的属于归档范围的电子会计资料，满足以下条件，可仅以电子形式保存，形成电子会计档案：（1）形成的电子会计资料来源真实有效，由计算机等电子设备形成和传输；（2）使用的会计核算系统能够准确、完整、有效接收和读取电子会计资料，能够输出符合国家标准归档格式的会计凭证、会计账簿、财务会计报表等会计资料，设定了经办、审核、审批等必要的审签程序；（3）使用的电子档案管理系统能够有效接收、管理、利用电子会计档案，符合电子档案的长期保管要求，并建立了电子会计档案与相关联的其他纸质会计档案的检索关系；（4）采取有效措施，防止电子会计档案被篡改；（5）建立电子会计档案备份制度，能够有效防范自然灾害、意外事故和人为破坏的影响；（6）形成的电子会计资料不属于具有永久保存价值或者其他重要保存价值的会计档案。

从企业外部接收的电子会计资料附有符合《中华人民共和国电子签名法》规定的电子签名的，可仅以电子形式归档保存，形成电子会计档案。

□ 本章小结

信息技术应用在改变企业传统营运模式的同时也带来业务流程和信息系统的新风险，如信息安全风险、计算机交易授权风险、传统职责分离失效引致的风险、信息系统潜在错误导致差错重复发生的风险、信息系统脆弱性引发的风险等。

信息技术改变了企业内部控制的环境，如企业组织结构趋于扁平化、对员工的素质提出了更高的要求、提高了会计信息的质量、改变了信息交流方式等。

内部控制是一个流程，受董事会、管理层和员工行为的影响。内部控制的实施基于两个前提：第一个前提是责任，管理层和董事会有责任建立并维持一个有效的内部控制流程。第二个前提是合理的保证，这与控制的成本和收益有关，管理层不应该允许在控制中投入的成本超过从控制上所能得到的收益，即控制的合算性。

企业在信息技术环境下建立内部控制系统时，应综合考虑内部控制要素在其中出现的新特点，要从组织控制、流程控制、信息控制三个方面来看内部控制内容呈现的特点。

针对信息系统本身的风险控制，我们首先讲述了信息技术过程控制体系（COBIT）。按照信息系统的控制范围，可以分为一般控制和应用控制。一般控制影响全局，应用控制则被用于某些具体方面。区分一般控制和应用控制的基本方法是考虑给出的控制措施是否应用到输入、处理或输出。按照内部控制程序执行的时间点也可以分为预防性、检查性和矫正性三种控制。

本章讨论了两个方面的内容：一是计算机审计，即在信息技术环境下，审计人员利用计算机对被审计单位的经济活动进行的审计；二是信息系统审计，即审计人员对被审计单位的计算机信息系统进行审查并发表意见。

计算机审计的主要内容是：①被审计单位的财务收支及有关的经营管理活动；②被审计单位的各种作为提供财务收支及有关经营管理活动信息载体的会计资料及相关资料；③被审计单位的信息技术环境。本章还特别介绍了数据式审计概念、关键技术，大数据的审计应用。

信息系统审计是通过一定的技术手段采集审计证据，对被审计单位的计算机信息系统的安全性、可靠性、有效性和效率进行综合审查与评价活动。信息系统审计的对象是被审计单位的计算机信息系统。信息系统审计的特点是：信息系统审计具有较强的技术性、复杂性和动态性。尽管目前还没有一套完整的审计技术可以全面解决信息系统审计的所有问题，但是已经有了很多工具和技术可以用来帮助完成相应的审计目标，如测试数据法、整合测试工具法、并行模拟法、抽点转存法、跟踪法、映像法等，已经发挥了很好的审计作用。

□ 基本训练

一、选择题（选项有一个或几个正确，请把正确的填在括号内）

1.信息系统内部控制按照“如何执行控制”的观点，可以分为（　　）。

A.人工控制　　B.程序控制　　C.一般控制　　D.应用控制

2.信息系统内部控制按照“控制执行范围”的要求，可分为（　　）。

A.人工控制　　B.程序控制　　C.一般控制　　D.应用控制

3.系统开发与维护控制是对新系统的分析、设计、实施以及现有系统的改进与维护实施的控制。下列说法正确的有（　　）。

A.内部审计人员可以参与系统开发，促使系统中嵌入内部控制措施和审计功能

B.系统维护往往会“牵一发而动全身”，程序、文件、代码的任何修改都非同小可

C.系统档案是系统开发留下的痕迹，是系统维护的指南，是开发人员与用户交流的工具

D.通过密码和身份鉴别对访问数据库的人进行限制，可以确定保证数据库的安全

4.应用控制可以由人工实施控制，也可以由计算机程序实施自动化控制。按照处理信

息的步骤，我们可以将应用控制分为（　　）、处理控制和输出控制。

A.输入控制　　B.处理控制　　C.人工控制　　D.输出控制

5.信息孤岛分（　　）几种类型。

A.数据孤岛　　B.系统孤岛　　C.业务孤岛　　D.管控孤岛

6.下列说法不正确的是（　　）。

A.如果被审计单位已经实现信息化，那么还要考虑信息技术环境对审计结果的影响

B.计算机审计是一种以计算机为先进的审计工具的审计方式

C.计算机审计的审计目标与手工审计的目标是一致的

D.计算机审计是针对计算机开展的审计业务

7.计算机辅助审计包含两个层次的含义，它们分别是（　　）。

A.扩展了审计的内容与范围

B.利用专门的辅助审计软件进行项目审计

C.增强了审计信息的反馈能力

D.利用计算机工具提升审计效率、增加准确性

8.下列说法不正确的是（　　）。

A.计算机审计解决审计的工具问题，审计的对象与传统审计没有区别

B.计算机审计的主要内容包括，被审计单位的信息技术环境

C.审计软件的主要代表是专用审计软件

D.信息系统审计与传统审计的对象不同，有各自的技术和方法

9.（　　）不属于审计软件。

A.现场作业软件　　B.会计软件

C.专用审计软件　　D.审计管理软件

10.下列有关审计软件的说法正确的有（　　）。

A.审计软件必须能从会计软件提取会计数据

B.审计单位的信息系统应当具备符合国家标准或者行业标准的数据接口

C.利用审计软件对会计电子数据处理和转换，对会计软件信息有破坏作用

D.审计软件具有查询、查账、分析等功能

二、思考简答题

1.简要回答信息系统脆弱性引发的风险。

2.针对信息系统的一般控制，简述数据资源管理控制。

3.举例说明，如何防范系统入侵。

4.简要回答什么是预防性、检查性和矫正性。

5.简要回答数据式审计与信息系统审计的区别。

三、开放论述题

1.讨论信息系统审计的必要性。

2.在信息化程度较高的企业中，传统的手工业务控制活动完全被自动化业务控制活动所取代。信息技术环境下控制活动包括：交易授权、职责分离、监管、业务记录、接触控制、独立稽核，举例说明每项控制活动的变化。

3.内部控制按照程序执行的时间点可以分为预防性、检查性和矫正性三种控制。举例

说明预防性、检查性和矫正性控制之间的关系。讨论信息系统对三者的作用，以及三者关系的变化。

4.计算机领域有句名言“输入的是垃圾，输出的仍然是垃圾”，结合这句名言谈谈输入控制的方法和重要性。

5.信息孤岛是指信息系统相互之间在功能上不关联、信息不共享以及信息与业务流程和应用之间相互脱节。简述信息孤岛类型，并结合COBIT企业IT的治理和管理的五大关键原则，谈谈如何避免与消除信息孤岛。

四、实践与提高

1.企业建设信息系统的形式有哪些？比较三种方式的优劣。

2.计算机审计工作底稿模板有什么功能？请用Excel等电子工具进行初级设计。

3.学习联机分析处理技术（online analytical processing，OLAP），研究其在审计业务中的应用。

4.通过互联网，查阅文献对审计软件进行调查。对审计软件的发展、分类和应用等做一个专题报告。

五、难点延伸阅读

1.审计数据接口。

2.人工智能与审计。

思考与练习

思考与练习答案

第十章

会计信息系统发展前沿

学习目标

通过本章学习，应该达到以下目标：

掌握财务共享服务、云计算、财务智能、XBRL、区块链等现代企业信息系统最新概念；了解企业实施财务共享的价值，云计算的价值和弊端，XBRL技术基础、技术架构和应用领域，财务智能系统实施的方法和流程以及企业不同层次的人员在财务智能系统实施过程中的主要职能；了解区块链在会计行业和互联网金融方面的应用及潜在问题。借此，认识会计信息系统发展趋势，掌握理论与实务的发展方向，拓展自己的认知领域。

引例　　人工智能会取代会计人员吗？

背景与情境：我国要在关键核心技术方面实现突破，战略性新兴产业发展壮大，未来在载人航天、探月探火、深海深地探测、超级计算机、卫星导航、量子信息、核电技术、大飞机制造、生物医药等领域将取得重大成果，进入创新型国家行列。将人工智能引入会计、税务、审计等工作当中，这一科技创新将帮助员工从阅读合同和其他文件的乏味工作中解放出来。人工智能会取代会计人员吗？这已经不是天方夜谭了，而是财会工作者们需要正视并深思的话题。

互联网、云计算、人工智能等信息技术的高速发展，对财务人才的要求也在与时俱进，会计师的角色在企业中也发生着改变。

会计的所有领域（包括会计理论、会计工作、会计管理、会计教育等）要全面运用现代信息技术。在上述领域中，后三个方面有不同程度的运用，而且可以说是起步晚、发展快、成效大，只是还不能真正达到会计信息化的水平。而在会计理论方面却相对滞后。准确地讲，现阶段会计信息化还是基于传统的会计理论，既没有修正传统的会计理论体系，更没有构建起适应现代信息技术发展的完善的会计理论体系。从会计信息化的要求来看，首先就是现代信息技术在会计理论、会计工作、会计管理、会计教育诸领域的广泛应用，并形成完整的应用体系。

未来的趋势已可以预见，普通核算型工作，如财务、审计、税务等财务基础人员会逐步减少。因此，这要求财务人员提高战略分析与判断能力，处理好组织与组织、人员与人员、单位与社会的关系，对于涉及人的问题，人工智能是不可能完全解决的。

第一节　财务共享

一、财务共享服务

（一）财务共享服务的概念

财务共享服务（financial shared service，FSS）是依托信息技术以财务业务流程处理为基础，以优化组织结构、规范流程、提升流程效率、降低运营成本或创造价值为目的，以市场视角为内外部客户提供专业化生产服务的分布式管理模式。

财务共享服务是一种创新的管理模式，其本质是由信息网络技术推动的运营管理模式的变革与创新。它不同于传统的集中式或分散式的管理模式，而是以顾客需求为导向，按照市场价格和服务水平协议为企业内部各业务单位及外部企业提供跨地区的专业化共享服务。它通过将企业各业务单位“分散式”进行的某些重复性的业务整合到共享服务中心进行处理，以促进企业集中有限的资源和精力专注于自身的核心业务，创建和保持长期竞争优势，并达到整合资源、降低成本、提高效率、保证质量、提高客户满意度的目的。

（二）财务共享服务的适用范围

企业的任何一项变革都必须具备财务可行性，即变革的收益大于成本。这里所说的收益和成本既包括直接的、显性的，也包括间接的、隐性的。因此，企业在决定是否采用共享服务模式时也必须考虑变革成本与收益的关系。

共享服务是将分散在企业不同业务单位的资源、业务整合到一起，采用相同的运作模式、业务流程和规划。这就要求这些业务必须是可以或容易进行标准化的业务，这也是适用共享服务模式的一个条件（如图10-1所示）。

一些跨国企业和大型企业的先行实践表明，共享服务适用于大量重复性的工作。企业中的服务职能，如财务会计、人力资源、供应链、IT、客户关系和金融业后台处理的职能都可进行共享。价值链核心环节中的大量可标准化、重复性高的工作也能予以抽离进行共享。根据这些业务的不同，目前全球企业建立起来的共享服务中心可分类为财务共享服务中心、信息技术共享服务中心、人力资源共享服务中心、客户服务共享服务中心、采购/供应链共享服务中心和行业性服务共享服务中心（如图10-2所示）。

一般来讲，共享服务管理模式主要适用于大型跨国企业、跨地区企业，因为这样的企业规模比较大。一方面，将各业务单位的非核心业务整合到共享服务中心可大大减少业务人员数量，降低人力成本；另一方面，各业务单位的非核心业务整合后有利于快速统一服务标准、行为方式、业务规则等，继而大大提高效率和标准化程度，形成规模经济，间接降低企业成本。另外，共享服务中心还适用于那些重组、并购、变革比较频繁的企业。由于企业的后台支撑部门都整合到共享服务中心处理，所以企业在建立新业务，扩大企业规模时不必考虑为新业务、新业务单位建立财务、人力资源等支撑部门。这样既可大大降低管理难度，也能促进新业务的快速整合。

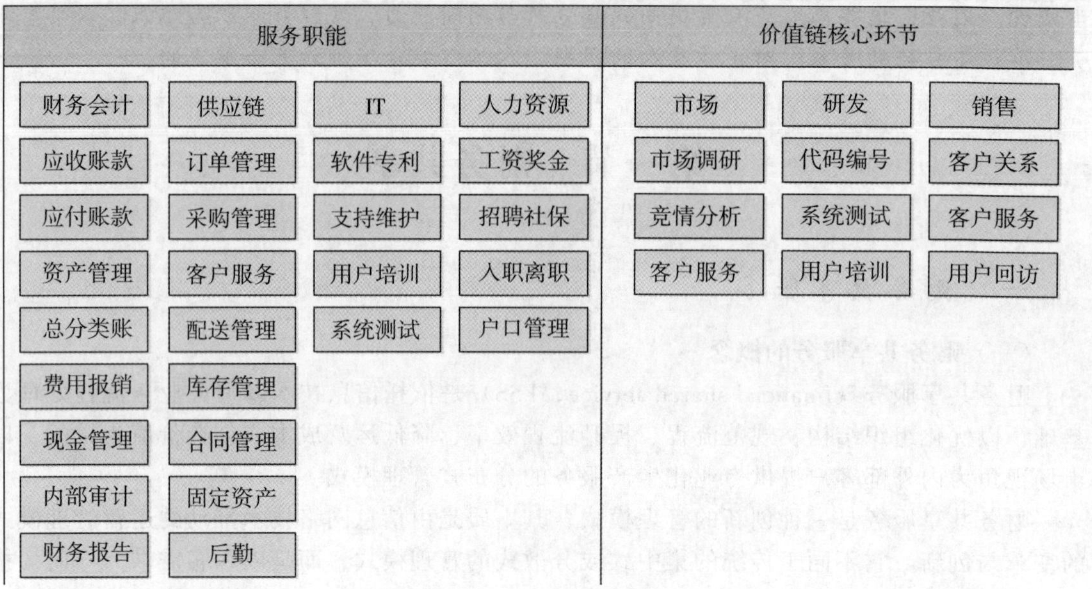

图 10-1 共享服务的适用范围

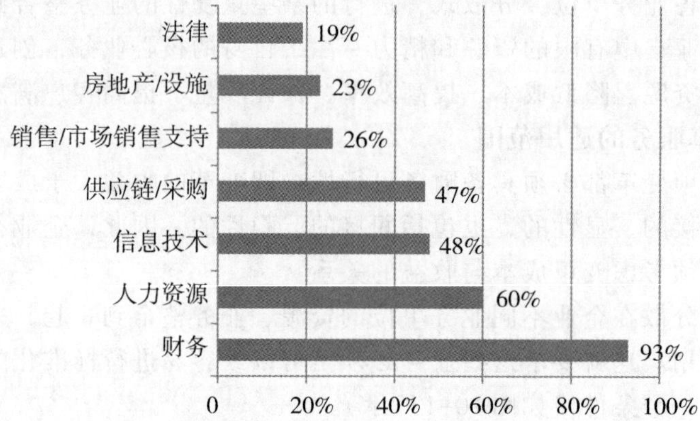

数据来源：DELOITTE.2011 Global Shared Services Survey Results.2011：4.

图 10-2 企业采用共享服务的领域

二、财务共享在企业中的建立实施

（一）实施财务共享服务的意义

（1）降低成本。业务量不增加的情况下人员减少，业务量增加而人员不增加。

（2）有利于并购和扩张。只需考虑核心业务的扩张，后台服务的提供不需要增加新的机构和费用。

（3）加速标准化进程。共享服务中心为工作流程的标准化以及管理数据的统一提供平台。

（4）提高效率和服务质量。通过集约化把复杂的工作变得更简单、更标准、分工更细，把传统的会计记账变成了“会计工厂”的运营，聚焦于服务。

（5）有效保证业务发展。业务单位将非核心业务（后台业务）交由共享服务中心来运作，而共享服务中心又能提供足够的后台支持，使各业务单位可以将自己的重心完全放在其核心业务和顾客上。

（6）推动财务管理转型。共享服务中心将企业各个单位的后台功能集中在一起，使各领域的专家在一起共事，直接交流。通过举办有针对性的培训，使共享服务中心员工技能水平不断提高，原有机构部分人员向高价值的管理活动转型。

（7）加强集团管控。共享服务提供了一个标准的工作程序，避免地区和业务部门之间出现标准执行的偏差和内部管理的"黑洞"现象，使更多的管理数据在统一标准下得以比较。

（二）建立财务共享的关键要素（如图 10-3 所示）

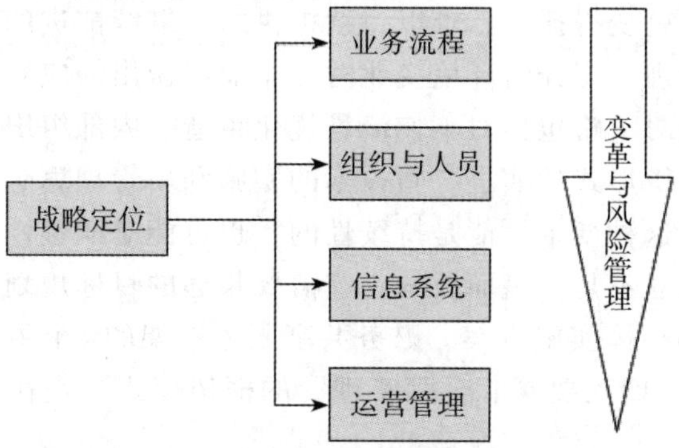

图 10-3　财务共享服务基本框架

（1）战略定位。战略定位是指为配合公司整体经营战略而确定的财务共享服务中心未来工作的主要目标，以及为达成目标而采取的行动。战略定位是整个财务共享服务中心的指引和方向，对于共享服务中心的定位和发展方向具有至关重要的意义。

（2）业务流程。流程是一组将输入转化为输出的相互关联或相互作用的活动。一个完整的流程，通常包括输入、活动、活动的相互关系、输出、客户和价值这六大要素。它服务于企业战略，以客户价值为导向，以最优路径为基础，广泛地调配企业组织及各种资源，满足业务的需求和最佳目标。

（3）组织与人员。财务共享服务中心承担了传统的财务会计的所有基础性工作，如核查原始单据，制作会计凭证，编制财务报表等，但由于其在职能定位上的不同，及工作模式的重大变化，其组织模式必然与传统的财务部门有区别。需要明确财务共享服务中心在集团整体架构中的具体位置，即需要定位财务共享服务中心与集团总部财务、成员公司财务之间的隶属平行关系。

人员管理是指在财务共享服务中心的发展目标指导下，根据业务发展的需要，对人员的数量、素质要求进行规划，制定人才选、育、用、留的策略，保证业务正常有序运作。作为一个多学科融合的组织，财务共享中心需要把人员培训与知识共享作为人员管理的重点。人员培训应与共享中心的知识体系相匹配，并保持在日常工作中持续进行、稳健推进。

（4）信息系统。财务共享服务是一种管理方式，同时也是创新技术的融合体，信息系统已经成为财务共享服务不可或缺的组成部分，也是共享效率、质量和管理效益得以显现的重要支撑。在共享实施前，尽管很多企业和集团已经建设和应用了很多系统技术，并各自发挥了巨大的作用，但各项技术缺乏统筹实施和整合，系统间的协同效用难以发挥，财务共享服务的实施，直接将目标定位于系统平台的建设，不仅统筹规划了企业经营所需的各项系统架设，同时将这些相对独立的系统进行全面整合，创建了业务、财务、管理和战略的有机结合模式，真正实现了财务共享服务下的信息系统平台互通互联，充分发挥共享服务架构下的各系统协同效用。

在整个的信息化平台中，企业资源计划系统（ERP）、影像管理系统、网络报销系统和银企互联等系统及技术对财务共享服务中心贡献最为突出。

（5）运营管理。一个组织成功的因素包括很多，如战略、营销、资本运作、人力资源、组织架构等，运营管理体系的构建，实现了这些成功因素的有机结合。一旦离开运营管理的支持，这些要素就变得孤立，难以持续提供组织继续前进的动力。

（6）变革与风险管理。当经营环境变化时，企业所做出的应对策略，适应环境变化的行为就是变革。这些应对策略包括对工作流程优化再造、内部组织重新划分、运营管理设立和调整等。通常，组织形式的演进、新技术的实施和新管理思想的实施，都将带来财务共享服务中心的变革。这种变革可能是持续性的，也可能是颠覆性的。

财务共享服务的建立不是一蹴而就的，它需要长远的目标规划，在严谨的调研评价基础上科学地规划项目的整体实施方案。财务共享服务框架的4个主题要素彼此具有严谨的实施逻辑，“战略指导、四大要素、全程管理”的框架模式，是在实践中逐步积累形成的有效的实施方案。

第二节　可拓展商务报告语言——XBRL

一、XBRL概念

XBRL（eXtensible Business Reporting Language，可拓展商业报告语言）是一种用于商业信息电子交换的语言，可用于商业信息的编制、交换和分析，是XML（Extensible Markup Language，可拓展的标记语言）与财务报告信息交换的一种应用，也是目前应用于非结构化信息处理，尤其是财务信息处理的最新标准和技术。

XBRL被誉为财务报告领域的条形码，给我们带来三层信息：数字与数字的背景信息、概念与概念的属性、概念之间以及概念和资源之间的关系。XBRL具有标准化、结构化、可扩展、跨平台和跨语言等特征，更能为企业财务报告和分析的各个环节带来重要效益。

二、XBRL的技术基础

XBRL以标识语言（XML）作为基础构架，因此，我们要了解XML的技术特点，才能对XBRL有初步的认识。

（一）XML

XML是针对HTML网络运用上的各种限制而开发出来的一种语言。HTML超文本标记语言（Hyper Text Markup Language）是一种简单的标示语言，它通过固定的格式标签将其内嵌的内容按照所需要的格式呈现在网页上，是对文件格式实行结构化而非描述结构内容本身。但是，HTLM标记的属性和品种繁多且不灵活，侧重于如何将规定文件资料在Web浏览器中显示，仅能定义格式但无法定义所显示的内容分类（如HTML可以定义会计信息在网页上文字呈现的大小颜色等外观特征，却无法定义会计信息这几个字的意义是什么）。

针对上述问题，互联网协会制定了XML以弥补HTML的不足。XML可以做到将数据与样式分开，并允许使用者依其需求自由针对资料定义标签，使得每个行业或者学术研究领域都可以自行定义其所通用的标签组，大家再共同遵循使用这套标准。通过使用XML，同一文件的结构、命名、语意、处理逻辑以及不同信息和文件格式的转换可以达到通过网络有效存取、处理、交换和转换信息的目的。

（二）XML的技术特点与XBRL

（1）XML是设计的与特定领域有关的标记语言，允许不同专业开发与自己特定领域有关的标记语言，使得各专业领域中的人可以自由交换数据和信息。我们可以根据这一特性来规定财务信息报告领域里的一系列标签，组织财务信息。

（2）XML是一种自描述数据。它基本上使用的是非常简单的数据格式，可以用纯ASCII码文本书写，这种文本几乎不会磨损，且即使丢失一些内容也依旧可以读取。以XML为基础的XBRL具有更强的数据完整性和可读性。

（3）XML为应用程序间交换数据提供了便利。由于XML采用了非专有模式，易于阅读编写，且可以为了不同的目的使用不同的工具编辑和查看。因此，以此为基础的XBRL能够成为一种标准的格式在不同的应用程序之间（如Word、Excel和财务软件之间）交换数据。

（4）XML是结构化和集成的数据。每个结构整洁的XML文档都是树形结构，这对于处理大型和复杂的文档具有优势。基于XML的XBRL能够很好地适应和描述这种树形结构，因此，是财务数据描述的绝佳工具。

三、XBRL的技术架构概述

XBRL技术架构大致可划分为技术规范、分类标准和实例文档三层，这三者之间的关系如图10-4所示。

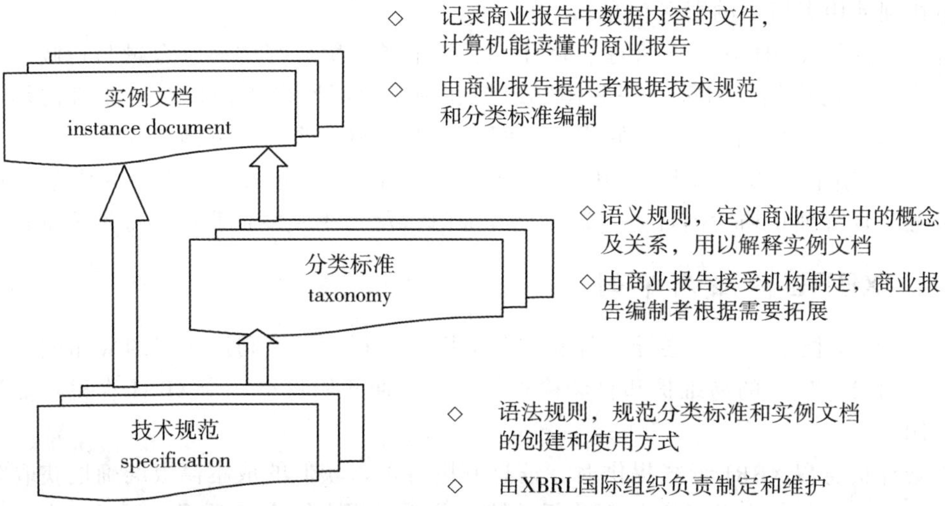

图10-4　XBRL的技术架构

（一）技术规范

XBRL是一项开放标准，由一系列技术规范（specification）组成。技术规范定义了XBRL的语法规则，用以规范分类标准和实例文档的创建和使用方式，由XBRL国际组织负责制定和维护，是全球通用的技术标准，用户可以免费获取XBRL技术规范，无需许可授权费用。

我国采用修改引用的方式，引入XBRL国际组织发布的XBRL技术规范，并由国家标准化管理委员会于2010年10月发布为《可扩展商业报告语言（XBRL）技术规范》（GB/T25500-2010）系列国家标准，该标准具体包括了基础、维度、公式和版本4个技术规范。

（二）分类标准

分类标准是一个表述关键数据元素（数字或文本）的文档，这些元素包括在一个特定类型财务报告体系的实例文档中。XBRL为企业报告中的每个项目建立不同的标签，所有标签统称为分类标准。分类标准定义了各项目的属性及其间的关系等，相当于一个行业商业信息的交换词典。

（三）实例文档

实例文档是一个企业财务报告的实例文件，主要包含财务报告中的标签和数据。XBRL根据财务报告中标签与会计业务数据对应，利用应用程序自动从会计业务数据库中提取数据，生成实例文档。同样，实例文档也可以用一定的软件来导出成为更直观的文档。

四、XBRL的主要特性与应用领域

XBRL具有灵活、开放、高效以及强大的搜索能力等特性，是一种通用的能被大众接受的财务报告语言，可以毫无限制地在不同部门、系统、平台甚至是应用软件之间进行传递、交换、分析财务信息。随着XML的浏览器的普及化，大家可以通过互联网以不同的格式读取到自己所需的财务信息，而且可以将数据以任何形式保存，在很大程度上降低了数据输入、传递和分析成本。同时，对搜索内容加上详细的标签后，搜索引擎就能更精确快速地找到使用者所需的财务信息。

这些特性使XBRL在企业管理、审计、证券市场、贸易与纳税、金融与行政、监管等领域都有广泛的应用。目前，一些国际组织和国家政府监管机构以及商业机构都实施了XBRL应用项目，并取得了良好的成效。例如，美国SEC项目、英国税收项目、日本央行项目等。在我国，XBRL实际应用虽然处于推广阶段，却也取得了不错的成绩，在财政部、金融监督管理总局、国资委、证监会等部门以及一些典型企业中都得到了试行。

五、XBRL的应用举例

以XBRL文档格式保存会计文件和相关法规等资料，只要利用一般的Web浏览器即可解读，同时具有较高的易维护和自动检索效率。下面我们将举一个XBRL在税收征管当中应用的例子。

当会计信息以XBRL形式提供时，信息使用者可以较低的成本高效准确地获取会计信息，并将找到的信息自动导入处理分析系统，分析过程中输入瓶颈问题得以解决，信息使用者将有更多时间和精力来加强对信息的分析。容易收集、整合和验证高质量会计信息使税务部门对会计行业的监管更加便捷，并从提高报告速度、简化处理流程方面获益。

尽管企业要以各种形式向不同的信息需求者发布信息，但使用XBRL之后，各种形式的信息都出自XBRL核心数据。如果税收部门和纳税人都采用XBRL标准，计算机程序就能自动处理他们与企业之间需要交换的信息，并与企业系统进行集成，改善业务处理效率。

六、XBRL发展的展望

XBRL在发达国家应用日益广泛，而作为发展中国家的中国，更是应该做好推广工作，推动会计信息化的进程。

我们应当推动通用分类标准的分步实施，坚持“积极稳妥、先行试点、总结经验、分步推进”的原则，推动各监管部门和企业扩展应用XBRL。同时，也要加强推广应用XBRL的组织领导与协调，加强人才队伍建设，为推广应用XBRL提供人才保障。可以通过在各个高校开展专题培训、制作并发放知识手册、举办知识竞赛等形式促使各个阶层的人员踊跃参加，从而更加全面地推进我国会计信息化的进程。

第三节　财务智能

一、财务智能的定义

财务智能就是将财务管理理论模型化，通过智能匹配方式，将数据导入数据仓库或以数据仓库现有数据为分析对象，根据财务管理模型，利用计算机高速准确的计算能力，对数据仓库中的数据进行处理，迅速得到企业经营诊断报告、实时监控财务信息、形成经营决策建议以及提供财务预警信息。财务智能从世界范围看，理论和实践才刚刚起步，但对于财务管理却起着革命性的提升工作效率、辅助经营决策的作用。

二、财务智能系统模型构建

财务智能系统不仅强调传统的记账、核算以及生产管理、成本管理内容，更强调控制、计划、预测、分析、决策等管理内容。财务智能系统模型具有通用性、交互性、可视化等特点，更适合于财务人员和管理人员使用。财务智能系统模型主要由4部分构成：财务智能分析系统、财务智能监控系统、财务智能决策系统、财务智能预警系统（如图10-5所示）。

（一）财务智能分析系统

财务智能分析系统将偿债能力、营运能力、盈利能力和发展能力等诸方面的分析纳入一个有机的整体之中，全面地对企业财务状况、经营成果进行揭示与披露，从而对企业经济效益的优劣做出正确的评价与判断。另外，企业还可以根据自身的基本情况，设定不同的变量目标值，通过各指标之间的相互衔接，系统自动调节基础数据，得出要实现这一目标所需的条件，给用户制定财务目标提供一定的依据。

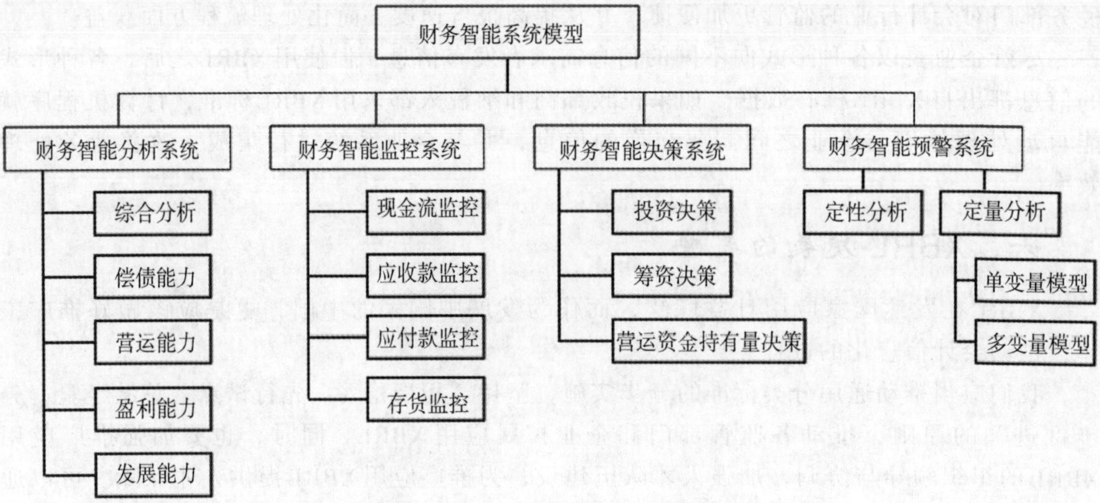

图10-5 财务智能系统功能结构

（二）财务智能监控系统

财务智能监控系统主要是帮助企业管理者监控企业的营运资金运行状况，包括流动资产、流动负债中较重要的现金流、应收款、应付款和存货的监控。充分利用企业内外部信息，在瞬息万变的市场环境中，通过实时财务监控，优化资源配置，做出更快更准确的财务决策，以期实现企业的财务战略。

（三）财务智能决策系统

财务智能决策系统最重要的职能是对企业重大的投资、筹资项目进行决策，以及对日常营运资金进行管理。通过监控成本、收入、预算和利润，可以在企业整个生命周期内管理企业的每一个项目。将项目成本与各种预算方案相对比，以确定项目是否在按目标要求运行。为了解人力资源利用情况，可以按员工来分析项目。此外，可以按客户剖析详细项目信息，以便更好地管理与重要客户的关系。

（四）财务智能预警系统

财务智能预警系统是以企业信息化为基础，对企业在经营管理活动中的潜在风险进行实时监控的系统。该系统贯穿于企业经营活动的全过程，以企业的财务报表、经营计划及其他相关的财务资料为依据，利用财会、金融、企业管理、市场营销等理论，采用比例分析、数学模型运用等方法，发现企业存在的风险，并向经营者和投资者示警。财务预警包括定性方法和定量方法，由于定性方法难以结构化，主观性比较大，所以在财务智能预警系统中更多地使用定量方法。定量方法又分为单变量方法和多变量方法。

三、财务智能系统实施策略

根据财务智能体系架构并结合企业人员角色可将财务智能系统分为数据源、数据仓库、数据探查、数据挖掘、数据表示及制定决策六部分。基础数据由会计人员录入、维护并提供给数据分析人员，由数据分析人员对数据进行ELT操作，加载到数据仓库中。整个数据仓库系统是一个包含四个层次的体系结构：数据源、数据的存储与管理、联机分析处理（OLAP）服务器、前端工具。使用数据仓库之后，企业将所有收集来的信息存放在一个唯一的地方——数据仓库。仓库中的数据按照一定的方式组织，从而使得信息容易存取并且有使用价值。然后由数据分析人员进行数据探查和数据挖掘。数据挖掘就是从大量的、不完全的、有噪声的、模糊的、随机的实际应用数据中，提取隐含在其中的、人们事先不知道的，但又是潜在有用的信息和知识的过程。数据挖掘的结果传递给财务分析人员，财务分析人员根据业务需求，提取有价值的数据，运用可视化的技术对数据进行表示，将数据转化为信息，最后以交互可视化的方式提供给财务经理，为制定决策提供支持(如图10-6所示)。

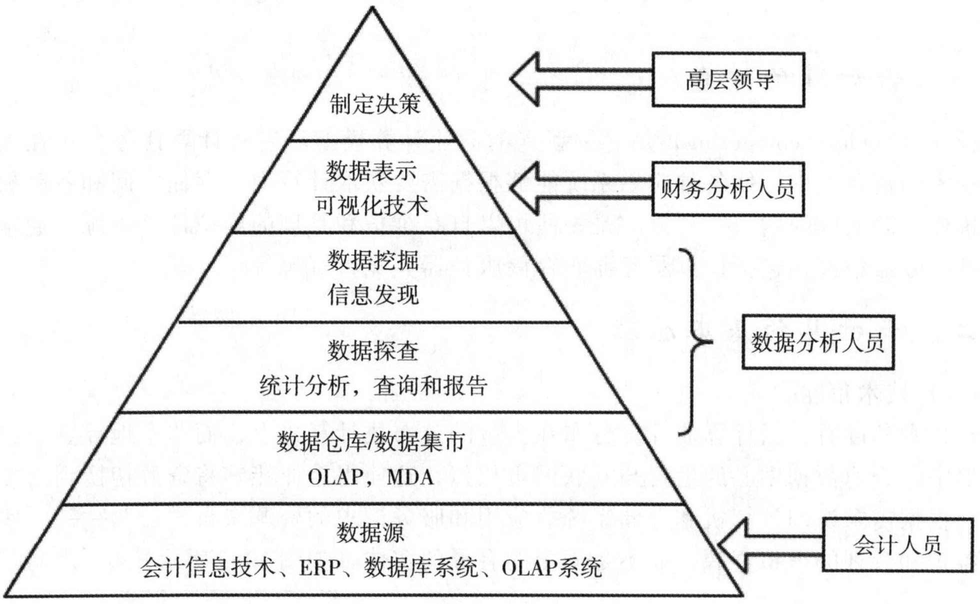

图10-6　财务智能系统实施策略

从图10-6中可以看出，财务智能系统的实施涉及企业的许多不同部门、不同层次的人员，其中最重要的有会计人员、数据分析人员、财务分析人员和高层领导等。只有这些人员之间很好地配合，才能保证其实施达到理想的效果。面向高层决策的财务智能是“一把手工程”，要以高层领导的需求为导向，由需求来推动整体财务智能系统的实施。业务人员和财务分析人员结合实际业务对高层领导的需求进行细化分析，并与数据分析人员、IT人员充分沟通，结合IT系统来实现需求或者构建新的IT系统。

四、财务智能发展前景

商业发展一日千里，身处信息社会的企业管理者们，无一例外地将“效率就是时间，时间就是金钱”作为企业制胜的至高宝典。企业面临的商务活动环境复杂多变，同时企业还要符合外部监管的要求，诸多变化和不确定因素促使企业管理者不得不面对以财务管理为企业管理重要环节这一重要课题。所以，财务智能是顺应经济发展变化的产物，它可以从企业管理层的角度出发，集成国际先进的财务管理理念和完善的财务管理体系，通过对财务数据多维度的深入分析，提高财务数据及时性、准确性和完整性。通过灵活的报表生成等手段，为企业提供更及时、准确和全面的财务管理信息，从而为企业管理层提供更强大的决策支持能力，帮助管理层更加有效地对各项财务信息进行监控和管理，从而做到全面分析、预测和应对挑战。因此，财务智能在企业的会计信息化过程中，具有广阔的发展前景。

世界各国发展制造业强国兴衰的历程和事实，不断重复地告诉人们发展制造业与强国兴衰之间的真理："制造业强，国家强；制造业弱，国家弱；制造业空，国家衰。"因此，制造业数字化是我们国家的发展战略，财务智能化是必然趋势。

第四节　云计算

一、云计算的概念

云计算（cloud computing）是一种新兴的商业计算模型。它将计算任务分布在大量计算机构成的资源池中，使各种应用系统能够根据需要获取计算力、存储空间和各种软件服务。这种资源池称为"云"。"云"是一些可以自我维护和管理的虚拟计算资源，通常为一些大型服务器集群，包括计算服务器、存储服务器、宽带资源等。

二、云计算的基本原理

（一）技术角度

从技术角度看，云计算使计算分布在大量的分布式计算机上，而非本地计算机或远程服务器中，企业数据中心的运行与互联网更相似，这使得企业能够将资源切换到需要的应用上，根据需求访问计算机和存储系统。应用和服务请求的资源来自"云"——一些可以自我维护和管理的虚拟资源，而不是固定的有形的实体（如图10-7所示）。

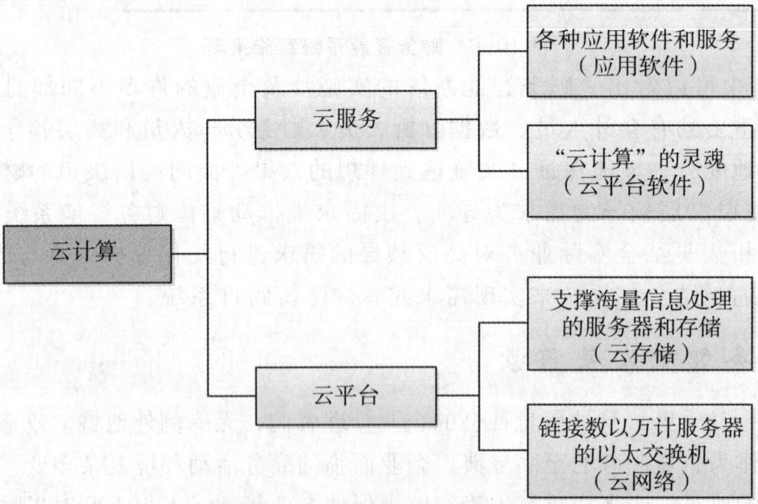

图10-7　技术视角下的云计算

（二）商业角度

云计算是一个囊括了开发、负载平衡、商业模式，以因特网为中心的软件。它基于网络Web的服务，目的是让用户只为自己需要的功能付钱，同时消除传统软件在硬件、软件和专业技能方面的投资，让用户脱离技术与部署上的复杂性而获得应用。用户通过浏览器或轻量级终端使用服务从而获得消费模式的变化，商业模式获得了从“购买软硬件产品”到“购买信息服务”的改变（如图10-8所示）。

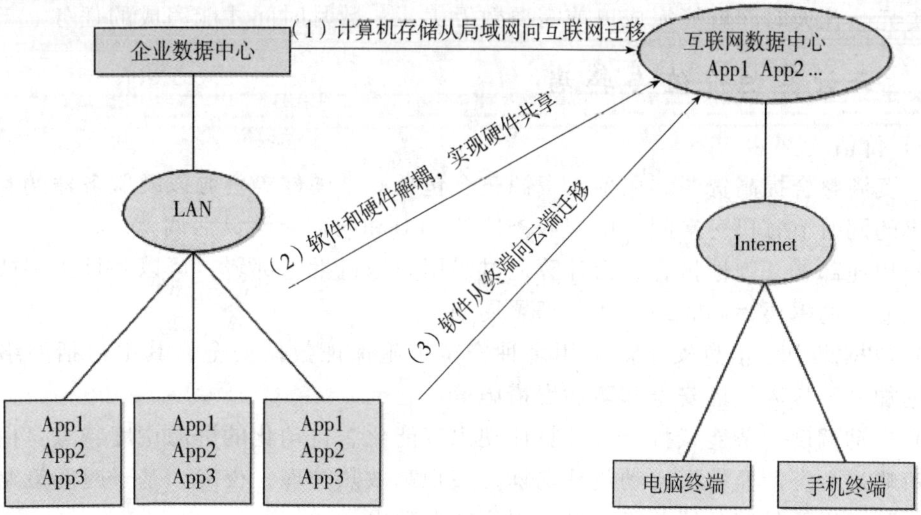

图10-8　商业视角下的云计算

三、云计算的特点

（一）超大规模

“云”具有相当大的规模，Google云计算已经拥有100多万台服务器，Amazon、IBM、微软、Yahoo等的“云”均拥有几十万台服务器。企业私有云一般拥有数百上千台服务器。“云”能赋予用户前所未有的计算能力。

（二）虚拟化

云计算支持用户在任意位置，使用各种终端获取应用服务。所请求的资源来自“云”，而不是固定的有形的实体。应用在“云”中某处运行，但实际上用户无需了解，也不用担心应用运行的具体位置。只需要一台笔记本或者一个手机，就可以通过网络服务来实现我们需要的一切，甚至包括超级计算这样的任务。

（三）高可靠性

“云”使用了数据多副本容错、计算节点同构可互换等措施来保障服务的高可靠性，使用云计算比使用本地计算机可靠。

（四）通用性

云计算不针对特定的应用，在“云”的支撑下可以构造出千变万化的应用，同一个“云”可以同时支撑不同的应用运行。

（五）高可扩展性

“云”的规模可以动态伸缩，满足应用和用户规模增长的需要。

（六）按需服务

“云”是一个庞大的资源池，可以像自来水、电、煤气那样计费。

（七）极其廉价

由于“云”有特殊容错措施，其可以采用极其廉价的节点来构成。“云”的自动化集中式管理使大量企业无需负担日益高昂的数据中心管理成本。“云”的通用性使资源的利用率较之传统系统大幅提升，因此，用户可以充分享受“云”的低成本优势，经常只要花费几百美元、几天时间就能完成以前需要数万美元、数月时间才能完成的任务。

四、云计算的价值与弊端

（一）价值

（1）资源整合提高资源利用率。资源整合包括共享硬件等资源以及服务器的整合，提高利用率的同时节省机房空间，虚拟服务器的CPU和内存能够灵活调整。

（2）快速部署，弹性扩容。云计算通过采用虚拟机批量部署，可以弹性扩展或收缩资源来满足业务的需要，同时缩短业务部署周期。

（3）数据集中，信息安全。采用多种安全措施保证数据安全，其中包括网络传输加密、数据加密、接入认证安全和防病毒措施等。

（4）自动调度，节能减排。云计算体现出智能化、自动化的资源调度特点：白天，基于负载策略进行资源监控，自动负载均衡，实现高效热管理；夜晚，基于时间策略进行负载整合，将不需要的服务器关机，最大限度降低耗电量。

（5）无缝切换，移动办公。人机分离，用户可以在不同桌位、办公室登录桌面。用户可以不必中断桌面应用运行，在旅途中热插拔更换终端，继续工作。

（6）升级扩容不中断业务。云技术的技术特点体现在通过热迁移移动，自动获取备用节点空间；同时自动化流水线操作模式使使用者更方便。其应用价值体现为按需调整系统容量、降低维护成本；降低升级成本与风险，保证业务连续性。

（二）弊端

（1）可靠性问题。云计算技术把资源虚拟为资源池，底层设备的可靠性会影响总体可靠性。另外，云计算通过互联网提供服务，互联网只提供尽力而为的服务。

（2）标准问题。云计算缺乏统一的标准，各厂家各自为战，互操作性差。

（3）安全性问题。安全性问题体现在以下几个方面，包括特权用户访问、法规的遵从、数据隔离、数据位置、可用性、灾难恢复、存活能力等。

（4）应用迁移问题。应用从传统平台迁移到虚拟平台，除了P2V技术以外，有可能对平台架构进行调整。

随着经济的发展，服务化成为产业发展的必然趋势，各种生产活动的成果逐渐开始以服务方式向用户进行交付，而云计算正是服务化趋势的体现。云计算为产业服务化提供了技术平台，生产流程的最终交付品是一种基于网络和信息平台的服务。随着我国经济不断向第三产业转型，云计算在国内将有广阔的发展空间。在未来几年中，中国云计算市场将会保持快速的增长。

从目前来看，云计算平台在改进基础架构、节省成本等方面具备相当大的优势。越来越多的企业开始关注云计算，并评估自身建设云计算平台的可能性。但是，云计算市场仍处于发展初期，大量企业没有足够的经验和知识来自行建设云计算平台。

建设云计算平台需要考虑企业战略、业务、技术、安全性、可靠性等各方面因素，最终用户需要同时满足这些需求，并且减少软件、硬件、服务集成化的成本和挑战。云计算的建设道路任重而道远。

第五节　区块链

一、区块链的基本概念和特点

（一）区块链的基本概念

区块链（block chain）也叫分布式总账技术，是指通过去中心化和去信任的方式集体维护一个可靠数据库的技术方案。该技术方案主要让参与系统中的任意多个节点，通过一串使用密码学方法相关联产生的数据块（block），每个数据块中包含了一定时间内的系统全部信息交流数据，并且生成数据指纹用于验证其信息的有效性和链接（chain）下一个数据库块。

区块链是比特币的基础支撑技术，首次出现在中本聪（Satoshi Nakamoto）发表的《比特币：一种点对点式的电子现金系统》一文中。文中指出，在传统的交易中，由于交易双方互相不信任，因此，需要国家信用背书（比如央行）或企业背书（比如支付宝）的第三方机构。第三方机构的存在增加了交易费用，扩大不必要的交易规模，产生了交易时滞，降低了交易的效率。通过数字签名对电子货币进行加密可以解决电子货币交易双方的身份问题，无须第三方机构进行监管。区块链技术的出现则进一步解决了数字加密货币长期以来面临的两个问题：双重支付问题和拜占庭将军问题，实现了交易双方之间的直接支付，逐步实现了去中心化、去中介的过程，极大地提升了交易效率，降低了交易成本，标志着中心化的国家信用向去中心化的算法信用的根本性变革。

（二）区块链的特点

（1）去中心化。区块链数据的验证、记账、存储、维护和传输等过程均是基于分布式系统结构，采用纯数学方法而不是中心机构来建立分布式节点间的信任关系，从而形成去中心化的可信任的分布式系统。

（2）独立性。采用基于协商一致的规范和协议使得整个所有节点能够在去信任的环境中不依赖第三方，在系统内自动安全地验证、交换数据，不需要任何人为的干预。

（3）安全可信。采用非对称密码学技术对交易数据进行加密，同时借助工作量证明机制保证数据理论上难以篡改。

（4）可编程。区块链提供用户可编程的脚本系统，支持用户创建高级的智能合约、货币或其他去中心化应用，大大增加了区块链应用的灵活性。

二、区块链技术对会计行业的应用

（一）大幅度提高会计记账效率

区块链技术应用到会计工作中有望实现结算流程效率大幅提升，有效降低99%的结算风险，促进资金使用效率的提升和规避系统性风险的发生。区块链会计交易确认和结算的自动化运作机制，可以大幅缩短结算周期节点。交易一旦确认，系统自动记入分布式账本，同时更新其他节点的分布式账本。

（二）大幅改善会计环境安全性

区块链的技术优势是可以产生更快的处理速度和更短的清算周期，从而大幅降低会计结算风险。会计标准流程与区块链技术的有效融合，能够促进会计清结算的标准化和自动化。区块链技术的单向哈希算法特点可以帮助监管层甄别发现违规操作，推动合规检查的标准化和自动化，从源头上规避潜在的违规风险。

（三）促进会计领域降低会计成本

会计成本对于企业来说是一项庞大的成本，区块链技术可以在极大限度上降低传统会计成本。比如，区块链会计调动了各参与方集体记录信息，共同确认记账真伪，将不需要专门审计人员审核确认账本。区块链技术与会计工作流程和模式的融合会对现有企业财务管理和基础会计工作的变革产生不可估量的作用。

三、区块链技术在金融行业的应用

（一）实现“金融脱媒”

区块链技术与金融市场应用有非常高的契合度。区块链可以在去中心化系统中自发地产生信用，能够建立无中心机构信用背书的金融市场，从而在很大程度上实现了“金融脱媒”，这对第三方支付、资金托管等存在中介机构的商业模式来说是颠覆性的变革。

（二）实现金融产品快捷交易

在互联网金融领域，区块链特别适合或者已经应用于股权众筹、P2P网络借贷和互联网保险等商业模式。证券和银行业务也是区块链的重要应用领域，传统证券交易需要经过中央结算机构、银行、证券公司和交易所等中心机构的多重协调，而利用区块链自动化智能合约和可编程的特点，能够极大地降低成本和提高效率，避免烦琐的中心化清算交割过程，实现方便快捷的金融产品交易。

（三）实现安全、快捷、经济的跨境转账

区块链和比特币的即时到账的特点可使得银行实现比SWIFT代码体系更为快捷、经济和安全的跨境转账。这也是目前R3CEV和纳斯达克等各大银行、证券商和金融机构相继投入区块链技术研发的重要原因。

四、区块链的潜在问题

区块链作为近年来新兴的技术，在安全、效率、资源方面都面临着制约其发展的潜在问题。

（一）安全问题

51%攻击是目前区块链技术面临的最大威胁，PoW的证明机制决定了如果有节点掌握了区块链中超过51%的算力就可以篡改和伪造数据。此外，区块链采用了非对称加密的技术进行信息交互，但是随着密码学、数学以及计算能力的提升，非对称加密算法也有被破解的风险。

（二）效率问题

区块链效率也是制约其应用的重要因素。首先是区块膨胀问题。区块链要求系统内每个节点保存一份数据备份，这对于日益增长的海量数据存储来说是极为困难的。其次是交易效率问题。比特币区块链目前每秒仅能处理7笔交易，这极大地限制了区块链在大多数金融系统高频交易场景中的应用。最后是交易确认时间问题。比特币区块生成时间为10分钟，因而交易确认时间一般为10分钟，这在一定程度上限制了比特币在小额交易和时间敏感交易中的应用。

（三）资源问题

PoW共识过程高度依赖区块链网络节点贡献的算力，这些算力主要用于解决SHA256哈希和随机数搜索，除此之外并不产生任何实际社会价值。因而一般意义上认为这些算力资源是被“浪费”掉了，同时被浪费掉的还有大量的电力资源。

五、区块链的未来发展展望

区块链技术将完善会计数据结构。首先，区块链技术能够解决数据孤岛难题。其次，参与者的匿名性保障了数据信息的隐私性。最后，区块链技术在分布式账簿方面的特征和优势，满足了互联网经济时代对会计行业有效性、准确性和时效性的要求。

区块链可以做到实时平账，避免事后审计，降低企业成本。区块链可以将现代金融体系中的钱账分离进行结合，运用数据将二者合二为一，从而减少了银行与银行之间、地区与地区之间以及国家与国家之间的事后审计。

区块链将会极大地减少商业信用成本。互联网金融企业要得到如传统银行一样的信用需要花费大量的资金，这是限制互联网金融企业发展的重要原因之一。而区块链互联网金融的“不可逆性”与“可追溯性特征”能够确保互联网企业防止数据伪造，有利于互联网金融企业的信用建立。

区块链将会进一步发挥互联网金融大数据技术，将互联网金融的大数据进行数据重构，成为行业的入口，每个互联网企业都是该区块链的组成部分，对数据进行更新与维护，在与同行业企业竞争的同时，进行资源的共享，可以有效地减少运营成本。

第六节　公钥体制与数字货币

一、加密的基本概念及原理

（一）基本概念

首先我们要了解关于密码学的一些基本概念：

◇ 明文（消息）：被隐蔽的消息。

◇ 密文（密报）：明文通过密码变换成的另一种隐蔽的形式。

◇ 加密：明文到密文的变换过程。

◇ 解密：加密的逆过程，即由密文恢复出原明文的过程。

◇ 加密算法：对明文进行加密时所采用的一组规则。

◇ 接收者：传送消息的预定对象。

◇ 解密算法：接收者对密文进行解密时所采用的一组规则。

◇ 密钥：加密和解密算法的操作通常都是在一组密钥的控制下进行的，分别称作加密密钥和解密密钥。

加密是把明文通过一定的算法变换为只有知道密钥的人才能看懂的密文再发送出去。接收者得到密文后，用已知的密钥对其解密，最终得到密文。其过程如图10-9所示。

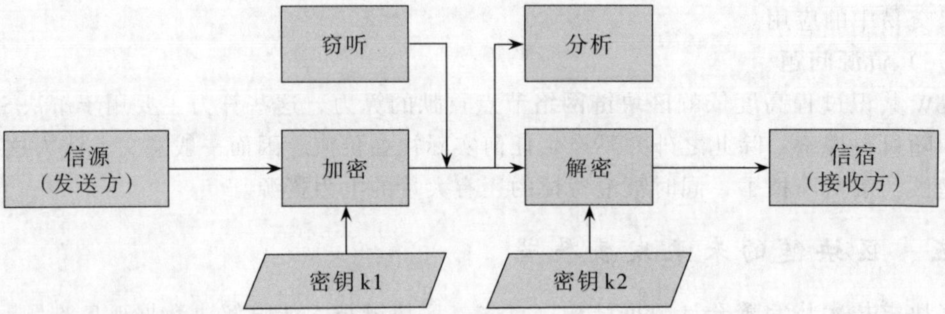

图10-9 加密与解密过程

加密和解密密钥k1与k2，可以相同，也可以不同。据此加密分为对称加密和非对称加密。

（二）对称密钥加密技术

对称加密技术，即专用密钥加密技术或单钥密码技术，加密密钥与解密密钥一致，发送方与接收方用同一组密钥加密或者解密信息。对称加密的一个关键要求是有相同的密钥才能解密。因为通信双方共享密钥，如果密钥丢失或泄露，那么获取密钥的人就可以加密或者解密数据，所以为保证消息的机密性必须保障密钥的安全。

对称加密比较简单且计算量比较小，从而能够高效率地加密。对称加密的缺点如下：①通讯双方基于一个共同的密钥，因此，不能保证完全信任；②对称加密技术需要使用和生成大量的密钥，对于密钥的管理就成为用户的很大负担；③对称加密算法无法验证通讯双方的真实身份，不能确定数据的完整性。

（三）非对称密钥加密技术

非对称密钥加密技术的k1和k2不同，由公钥和私钥形成一个密钥对，其中，公钥向公众公开，私钥归密钥持有人保存。

非对称密钥加密有两种方式：①发送方用接收方的公钥来加密信息，接收方用其私钥解密信息，这样接收方可以收到多方的加密数据，但是加密数据只有接收方可以解读；②发送方利用自身的私钥加密数据，接收方用对方公钥解密，这样数据能被多个接收方解密，而且能确定信息发送方的身份。

非对称密钥加密技术的优点是密钥的发放及管理系统化，支持数字签名等认证技术；缺点是加密和解密的计算过程特别复杂，运行速度比较慢。

在实际应用中，经常同时使用两种加密技术，解决数据加解密过程里的各种问题。

二、认证技术

（一）认证技术概述

身份认证技术是保护企业数据资产和信息安全的第一道屏障。身份认证通过验证用户所具有的属性，来判断用户身份是否真实。依据认证消息的性质，身份认证技术分为三种类型：

（1）物理介质认证，被认证方通过出据其持有的物理介质来进行身份认证，如信用卡、令牌卡、钥匙等；

（2）秘密知识验证，通过被认证方拥有的秘密信息来认证身份，如口令、个人识别码等；

（3）实体特征验证，通过被认证方实体独有的物理特性，如网络的物理地址、硬盘的序列号等，用户个体的生物学特性，如指纹、声音、面容、瞳孔等进行认证。

被认证方和认证方如何是相互的，那么身份认证是双向的，否则只有一方需要认证是单向的。单向认证中被验证方必须信任验证方，由被验证方向验证方提供认证信息；双向认证中两方必须互相为对方提供自身的身份证实信息，以相互验证。

认证对象可以是实体身份，也可以是信息身份，上述讨论的是实体身份，而信息本身也是需要鉴别和认证的，主要用于消息传递过程中的不可抵赖性、完整性和时间性。如果要完成实体身份和信息身份的同时认证，需要更复杂的认证系统，最常用的方案为PKI认证体系。

（二）访问控制的常用认证方法

1.基于口令的身份认证

口令为被认证方拥有的秘密信息，其分为两种：静态口令和动态口令。

静态口令是较为传统的方式，其系统服务端事先保存每一个用户的一组信息，即用户名（ID）和密码（Password），当用户要求访问系统时，用户在客户端输入用户名和密码。服务端将用户输入的用户名和密码与保存的用户名和密码信息进行匹配，如果匹配成功，则证明该用户为合法用户，允许用户访问服务端的资源，反之用户身份没有通过验证，系统拒绝用户登录或访问。

使用静态口令的优点是操作简单，成本低，速度快，但是缺点也很明显，有诸多安全隐患，如口令易被盗取，身份易被冒充和窥探等。

动态口令亦称一次性口令，用户需要配置口令牌生成装置，使用其口令牌生成动态密码。因为只有合法身份的用户才能使用口令牌生成装置，所以认证服务器可以通过验证密码来认证用户，保证了用户身份的安全性。一般使用动态口令具有响应时间限制，若用户端和服务端的时间未能一致，口令失效。

2.基于生物特征的身份认证

用户特有的生物特征是用户特有的可识别的物理特征，如指纹。基于生物特征的身份认证的前提是几乎找不到两个人会拥有一样的生物特性，用户信息是独一无二和无法替代的。服务端保存用户的生物特征，用于验证用户身份的真实性。

生物特征识别技术往往存在技术不成熟，其稳定性和准确性还不够高等问题，另外还有数据采集、研发成本等问题，因此，使用受到多因素限制，无法广泛推广。

3.基于PKI的身份认证技术

PKI(Public Key Infrastructure)，公钥基础设施，是使用公钥密码机制为电子商务等提供通用的安全服务平台的基础设施。我们单独讲解这一技术的实现方法。

三、基于PKI的数字证书身份认证

（一）Hash函数与消息摘要

杂凑函数指的是将任意长度的数字消息（x）映射成固定长度的数字串（h）的函数，又称散列（Hash）函数。Hash函数具有如下特征：①单向性，任意长度的数据经过Hash

算法，都会生成一个指定长度的杂凑值。但是依据这一杂凑值h不能还原初始数据x，即函数不可逆。②强无碰撞性，几乎不可能有不同的数据x，得到同一个杂凑值h，也就是不同的数据经过Hash算法，会得到不同的h值。③求第二原像不可行性，给定x和Hash（x），没有方法能够找到y≠x，使得Hash（y）=Hash（x）。

一般我们把Hash函数运算得到的数字串称为消息摘要。

（二）数字签名

数字签名是发送方使用自己的私钥加密原文数据的杂凑值，而生成加密的杂凑值。Hash函数用于数字签名的过程如下：

（1）Hash算法加密原文数据，生成固定长度的杂凑值；

（2）发送方使用自己的私钥加密该杂凑值生成加密的杂凑值——数字签名，传输给接收方；

（3）接收方接收到发送方的数字签名，使用发送方的公钥解密，反向计算获得（1）生成的杂凑值h1；

（4）接收方用Hash算法对接收的数据进行计算获得另一个杂凑值h2，对比h1和h2两个值，如果相同，说明该数据就是发送方签名后发送给接收方的，否则，不能信任。

（三）数字信封

数字信封是发送方使用对称密钥加密数据，然后将对称加密的密钥使用收件方的公钥加密产生的密文（E）。这样的密文（数字信封）匹配的公私密钥对对应一个固定的用户，所以只有拥有对应私钥的接收者可以打开数字信封，获得对称密钥。数字信封具有非常高的安全性。即数字信封用收件方的公钥加密，只能是收件方的私钥解密。

（四）数字证书

数字证书实际上是由认证中心颁发的包含证书持有人的真实身份信息、公开密钥信息等信息的一段数据。数字签名可以保障数字证书信息的真实性。持有者有一个仅为本人所有的私钥，用它对要传输的信息进行签名，或对接收到的信息进行解密；同时由本人公开一个公钥，共享给有通信需要的一组用户，用来对信息进行加密和验证签名。

一般数字证书需要可信任的第三方独立机构进行管理，这样的机构称为认证中心（CA）。通常流程如下：

（1）用户要生成自己的一对密钥，即用户的公钥和私钥；

（2）用户向认证中心提出申请，将用户身份信息和公钥的申请发送给认证中心；

（3）认证中心首先对用户提供的相关信息进行核实，核实后认证中心向申请用户颁发数字证书，证书中储存用户名称、公钥、数字签名等相关信息；

（4）其他用户可以通过认证中心获取该用户的数字证书，即用户身份、数字签名和公钥；

（5）持有数字证书的用户就可以进行基于PKI的数据传输、网上交易等相关的活动。颁发数字证书的机构是一个可信任的第三方独立机构。

（五）PKI体制工作原理

PKI体制完成基于互联网的信息传输和交易，主要提供认证、完整性、机密性和不可否认性的安全服务：

◇ 认证：向一个实体确认另一个实体的身份；

◇ 完整性：向一个实体确保数据没有被有意或者无意地修改；

◇ 机密性：向一个实体保障只有接收者，没有任何人可以解密数据；

◇ 不可否认性：向一个实体保障只有发送者，没有任何人发送该数据。

PKI 体制为用户提供安全和透明的服务，用户不必关心系统中数字证书的生成、更新、撤销及恢复，密钥的管理等，用户只需关注自己的密钥和对方的数据证书。

PKI 体制的工作原理如下：

（1）消息的发送方和接收方，都需要有一对 PKI 密钥，即公钥和私钥，并且有通过 CA 认证的数字证书。在交易或消息传递之前，发送方和接收方获取对方的数字证书，如图 10-10 所示。

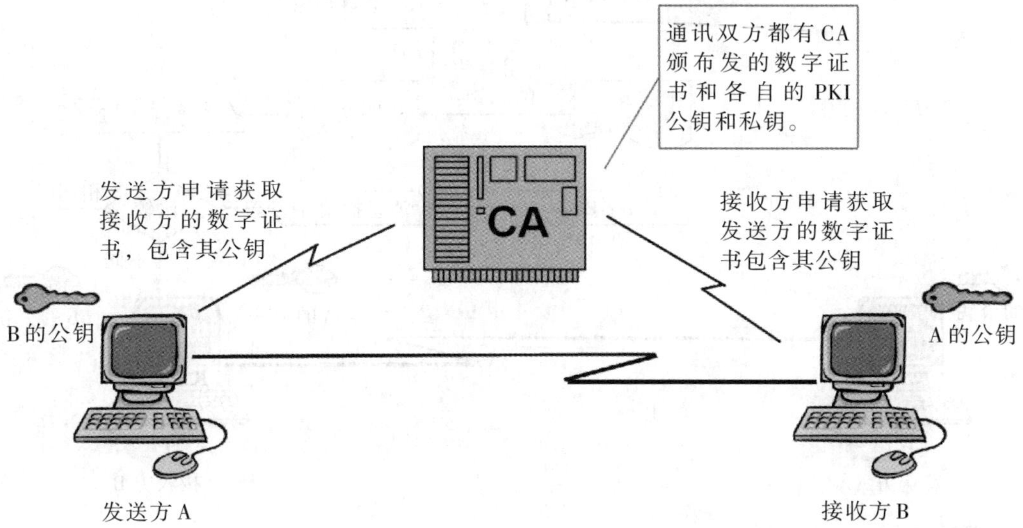

图 10-10　获取 PKI 密钥

（2）发送方对明文(发送的消息)，通过会话密钥(对称密钥)进行加密，结果为密文和会话密钥。

（3）发送方的操作，如图 10-11 所示。

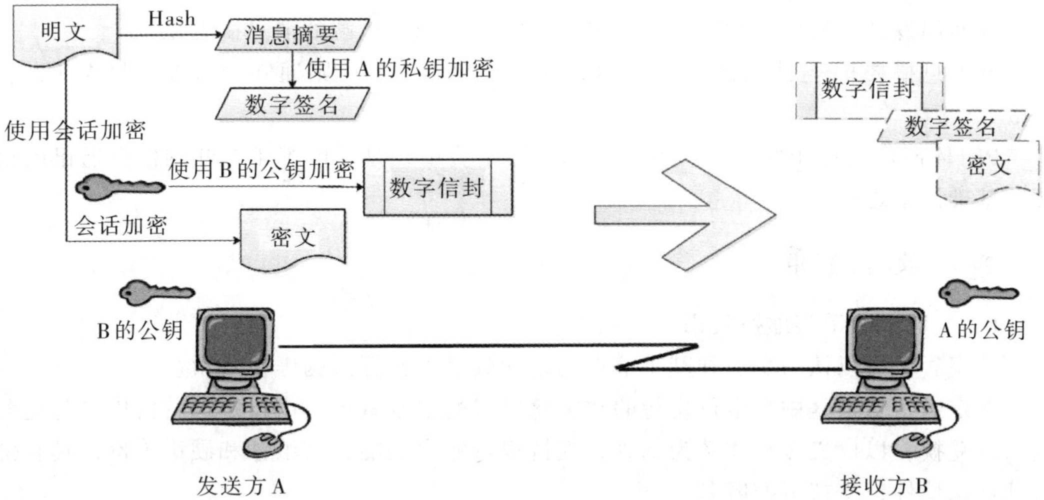

图 10-11　发送方的操作流程

①使用会话密钥对消息(明文)进行对称加密，得到【密文】和【会话密钥】;

②进行Hash运算，得到消息摘要。使用发送方的私钥对消息摘要非对称加密，得到【数字签名】。

③使用接收方的公钥对①使用的会话密钥进行加密，得到【数字信封】。

④在公共信道中发送【数字信封】、【密文】和【数字签名】。

（4）接收方的操作如图10-12所示。

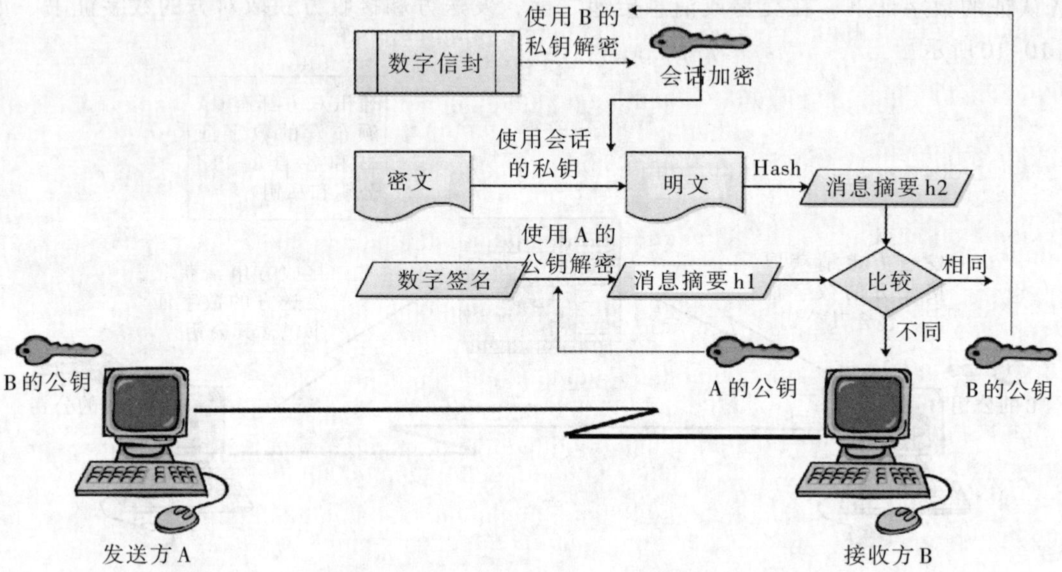

图10-12　接收方的操作流程

①收到发送方的【数字信封】、【密文】和【数字签名】。

②使用自身的私钥把【数字信封】解密，得到【会话密钥】。

③使用②得到的【会话密钥】对【密文】解密，得到【明文】。

④对③【明文】进行Hash运算，得到消息摘要h1。

⑤使用发送方的公钥对【数字签名】解密，得到发送端的消息摘要h2。

⑥消息摘要h1与消息摘要h2比对，比对结果为相同，则通知发送方接收成功，否则失败。

PKI体制广泛用于区块链、智能合约和数字货币，是目前基于互联网信息通讯的最重要的基础设施之一。

四、数字货币

（一）数字货币与虚拟货币

数字货币可以认为是一种基于节点网络和数字加密算法的虚拟货币。

法定数字货币是中央银行发行的数字化形式的法定货币，由指定运营机构参与运营并向公众兑换，以广义账户体系为基础，支持银行账户功能，与纸钞和硬币等价，具有价值特征和法偿性，支持可控匿名。

虚拟货币，也被称为电子货币，是指以网络虚拟财产作为价值支撑的货币。虚拟货币作为一种数字化的价值代表，具有不同于传统货币的特性，其交易和使用方式也相对复杂。因此，为了维护金融市场的稳定和公平，保护投资者的权益，需要对虚拟货币进行法律规制和监管。

（二）PKI和区块链技术在数字货币中的应用

区块链技术本身是PKI体制和Hash算法的一种方案设计。区块链技术具有去中心化、不可篡改、全程留痕、可以追溯、集体维护、公开透明等特性，一般用于虚拟货币的发行和流通，有助于构建数字货币的生态系统，如比特币。区块链技术在数字货币中的主要应用有分布式账本技术、智能合约平台等。

□ 本章小结

财务共享服务、云计算、财务智能、XBRL区块链、数字货币等对企业信息系统影响很大，互联网和大数据技术使得财务管理和业务运营充分融合，相互支撑。

企业实施财务共享可以为企业创造价值，同时也使企业面临着财务管理组织和构架、业务操作的巨大变革，改革成本高，具有一定的风险，因此，要求企业做好适应性分析。

云计算技术是在互联网发展下产生的，其价值和发展潜力巨大，同时也存在一定的弊端，在应用时需要综合考量，在为企业创造价值的同时，也应该规避其安全等方面的风险。

XBRL的应用使得会计信息使用者获益，在共享时代，充分和实时地披露企业财务信息成为时代的大趋势和潮流，企业需要适应这一趋势的要求。作为企业财务人员，应该对XBRL的技术基础、技术架构和应用领域有所了解，发掘XBRL应用所产生的经济价值。

财务智能系统不是“万能”的，但是会对经济和社会领域的分工带来革命性影响。应该学习财务智能实施的方法和流程，了解企业不同层次的人员在财务智能系统实施过程中的主要职能，迎接财务智能应用为企业开创的新时代，适应财务智能应用对不同财务岗位的新要求。

PKI和区块链技术的应用将对金融、会计等行业产生前所未有的影响，将颠覆传统金融和会计模式。应充分掌握在区块链技术会计行业和互联网金融方面的应用价值及其可能带来的潜在问题，既不“盲从”，也不“否定”，科学、合理、安全地应用区块链技术，为人类社会经济的发展做出贡献。

至此，我们为会计信息系统知识结构盖上了金色的“屋顶”。祝学习愉快，学业有成！

□ 基本训练

一、单选题

1.下列选项中不属于财务共享服务框架4个主体要素的是（　　）。

A.业务流程　　B.组织人员　　C.信息系统　　D.风险管理

2.（　　）不属于财务共享服务的特点。

A.高效率　　B.易沟通　　C.专业化　　D.市场导向

3.XBRL是一种用于商业信息电子交换的语言，可用于商业信息的编制、交换和分析，是（ ）与财务报告信息交换的一种应用。

A.HTML　　B.XML　　C.Java　　D.C语言

4.XBRL技术架构大致可划分为技术规范、分类标准和实例文档三层。如果把XBRL看作是一种语言的话，（ ）相当于XBRL的词汇说明。

A.技术规范　　B.分类标准　　C.实例文档　　D.技术方案

5.以企业信息化为基础，能够对企业在经营管理活动中的潜在风险进行实时监控的是财务智能系统中的（ ）。

A.财务智能分析系统　　B.财务智能预警系统

C.财务智能决策系统　　D.财务智能监控系统

6.在财务智能系统实施中，会计人员的职能是（ ）。

A.将数据进行可视化处理　　B.根据业务需求提取有价值的数据

C.进行数据探查和数据挖掘　　D.录入基础数据

7.从研究现状上看，（ ）不属于云计算的特点。

A.超大规模　　B.虚拟化　　C.私有化　　D.高可靠性

8.与网络计算相比，不属于云计算特征的是（ ）。

A.资源高度共享　　B.适合紧耦合科学计算

C.支持虚拟机　　D.适用于商业领域

9.区块链也叫分布式总账技术，是指通过去（ ）和去（ ）的方式集体维护一个可靠数据库的技术方案。

A.中心化；节点　　B.中心化；信任

C.数据块；节点　　D.数据块；信任

10.传统证券交易需要经过中央结算机构、银行、证券公司和交易所等中心机构的多重协调，而利用区块链自动化智能合约和（ ）的特点，能够极大地降低成本和提高效率，避免繁琐的中心化清算交割过程，实现方便快捷的金融产品交易。

A.去中心化　　B.可编程　　C.独立性　　D.安全性

二、思考简答题

1.简述建立财务共享的关键要素。

2.XBRL技术架构大致可划分为技术规范、分类标准和实例文档三层。简述这三者之间的关系。

3.财务智能系统由哪几部分构成？它们的主要功能分别是什么？

4.简述区块链的特点。

三、开放论述题

1.安全问题始终是云计算推广发展中绕不开的一个坎儿。云计算意味着数据被转移到用户主权掌控范围外的机器上，也就是云计算服务提供商的手中。信息为王的时代里，哪怕是数据碎片的泄露也是危险的。只要存在数据被还原泄露的可能性，云计算服务就会被高安全要求级别的客户拒之门外。当使用者的计算机真的仅仅成为互联网服务的接入口，当数据的处理离使用者越来越远，对服务提供商“Don't be evil”的要求就越来越高，使用者真的能如此信赖道德标准的力量吗？那么，如何保证这些数据的安全性？谈谈你的看法。

2.信息技术对会计实践与理论有深远的影响，请从会计从业者和理论研究者出发，讨论这种影响和应对措施。

思考与练习　　思考与练习答案　　单元任务

主要参考文献

[1] 罗鸿．ERP原理·设计·实施［M］．5版．北京：电子工业出版社，2020.

[2] ROMNEY，STEINBART，SUMMERS，et al. Accounting information systems（Global Edition）［M］．15th ed．London：Pearson Education Limited，2021.

[3] 陈启申．ERP——从内部集成起步［M］．北京：电子工业出版社，2012.

[4] 琼斯，拉玛．会计信息系统：商务过程方法［M］．甄阜铭，译．北京：经济科学出版社，2006.

[5] 李政道，任晓聪．区块链对互联网金融的影响探析及未来展望［J］．技术经济与管理研究，2016（10）.

[6] 张偲．区块链技术原理、应用及建议［J］．软件，2016（37）.

[7] 刘世平，罗黎明，董凤江．XBRL实用案例剖析［M］．北京：经济科学出版社，2010.

[8] 房玲，梁荟敏．关于企业集团财务共享中心的思考研究［J］．现代经济信息，2015（19）.

[9] 陈虎，孙彦丛．财务共享服务［M］．北京：中国财政经济出版社，2014.

[10] 佩帕德．业务流程重组［M］．高俊山，译．北京：中信出版社，2009.

[11] 吴军．智能时代：大数据与智能革命重新定义未来［M］．北京：中信出版社，2016.

[12] 姜涛．企业内部控制规范手册［M］．北京：人民邮电出版社，2017.